민사의견서집

제 2 권

양창수 저

박영사

머 리 말

이 책은 내가 그동안 쓴 민사 관련 의견서들을 모아 펴내는 것이다.

여기서 '의견서'라고 부르는 것은 대체로 어떠한 구체적인 사건, 즉 국내의 민사소송사건이나 국제 중재사건 아니면 당사자들 사이의 갈등을 해소·조정하는 과정 등에서 그 글이 그 이름이나 그와 유사한 이름('법률전문가 의견서', '의견진술서' 등)으로 당해 사건의 판정 기관에 제출된 사실에서 연유한다. 그 글들은 모두 우리말로 쓰여 제출되었으나, 특히 국제 중재사건에서는 이를 영어로 번역하여 함께 제출되기도 하였다.

나에게 그러한 일이 맡겨지게 된 것은 1997년 겨울의 이른바 IMF 외환 위기 때부터였다(물론 예외가 아주 없지는 않은데, 제1권의 맨 첫번 글이 그러하다). 되돌아보면, 그 당시의 대량 채무불이행 사태는 여러 가지 어려운 법문제를 제기하기도 하였다. 그것이 우리의 법원에서 또는 한국법을 준거법으로 하기로 하는 약정을 포함하는 섭외적 계약관계 기타 한국법이 적용되는 사실관계로부터 일어난 것인 경우에, 당해 사건을 다루는 변호사(기업 안에서 일하는 분들을 포함하여)들이 말하자면 '의견'을 청하였던 것이다. 따라서 이들 의견서는 예외 없이 이른바 '주문생산'에 해당한다.

그러한 사건들에는 몇 가지 특징이 있는데, 그 중에는 물론 그와 관련된 이해관계가 크다는 점도 있다. 그러나 이것이 아니라도, 거기서 제기되는 법문제(이것은 경우에 따라서는 다른 것을 풀어가는 과정에서 별도로 제기되기도 하였다)가 종전에는 별로 의식되거나 다루어지지 아니한 말하자면 새로운 것이어서, 아무래도 통상의 문헌 기타 연구 자료로부터 일정한 '해답'을 얻기 또는 건져내기가 쉽지 않고 스스로 머리를 굴려보아야 한다는 점이었다. 나에게는 이 점이 이러한 일을 인수하게 하는 중요한 이유이기도 하였다. 즉 어떠한 학문에서도 이를 영위하는 과정에서 중요한 포인트인 '문제 발견'(그 '해결'과는 사고지평을 달리하는)의 차원에서 흥미로웠던 것이다.

물론 이와 같이 마련되는 의견서를 바탕으로 또는 계기로 해서 아예 논문 등이 작성되기도 하였다. 그러나 이 책에는 그러한 경우를 제외하고 애초의 의견서를 원래의 형태대로 담기로 하였다. 이러한 글들이 간행된 예는 우리에게는 아직 없는 것으로 아는데, 이번에 부끄러움을 무릅쓰고 책으로 공간하기로 마음을 정한 직접적인 계기는 근자의 대법관 임명 과정에서 그 후보자가 이와 같은 '의견서'를 다수 작성하였다는 것을 무슨 흠이라도 되는 양, 변호사법 제109조 위반 기타 위법인 양 문제 삼는 입장이 —심지어는 법학교수 측으로부터도— 적지 않게 제시되었다는 데 있다. 그러나 주요한 외국의 예를 굳이 들 것도 없이, 소송 등 사건에 대하여 대학교수 기타 전문가가 법원 기타이 판정 기관 또는 그 사건을 나무는 변호사 등으로부터 의뢰 받아 일정한 사실적 또는 법적 사항에 관하여 감정, 상담 또는 관련 문서를 작성하여 제출하는 것은 —그것이 일정한 반대급부와 결합되어 있더라도— 그 전문 업무의 성질상 당연히 허용되는 것이다. 예를 들면 나 자신이 2002년에 교수로 있으면서 대법관으로부터 대법원의 실제 사건에 관련하여 문의를 받아 서면으로 응답을 한 일이 있거니와, 근자에도 이러한 일은 행하여지고 있다(이에 대하여는 양창수, "민법 제197조 제2항의 '본권에 관한 소에서 패소한 때'의 해석에 관하여", 민법연구 제10권(2019), 228면; 윤진수, "집합건물 공용부분의 무단점유로 인한 부당이득", 자율과 정의의 민법학: 양창수 교수 고희 기념 논문집(2021), 761면("필자는 이 사건이 대법원에 계속 중에 대법원으로부터 요청을 받아 의견을 제출한 바 있다"); 이동진, "저당물 제3취득자의 비용상환청구권", 재산법연구 제40권 2호(2023.8), 148면("애초에 위 사건과 관련하여 2023년 대법원의 요청으로 작성·제출된 것") 등). 나는 오히려 대학교수가 위와 같은 일을 하기에 이른 것이, 처음에 전적으로 실무가 중심으로 출발하였던 우리 법학의 역사에 비추어보더라도, 작지 않은 진전이라고 평가한다.

내가 작성한 '의견서'로서 이 책에 실은 것은 나름대로 의미가 있다고 생각되는 일부에 한정하여 추려낸 것이다. 그것은 우선 글의 편성 기타 형식적인 점에서 대표적이라고 할 만한 것들, 다음으로 다룬 대상이 민법을 포함한 민사법률의 해석 내지 운용에서 참고가 될 만한 것들이다. 그리고 각 글의 말미에서 그 작성의 시기를 밝혀 두었다.

여기에 수록된 '의견서'를 작성하는 과정에서 그 작성을 의뢰한 변호사 또는 그 사무실과 사이에 일정한 의견 교환의 과정이 있는 경우가 대부분이었다. 그리하여 내가 작성한 초안에 대하여 제시된 그들의 여러 '의견'을 내가 평가하거나 음미하여 위 초안을 보완·수정하는 경우도 적지 않았음을 이 자리를 빌어 밝혀두기로 한다.

한편 내가 이러한 '의견서' 작성의 일을 의뢰받을 때에는 그 의뢰받은 사실을 외부적으로 밝히지 않는다는 일종의 비밀의무도 인수하는 경우가 적지 않았다. 그 약정의 정신을 존중하여 여기에 게재함에 있어서는 당사자 또는 사건번호 기타를 익명 처리하고, 또 날짜 등 구체적인 사건을 특정하거나 지시할 수 있는 징표들은 논지를 흐리지 않는 한도에서 가능한 한 가려 알 수 없게 하였다. 그리고 글 말미에 [후기]를 붙여서 그 제출 후의 귀추 등을 적은 것도 있다.

이 글들을 어떠한 순서로 배열하고 또 목차를 얼마나 상세히 꾸릴 것인가 하는 것과 관련해서도 망설임이 많았다. 결국은 제1권에는 국내의 각종 '사건'에 대한 것, 제2권에는 주로 국제 중재사건에 관한 것으로 기타 섭외적 요소가 많은 것으로 나누어 담기로 했다. 그리고 각 권에서 그 글이 작성된 시기 순으로 배치하여, 최근의 것을 맨 나중으로 돌렸다. 그리고 목차에는 각 글의 '제목'이라고 할 것만을 내걸기로 하였다. 거기에 담긴 개별적인 법문제의 세목은 뒤의 '사항 색인'을 살펴보기 바란다.

이 책을 내는 데 애를 써 준 김선민 이사님께 이 자리를 빌어 감사드린다.

2025년 2월 10일

강남 연구실에서

양 창 수

목 차

1. 지체상금약정의 해석 및 적용

—국제 중재사건에 제출된 의견서—

Ⅰ. 전제된 사실관계

본인이 이 의견서를 작성함에 있어서 전제로 한 사실관계는 다음과 같다.

1. 1995년 ○월 ○일에 한국 법인 P와 외국 회사 D는 육지에서 만들어진 전력을 섬 제주로 보내기 위하여 해남과 제주 사이에 300MW 고압직류(High Voltage Direct Current) 케이블(광통신 케이블을 포함한다)(아래에서는 "송전케이블"이라고 부른다)을 해저에 가설하고 필요한 구역에 대하여 이를 보호하는 설비를 하는 것을 내용으로 하는 계약(아래에서는 "이 사건 계약"이라고 부른다)을 체결하였다. 그 계약은 영어로 작성되었고, 그 준거법은 한국법이다.

2. 그 계약에 의하여 D가 의무를 부담하는 공사는 대체로 두 부분으로 이루어진다.

하나는, 위와 같은 고압직류 케이블을 광통신 케이블과 함께 해저에 매설하는 부분(아래에서는 "케이블매설공사"라고 부른다)이다.

다른 하나는, 이와 같이 매설된 케이블의 보호설비가 필요한 일정한 지점(특히 양식장지역)에서는 그 위에 콘크리트 덮개 또는 콘크리트 매트리스를 덮는 부분(아래에서는 "보호공사"라고 부른다)이다.

3. 이 사건 계약 중에는 지체상금약정(아래에서는 "이 사건 지체상금약정"이라고 부른다)이 포함되어 있다(제38조). 그 내용은, "상업가동이 아래 제38.3조에서 규정된 면책사유가 아닌 다른 사유로 목표일자인 1997년 6월 30일을 경과하여 지연된 경우에는(In the event that the Commercial Operation is delayed for other than the excusable causes as defined in Paragragh 38.3 below beyond the target date, *June 30, 1997*)" 일정한 비율의 지체상금을 지급하기로 하는 것이다.

그리고 그 계약 제38.3조는 면책사유로 —"불가항력으로 인한 사유"(제1호)와 함께— "오로지 P에게만 책임을 돌릴 수 있는 사유(causes solely attributable to P)"를 정하고 있다(제2호).

4. 한편 육지에서 만들어진 교류전류를 해저케이블로 보내기 위하여는 이를 직류전류로 변환하여야 하는데, 제주에서 이를 수요자에게 공급하기 위하여 다시 교류전류로 변환하여야 한다.

이와 같이 전류 변환을 하는 변환소의 설치공사는 P가 책임을 지고 담당하기로 하였다.

5. D는 1997년 3월 8일에 케이블매설공사를 모두 마치고, 동년 5월 30일경에는 이에 대한 현장시험을 마쳤다. 그리고 상업가동 목표기일인 동년 6월 30일까지는 보호공사도 그 97%를 완성하였다. 이로써 그 당시 이미 상업가동은 가능한 상태이었다.

그 후 보호공사는 약간의 마무리 및 보완공사를 포함하여 최종적으로 동년 8월 12일경 완료되었다.

6. P는 자신이 담당한 앞 4.의 변환소 설치에 관하여 1997년 5월 28일경 제3자와의 사이에 이를 위한 공사계약을 체결하였다. 그 계약에서 정하여진 공사완성일은 동년 11월 30일이었다. 그러나 실제로 그 공사가 완성된 것은 1998년 2월이었다.

이로 말미암아 송전케이블의 상업가동은 1998년 3월에야 이루어졌다.

Ⅱ. 의견 조회의 내용

위와 같은 사실관계 아래서 P가 한국법상 이 사건 지체상금약정에 기하여 D에 대하여 지체상금의 지급을 청구할 권리 자체가 있는지 여부

Ⅲ. 의견

1. 지체상금약정의 한국법상 처리

(1) 이 사건에서 문제된 바와 같은 지체상금약정은 한국법에서 「손해배상액의 예정」이라고 불리는 약정의 전형적인 예이다. 민법 제398조는 「손해배상액의 예정」에 대하여 정면으로 규정하고 있다. 동조는 다음과 같이 정한다.

민법 제398조 : ① 당사자는 채무불이행에 관한 손해배상액을 예정할 수 있다.
② 손해배상의 예정액이 부당히 과다한 경우에는 법원은 적당히 감액할 수 있다.
③ 손해배상액의 예정은 이행의 청구나 계약의 해제에 영향을 미치

지 아니한다.

④ 위약금의 약정은 손해배상액의 예정으로 추정한다.

⑤ 당사자가 금전이 아닌 것으로써 손해의 배상에 충당할 것을 예정한 경우에도 전 4항의 규정을 준용한다.

여기서 제1항은 손해배상액의 예정약정이 유효하게 행하여질 수 있음을 정면에서 인정하고 있다. 그리고 이 사건 지체상금약정은 그와 같은 손해배상액 예정 약정의 한 경우이다.

(2) 그런데 당해 손해배상액 예정 약정이 어떠한 효력을 가지는가는 1차적으로 당해 약정의 해석문제이다. 그러므로 구체적으로 어떠한 요건 아래서 약정된 손해배상예정액의 지급청구권이 발생하는가는, 당해 약정의 해석상 채무자에게 어떠한 채무불이행이 있을 경우에 이를 지급하기로 약속하였다고 이해할 것인가에 달려 있는 것이다.[1)]

그리고 일반적으로 계약의 해석은 신의성실의 원칙에 좇아 행하여져야 한다고 인정되고 있다. 계약 해석에서의 신의칙 적용은, 보다 구체적으로는, 첫째, 계약의 내용이 계약당사자들이 인식하고 있는 계약 목적을 달성하는 데 봉사하도록 해석되어야 하며, 둘째, 어느 한편의 이익만이 관철되도록 계약을 해석하여서는 안 되며 상대방의 이익도 적절하게 고려할 것을 요구한다는 등의 내용을 가진다고 이해되고 있다.[2)]

1) 「손해배상액의 예정」에서의 계약 해석의 중요성에 대하여는, 우선 곽윤직 집필대표, 민법주해[Ⅸ], 1995, 640면(양창수 집필부분) 참조.

2) 계약해석에서의 신의칙의 적용에 대하여는, 우선 곽윤직 편집대표, 민법주해[Ⅰ], 1992, 170면 이하(양창수 집필부분) 참조.

(3) 이 사건에서 제기되는 문제와 관련하여서는 이 중에서 특히 후자가 의미를 가진다고 할 것이다.

대법원은 예를 들면 1986년 3월 11일 판결 85다카1490사건(대법원판례집 제34권 1집, 민사편 115면)에서, 신용카드거래의 약관상 "카드의 분실, 도난으로 인한 모든 책임이 카드회원에게 귀속한다"고 정하여져 있다고 하더라도, 카드를 분실한 카드회원이 분실사실을 정하여진 방식에 따라 카드발급은행에 신고하였음에도 불구하고 그 은행이 카드거래가맹점에 대하여 통지를 게을리하였거나 가맹점이 분실된 카드의 확인과 서명대조 등을 하지 아니함으로써 카드를 부정사용한 거래가 이루어졌다면, 이 경우에는 그로 인한 책임을 카드회원에게 귀속시킬 수 없다고 해석하는 것은 "신의성실의 원칙상 당연한 풀이"라고 판시하고 있다.

이는 문제된 계약조항의 해석에 있어서 손해의 발생을 막기 위하여 취하여야 할 행위를 하지 아니한 은행 측에게 일방적으로 유리한 결과가 되지 아니하도록 신의칙을 적용한 결과인 것이다.[3)]

2. 이 사건 지체상금약정의 해석

(1) 이 사건 지체상금약정에서 지체상금지급의무의 발생요건으로 정하여진 것은 우선 "상업가동이 … 1997년 6월 30일을 경과하여 지연되는 것(in the event that the Commercial Operation is delayed … beyond the target date, *June 30, 1997*)"이다(이하에서는 이 사유를 단지 「상업가동의 지연」이라고만 부른다).

---

3) 그 외에 그와 같은 의미로 신의칙을 적용한 대법원의 판결례로서 대표적인 것을 들면, 대법원 1971년 9월 28일 판결 71다1601사건(대법원판결요지집, 민사·상사편 I-2권, 881면); 대법원 1986년 1월 28일 판결 85다카1626사건(대법원판례집 제34권 1집, 민사편 24면) 등이 있다.

상업가동은 1998년 3월에야 이루어졌다는 것이므로, 그것이 "1997년 6월 30일을 경과"한 후에 행하여졌음은 명백하다.[4)]

(2) 그런데 이 사건 지체상금약정은 위와 같은 상업가동의 지연 자체만으로 D에게 지체상금지급의무를 과하는 것이 아니며, 상업가동의 지연이 "아래 제38.3조에서 규정된 면책사유 이외의 사유에 기인할 것(for other than the excusable causes as defined in Paragraph 38.3 below)"을 요구하고 있다. 그리고 여기서 "아래 제38.3조"는 "본조[즉 이 사건 계약 제38조]에 있어서 면책사유란 다음과 같이 정의된다: (1) 불가항력으로 인한 사유, 또는 (2) 오로지 P에게만 책임을 돌릴 수 있는 사유(causes solely attributable to P)"라고 정한다.

그러므로 이 양자의 계약규정을 합하면, 결국 다음과 같은 내용이 된다.

> "상업가동의 지연이 불가항력으로 인한 사유 또는 오로지 P에게만 책임을 돌릴 수 있는 사유 이외의 사유에 기인한 경우에, D는 지체상금지급의무를 부담한다."

(3) 이 사건 지체상금약정은 모호한 점이 없지 않다. 그리하여 다음과 같은 해석이 성립할 수 있을는지도 모른다. 즉 「오로지 P에게만 책임을 돌릴 수 있는 사유」가 상업가동의 지연에 적어도 부분적으로라도 원인을 제공하였다면, 즉 상업가동의 지연이 「오로지 P에게만 책임을 돌릴 수 있는 사유」에도 기인하였다면, 이는 "상업가동의 지연이 불가항력으로 인한 사유 또는 오로지 P에게만 책임

4) 한편 이 사건에서 「상업가동의 지연」을 어떻게 해석하여야 할 것인가에 대하여는 뒤의 3. (3) (나) 참조.

을 돌릴 수 있는 사유 이외의 사유에 기인한 경우"에는 해당하지 아니하게 된다. 따라서 그 경우에는 P의 지체상금지급청구권이 발생하기 위한 요건은 충족되지 아니하여, 설사 D가 상업가동의 지연에 일부의 원인을 제공하였다고 가정하더라도, 그는 지체상금지급의무를 지지 아니하게 된다는 것이다.

(4) 그런데 이 사건 지체상금약정을 "상업가동의 지연이 불가항력으로 인한 사유에만 기인하는 경우 또는 오로지 P에게만 책임을 돌릴 수 있는 사유에만 기인하는 경우가 아닌 한 D는 지체상금지급의무를 부담한다"는 뜻으로 해석한다는 경우에도(이하에서는 이러한 해석을 전제로 하여 논의한다), D는 지체상금지급의무를 부담하지 아니한다고 하여야 할 것이다. 그 이유에 대하여는 항목을 바꾸어 살펴보기로 한다.

3. P의 지체상금지급청구권의 발생요건으로서의 「상업가동의 지연」

(1) 이 사건에서 문제되고 있는 「상업가동의 지연」 기타에 대하여 직접 참고할 수 있는 한국의 재판례나 학설은 극히 예외적으로밖에 찾을 수 없다.

그리하여 이하의 논의에서는 많은 경우에 독일민법학상의 문헌을 인용한다. 이는 무엇보다도 여기서 다루어지는 문제에 대한 한국의 문헌은 많지 아니한 반면에, 한편으로 독일에는 이 문제에 대하여 참고할 수 있는 독일의 문헌이나 재판례가 상당수 존재하고, 다른 한편으로 독일민법학에서의 논의가 우리 민법문제의 해결에서 중요한 의미를 가졌고 또한 가지고 있기 때문이다.

(2) 독일민법은 제339조 내지 제345조의 7개조에 걸쳐「위약금(Vertragsstrafe)」에 대하여 규정하고 있다. 한국민법 제398조 제4항은 앞의 1. (1)에서 본 대로 "위약금의 약정은 손해배상액의 예정으로 추정한다"고 규정하고 있으며, 달리 그 위약금약정이 판례·통설이「손해배상액의 예정(liquidated damages)」과 준별하여 취급하고 있는「위약벌」의 약정(penalty clauses)에 해당한다는 특별한 사정이 있지 아니한 한, 위약금 또는 그에 관한 약정은 손해배상액의 예정에 관한 법리에 의하여 처리된다.[5] 그러므로 독일민법학에서의 위약금에 관한 설명은 한국에서는 이 사건 지체상금약정과 같은 손해배상액 예정 약정에 대하여 바로 참고될 수 있으며, 또 실제로 참고되고 있다.[6]

(3) 위약금 또는 손해배상액의 예정은 특별히 고도로(in besonderem Maße) 신의칙의 지배를 받는다.[7]

이것은, 앞의 1. (2)에서 설명한 바 있는 계약해석에서의 신의

5) 한국의 계약실무에서도 극히 빈번하게 행하여지는 위약금의 약정은 이중기능(Doppelfunktion), 즉 이행강제기능과 손해전보기능을 아울러 가진다고 이해되고 있다. 이에 대하여는 우선 곽윤직 편집대표, 민법주해[Ⅸ], 1995, 637면 이하(양창수 집필) 참조.

6) 한국에서 손해배상액의 예정 또는 위약금에 관한 대표적 문헌인 서민, "손해배상액의 예정", 민사법학 제7호(1988), 160면 이하; 최병조, "위약금의 법적 성질", 민사판례연구 제11집(1989), 217면 등 참조.

7) 우선 Staudinger/Kaduk, § 339 BGB, Rn. 39 ff.(12. Aufl., 1985); MünchKomm/Gottwald, § 339 BGB, Rn. 20 ff (Bd. 2, 3. Aufl., 1994, S. 1373 f.), Erman/Westermann, § 339 Rn. 5(Bd. 1, 8. Aufl., 1989, S. 856) 참조(이하 이상의 주해서는 맨 앞에 적은 호칭 및 민법조항에 의해서만 인용한다). 한편 Joachim Gernhuber, *Das Schuldverhältnis*, 1989, § 34 Ⅲ 5 (S. 774 f.)은, 위약금약정에 관하여 특별히 "[위약금청구의] 한계로서의 신의성실의 원칙(Treu und Glauben als Grenze)"을 논한다.

칙의 의미가 이 사건 지체상금약정에서와 같은 손해배상액의 예정약정에서는 「특별히 고도로」 관철되어야 함을 의미한다. 다시 말하면, 이 사건 지체상금약정을 해석함에 있어서는 어느 한편의 이익만이 관철되도록 계약을 해석하여서는 안 되며 상대방의 이익도 적절하게 고려하여야 함을 의미한다.

(4) 이러한 요청은, 무엇보다도 지체상금지급의무의 발생요건으로서의 「채무불이행」을 어떠한 경우에 인정할 것인가와 관련하여 의미를 가진다.

즉 "먼저 계약당사자들의 의사에 의할 때 어떠한 주의무主義務의 실현이 위약금[의 약정]에 의하여 보장되어야 하는가 하는 문제는 독일민법 제133조, 제157조를[8] 특별히 주의 깊게 고려하면서 신의와 성실에 좇아 거래관행을 고려하여 대답되어야 한다. … 위약금의 부과라는 **중한 법률효과**가 바로 신의와 성실에 좇은 판단을 요구한다"는 것이다.[9]

8) 독일민법 제133조: "의사표시의 해석에 있어서는 실제의 의사가 탐구되어야 하며 표현의 문자적 의미에 구애되어서는 아니된다." 독일민법 제157조: "계약은 신의성실에 거래관행을 고려할 때 요구하는 대로 해석되어야 한다."

9) Staudinger/Kaduk, § 339 BGB, Rn. 40: "Zunächst ist die Frage, welche Hauptverbindlichkeit nach dem Willen der Vertragsteile durch die [Vertrags-]Strafe gesichert werden soll, unter besonders sorgfältiger Beachtung der §§ 133, 157 [BGB] nach Treu und Glauben mit Rücksicht auf die Verkehrssitte zu beantworten. … Vielmehr erfordert *die schwerwiegende Rechtsfolge*, die in der Verwirkung einer Vertragsstrafe zu erblicken ist, erst recht eine Beurteilung nach Treu und Glauben."(이탤릭체에 의한 강조는 인용자가 부가한 것이다)

(가) 이러한 법리를 구체적으로 발현한 것으로 이해되는 독일의 재판례로서 제국법원(Reichsgericht)의 1910년 12월 13일 판결은[10)] 이 사건의 해결에 특히 참고가 된다고 생각된다.

이 판결의 사안은, Staudinger/Kaduk, § 339 BGB, Rn. 40에 인용된 바에 의하면, 다음과 같은 것이다. 채무자는 그가 공급하는 설비를 특정시기까지 가동할("in Betrieb zu setzen") 의무를 부담하였고 그것이 지연되는 경우에 대하여 매일 일정액의 지체상금을 지급하기로 약정한 것이다. 제국법원은 이 약정을 신의칙에 좇아 해석하여 보면, 시험할 수 있는 상태의 설비(eine prüfungsfähige Anlage)를 채무자가 인도한 날까지의 기간에 대하여 지체상금을 지급할 의무를 부담할 뿐이고, 인도된 설비가 모든 점에서 계약에 정하여진 요구를 충족하는 상태가 되기까지의 기간 전부에 대하여 지체상금을 지급하여야 하는 것은 아니라고 판시하였다는 것이다.

이러한 판단은 이 사건 지체상금약정의 해석에 있어서 시사하는 바가 크다고 하겠다.

(나) 본인은 이 사건 지체상금약정에서 정하는 「상업가동」, 즉 지체상금지급청구권의 발생요건으로서의 상업가동이란, 이 사건 계약의 제1조 제18호("the reliable continuous automatic operation of the Project for commercial purpose upon the Completion of the Project")에서 정하는 바와는 달리, 상업가동을 하는 데 필요한 것으로서 D가 수행하여야 할 공사 또는 작업을 완수하는 것을 의미하는 것으로 해석되어야 한다고 생각한다. 이 사건 지체상금약정에서의 「상업가동」은, 위 제1조 본문에서 명확히 정하고 있는 것처럼, "문맥상 [제1조

10) DJZ 1911, 537.

제18호와는] 달리 해석되어야 할 경우(where the context otherwise requires)"에 해당하여, 제1조 제18호에서와는 다른 의미로 해석되어야 하는 것이다.

그러므로 앞의 Ⅰ.에서 본 사실관계가 전제하는 대로, D가 목표기일인 1997년 6월 30일까지, 자기 측에서 수행하여야 할, 상업가동을 하는 데 필요한 공사 또는 작업을 모두 마쳤다면, 이로써 이 사건 지체상금약정이 정하는 바의 「상업가동」은 적절하게 행하여진 것이며, 따라서 D의 지체상금지급의무의 발생요건인 「상업가동의 지연」은 인정될 수 없다고 하여야 할 것이다.

(다) 이 사건 지체상금약정을 통하여 P는 D로 하여금 상업가동에 필요한 공사 및 작업으로서 그가 인수한 것을 성실하게 수행하여 이를 목표기일인 1997년 6월 30일까지 완수할 것을 보장받으려고 하였다고 이해된다. 다시 말하면 P가 D로부터 지체상금의 지급을 약속받은 것은, 상업가동이 위 기일까지 실제로 행하여지는 것을 확보하기 위하여서라기보다는, **상업가동이 가능한 상태를 조성하기 위하여** D이 하여야 할 바를 위 기일까지 다하도록 하기 위하여서라고 할 것이다.

앞의 (나)에서 본 바와 같은 해석은 P의 이와 같은 의도에 가장 적합하다. 그렇지 아니하고 1997년 6월 30일까지 상업가동 자체가 실제로 행하여져야만 하고 그렇지 아니하면 그 후의 기간에 대하여는 면책사유가 존재하지 아니한 한 D가 지체상금을 지급하여야 한다고 해석하는 것은, D에게 불합리한 희생을 강요하는 것이 된다. 계약은 그 당사자에게 그가 계약 당시에 인수하는 것으로 합리적으로 예견할 수 있었을 범위를 넘는 희생을 강요하도록 해석되어서는 안 되는 것이다. 그리고 위와 같이 해석한다면, 이는 상업가동에 반드시 필요한 변환소의 설치를 D가 아니라 P가 책임지도록 한 당사자들의 의사에도 반한다고 할 것이다.

(라) 위와 같은 「공정한」 계약해석은 한국의 최고법원에 의하여 항용 행하여지고 있는 바이다. 물론 위약금 또는 손해배상액의 예정과 직접 관련되는 재판례는 찾을 수 없으나, 우선 대법원 1971년 9월 28일 판결 71다1601사건(대법원판결요지집, 민사·상사편 I-2권, 881면)을 이 문제에도 시사를 주는 예로 들 수 있을 것이다. 여기서 대법원은 다음과 같이 판시하였다. “부동산매매계약서에 매수자가 대금지급기일에 대금 전액을 지급하지 않을 경우에는 계약은 무효가 되고 계약금의 반환청구는 할 수 없다는 취지의 조항이 있다고 하여도 이는 계약해제권과 이에 따른 손해배상의 약정에 관한 조항에 불과하고 이 조항이 있음으로써 대금채무의 이행지체가 있으면 곧 계약이 무효가 된다고 할 수 없다”는 것이다.

이와 같이 계약당사자 쌍방의 이익에 적절하게 배려하는 계약해석은 이 사건에서도 실현되어야 할 것이다.

(4) 나아가 설사 목표기일인 1997년 6월 30일까지 D가 케이블 보호공사를 남김없이 완성하는 것 역시 지체상금의 약정으로 확보되어야 할 급부에 포함된다고 해석하더라도, 이 사건의 경우에 P가 D에 대하여 지체상금의 지급을 청구하는 것은 권리남용에 해당하여 허용되지 않는다고 하겠다.

(가) 채무자, 즉 지체상금의 지급을 약속한 자에게 단지 사소한 불이행(geringfügige Verstöße)만이 있을 경우에는 채권자, 즉 지체상금청구권자가 이를 감수하여야 하여서 지체상금의 지급을 청구할

수 없는 경우가 존재한다는 것은 한국에서도,[11] 독일에서도[12] 인정되고 있다. 어느 정도의 불이행이 있을 때 그러한가 하는 문제는 물론 일률적으로 대답될 수 없으며, 신의칙의 적용이 논의되는 모든 경우에 그러하듯이 개별적 사건에서 구체적인 사정에 달려 있다.

(a) 한국에서 이 미묘한 문제에 대하여 참고가 되는 재판례로는 대법원 1966년 5월 31일 판결 66다626사건(대법원판결집 제14권 2집, 민사편 49면); 대법원 1971년 7월 31일 판결 71다352사건(대법원판결집 제19권 1집, 민사편 304면) 정도를 들 수 있을 것이다. 전자의 판결에서는 매매대금 14만원 중 3천원(즉 그 2.1% 정도), 후자의 판결에서는 매매대금 2천만원 중 10만5천원(즉 그 0.5% 정도)의 지급을 지연하였던 것이다. 이들 판결은 "위와 같은 근소한 액의 미지급을 이유로 하여 위 계약 전체를 해제한다는 것은 채권관계를 지배하는 신의성실의 원칙에 위배되는 것"이라고 설시하면서, 해제의 효과를 부정하였다.

이와 같이 이상의 판결들은 모두 위약금 또는 손해배상예정금의 지급이 아니라 매도인이 매수인의 매매대금 불이행을 이유로 계약을 해제할 수 있는가가 문제된 것이기는 하다. 그러나 이들 판결은 한국의 실무가 채권자에게 원래라면 부여되었을 법적 공격방법을 거부하는 바의 채무자의 「사소한 불이행」에 대하여 어떠한 잣대를 가지고 있는가를 짐작하기에는 큰 문제가 없다고 생각한다.

---

11) 곽윤직 편집대표, 민법주해 [IX], 1995, 667면(양창수 집필부분) 참조.

12) Staudinger/Kaduk, § 339 BGB, Rn. 55 ff.; MünchKomm/Gottwald, § 339 BGB, Rn. 21 f.(S. 1373 f.); Erman/Westermann, § 339 Rn. 5 (S. 856) 참조. 한편 Gernhuber(주 7), § 34 Ⅲ 5 (S. 774)은, 판례는 이러한 경우에 위약금청구를 부정하는 경향이라고 한다.

(b) D는 1997년 3월 8일에는 케이블매설공사를 모두 마치고, 동년 5월 30일경에는 이에 대한 현장시험을 마쳤으며, 상업가동 목표기일인 동년 6월 30일까지는 보호공사도 그 97%를 완성하였다고 한다. 그러므로 이 사건에서 D이 목표기일인 1997년 6월 30일까지 아직 수행하지 못한 3%의 보호공사부분이 이 사건 계약에 기하여 행하여야 할 전체 작업량의 전체의 2% 미만이라고 한다면, 한국의 법원은 혹 P의 지체상금지급청구권을 부정할는지도 모른다.

(나) 이 사건에는 P의 지체상금지급청구가 신의칙에 반하지 않는지를 판단함에 있어서 고려되어야 할 점으로서, 위와 같은 채무자의 「사소한 불이행」뿐만 아니라, 오히려 더욱 중요한 것으로 채권자 측이 명백하게 계약을 불이행하였다는 사정이 있다.

(a) 물론 지체상금의 지급을 약정한 채무자가 계약을 위반하였다면, 채권자가 계약에 위반하였다는 사정만으로는 원칙적으로 위약금지급의무를 면하게 되는 것은 아니며, 이러한 사정은 앞의 1. (1)에서 본 한국민법 제398조 제2항에 따라 법원이 채무자에게 구체적으로 지급을 명할 손해배상예정액을 감경할 것인지를 판단함에 있어서 고려되는 데 그친다.

그러나 채권자의 계약위반이 상대적으로 중대한 경우에 그 스스로가 채무자의 계약위반, 그것도 사소한 계약위반을 주장하여 위약금의 지급을 구하는 것은 권리남용이 된다고 할 것이다. 이 역시 우리나라에서는 물론이고,[13] 독일에서도 마찬가지로 해석되고 있다.[14]

13) 곽윤직 편집대표, 민법주해[Ⅸ], 1995, 667면 이하(양창수 집필); 최병조(주 6), 230면.

(b) 한국의 재판례 중에도 이러한 취지로 해석될 수 있는 것이 있다. 즉 서울고등법원 1970년 9월 18일 판결 69나729사건(고등법원판례집 1970년 민사편 제2권, 145면)은, 피고가 원고로부터 원고 소유의 건물과 그 대지을 매수하는 매매계약을 체결하였는데 그 목적물에는 이미 A를 위하여 담보권(가등기담보권)이 설정되어 있어서 원고는 그 매매대금으로 A에게 그 담보권의 피담보채무를 변제하여 위 담보권을 소멸시키기로 하였던 사안에 대한 것이다. 그 계약에는 매도인이 계약을 위반한 때에는 계약금의 배액을 매수인에게 지급하고 반대로 매수인이 계약을 위반한 때에는 매도인에게 계약금을 「몰취」하기로 하는 전형적인 소위 「계약금액배상약정」이 포함되어 있었다. 그런데 매수인인 피고는 대금을 지급하여야 할 기일에 대금을 지급하지 아니하였고, 한편 매도인인 원고는 같은 날 피고에게 이행하여야 할 목적물의 인도를 할 준비가 되어 있지 아니하였다(따라서 쌍방이 계약에 충실하지 아니하였다). 위와 같이 피고가 대금을 지급하지 아니하자 원고는 A에 대한 채무이행을 하지 못하였고, 그러자 A는 가등기에 기하여 본등기를 경료하였다. 그리하여 결국 매도인인 원고는 피고에게 소유권을 이전할 수 없는 이행불능의 상태에 빠지게 되었다. 이 사건에서 원고는 피고의 계약불이행을 이유로 위와 같이 약정한 위약금의 지급을 청구하였다.

---

14) 특히 MünchKomm/Gottwald, § 339 BGB, Rn. 22(S. 1373): "[H]at er sich *selbst* in erheblichen Maße *vertragswidrig verhalten*, so handelt er *rechtsmißbräulich*, wenn er eine daran geknüpfte Vertragsstrafe einfordert." (이탤릭체에 의한 강조는 원문대로) 또한 Gernhuber(주 7), § 34 Ⅲ 5 (S. 775)은, 채권자가 채무자의 채무불이행을 교사하거나 유발하거나 상당한 기간 별다른 이의 없이 감내한 경우는 물론이고, 채권자 스스로 자신의 의무를 이행하지 아니한 경우에도 채권자의 위약금청구에는 신의성실의 원칙(독일민법 제242조)이 적용된다고 한다.

법원은, 위와 같은 사정 아래서는 "위 이행불능의 상태가 피고의 귀책사유만에 의하여 생긴 것이라고는 볼 수 없고, 원·피고 쌍방의 귀책사유로 발생한 것이라고 봄이 상당하며 이와 같은 경우 피고는 원고에게 약정된 손해배상의 의무는 없다 할 것"이라고 판단하였던 것이다.

이 판결은 위약금의 지급을 청구하는 채권자(원고)에게도 계약에 불성실한 사정이 있다면 그 청구권은 부인된다는 취지이다. 물론 이 판결에 대하여는, 계약당사자 쌍방의 계약에 대한 충실의 정도를 비교함이 없이 원고도 계약에 불성실하였다는 것만으로 바로 그의 위약금청구권을 부인하였다는 것만을 본다면 이를 비판할 여지가 있을 것이나, 적어도 위약금지급청구에 있어서 법원실무가 그 청구자에게 요구하는 행태를 엿볼 수 있게 한다는 점에서 의미가 없지 않다.

(c) 이 사건에서 P는 이 사건 케이블의 상업가동에 필요한 변환소의 건설에 대하여 책임을 지고 있다. 그런데 그는 이 변환소 설치에 관하여 1997년 5월 28일경에야 제3자와의 사이에 이를 위한 공사계약을 체결하였고, 그 계약에서 정하여진 공사완성일 자체가 이미 D이 맡은 공사의 목표기일인 동년 6월 30일보다 5개월이 늦은 동년 11월 30일이었다. 그리고 실제로 그 공사가 완성된 것은 1998년 2월이었다. 그리고 이러한 변환소 설치의 지연이 상업가동을 1998년 3월에야 이루어지게 하였던 것이다.

이와 같이 자신이 책임지는 사항에 대하여 의무를 게을리한 P가 D의 사소한 불이행, 즉 목표기일인 1997년 6월 30일까지 보호공사의 3%를 미완성을 한 것을 들어, 이 사건 지체상금의 지급을 구하는 것은 한국법상 신의성실의 원칙에 반하여 권리남용에 해당할 가능성이 적지 않다고 하겠다.

(다) 이러한 판단은 특히 D가 목표기일인 1997년 6월 30일까지 행하지 못한 3%의 부분을 포함하여 모든 보호공사를 그 후 1개월 남짓 지난 동년 8월 12일까지는 최종적으로 마무리하였다는 사정까지 합하여 생각하면 더욱 굳어진다.

(a) 독일에서는 위약금지급의무를 발생시키는 채무자의 채무불이행이 있어도 채권자가 아직 위약금의 지급을 청구하지 아니한 한 채무자가 사후적으로 적법한 급부를 제공한 경우에는 이를 수령하여야 하며 이제는 별도로 위약금의 지급을 청구하지 못한다고 하여야 한다는 이른바 「불이행의 보정(Verfallbereinigung)」이 논의되고 있다.[15] 이를 인정하여야 하는 주장이 다수 학설의 찬성을 얻지 못하고 있음은 독일의 문헌에서 확인할 수 있기는 하다.[16]

(b) 그러나 그러한 주장이 제기되는 것 자체에서 알 수 있듯이, 채무자가 자신의 채무불이행을 1개월 여라는 비교적 단기간 내에 사후에 보완하여 채무를 적법하게 이행하였다는 사정은 채권자의 위약금청구가 권리남용이 되는가를 판단함에 있어서는 역시 고려되어야 할 하나의 요소라고 하겠다. 특히 이 사건에서와 같이 그 보완이 있기까지 채권자가 채무자의 불이행으로 인하여 별다른 손해를 입었다는 사정은 찾을 수 없고, 나아가 채권자 자신의 행태로

15) 이를 인정하여야 한다는 Rolf Knütel, Verfallbereinigung, nachträglicher Verfall und Unmöglichkeit bei der Vertragsstrafe, in: *AcP* 175(1975), S. 44 ff.의 주장에 촉발된 논의이다.

16) 무엇보다도 Gernhuber(주 7), § 34 Ⅲ 5 Fn. 65 u. 66 (S. 774 f.)에서 제시된 문헌들 참조.

말미암아 계약에 따른 사업의 원만한 완수가 방해당하고 있었던 경우에는 더욱 그러할 것이다.

(라) 이상에서 본 바와 같이, 설사 D이 목표기일인 1997년 6월 30일까지 D이 케이블 보호공사를 모두 완성하는 것 역시 지체상금의 약정으로 확보되어야 할 급부에 포함된다고 해석하더라도, 이 사건의 경우에는 D이 그 날까지 완성하지 아니한 것은 극히 사소한 부분에 불과하였고 그나마 그 후 1개월 여만에 이를 모두 완결한 반면, P는 자신이 계약상으로 인수한 책임을 그로부터 현저히 위반하여 그로부터 훨씬 후에야 비로소 이를 다하였으며 그 사이에 D의 위와 같은 사소한 불이행으로 인하여 아무런 손해를 입은 바 없으므로, P이 이 사건 지체상금약정을 들어 D에 대하여 지체상금의 지급을 청구하는 것은 한국법에 의하면 신의칙에 반하여 권리남용에 해당한다고 할 것이다.

4. 결론

결론적으로 P는 D에 대하여 이 사건 지체상금약정에 기하여 지체상금의 지급을 청구할 권리를 가지지 못할 가능성이 크다.

이는 우선 이 사건 지체상금약정에서 지체상금지급의무의 발생요건으로 정하여진 「상업가동의 지연」이 인정되지 아니할 수 있기 때문이다.

나아가 설사 그것이 인정되더라도 이 사건의 사정 아래서는 P이 D에 대하여 지체상금의 지급을 청구하는 것은 권리남용에 해당하여 법적으로 허용되지 아니할 수 있기 때문이다.

(2000년 2월 작성)

2. 계속적 물품공급계약의 해소로 인한 재고품 반환 등의 법문제

A. 서

1. [본인의 학력 및 경력, 생략]

2. 본인은 아래 피신청인을 대리하는 ○○ 법률사무소로부터 싱가포르에서 진행되고 있는 주식회사 ○○(이하 '신청인' 또는 '신청인 회사'라고 한다) 대 ○○ Ltd.(이하 '피신청인' 또는 '피신청인 회사'라고 한다) 사이의 중재사건과 관련하여 이에 적용되는 대한민국법에 대하여 검토를 의뢰받고, 아래와 같이 본인의 의견을 진술한다.

[이 항의 이하 생략. 검토의 기초가 된 중재신청서 기타 당사자들의 서류 등 열거]

B. 이 의견서를 작성함에 있어서 전제되는 사실관계

3. 신청인은 1992년경부터 피신청인 회사로부터 직접 또는 그 계열회사인 피신청인 회사의 한국 법인을 통하여 의료용구를 공급받아, 이를 자신의 이름으로 한국 내의 의료기관에 판매하여 왔다. 신청인과 피신청인 회사는 1997년 ○월 ○일자로 일정 품목의 의

료용구에 관하여 피신청인 회사가 신청인에 한국 내에서의 독점판매권을 부여하기로 하는 것을 주된 내용으로 하는 계약(이하 '이 사건 계약'이라고 한다)을 체결하였다.

4. 이 사건 계약 및 그로부터 발생하는 권리의무에 대하여는 한국법이 적용된다.(제13.2조)

5. 이 사건 계약은 특히 계약의 존속기간, 갱신 및 해지에 대하여 다음과 같이 규정하고 있다.

(i) 이 사건 계약은 3년간 존속하되, 그 3년 동안 반년마다 갱신되어야 하며, 이 갱신은 선행기간의 거래를 포함한 모든 영업상황을 고려한 후에 양측의 서면에 의한 합의에 의하여서만 행하여진다.(제9조)

(ii) 나아가 이 계약은 일정한 사유가 발생한 경우에는 그 중 일방 당사자의 일방적인 의사표시로 해지될 수 있다.(제10.1조)

(iii) "이 계약이 해지되거나 종료되면 피신청인 회사는 어떠한 미이행의 주문도 철회할 수 있고, 신청인으로부터 (i) 모든 재고품을, 그 재고품이 '매매에 적합(saleable)'하고 또한 양호한 상태에 있는 때에는 신청인이 그 물품을 피신청인 회사로부터 매수한 가격(부가가치세 제외)으로 환매하되, 물품이 양호한 상태에 있지 아니한 경우에는 환매대금은 그에 상응하여 조정되며, (ii) 모든 기구와 전시장비를 5년 기간으로 감가상각함을 전제로 한 신청인의 순장부가액(= 미상각잔액)으로 환매한다."(제10.2조)

(iv) "이 계약이 어떠한 원인으로 해지 또는 종료되었든지 간에 쌍방 당사자는 그러한 종료 또는 해지를 이유로 하여 발생한 어

떠한 손해, goodwill 또는 이익 상실에 대하여도 상대방에 대하여 책임을 지지 아니한다. 이 제10.4조에 정하여진 것을 제외하고는, 각 당사자는 이 계약의 해지일 이전에 발생한 의무로부터 해방되지 아니한다."(제10.4조)

6. 피신청인 회사는 1998년 ○월 ○일 신청인에 대하여 이 사건 계약을 해지한다는 통지를 보냈고, 신청인은 동월 ○일 이에 동의함으로써, 이 사건 계약관계는 종료되었다.

7. 그 후 신청인과 피신청인 회사 사이에는 이 사건 계약의 해지로 인한 재고품의 환매 기타 관계의 청산에 관하여 분쟁이 발생하였다.

C. 본인이 의견을 요청받은 법적 문제

8. 본인은 다음과 같은 사항에 대한 한국법의 내용에 대하여 의견을 요청받았다.

(1) 계약이 해지된 경우에 당사자 사이의 법률관계의 청산은 어떠한 기준에 의하여 행하여지는가?

(2) 그 기준에 따르는 경우 이 사건에서 신청인과 피신청인 회사가 각각 상대방에 대하여 부담하는 의무는 무엇이고, 양자는 어떠한 관계에 있는가?

(3) 환매의 목적물인 재고품이 계약 해지 후부터 피신청인

회사에게 인도되기까지 사이에 멸실 또는 훼손되거나 기타 목적물의 가치를 저하시키는 변경이 일어난 경우에 그로 인한 불이익은 누가 부담하는가?

(4) 신청인은 피신청인 회사에게 환매의 목적물인 재고품의 보관비용을 청구할 권리를 가지는가?

(5) 신청인은 피신청인 회사에게 환매대금에 대한 지연손해금의 지급을 청구할 권리를 가지는가?

(6) 만일 피신청인 회사가 신청인에게 신청인이 일정한 계약내용을 달성하는 것을 조건으로 하여 환차손보상금 및 판매장려금을 지급한 경우에, 신청인이 그 조건이 된 계약내용을 달성하지 못하였으면, 신청인은 피신청인 회사에게 그 환차손보상금 및 판매장려금을 반환할 의무를 부담하는가?

D. 본인의 의견 개진의 전제

9. 본인은 위의 문제에 대하여 의견을 개진함에 있어서, 이 사건과 관련하여 신청인과 피신청인 사이에 전개된 여러 가지의 사실관계에 대한 법적 평가는 이를 행하지 아니하는 것에 유념하였고, 그 전제로 그들이 주장하고 있는 사실의 진정 여부도 문제 삼지 아니하였다.

본인은 이 진술서에서 한국법이 위의 문제에 대하여 판단의 준거로 삼는 바를 일반적으로 제시하고자 한다.

E. 계약의 종료로 인한 청산문제

10. 이 사건 계약에서와 같이 당사자들이 일정한 기간에 걸쳐 계속적인 거래를 가지는 계약관계가 해지나 기간 만료 등의 사유로 종료된 경우에, 그 계약의 청산을 위하여 당사자들이 어떠한 권리를 가지고 어떠한 의무를 부담하는가는 일차적으로 그에 관한 당사자의 약정에 의하여 정하여진다.

그러므로 이 사건 계약의 경우에도, 계약의 종료로 인한 청산에 대하여 정하는 제10조의 정함, 특히 제10.2조 이하의 정함이 이 문제의 처리에 적용된다.

F. 계약의 청산에 관한 당사자의 권리의무

11. 이 사건 계약의 종료로 인한 청산에 관련한 당사자의 권리의무는 결국 제10.2조 이하의 약정을 어떻게 해석할 것인가에 귀착된다.

12. 이 사건 계약 제10.2조는, 이 사건 계약이 종료되는 경우에는 피신청인 회사가 신청인으로부터 일정한 물품을 다시 매수하는 것(이하 '이 사건 환매'라고 한다)을 내용으로 한다.

그리고 이 사건에서 당사자들은 이 사건 계약의 종료와 동시에 또는 그 직후에 위와 같은 환매계약이 이미 효력을 발생하였다는 점에 대하여 별다른 이의를 제기하지 아니하는 것을 전제로 논의하기로 한다.

F-1. 신청인의 주된 의무

13. 이 사건 환매와 같은 계약은 매매계약의 성질을 가진다. 그러므로 이 사건 환매에 기하여, 신청인은 피신청인 회사에 대하여 일정한 물품을 인도 및 양도할 의무(이하 이 의무를 합하여 단지 '인도채무'라고만 한다)를 부담한다. 환매의 목적물이 되는 것은 제10.2조의 해석상 우선 피신청인 회사로부터 매수하여 인도받았던 재고품에 한정된다.

14. 그런데 그 외에 이 사건 환매의 목적물이 어떠한 요건을 충족하여야 하는가는, 제10.2조의 (i)에서 "그 재고품이 '매매에 적합'하고 또한 양호한 상태에 있는 때에는 신청인이 그 물품을 피신청인 회사로부터 매수한 가격(부가가치세 제외)으로 환매하되, 물품이 양호한 상태에 있지 아니한 경우에는 환매대금은 그에 상응하여 조정"된다는 구절과 관련하여 검토를 요한다.

위 구절은 환매의 목적물에 대한 것이 아니라 그 **대금의 결정**에 대한 것으로서, '매매에 적합'하고 또한 양호한 상태라는 두 요건을 모두 갖춘 재고품은 "신청인이 그 물품을 피신청인 회사로부터 매수한 가격(부가가치세 제외)"으로 환매되고, "물품이 양호한 상태에 있지 아니한 경우"에는 "그에 상응하여 조정"된 가격으로 환매되어야 한다는 의미이며, **환매의 대상**이 되는 목적물에 대하여는 그 앞의 "모든 재고품"이라는 문언에 따라 신청인이 피신청인 회사로부터 매수하여 인도받았던 재고품이면 모두 이 사건 환매의 목적물이 된다고 해석될 수 있을지 모른다.

그런데 다른 한편으로 보면, 그와 같이 해석하면 아예 "매매에 적합하지 아니하게 된 재고품"의 가격은 어떻게 결정되어야 하는지에 대하여 약정의 공백이 있게 된다. 이 점을 고려하여 보면, 역시 "매매에 적합하다"는 점은 환매의 대상이 되는 목적물에 관한 요건이라고 해석될 여지도 아주 배제될 수는 없다.

15. 그런데 양자 중 어떠한 해석을 택할 것인가는 이 사건에서 당사자들의 권리의무를 판단함에 있어서, 의미 있는 차이를 발생시키지 아니한다고 할 것이다. 그것은 어느 쪽으로 해석하든지 간에 피신청인 회사의 주된 의무의 내용, 즉 피신청인 회사가 지급하여야 할 환매대금의 액을 구체적으로 확정하기 위하여서는 뒤의 제18항에서 보는 대로 매매에 적합한지, 양호한 상태에 있는지 등이 밝혀져야 하기 때문이다. 그러므로 더 이상 살펴보지 아니한다.

F-2. 피신청인 회사의 주된 의무

16. 매매의 성질을 가지는 이 사건 환매에 기하여, 피신청인 회사는 신청인에 대하여 이 사건 환매의 목적물(신청인이 피신청인 회사로부터 매수하여 인도받았던 재고품 전부 또는 그 중 매매에 적합한 물건)의 대금을 지급할 의무를 부담한다(이하 '대금지급채무'라고 한다).

17. 그 대금은 위의 제10.2조의 (i)에 의하면 다음과 같이 정하여진다.

우선 "재고품이 '매매에 적합'하고 또한 양호한 상태에 있는 경우"이면, "신청인이 그 물품을 피신청인 회사로부터 매수한 가격(부가가치세 제외)"이다.

나아가 "만일 재고품이 양호한 상태에 있지 아니한 경우"이면, "그에 상응하여 조정(be adjusted accordingly)"된 가격이다. 여기서

「조정」이라는 것은, 재고품의 불량으로 인한 가치의 저락의 정도에 맞추어 객관적으로 감액된다는 의미로 해석되거나, 아니면 당사자들이 그 불량한 재고품에 대하여 지급할 환매대금에 대하여 별도로 합의하여야 비로소 지급액이 확정된다는 의미로 해석될 가능성이 있다. 본인은 "그에 상응하여"라는 말에 비추어 오히려 전자의 의미로 기울어진다.

F-3. "채무의 이행을 위하여 협력하여야 할 채권자의 의무"

18. 이 사건 환매에 기하여 신청인과 피신청인 회사는 앞의 제13항부터 제17항까지에서 본 내용대로 각각 인도채무와 대금지급채무를 부담한다.

그런데 이는 객관적으로 그러한 채무를 부담한다는 것일 뿐이고, 그 채무를 실제로 이행함에는 가볍지 아니한 장애에 부딪칠 수 있다. 신청인으로서는 재고품 중 자신이 피신청인 회사로부터 매수한 것을 가려내는 것은 어렵지 아니하겠지만, 피신청인 회사로서는 자신이 지급하여야 할 대금을 확정하려면, 대체로 다음과 같은 사정이 밝혀져야 할 것이다. 즉 ① 피신청인 회사가 신청인에게 매도하여 인도한 물품 중에서 '재고품'으로 남아 있는 것은 구체적으로 어떠한 것인가, ② 그 물품 각각에 대하여 "신청인이 그 물품을 피신청인 회사로부터 매수한 가격(부가가치세 제외)"은 얼마인가, ③ 그 물품 각각이 '매매에 적합'하고 또한 양호한 상태에 있는가, ④ 만일 양호한 상태에 있지 아니하다면 그 불량으로 인하여 어느 만큼 위 ②의 가격에서 감액되어야 할 것인가 등등이 그것이다. 그리고 이와 같이 자신의 채무이행의 전제로서 알아야 할 사정은 대체로 그 채권자인 신청인으로부터 그에 관한 정보를 얻어야 하는 사정인 것이다.

19. 일반적으로 한국법에서는 채권자와 채무자는 급부가 실현되도록 서로 협력할 의무가 있다고 일컬어진다. 한국의 대표적인 민법교과서는 다음과 같이 설명한다.[1](고딕체에 의한 강조는 인용자가 가한 것이고, 점선은 인용자가 생략한 부분을 가리킨다. 이하 특별한 지적이 없는 한 마찬가지이다)

> "특정인 사이에 성립하는 구체적인 채권관계는, 단순히 이들 권리·의무의 전체를 모아 합한 것이 아니며, 그 이상으로 당해 채권관계에 의하여 **당사자가 달성하려는 목적을 향해서 서로 협력하여야 할 긴밀한 관계**인 것이다. … 채권관계를 위와 같이 파악한다면, 채권과 채무는, 단순히 채무자에게 급부를 청구하고 이를 수령·보유하는 권리와 채권자에게 급부하여야 할 의무로서, 제각기 홀로 떨어져 있는 대립물은 아니며, **채권자의 만족, 즉 급부의 이행이라는 목적의 달성을 목표로 하는 당사자 사이의 포괄적 법률관계인 채권관계**의 한 내용 또는 요소로서 존재하는 것이라고 생각할 수가 있는 것이다. … 채권관계는 하나의 사회적 목적을 가지는 채권·채무의 유기적인 결합관계이므로, … **신의칙에 의하여 지배되는 하나의 협동체 또는 공동체의 관계**라고 하여야 한다."

그리하여 "당사자는 … 채권관계에서 꾀하는 공동목적의 달성에 협력할 유기적 관계를 구성한다"고 하여, 예를 들면 채권자에게는 채무자가 채무의 이행으로 제공하는 급부를 수령하여야 할 의무가 있다고 인정하는 것이다.[2]

20. 이러한 협동체관계는, 앞의 인용에서도 보듯이, 기본적으

1) 곽윤직, 채권총론, 신정(수정판), 1999, 24면.
2) 곽윤직(주 1), 123면.

로 한국 민법의 기본원리라고 논의의 여지 없이 받아들여지고 있는 민법 제2조에서 정하는 신의칙[3]의 한 적용으로 설명되고 있다.

21. 이러한 점에 비추어 보면, 신청인으로서는, 앞의 제13항부터 제15항까지 살펴본 인도채무뿐만 아니라, 피신청인 회사의 요구가 있으면 이 사건 환매의 목적물이 된 재고품의 목록을 작성·전달하고, 그 현상을 알려 주며, 또 필요가 있다면 피신청인 회사의 재고품 검색에 응할 신의칙상의 협력의무를 부담한다고 할 것이다.

22. 이러한 협력의무는 결국 이 사건 계약의 '보충적 해석'으로부터 나오는 것이라고 설명될 수 있다. 본인은 앞의 제20항에서 본 민법 제2조 제1항에 대한 주석에서 "계약의 「보충적 해석」에서의 신의칙"에 관하여 다음과 같이 말한 바 있다.[4](꺾음괄호 안은 인용자가 추가한 부분을 가리킨다)

> "계약의 보충적 해석[은] 일차적으로 당사자들의 가정적 의사를 기준으로 [한다.] … 그러한 「가정적 의사」는 당연히 우선 **당사자들이 그 계약에서 실제로 한 합의로써 추구한 경제적·사회적 목적을 탐색하여, 이를 실현하는 데 조력하는 방향에서 발견되어야 할 것**이다."

23. 이 사건에서 피신청인 회사와 신청인은 이 사건 계약을 해지하고 그 계약관계를 청산하기 위하여 신청인이 피신청인 회사로부터 구입한 물품을 환매하는 것이라고 여겨진다. 그러므로 피신청

---

3) 민법 제2조 제1항: "권리의 행사와 의무의 이행은 신의에 좇아 성실히 하여야 한다."

4) 민법주해 [I], 1992, 172면(양창수 집필부분).

인 회사가 지급하여야 할 환매대금의 액을 구체적으로 정하기 위하여 필요하며 또 피신청인 회사 자신으로서는 그에 관한 정보를 획득할 수 없는 위와 같은 사항들에 관하여 신청인이 위와 같이 협력하여야 함은, 이 사건 계약 제10.2조를 "당사자들이 실제로 한 합의로써 추구한 경제적·사회적 목적을 실현하는 데 조력하는 방향에서" 해석함으로써 인정될 수 있는 것이다.

24. 신청인이 이와 같은 신의칙상의 협력의무를 현저하게 위반함으로 말미암아 피신청인 회사가 자신이 이행하여야 하는 대금지급채무의 구체적인 내용을 개략적으로라도 알 수 없었다고 한다면, 신청인은 그 자체로써 그 이후에 피신청인 회사에 대하여 대금지급채무의 불이행을 이유로 하는 법적 책임을 물을 수 없다고 할 것이다.

F-4. 인도채무와 대금지급채무의 동시이행관계

25. 신청인의 인도채무와 피신청인 회사의 대금지급채무는 동시이행관계에 있다. 민법 제536조 제1항은 "쌍무계약의 당사자 일방은 상대방이 그 채무이행을 제공할 때까지 자기의 채무이행을 거절할 수 있다"고 정하여 소위 동시이행의 항변권에 대하여 정한다. 채권자가 쌍무계약으로부터 발생하는 상대방의 주된 의무의 이행을 청구한 데 대하여 채무자가 동시이행의 항변권을 유효하게 행사한 경우에는, 한국의 법원은 "채권자가 자신의 주된 의무를 이행함과 동시에(또는 '상환(相換)으로') 채무자는 그의 주된 의무를 이행하라"는 판결을 내린다.

이 사건 환매는 바로 위 규정에서 정하는 '쌍무계약'에 해당한다. 그러므로 신청인과 피신청인 회사는 각각 상대방이 부담하는 반대채무의 이행 또는 이행제공이 없는 한 자신의 채무의 이행을 거절할 수 있다. 피신청인 회사는 신청인이 부담하는 인도채무를 **제대로 유효하게** 이행하였거나 현재 이행을 제공하고 있는 상태가 아니면 대금의 지급을 거절할 수 있는 것이다.

26. 이 사건에서 당사자 사이에 문제되고 있는 이행의 **제공**에 대하여 살펴본다.

이 사건 환매는 뒤의 제36항에서 보는 대로 특정물에 대한 매매계약이다. 따라서 인도는 "채권 성립 당시에 그 물건이 있던 장소에서" 하여야 한다(민법 제467조 제1항[5] 참조). 다시 말하면 인도채권자인 피신청인 회사는 그 장소에 와서 이를 인도받아야 하며, 이와 같은 경우는 위의 민법 제460조[6]의 단서에서 정하는 "채무의 이행에 채권자의 행위를 요하는 경우"에 해당한다고 이해되고 있다. 그러므로 신청인은 자신의 인도채무에 대하여 민법 제460조 단서에 따른 이행의 제공을 하여야 한다.

27. 그러므로 신청인은 원칙적으로 ① 이행 준비를 완료하는 것뿐만 아니라, ② 그 사실을 채권자에게 통지하고 이를 수령하도록 요구하여야 하며, 또한 ③ 제공된 이행의 내용이 그 수령으로 채무를 소멸시킬 수 있는 "채무의 내용에 좇은" 것으로 평가될 수

---

5) 민법 제467조 제1항 : "채무의 성질 또는 당사자의 의사표시로 변제장소를 정하지 아니한 때에는 특정물의 인도는 채권 성립 당시에 그 물건이 있던 장소에서 하여야 한다."

6) 민법 제460조 : "변제는 채무내용에 좇은 현실제공으로 이를 하여야 한다. 그러나 채권자가 미리 변제받기를 거절하거나 채무의 이행에 채권자의 행위를 요하는 경우에는 변제준비의 완료를 통지하고 그 수령을 최고하면 된다."

있어야만, 이행제공을 한 것이 된다.

28. 주류적인 판례의 태도에 의하면, 이행의 제공에는 단지 이행의 준비태세를 갖추는 것만으로는 족하지 아니하며, 나아가 채권자에게 이를 통지하여 이를 수령하도록 요구하여야 한다.

예를 들면 대법원 1970년 4월 14일 판결 69다1223사건(대법원 판결집 제18권 1집, 민사편 321면)은, 구두제공으로 족하다고 이해되고 있는 소유권이전등기채무의 이행제공에 대하여, "언제든지 현실제공을 할 수 있는 정도로 등기절차에 필요한 일체의 서류준비를 완료하고 그 뜻을 통지하여 그 수령을 최고하여야만 하는 것이고 … **등기이전을 하여 줄 수 있는 준비 또는 태세를 갖추고 있었다는 자기 혼자 사정만으로는 이행제공으로 볼 수 없다**"고 판시하였고, 이러한 취지는 그 후의 대법원 1992년 12월 24일 판결 92다3311사건(법원공보 938호, 588면); 대법원 1993년 4월 13일 판결 92다56438사건(법원공보 945호, 1394면) 등에서도 반복되고 있다.

29. 나아가 앞의 제27항에서 본 대로 제공된 이행의 내용이 그 수령으로 채무를 소멸시킬 수 있는 "채무의 내용에 좇은" 것으로 평가될 수 있어야 함은 물론이다.

채무자가 이행 준비를 완료하고 이를 채권자에게 통지하여 그 수령을 최고하였더라도, 그 최고에 있어서 채권자가 이행하여야 할 반대채무에 대하여 과대한 요구를 하고 그와 상환하여서만 자신의 채무를 이행할 뜻을 표시하거나, 또는 동시이행관계에 있는 채권자의 반대채무에 대하여 이것이 선이행되어야 한다는 부당한 주장을 덧붙음으로써 결과적으로 계약관계 전체를 법이 요구하는 바대로 적합하게 이행할 것을 거부하는 것이 되는 경우에는, 이 역시 적법한 이행의 제공이 있다고 할 수 없다.

30. 한편 재판례 중에는 채무자가 한 이행의 제공이 앞의 제27항에서 본 ① 내지 ③의 요건을 완전히 충족하지는 못하는 경우라도, (i) 그 부족의 정도가 경미하고 또한 (ii) 채권자 측에도 그가 하여야 할 반대채무의 이행에 대하여 그 준비를 전혀 하지 아니하거나 상당한 정도로 소홀히 하는 등 계약의 이행에 불성실한 사정이 현저한 경우에는, 신의칙상 그 '이행의 제공'을 적법한 것으로 인정하는 경우도 없지 아니하다. 대법원 1991년 8월 23일 판결 91다13120사건(법원공보 906호, 2407면); 대법원 1992년 9월 15일 판결 91다15614사건(법원공보 928호, 2514면) 등이 그러하다.

이 사건에서 과연 신의칙에 비추어 '이행의 제공'의 요건을 신의칙에 비추어 완화할 만한 사정이 있는지는, 이 사건에 나타난 당사자들의 행태를 전체적으로 판단하여 어느 쪽이 이 사건 환매의 원만한 실행에 현저하게 장애가 되었는가 하는 판단에 좌우되기 쉬울 것이다. 이러한 관점에서 보면, 앞의 제21항에서 본 대로, 피신청인 회사에 대하여 신청인이 이 사건 환매의 목적물에 대하여 그 현황을 알려 주고 필요에 따라서는 재고품의 검색을 용인할 의무를 진다는 것이, 신청인이 적법한 이행의 제공을 하였는가에 대하여 보다 엄격하게 판단하게 할 사정이 될지도 모른다.

31. 위의 민법 제536조 제1항은 "상대방이 그 [자신의] 채무[의] 이행을 제공할 때까지 … 채무이행을 거절할 수 있다"라고 규정하여, 그 문언만으로는 상대방이 자신의 채무에 대하여 **한 번** 이행제공을 하기만 하면, 비록 채무의 이행은 없었더라도, 그 때부터 채무자는 위 규정에 기한 이행거절권을 가지지 못하는 것으로 이

해될는지 모른다.

그러나 한국의 통설은, 채권자가 자신의 반대채무에 대하여 일단 이행의 제공을 하였더라도, 그 후에 채무자에 대하여 그 **채무의 이행 자체를 청구하는 경우**에는, 채무자는 이에 대하여 여전히 역시 동시이행의 항변권을 가진다고 한다. 또한 대법원 1966년 9월 20일 판결 66다1174사건(대법원판결집 14권 3집, 민사편 52면)은 "쌍무계약의 당사자 일방이 먼저 한 번 현실의 제공을 하고 상대방을 수령지체에 빠지게 하였다 하더라도 그 **이행의 제공이 계속되지 않은 경우**에는 과거에 한번 이행의 제공이 있었다는 사실만으로 상대방이 가진 동시이행의 항변권이 소멸한다고 할 수 없"다고 하는데, 이는 위에서 설명한 통설과 같은 태도라고 이해된다. 이러한 대법원의 태도는 그 후의 대법원 1972년 11월 14일 판결 72다1513사건(대법원판결집 제20권 3집, 민사편 112면); 대법원 1995년 3월 14일 판결 94다26646사건(법원공보 990호, 1602면) 등에서도 별다른 수정 없이 반복되고 있다.

따라서 위 규정의 "이행을 제공할 때까지 … 거절할 수 있다"는 문언은 그 한도에서 수정되어 해석되고 있는 것이다.

32. 채무자로부터 동시이행의 항변권이 적법하게 행사된 경우에는, 이를 물리치기 위하여는 채권자가 자신의 반대채무를 제대로 적법하게 이행하였거나 이행을 제공하고 있음을 주장·입증하여야 한다.

그러므로 피신청인 회사가 신청인의 대금지급청구에 대하여 동시이행의 항변을 한 경우에는, 신청인이 자신의 인도채무를 **제대로 적법하게** 이행하였거나 이행이 제공되고 있음을 입증하지 아니하는 한, 피신청인 회사는 신청인이 그의 인도채무를 이행하는 것과 상환으로만 자신의 채무를 이행할 의무가 있는 것이다.

G. 환매목적물의 멸실·훼손·현상변경 등으로 인한 법적 불이익

33. 이 사건에서 신청인이 인도 및 양도할 채무를 부담하는 목적물이 이 사건 환매 이후, 즉 그의 인도채무의 발생 이후에 멸실 또는 훼손되거나 기타 목적물의 가치를 저하시키는 변경이 일어난 경우(이하 이들을 합하여 '사후적 악화'라고 한다)에 그로 인한 불이익은 누가 부담하는가?

이 문제는, 신청인이 그의 인도채무에 대하여 적법하게 이행제공을 하였음에도 피신청인 회사가 이를 수령하지 아니하였는지 여부, 즉 피신청인 회사가 한국법에서 말하는 '채권자지체'(또는 '수령지체')에 빠졌는지 여부에 의하여 다르게 판단된다. 한편 신청인이 그의 인도채무에 대하여 적법한 이행제공을 하지 아니한 경우에는 애초에 채권자지체가 문제될 여지가 없다.

G-1. 피신청인 회사가 채권자지체에 빠지지 아니한 경우

34. 신청인이 피신청인 회사에게 인도하여야 할 이 사건 환매의 목적물이 사후적으로 악화된 것에 대하여 그 채무자인 신청인에게 '귀책사유'가 있는 경우에는, 신청인은 피신청인 회사에 대하여 그 사후적 악화로 인하여 발생한 손해를 배상할 채무를 부담한다(민법 제390조[7] 참조).

그러므로 피신청인 회사는 신청인에 대하여 원래 지급하여야

7) 민법 제390조 : "채무자가 채무의 내용에 좇은 이행을 하지 아니한 때에는 채권자는 손해배상을 청구할 수 있다. 그러나 채무자의 고의나 과실없이 이행할 수 없게 된 때에는 그러하지 아니하다."

할 대금액 중에서 그 손해를 공제하고 남은 대금에 대하여만 대금지급채무를 부담하게 된다.

35. 과연 그 사후적 악화가 누구의 '귀책사유'로 말미암아 발생하였는지에 대하여는 민법 제374조가 일정한 지침을 준다. 이 규정에 의하면, "특정물의 인도가 채권의 목적인 때에는 채무자는 그 물건을 인도하기까지 선량한 관리자의 주의로 보존하여야 한다." 여기서 '보존'이란 바로 이 사건에서 문제되고 있는 멸실·훼손 기타 목적물의 가치저하를 막고 그 경제적 가치를 유지하는 것을 말한다. 그리고 대법원 1982년 8월 24일 판결 82다카254사건(법원공보 690호, 875면); 대법원 1987년 11월 24일 판결 87다카1575사건(대법원 판례집 제35권 3집, 281면); 대법원 1992년 9월 22일 판결 92다16652 사건(법원공보 932호, 2968면) 등 확고한 판례와 통설에 의하면, 이 보존의무의 이행에 대한 입증의 책임은 특정물인도채무자에게 있다. 그러므로 인도되어야 할 목적물의 사후적 악화 등이 있는 경우에, 채무자는 자신의 위와 같은 의무를 다하였음을 증명하지 못하면 앞의 제34항에서 본 바와 같은 손해배상책임을 지게 된다.

36. 이 사건에서 신청인은 위의 민법 제374조에서 말하는 "특정물의 인도"를 목적으로 하는 채무를 부담한다. 즉 이 사건 환매의 목적물이 된 피신청인 회사로부터 매수한 재고품은 바로 그것이 인도되어야 하는 특정물이기 때문이다.

그러므로 신청인은 자신이 이 사건 환매목적물의 '보존'을 위하여 필요한 조치를 다하였음을 주장·입증하지 못하는 한 그 환매목적물의 사후적 악화로 인하여 발생한 손해를 배상하여야 한다. 특히 신청인과 같이 이 사건 환매의 목적물과 같은 물품의 매매를 영업의 하나로 하는 상인으로서는 그 유효기간의 도과가 가지는 의미를 고려하여 자신이 보관하는 도중 그러한 일이 일어나지 아니하도록 하였어야 했을 것이다.

37. 이 사건 환매의 목적물의 그러한 사후적 악화에 대하여 신청인에 '귀책사유'가 없는 경우에는 신청인은 앞의 제34항에서 본 바와 같은 손해배상채무를 지지 아니한다. 그러나 이 경우에 그는 그 사후적 악화로 인하여 자신이 이 사건 환매 당시의 상태대로 환매목적물을 인도할 수 없게 된 한도에서 피신청인 회사에 대하여 대금의 지급을 청구할 권리를 상실하는 것이 원칙이다(민법 제537조[8] 참조).

다만 그 사후적 악화를 채권자인 피신청인 회사만의 '귀책사유'에 기하여 일어난 경우에는 신청인은 피신청인 회사에 대하여 대금 전액의 지급을 청구할 수 있다(뒤의 제41항 및 동소에서 살펴보는 민법 제538조 제1항 제1문 참조).

G-2. 피신청인 회사가 채권자지체에 빠진 경우

38. 민법 제400조는 "채권자가 이행을 받을 수 없거나 받지 아니한 때에는 이행의 제공 있는 때로부터 지체책임이 있다"고 정하여 '채권자지체'(또는 '수령지체'라고도 부른다)에 대하여 규정한다. 이는 채무자가 자기 채무에 대하여 적법하게 이행의 제공을 한 것을 전제로 하여 채권자가 이를 수령하지 아니하면 일정한 법적 불이익을 받음을 정한 것이다.

---

8) 민법 제537조 : "쌍무계약의 당사자 일방의 채무가 당사자 쌍방의 책임 없는 사유로 이행할 수 없게 된 때에는 채무자는 상대방의 이행을 청구하지 못한다."

따라서 본 항목에서의 이하의 서술은 신청인이 앞의 제26항 이하에서 설명한 바에 좇아 적법한 이행제공을 하였음이 입증되어야, 의미가 있다.

39. 채권자지체의 요건으로 위에서 본 바와 같은 이행제공의 요건이 있는지 충족되었는지에 대하여는 그 채무자인 신청인이 입증책임을 진다.

40. 채권자가 채권자지체에 빠지게 되면, 우선 "채무자는 고의 또는 중대한 과실이 없으면 불이행으로 인한 모든 책임이 없"다(민법 제401조 참조). 이는 채권자지체 중에 이행의 목적물이 멸실 또는 훼손되거나 기타 가치저하가 있어도, 채무자에게 그에 대한 고의 또는 중대한 과실이 없는 한 그에 대하여 '귀책사유'가 없는 것이 된다는 의미이다.

41. 채권자지체의 또 하나의 중요한 효과는 민법 제538조 제1항[9]의 제2문에서 정하고 있는데, 이는 "채권자의 수령지체 중에 당사자 쌍방의 책임 없는 사유로 이행할 수 없게 된 때"에 대하여 "채무자는 상대방의 이행을 청구할 수 있다"는 내용으로 정한다.

즉 채권자의 채권자지체 중에는 채무자의 귀책사유 없이 그의 채무가 이행할 수 없게 된 경우에도, 채무자가 채권자에 대하여 채권자의 반대채무의 이행을 청구할 권리를 그대로 가지게 된다. 이

9) 민법 제538조 제1항 : "쌍무계약의 당사자 일방의 채무가 채권자의 책임 있는 사유로 이행할 수 없게 된 때에는 채무자가 상대방의 이행을 청구할 수 있다. 채권자의 수령지체 중에 당사자 쌍방의 책임 없는 사유로 이행할 수 없게 된 때에도 같다."

는 일반적으로 채무자가 그의 귀책사유 없이 채무를 이행할 수 없게 되면 채권자에 대하여 채권자의 반대채무의 이행을 청구할 권리를 상실한다는 원칙(앞의 제37항에서 본 민법 제537조 참조)에 대한 예외를 정한 것이다.

이를 앞의 제40항에서 본 민법 제401조의 법리와 합하여 보면, 채권자지체 중에 이행의 목적물에 멸실·훼손 기타 가치저하가 있는 경우에도 채무자에게 "고의 또는 중과실"이 없는 한 채무자는 채권자에 대하여 반대채무의 이행을 청구할 수 있다는 결과가 된다.

42. 그러므로 만일 이 사건에서 피신청인 회사가 신청인이 적법하게 이행의 제공을 하였음에도 이를 수령하지 아니한 경우에는, 그 이후에 목적물의 멸실·훼손 기타 목적물의 가치저하가 있어도 신청인에게 "고의 또는 중대한 과실"이 있는 경우에만 '귀책사유'가 있는 것이 된다(민법 제401조).

또 그 때 신청인에게 그 가치저하의 원인에 대하여 "고의 또는 중대한 과실"이 없는 한 신청인은 피신청인 회사에게 원래의 대금을 청구할 권리를 그대로 가지게 되는 것이다.

H. 신청인의 보관비용 청구에 대하여

43. 원칙적으로 채무자는 자신의 채무를 이행하는 데 드는 비용을 부담하며, 이는 물건을 인도할 채무에서 물건의 보관비용에 대하여도 마찬가지이다.

그러므로 신청인은 그가 인도하여야 할 채무를 부담하는 이 사건 환매목적물에 대하여도 그 보관비용을 스스로 부담하여야 하는 것이 원칙이다.

44. 그런데 민법 제403조는 위 원칙에 대한 예외로서 "채권자지체로 인하여 그 목적물의 보관 또는 변제의 비용이 증가된 때에는 그 증가액은 채권자의 부담으로 한다"고 정한다.

따라서 만일 피신청인 회사가 채권자지체에 빠진 것으로 인정될 경우에는 그 때로부터의 보관비용은 이를 피신청인 회사가 부담하여야 한다.

I. 신청인의 지연손해금 청구에 대하여

45. 신청인의 인도채무와 피신청인 회사의 대금지급채무는 앞의 제25항 이하에서 본 대로 동시이행관계에 있다. 이와 같이 일방의 채무자가 동시이행의 항변권을 가지는 경우에는 비록 그의 채무가 이행되지 아니하였다고 하여도 그 자체로써 그 채무자가 이행지체로 인한 법적 책임에 지지 아니한다고 하는 것이 대법원 1989년 10월 27일 판결 88다카33442사건(법원공보 862면, 1779면); 대법원 1997년 7월 25일 판결 97다2687사건(판례공보 1997년 하, 2687면) 등 확고한 판례이고, 통설이다.

46. 채권자가 자신의 반대채무에 관하여 이행제공을 하였어도 채무자에 대하여 이행지체를 이유로 하여 손해배상을 청구하려면, 즉 지연손해금을 청구하려면 그 이행제공을 '계속'하였어야만 한다는 것이 앞의 제31항에서도 본 대법원 1966년 9월 20일 판결 66다1174사건(대법원판결집 14권 3집, 민사편 52면); 대법원 1972년 11월 14일 판결 72다1513사건(대법원판결집 제20권 3집, 민사편 112면); 대

법원 1995년 3월 14일 판결 94다26646사건(법원공보 990호, 1602면) 등 판례의 태도이다. 예를 들면 위의 대법원 1966년 9월 20일 판결은 "원고의 잔대금 채무이행의 현실의 제공이 이행기일에 한번 있었다 하여도 변제의 공탁 등 이행의 제공이 계속되지 아니한 이상, 피고의 동시이행의 항변권은 소멸되지 아니하는 관계에 있으므로, 피고에게 동 부동산인도의 채무불이행의 책임을 돌릴수 없다"고 판시하여 원고의 손해배상청구를 배척하고 있는 것이다.

47. 그러므로 앞의 제26항 이하에서 본 기준에 의하여 판단할 때 신청인이 자신의 인도채무에 대하여 적법한 이행제공을 하지 아니한 경우는 물론이고, 설사 적법한 이행제공을 한 일이 있다고 하더라도 '이행의 제공이 계속되지 아니한' 이상은 피신청인 회사는 자신의 대금지급채무의 불이행을 이유로 하여 지연손해금을 지급할 의무가 없다.

48. 특히 신청인이 이 사건 중재신청의 다음날로부터 완제일까지 연 25%의 비율에 의한 지연손해금을 청구하는 것에 대하여는 다음과 같은 지적을 할 수 있다.

한국법상의 지연손해금을 연 25%의 비율에 의하여 산정하도록 정하고 있는 것은 「소송촉진 등에 관한 특례법」 제3조 제1항에서이다. 그런데 이 규정은 "금전채무의 전부 또는 일부의 이행을 명하는 판결(심판을 포함한다)을 선고할 경우"라고 정하고 있다. 이는 당사자 사이의 분쟁이 법원에 소송으로 다투어지고 있는 결과로 법원이 판결을 선고할 경우에만 적용이 있고, 중재사건에서는 적용이 없는 것이다.

이러한 해석은 그 문언 자체에 의하여 명백할 뿐만 아니라, 위의 규정이 괄호 안에 특히 포함시키고 있는 '심판'이 역시 법원에 제기된 가사소송의 경우를 정하고 있는 것, 또한 위 법률의 부칙 제2조 제1항이 그 법률의 시간적 효력에 관하여 "이 법은 이 법 시행 당시 법원에 계속 중인 사건에 대하여도 적용한다"고 정하는 것으로부터 추론될 수 있다. 특히 뒤의 제49항에서 보는 위 법 제3조 제2항이 "채무자가 그 이행의무의 존재를 선언하는 사실심판결이 선고되기까지 …" 운운하는 것은, 사실심과 법률심을 나눌 수 없는 중재사건에는 위의 규정이 적용이 없음을 더욱 명확하게 보여준다.

실질적으로 보아도 위의 규정은 지연손해금의 산정에 관한 원칙을 정하는 민법 제397조 제1항[10)]을 예외적으로 채무자에게 불리하게 강화한 것이라는 점에서 엄격하게 해석되어야 할 필요가 있다고 생각된다.

49. 뿐만 아니라, 위의 「소송촉진 등에 관한 특례법」 제3조의 제2항은 "채무자가 그 이행의무의 존재를 선언하는 사실심판결이 선고되기까지 그 존부나 범위에 관하여 항쟁함이 상당하다고 인정되는 때에는 그 상당한 범위 안에서 제1항의 규정을 적용하지 아니한다"고 정한다. 그러므로 설사 중재사건이 위의 규정이 적용될 수 있다고 하더라도, 나아가 과연 채무자가 이 제2항이 규정하는 바와 같이 "항쟁함이 상당"한지 여부가 판단되어야만 할 것이다. 여기서 "항쟁함이 상당하다고 인정되는 때"란 이행의무의 존부나 범위에 관한 채무자의 주장이 상당한 근거가 있는 것으로 인정되는 때를 의미한다.

10) 민법 제397조 제1항 : "금전채무 불이행의 손해배상액은 법정이율에 의한다. 그러나 법령의 제한에 위반하지 아니한 약정이율이 있으면 그 이율에 의한다."

J. 환차손보상금 및 장려금의 반환청구에 대하여

50. 본인에게 의견을 구하면서 전제한 대로, 피신청인 회사가 신청인에게 신청인이 일정한 계약내용을 달성하는 것을 조건으로 하여 환차손보상금(foreign exchange compensation) 및 판매장려금(incentive)을 지급하였다면, 나중에 신청인이 그 계약내용을 달성하지 못한 경우에는, 신청인이 피신청인 회사에게 그 환차손보상금 및 판매장려금을 반환할 의무를 부담하는 것은 당연하다. 당해 환차손보상금 등의 지급에 관한 약정의 내용이 바로 그러한 것이기 때문이다.

51. 나아가 설사 환차손보상금 등이 앞의 제50항에서 본 바와 같은 조건 아래 지급된 것이 아니라고 가정하더라도, 이 경우에는 피신청인 회사가 신청인에게 지급한 환차손보상금 및 장려금 중 이 사건 계약의 종료로 신청인이 피신청인 회사에게 반환하여야 할 이 사건 환매목적물에 대한 부분은 반환되어야 할 것이다.

위와 같은 환차손보상금 및 장려금은 피신청인 회사가 신청인에게 매도하는 물품이 영구적으로 신청인에게 귀속되는 것을 전제로 하여 그 거래로 인한 환차를 보상하고 또는 신청인이 당해 물품을 한국 내에서 제3자에게 판매하는 것을 독려할 목적으로 지급된 것으로 추측된다. 그런데 그 후 이 사건 계약이 종료됨으로써 신청인이 피신청인 회사로부터 매수한 물품이 다시 피신청인 회사에게 반환되어야 한다면, 이러한 금전 지급의 목적은 도달되지 못한 것이고, 이는 부당이득에 대하여 정하는 민법 제741조[11]에서 말하는

---

11) 민법 제741조 : "법률상 원인 없이 타인의 재산 또는 노무로 인하여 이익을 얻고 이로 인하여 타인에게 손해를 가한 자는 그 이익을 반환하여

“법률상 원인”이 이제 결여되게 된다. 그러므로 그 부분의 환차손 보상금 및 장려금은 부당이득으로 반환되어야 하는 것이다.

(2000년 10월 작성)

야 한다.”

3. 하자담보책임과 일반적 채무불이행책임의 관계, 민법 제395조 소정의 전보배상청구권 등

Ⅰ. 서

1. [생략. 작성자의 경력 등]

2. [생략. 작성자가 의견서 작성에서 검토한 중재사건 문서들]

3. 이에 위 중재사건과 관련 있는 대한민국법상의 문제에 대하여 본인의 최선의 지식과 경험으로 다음과 같이 진술한다.

Ⅱ. 소송상 강제이행청구와 손해배상청구의 관계

1. 및 2. [생략. 청구의 병합에 관한 일반론]

3. 「청구의 병합」은 원고가 피고 사이에 체결한 계약에 기하여 그 계약에서 정하여진 의무의 이행을 내용으로 하는 청구와 그 계약의 불이행으로 인하여 원고가 입은 손해의 배상을 내용으로 하는 청구 사이에도 행하여질 수 있다. 물론 이 두 청구가 결합하는 형태는 다양할 수 있다.

3.1. 한국법상 계약이행청구권과 계약불이행으로 인한 손해배상청구권은 별개의 독립한 권리로 인정되고 있다. 전자는 계약의 유효한 성립을 전제로 하여 원고가 그 소송에서 피고에게 이행을 청구하고 있는 의무가 그 계약에서 정하여진 것이면, 피고가 그 의무가 변제 등의 사유로 소멸하였음을 주장하고 입증하지 아니하는 한, 인정된다. 후자는 피고가 계약상 정하여진 의무를 「불이행」함으로 말미암아 원고에게 손해가 발생하였으면 인정되는데, 다만 피고가 자신에게 그 「불이행」에 대하여 고의나 과실이 없음을 주장하고 입증하면 그 권리는 부인된다. 이와 같이 이 두 권리는 서로 다른 요건에 걸려 있는 것으로서, 별개의 독립한 권리이다.

3.2. 한국에서 원고가 계약상 의무의 이행을 청구하면서 이와 아울러 같은 소송에서 피고의 계약불이행으로 인한 손해의 배상을 구하는 것은 극히 빈번하게 일어나는 일이다. 전형적으로는 피고에 대하여 매매대금과 같은 금전채무의 이행을 소구하면서, 이와 동시에 피고가 이를 원래 지급하여 할 확정기일에 지급하지 아니하였음을 이유로 그 날짜로부터 이를 지급할 때까지 법정이율에 의한 손해의 배상을 구하는 것을 들 수 있다. 여기서의 손해배상청구는 이른바 지연손해의 배상을 청구하는 것으로서, 위와 같은 청구의 병합은 앞의 2.1.에서 본 단순병합에 해당한다.

3.3. 또한 원고가 계약상 의무의 이행을 청구하면서 이와 아울러 만일 피고의 의무 이행이 「불능」하게 되었다면 "[그 의무의] 이행에 갈음한 손해배상"을 할 것을 청구할 수 있다. 이 경우의 손해배상은 이른바 전보배상으로서, 위와 같은 청구의 병합은 앞의 2.3.에서 본 예비적 병합에 해당한다. 즉 원고가 피고에 대하여 청

구하는 계약상 의무의 이행이 「불능」하게 되었다면 그 이행청구는 기각된다는 것이 확고한 판례의 태도이다. 이 경우에 대비하여 원고는, 만일 소송에서 피고가 부담하는 계약상 의무가 「불능」하게 된 것으로 밝혀져서 원고의 청구가 기각되어야 한다면, 그렇다면 이제는 피고가 그 의무이행에 갈음하는 손해배상을 할 책임이 있는지 여부를 가려줄 것을 법원에 대하여 요구할 수 있는 것이다.

3.4. 앞의 1.에서 본 대로 이상과 같은 계약이행청구와 손해배상청구의 병합은 애초 소송을 제기하면서 한꺼번에 할 수도 있고, 일단 계약이행을 청구하는 소를 제기하여 그 소송이 진행하고 있는 도중에 할 수도 있다. 이는 앞의 3.2.에서 본 단순병합의 경우이든, 앞의 3.3.에서 본 예비적 병합의 경우이든 마찬가지이다.

4. 다른 한편 한국의 민사소송법은 어떠한 소송이 제기되어 진행되는 도중에 「청구의 변경」을 하는 것을 인정한다. 민사소송법 제235조는 "① 원고는 청구의 기초가 변경이 없는 한도에서 변론의 종결까지 청구의 취지 또는 원인을 변경할 수 있다. 다만 소송절차를 지연케 함이 현저한 경우에는 그러하지 아니하다. ② 청구의 취지의 변경은 서면으로 신청하여야 한다."고 정하는 것이다.

4.1. 「청구의 변경」에는 두 개의 형태가 있다.

4.1.1. 하나는 「교환적 변경」이라고 불리는 것으로서, 종전의 청구를 이제 더 이상 심판의 대상으로 하지 아니하고 그에 대신하여 다른 청구를 제기하는 경우이다. 예를 들면, 애초의 소에서 계약상 의무(예를 들면 매매목적물의 인도)의 이행청구를 제기하였다

가 그 계약이 피고의 채무불이행을 이유로 해제되었음을 이유로 원고가 지급한 매매대금의 반환으로 변경하는 것이다. 다수의 학설은 이러한 교환적 변경은 피고가 본안에 대하여 응소한 후에는 피고의 동의를 얻어야만 가능하다는 태도를 취하고 있으나, 그때에도 피고의 동의가 없어도 가능하다는 견해도 있다. 그러나 그 다수 학설은 피고의 동의를 얻지 못하더라도 뒤의 4.1.2.에서 보는 추가적 변경으로 된다고 하므로, 원고의 입장에서 보면 실제로 큰 차이는 없다.

4.1.2. 다른 하나는 「추가적 변경」이라고 불리는 것으로서, 종전의 청구를 그대로 유지하면서 새로운 청구를 추가하는 경우이다. 앞의 3.4.에서 본 바 있는 애초에 계약이행을 청구하는 소를 제기하였다가 그 소송이 진행하고 있는 도중에 계약불이행으로 인한 손해배상청구를 추가하는 것이 그 전형적인 예이다.

4.2. 앞서 본 민사소송법 제235조 제1항 본문에서 정하는 바대로 「청구의 변경」을 하기 위하여는 그 변경을 하더라도 "청구의 기초에 변경이 없어야 한다."

그런데 애초에 계약상 의무의 이행을 청구하였다가 계약불이행을 이유로 전보배상을 청구하는 것으로 변경하여도 이로써 청구의 기초에 변경을 일으키지 아니하므로, 그 경우에는 「청구의 변경」이 허용된다는 것이 대법원 1965년 1월 26일 판결 64다1391사건(LX 검색); 대법원 1969년 7월 22일 판결 69다413사건(대법원판결집 17권 2집, 민사편 336면) 등 확고한 판례의 태도이다.

Ⅲ. 매매목적물에 대한 질권 설정과 매도인의 책임

1. 예를 들어 갑과 을 사이에, 갑이 가지고 있는 주식을 후에 매도하려고 하는 경우에는 을이 이를 다른 사람에 앞서서 매수할 수 있는 권리를 을에게 주기로 하는 약정이 있었는데, 그 후 갑이 그 주식에 대하여 제3자를 위하여 질권을 설정하였다고 하면, 나중에 위와 같은 권리에 기하여 성립한 주식의 매매계약에 기하여 갑은 을에 대하여 어떠한 구제수단을 가지는가? 이와 같은 경우에 갑이 위 매매계약의 성립 당시 위 질권의 설정을 알았다고 하면 위 매매계약의 불이행을 이유로 손해배상을 청구할 수 있는가?

2. 민법 제575조 제1항은 "매매의 목적물이 … 질권 … 의 목적이 된 경우에 매수인이 이를 알지 못한 때에는 이로 인하여 계약의 목적을 달성할 수 없는 경우에 한하여 매수인은 계약을 해제할 수 있다. 기타의 경우에는 손해배상만을 청구할 수 있다"고 정한다. 이 규정이 매매계약의 성립 당시에 매매목적물에 이미 질권이 유효하게 성립하고 있는 경우에만 적용되고, 계약 성립 후에 매도인이 질권을 설정한 후에는 적용이 없음에는 의문이 없다.

만일 이 규정이 질권의 부담이 있는 목적물에 대하여 매매계약이 체결된 경우의 매도인의 법적 책임을 배타적으로 규율하는 규정이어서, 특히 위 규정에 의하여 계약불이행책임에 관한 일반규정인 민법 제390조의 적용이 배제된다고 하여야 하면, 을이 매매계약의 성립 당시 그 목적물에 질권이 존재하였음을 안 이상 그는 갑에 대하여 별다른 법적 책임을 물을 수 없을 것이다. 그러나 이러한 전제는 모두 인정되지 아니한다.

3. 민법 제575조를 포함하여 민법 제570조 이하에서 정하는 매도인의 담보책임 일반과 계약불이행에 관한 일반규정인 민법 제390조의 관계에 대하여 이를 정면으로 판단한 대법원의 재판은 쉽사리 찾을 수 없다. 그러나 매도인의 것이 아닌 목적물이 매도된 경우에 대한 매도인의 담보책임을 정하는 민법 제570조와 민법 제390조의 관계에 대하여, 대법원 1970년 12월 29일 판결 70다2449사건(대법원판결집 18권 3집, 민사편 43면); 대법원 1993년 11월 23일 판결 93다37328사건(법원공보 1994상, 186면)은 명백하게 양자의 경합을 인정하고 있다. 예를 들면 후자의 판결은, "매도인이 아닌 사람에게 속하는 권리를 매매의 목적으로 한 경우에 있어서 그 권리를 취득하여 매수인에게 이전하여야 할 매도인의 의무가 매도인의 귀책사유로 인하여 이행불능이 되었다면 **매수인이 매도인의 담보책임에 관한 민법 제570조 단서의 규정에 의해 손해배상을 청구할 수 없다 하더라도 채무불이행 일반의 규정(민법 제546조, 제390조)에 좇아서** 계약을 해제하고 손해배상을 청구할 수 있다고 할 것이다"(고딕체에 의한 강조는 인용자가 가한 것이다)라고 판시하면서, 그에 앞서 나온 전자의 판결을 인용하고 있다. 여기서 「이행불능」이라고 함은 그 판시에서도 바로 알 수 있는 대로 계약불이행을 전형적인 경우로 하는 채무불이행의 가장 현저한 예의 하나인 것으로서, "매도인의 의무가 매도인의 귀책사유로 인하여 이행불능이 되었다면"이라고 해서 엄밀하게 그 경우에 한정하여 민법 제390조가 적용된다는 의미가 아니고, 매도인에게 계약불이행이 있으면 일반적으로 그는 민법 제390조에 의한 책임을 져야 한다는 의미인 것이다.

4. 민법 제575조가 민법 제570조와 마찬가지로 이른바 권리의 하자를 이유로 하는 매도인의 담보책임에 대하여 정하는 규정인

이상, 민법 제575조와 민법 제390조의 관계에 대하여도 대법원은 마찬가지의 태도를 취하는 것으로 보아야 할 것이다. 매매의 목적물이 매도인 아닌 사람에게 속하는 것이어서 목적물을 **아예** 매수인에게 이전할 수 없는 경우에 매도인이 민법 제570조의 책임 외에 민법 제390조의 책임을 져야 한다면, 목적물에 질권이 설정되어 있어서 **부담이 있는 채로** 목적물을 매수인에게 이전할 수밖에 없는 경우에 있어서도 매도인이 민법 제575조 외에 민법 제390조의 책임을 져야 한다는 것은 거의 필연적인 결론이라고 여겨진다.

위의 대법원 1993년 11월 23일 판결에 대한 판례평석에서도 다음과 같이 이 점이 긍정되고 있다.

> "[민법 제570조에 의하여 규율되는] 타인의 권리매매 이외의 담보책임에 관하여 [매도인의 담보책임과 계약불이행책임의] 두 책임의 경합 여부를 직접 판시한 판례가 발견되지 않아 이에 관하여 판례의 입장을 확인하기는 어려우나 담보책임으로 전보되지 아니하는 매수인의 손해에 관하여는 타인의 권리매매에 있어서와 똑같은 결론을 내릴 것으로 추측된다. 귀책사유 있는 매도인에 대하여 매수인을 보호하는 데에는 타인의 권리매매의 경우와 그 밖의 권리의 하자 또는 물건의 하자의 경우를 다르게 다루어야 할 이유가 없기 때문이다."[1)]

5. 그러므로 비록 앞의 1.에서 든 예에서, 매수인 을이 매매계약 당시에 매매목적물에 질권이 성립하고 있음을 알고 있었다는 이유로 민법 제575조에서 의한 구제수단을 가지지는 못한다고 하

---

1) 서민, "매도인의 담보책임과 채무불이행책임의 경합", 민사판례연구 제17집(1995), 133면.

여도, 매도인 갑이 매매목적물에 질권이 설정되어 있음으로 말미암아 그러한 **부담이 없는 완전한 상태로** 매매목적물을 을에게 인도하여야 할 의무를 이행하지 못한다면, 갑이 이에 대하여 귀책사유가 있는 이상, 을은 갑에 대하여 통상대로 민법 제390조에 의하여 계약불이행으로 인한 손해배상, 즉 이행이익의 배상을 청구할 수 있다고 할 것이다.

6. 한편 갑이 제3자에게 질권을 설정할 당시에는 매매계약이 아직 체결되지 아니하였는데 이와 같이 매매계약이 체결되기 전에 일어난 사유로 말미암아 나중에 매도인의 계약불이행이 일어난 경우에도 매도인의 「귀책사유」를 인정할 수 있는가 하는 문제도 제기될 수 있겠다. 이 문제에 대하여 본인은 이미 다음과 같이 언명한 바 있다.

> "계약체결 당시 예견하여야 하였던(또는 예견할 수 있었던) 장애사유에 대하여는, 비록 그 사유로 말미암아 후에 채무불이행이 되는 것 자체에 대하여는 채무자에게 아무런 잘못이 없다고 하더라도, 역시 채무자에게 귀책사유가 있다고 할 것이다."[2)]

---

2) 곽윤직 편집대표, 민법주해[IX], 1995, 358면(양창수 집필부분). 또 그 책, 344면에서는, 다른 맥락에서이기는 하나, "가령 매매계약이 체결되기 전에 계약교섭단계에서 매도인이 매수인에게 목적물의 용법을 잘못 지시하여 그로 인하여 계약의 이행으로 인도받은 목적물에 의하여 신체를 손상당한 경우에, 그 설명의무의 위반이 계약 전에 있었다고 하더라도, 이는 사후적으로 성립한 계약의 목적실현이라는 관점에서 파악되어야 하므로, 그 책임은 채무불이행의 문제로 다루어야 하는 것이다. 이는 마치 계약체결 전에 존재하는 원시적 주관적 불능이 채무불이행책임을 발생시키는 것과 마찬가지이다"라고 설명하였다.

앞의 1.에서 든 예에서, 갑은 을과의 사이에 을에게 다른 사람에 앞서서 이를 매수할 수 있는 권리를 부여하는 약정을 체결한 다음 이를 적극적으로 제3자에게 처분하여 질권을 설정하였으므로, 후에 성립한 계약의 불이행에 관하여 그 원인이 되는 장애사유를 단지 「예견할 수 있었던」 데 그치는 것이 아니라 스스로 의도적으로 그 원인을 작출하였던 것이다. 그러므로 이와 같이 하여 성립한 부담이 있는 채로 주식의 매도를 청약하였다면, 그로서는 매매계약의 불이행에 대하여 귀책사유가 있다고 하지 아니할 수 없다.[3] 이는 특히 위와 같은 약정을 체결함으로써 장차 우선적으로 계약의 당사자가 될 수 있는 지위, 보다 정확하게 말하면 갑의 청약을 승낙하여 계약의 당사자가 될 것인지를 선택할 수 있는 우선적 지위를 갑 스스로가 부여하였던 을에 대한 관계에서는 더욱 그러할 것이다.

Ⅳ. 민법 제395조의 손해 산정의 기준시기

1. 민법 제395조는 "채무자가 채무의 이행을 지체한 경우에 채권자가 상당한 기간을 정하여 이행을 최고하여도 그 기간 내에 이행하지 아니하거나 지체 후의 이행이 채권자에게 이익이 없는 때에는 채권자는 수령을 거절하고 이행에 갈음한 손해배상을 청구할 수 있다"고 정한다. 이 규정은 다음과 같은 의미를 가진다. 채무자

3) Frank Peters, Die Schadensersatzpflicht des Verkäufers bei Sachmägeln, in: Reinhard Zimmermann(Hrsg.), *Rechtsgeschichte und Privatrechtsdogmatik* (Heidelberg; 1999), S.315, 322도 참조("이[매도인의 담보책임]와 관련되는 귀책사유는 그것이 특히 인수과책[Übernahmeverschulden. 즉 계약을 체결하여 의무를 인수하였다는 과책]의 모습으로 존재하는 경우에는 당연히 계약체결 이전에 역시 일어날 수 있다").

가 이행지체에 빠진 경우에 채권자는 여전히 본래의 급부를 청구할 수 있고, 그와 아울러 채무자의 이행지체로 인하여 입은 손해, 즉 지연손해에 대하여 그 배상을 청구할 수 있다(앞의 Ⅱ.3.2.도 참조). 다시 말하면 채권자가 본래의 급부를 청구할 수 있는 권리를 가지는 한 그는 원칙적으로 지연손해의 배상만을 청구할 수 있고 "이행에 갈음하는 손해배상", 즉 전보배상은 청구할 수 없는 것이다. 위의 규정은 채권자로 하여금 이러한 원칙으로부터 벗어나서 전보배상을 청구할 수 있게 하는 경우를 정한다. 그 경우는 둘이 있는데, 하나는, "채권자가 상당한 기간을 정하여 이행을 최고하여도 그 기간 내에 이행하지 아니하"는 것이고, 다른 하나는, "지체 후의 이행이 채권자에게 이익이 없는" 것이다.

그 입법경과를 보면,[4] 이 규정은 스위스채무법 제107조와[5] 중화민국민법 제232조를[6] 모범으로 하여 만들어졌다. 특히 이행최고 후의 전보배상청구를 정하는 민법 제395조 제1경우는 스위스채무법 제107조를 본딴 것이다.

---

4) 민의원 법제사법위원회 민법안심의소위원회 편, 민법안심의록, 상권(1957), 236면 하단 참조.

5) 스위스채무법 제107조: "① 쌍무계약에서 일방 채무자가 지체한 경우에는 채권자는 사후의 이행을 위한 상당한 기간을 설정하거나 관할관청으로 하여금 설정하게 하는 권리가 있다. ② 전항의 기간이 경과할 때까지 이행되지 아니하는 경우에는 채권자는 지체로 말미암은 손해배상과 함께 이행을 소구할 수 있고, 이에 갈음하여 지체없이 의사표시를 하여 사후의 급부청구를 포기하고 불이행에 이하어 발생한 손해의 배상을 청구하거나 계약을 해제할 수 있다." 역문은 법제처, 스위스채무법, 법제자료 제79집(1976), 26면에 의하였다.

6) 중화민국민법 제232조: "지체 후의 급부가 채권자에게 이익이 없는 때에는 채권자는 그 급부를 거절할 수 있고, 아울러 불이행으로 인하여 생긴 손해의 배상을 청구할 수 있다."

2. 매매계약에 있어서 매수인이 매도인을 상대로 하여 청구하는「이행에 갈음하는 손해배상」은 통상 매매목적물의 시가 상당액을 지급하는 것을 내용으로 한다. 그 경우 그 시가를 어느 시점을 기준으로 하여 산정할 것인가 하는 문제가 제기된다.

2.1. 이 문제를 다루는 대법원의 재판례로서 현재 최종적인 것은 대법원 1997년 12월 26일 판결 97다24542사건(판례공보 1998상, 406면)이 있다.

이 판결은 1991년 3월에 행하여진 계약에서 피고가 원고에게 그 계약일로부터 3년 내에 이 사건 부동산을 이전하여 주기로 정하였는데, 그 3년의 기간이 종료하는 1994년 3월이 지나도록 피고가 그 의무를 이행하지 아니하자 원고가 그로부터 약 6개월이 지난 동년 9월 6일에 피고에 대하여 그 이행 여부를 동월 16일까지 원고에게 통지할 것을 요구하였던 사안에 대한 것이다. 원고는 이 사건에서 민법 제395조에 기하여 부동산의 시가 상당액을 배상하도록 청구하였다.

대법원은, 우선 원고가 1994년 9월 6일에 피고에게 부동산의 소유권 이전에 관한 본래의 이행을 최고하였고 그 때로부터 상당한 기간이 도과되었으므로 피고는 원고에 대하여 이 사건 부동산의 소유권 이전에 갈음하는 시가 상당액의 배상을 할 의무가 있다고 한 다음, 그 시가를 산정하는 기준시기에 대하여는 일반적으로 "[민법 제395조에서 정하는] 전보배상에 있어서의 손해액 산정의 표준 시기는 원칙적으로 최고하였던 '상당한 기간'이 경과한 당시의 시가에 의하여야" 한다고 판시하였다. 즉 민법 제395조에서 정하는 전보배상청구권이 발생한 시점을 기준으로 하여야 한다는 것이다.

그리하여 대법원은 구체적으로 위의 사안에 대하여는 “이 사건 부동산을 양도하여 주기로 한 당초의 약정기간인 3년이 경과된 후 이미 6개월 정도가 지난 시점에서 다시 10일 정도의 여유를 두고 이 사건 부동산의 양도절차 이행의 최고를 하였다면 그 최고기간은 이행의 최고에 있어서 상당한 기간이라고 볼 수 있고, 따라서 위 최고 후 상당한 기간이 경과한 1994년 9월 16일경에는 피고의 이 사건 부동산 양도절차의 이행지체를 원인으로 한 전보배상청구권이 발생하였다고 할 것이므로 그 전보배상액의 산정도 위 상당한 기간이 경과한 1994년 9월 16일 당시의 시가에 의하여 산정하여야 할 것”이라고 하였다.

이 판결은 민법 제385조에서 정하는 전보배상의 내용으로 매매목적물의 시가를 산정함에 있어서 그 기준시기를 언제로 할 것인가 하는 문제에 대하여 결정적인 의미를 가진 선례라고 할 것이다.

2.2. 이 사건은 대법원 1967년 6월 13일 판결 66다1842사건(대법원판결집 15집 2권, 민사편 52면)을 이미 위의 문제에 관하여 같은 취지를 판시한 사건으로 인용하고 있다.

2.2.1. 이 대법원 1967년 6월 13일 판결은, 1948년 12월에 체결된 알미늄소비대차계약에 기하여 발생한 차용물반환의무(그 반환약정기일은 동월 말일이었다)에 대하여 차주인 피고가 이행지체에 빠진 사안에서 전보배상으로 그 알미늄의 시가 상당액의 배상을 청구한 사안에 대한 것이다.

이 판결은, “채권자는 채무자에게 대하여 상당한 기간을 정하여 그 본래의 의무이행을 최고하고 그 이행이 없는 경우에 그 본래의무 이행에 대신하는 전보배상을 청구할 수 있고, 그 전보배상에 있어서의 손해액 산정의 표준시기는 원칙적으로 위의 최고하였던 '상당한 기간'이 경과한 당시의 시가에 의하여야 한다고 해석하여야 할 것이며(위에서 말한 바와 같이 특별한 사정이 없는 한 상당한 기간을 정하여 의무이행을 촉구하고, 그 이행이 없는 경우에는 특히 계약해제를 하지 아니하고 직접 전보배상을 청구할 수 있다 할 것이다) 그 후의 물가상승에 의하여 증대된 손해는 특별사정에 의한 손해라 할 것이므로 그 특별사정을 채무자가 알았거나 알 수 있었을 때에 한하여 채무자에게 배상의무가 있다 할 것이다"라고 판시하여, 위의 2.1.에서 본 대법원 1997년 12월 26일 판결의 태도를 선취한 바 있다.

2.2.2. 이와 같은 판단에 기초하여 대법원은 원심법원이 "피고가 배상을 하여야 할 배상액 산정의 표준시기를 확정하지 않고 … 막연히 1965년 3월 31일 현재의 시가에 의하여" 피고가 배상하여야 할 액을 정한 것은 위법이라고 하여, 원심판결을 파기하고 사건을 원심법원에 환송하였다.

2.2.3. 이 판결은 우선 민법이 시행된 1960년 1월 1일 이전에 체결된 계약에 대하여 민법 제395조를 적용한 데 의미가 있다. 민법 제395조는 위 알미늄소비대차계약이 체결된 1948년 당시에 시행되던 구민법에는 없었던 규정이다. 민법(1960년 1월 1일에 시행된 현행 민법) 부칙 제2조는 "본법의 특별한 규정 있는 경우 외에는 본법 시행일 이전의 사항에 대하여도 이를 적용한다. 그러나 이미 구법에 의하여 생긴 효력에 영향을 미치지 아니한다"고 정하고 있는데, 과연 구민법 시행 중에 이미 이행지체에 빠진 채무자에 대하여 채권자가 가지는 구제수단 유무 및 여하는 동조 단서에서 정

하는 「구법에 의하여 생긴 효력」에 해당한다고 할 것이 아닌가는 충분히 논의될 여지가 있는 사항인 것이다.

2.3. 그런데 대법원 1969년 5월 13일 판결 68다1726사건(대법원판결집 17권 2집, 민사편 81면)은 "이행지체 중에 있는 본래의 급부 대신 명하는 전보배상은 본래의 목적물을 받은 것과 동일한 경제적 이익을 받아야 될 것이므로 그 통상 배상액은 사실심 구술변론 종결시의 시가에 따라 산정하여야 할 것"이라는 판시를 포함하고 있다.

2.3.1. 이 판결은 앞의 2.2.에서 본 대법원 1967년 6월 13일 판결과 같은 사건에 대한 것이다. 앞의 2.2.2.에서 본 대로 대법원으로부터 사건을 환송받은 원심법원이 그 사건 변론 종결시인 1968년 7월 5일을 기준으로 하여 전보배상액을 정한 데 대하여, 다시 상고가 행하여져서, 다시 대법원이 그 사건을 다루게 되었던 것이다.

2.3.2. 그런데 위 판시가 민법 제395조에서 정하는 전보배상으로서의 목적물의 시가 상당액을 산정하는 기준시기에 대한 것인지는 반드시 명확하지 아니하다. 이 판결은 위와 같은 판시를 함에 앞서서 "환송판결[즉 앞의 2.2.에서 본 대법원 1967년 6월 13일 판결] 전후의 소송상 청구의 대상이 다르다"고 설시하고 있다. 이는 종전에는 원고가 손해배상청구를 하였다가 위와 같이 환송이 행하여져 사건이 다시 원심법원에 계속하고 있는 동안에 청구를 "알미늄을 반환하라"는 것으로 변경하였던 것이다(대법원판결집 17권 2집, 민사편 82면 소재所載의 「상고이유」 제1점 참조).

그리고 손해배상청구는, 이를 확인할 수 있는 자료는 없지만, 원고가 그 청구에 관하여 승소하여 단지 피고에 대하여 위 알미늄의 반환을 명하는 판결을 얻더라도 그 사건을 강제집행하는 것이 불능이 될 지도 모르므로 그 경우에 대비하여 부가적으로 붙인 것이 아닌가 추측되기도 한다. 이와 같은 본래의 채무이행을 명하는 사건이 강제집행단계에 들어가서 실현될 수 없을 경우에 대비하여 행하여지는 손해배상청구에 있어서는[7] 그 산정의 기준시기가 사실심 변론종결시라고 하는 것이 대법원 1960년 8월 18일 판결 4294민상733사건(LX 검색); 대법원 1975년 7월 22일 판결 75다450사건(법원공보 521호, 8610면) 등 확고한 판례의 태도인 것이다.

같은 사건을 두 차례에 걸쳐 다루게 된 대법원이 같은 법문제에 대하여 서로 상반된 견해를 취한다는 것은 상정하기 어렵다는 것, 그리고 최근에 이 문제를 정면에서 다룬 앞의 2.1.에서 본 대법원 1997년 12월 26일 판결이 위의 대법원 1969년 5월 13일 판결에 아무런 언급도 하지 아니하고 있다는 것 등도 위와 같은 추측을 뒷받침한다.

---

7) 이와 같이 원고가 본래의 이행을 청구하면서, 그 **청구를 인용하는 사건이 확정된 후에** 그 사건 판결에 기한 강제집행으로도 자신의 본래의 채권이 만족을 얻을 수 없는 경우에 대비하여 손해배상청구를 아울러 청구하는 「청구의 병합」(이는 앞의 Ⅱ. 2.1.에서 본 단순병합에 해당한다)은, 원고의 본래의 이행청구를 하면서 그것이 예를 들면 사실심 변론종결시까지 사이에 이행불능이 되었다는 이유로 기각되는 경우에는 손해배상청구를 하여 줄 것을 예비적으로 청구하는 「청구의 병합」(앞의 Ⅱ. 2.3.에서 본 예비적 병합에 해당한다)과는 그 형태를 달리한다고 이해되고 있다. 즉 전자의 「청구의 병합」에 있어서는 사실심 변론종결시까지 사이에 채무가 이행불능이 된 것으로 확인되면, 병합된 본래의 이행청구와 손해배상청구는 모두 기각되나, 후자의 「청구의 병합」에 있어서는 바로 그러한 경우에야말로 그와 같은 「청구의 병합」을 한 실익이 발휘되는 것이다.

2.3.3. 설사 위의 대법원 1969년 5월 13일 판결이 민법 제395조에서 정하는 전보배상으로 목적물의 시가 상당액을 산정하는 기준시기에 대한 것이고, 따라서 앞의 2.2. 이하에서 본 대로 이 문제에 대한 대법원의 태도가 엇갈리고 있다고 하더라도, 그로부터 30년 가까운 시간이 지난 후에 나온 앞의 2.1.에서 본 대법원 1997년 12월 26일 판결이 이러한 법상태를 배경으로 하여 명백히 그 기준시기를 이행최고 후 「상당한 기간」이 경과된 시점이라고 판시하고 있는 이상, 적어도 장래에 대하여는 이것이 대법원의 태도라고 하여야 할 것이다.

2.4. 그리고 이와 같이 대법원의 태도를 이해하는 것이, 계약불이행을 이유로 하는 채권자의 전보배상청구권이 인정되는 또 하나의 경우, 즉 이행불능으로 인한 손해배상에 대하여 대법원이 일관되게 그 배상액 산정의 기준시기를 채무가 이행불능이 되어 전보배상청구권이 발생하는 때라고 하는 태도를 취하는 것과도 정합적이라고 할 것이다. 즉 대법원 1967년 11월 12일 판결 67다2158사건(대법원판결집 15권 3집, 민사편 312면); 대법원 1968년 7월 23일 판결 68다1104사건(대법원판결집 16권 2집, 민사편 275면) 이래 대법원은 일관하여 위와 같은 태도를 취하여 왔다. 또한 근자의 대법원 1996년 6월 14일 판결 94다61359등사건(판례공보 1996하, 2151면)은 "일반적으로 매매계약의 이행불능으로 인하여 피고들이 입은 손해는 특별한 사정이 없는 한 그 이행불능 당시의 [매매목적물인] 부동산 시가 상당액이라고 할 것"이라고 하고 이것이 "대법원의 확립된 판례"라고 명확하게 설시하고 있는 것이다.

그렇다면 여기서 문제되고 있는 민법 제395조에서 정한 전보배상청구권의 경우에도 다를 바 없다고 하여야 할 것이다.

2.5. 이와 같이 문제의 기준시기를 이행최고 후 상당한 기간이 경과된 시점이라는 해석은 앞의 1.의 말미에서 본 대로 민법 제395조의 모범이 된 스위스채무법 제107조에 대한 스위스에서의 일반적 견해와도 궤를 같이한다. 스위스의 다수설과 판례에 의하면, 위 스위스채무법 제107조 제2항에서 정하는 전보배상을 산정하는 기준시기는 그 전보배상청구권이 발생하는 시점이다.[8] 그리고 거기서의 반대설이라는 것도 채권자가 이 시점과 이행지체시을 선택할 수 있는 권리를 가진다고 하여야 한다는 내용인 것이다.[9]

3. 민법 제395조에서 정하는 「상당한 기간」이란, 채무자가 이행을 준비하고 나아가 실제로 이행하는 데 객관적으로 필요한 시간을 가리키는 것으로 이해되고 있다. 이는 일률적으로 말할 수는 없으며, 채무자가 부담하는 계약상 의무의 내용과 성질, 당사자 간의 계약관계의 진행의 구체적인 양상, 사회적 정황 등을 고려하여 결정된다.

한편 채무자가 동조에서 정하는 이행최고를 함에 있어서 아예 그 이행의 기간을 정하지 아니한 경우 또는 그 기간을 정하였더라도 그것이 「상당한」 것이 아니었던 경우에도, 채권자의 전보배상청구권이 발생하지 아니하는 것은 아니며, 최고가 있는 때로부터 객

8) 판례로서 BGE 45 II 277f., 288f., 학설로서 Wolfgang Wiegand, in: Honsell/Vogt/Wiegand (Hrsg.), *Kommentar zum Schweizerischen Privatrecht. Obligationenrecht I*: Art. 1-529 OR(1993), Art. 107 N. 19 (S. 576) m.w.N.; Andreas von Tuhr u. Arnold Escher, *Allgemeiner Teil des Schweizerischen Obligationenrechts*, Bd. 2, 3. Aufl.(1974), S. 154; Peter Gauch u. Walter R. Schleup, *Schweizerisches Obligationenrecht. Allgemeiner Teil*, Bd. 2, 5. Aufl.(1991), Rn. 3054(S. 172) 등 참조.

9) Eugen Bucher, *Schweizerisches Obligationenrecht. Allgemeiner Teil*, 2. Aufl.(1988), S. 380.

관적으로 정당한 것으로 판단되는 「상당한 기간」이 지난 때에 전보배상청구권이 발생한다고 할 것이다. 이 점에 대하여 직접적으로 판단하고 있는 재판례는 찾을 수 없다. 그러나 「상당한 기간」을 정한 이행최고를 요건으로 계약해제권이 발생한다고 정하는 민법 제544조와[10] 관련하여서 위와 같은 입장을 취하는 것이 대법원 1965년 3월 23일 판결 64다1224사건(LX 검색); 대법원 1970년 9월 29일 판결 70다1508사건(대법원판결집 18권 3집, 민사편 128면); 대법원 1979년 9월 25일 판결 79다11135사건(법원공보 621호, 12263면); 대법원 1990년 1월 12일 판결 89다카11685사건(법원공보 1990, 465) 등 확고한 판례의 태도이다.

(2001년 6월 작성)

10) 앞의 주 5에서 본 스위스채무법 제107조도 참조.

4. 기업인수계약에서 사기 또는 착오 인정 여부 등

Ⅰ. 서론

A. 학력 및 경력

[생략]

B. 의견 제출의 범위

5. 본인은 ○○(이하 "X 컨소시엄"이라고 부른다)로부터 상기 중재사건과 관련하여 제기된 한국법 쟁점에 대하여 전문가 의견을 제출해 줄 것을 요청 받았다. 본 의견서에서 본인은 X 컨소시엄이 주장하는 계약의 이행과 관련된 청구 및 그 상대방 ○○공사(이하 "Y 공사"라고 부른다)가 주장하는 계약의 취소청구에 관한 의견을 제공하고자 한다.

6. 본인은, X 컨소시엄이 2002년경 Y 공사로부터 A 회사(이하 "A 회사"라고 부른다)의 주식 51%를 인수(이하 "이 사건 주식 인수")하였으며, 이에는 인수일로부터 5년 이내에 Y 공사에 대하여 행사할

수 있는 A 회사 주식의 16%를 추가로 인수할 수 있는 옵션이 포함되어 있는 것으로 안다. X 컨소시엄은 위 옵션을 규정하고 있는 Shareholders' Agreement(이하 "이 사건 주주간 계약"이라고 한다)의 조항(이하 "옵션조항"이라고 한다)의 이행을 구한다. 이 사건 주주간 계약은 당사자들 사이에 2002년에 체결되었으며 이 사건 주식 인수와 관련하여 체결된 두 계약(이하 "이 사건 주식 인수계약들") 중 하나에 해당한다.

7. 이에 대해 Y 공사는 이 사건 주식 인수계약들이 효력이 없다는 주장의 근거로 다음과 같은 5가지를 주장한다: (1) 사기, (2) 착오, (3) 선량한 풍속 기타 사회질서에 반하는 법률행위, (4) 불공정한 법률행위 및 (5) 신의칙에 반하는 법률행위. 대한민국의 민법(이하 단지 "민법"이라고 한다)에서는 (1)과 (2)를 이유로 하여 계약을 취소할 수 있는 것으로 정하여져 있고, (3)과 (4)의 각 사유는 계약을 처음부터 무효인 것으로 하며, (5)에 기하여는 개별적으로 그때그때의 사정에 좇아 법적 구제수단이 허용되기도 하고 저지되기도 한다. 취소할 수 있는 계약에 관하여 사기를 당하거나 착오에 빠진 이가 구체적으로 그 계약을 취소하는 의사표시를 한 경우에는 그 계약은 처음부터 무효가 된다. 그러므로 이 사건 중재에서 Y 공사가 실제로 계약을 취소하였음을 전제로 하여 법적 주장을 하는 한에서는, (1) 내지 (4)는 모두 이 사건 주식 인수계약이 효과를 가지지 아니한다는 데 귀착되는 것으로서, 그 법률효과의 면에서는 차이가 없다. 본인은 민법 하에서 위 청구들에 대한 구성요건과 이 사건에서의 주장에 비추어 한국법원이 이를 어떻게 적용할 것인지에 대해 살펴볼 것이다.

C. 방법론

8. 이와 같은 의견을 제공함에 있어 본인은 Y 공사의 2006년 ○월 ○일자 중재신청서, X 콘소시엄의 2006년 ○월 ○일자 중재신청서, 각 답변서, 상기 각 서류들에 첨부된 증거서류들 및 그 밖에 본인에게 제공된 기타 서류들을 검토하였다.

9. 본인은 또한 민법상의 관련규정들, 그러한 규정들이 적용된 대한민국의 판례 및 선도적인 한국법 주석서와 논문 등 문헌을 검토하였다. 또한 대한민국 형법(이하 단지 "형법"이라고 한다)상의 사기죄는 민법상의 사기[1)]에 관한 중요 구성요건을 거의 모두 포함하고 있으므로 사기와 관련하여서는 사기죄에 관한 형사판결들도 함께 검도하였디.

Ⅱ. 한국법 체계

10. 한국법은 대륙법계에 해당하며 독일법을 비롯한 유럽 대륙법 및 일본법으로부터 다수의 법률을 계수하였다. 한국에서 민사법률관계의 가장 근본이 되는 법원法源은 민법이다.

11. 한편 한국의 법원은 민법의 의미나 적용에 대한 결정을 하는 데 있어서 기존 판례에 자주 의존한다. 또한 한국의 법원은 선

1) 민법상의 사기에 의한 계약의 취소권 발생요건과 형법상의 사기죄의 구성요건 사이의 유일한 차이는 형법상의 사기죄는 추가적으로 피해자의 손해발생(구체적으로는 재물 또는 재산상의 이익의 처분행위)을 구체적으로 입증하여야 한다는 점이다.

도적인 주석서와 논문들에 상당한 정도의 중요성을 부여한다.

Ⅲ. 계약 이행의 강제

12. 대한민국 법제 하에서는 서면으로 체결된 계약은 일응 유효하고 집행가능한 것으로 다루어진다. 계약이 무효라거나 취소할 수 있다는 이유로 계약의 효력을 다투는 당사자 측에서 무효 또는 취소사유에 해당하는 사실관계에 대한 입증책임을 지게 된다.

13. 이 사건 주식 인수계약들을 검토한 결과, 위 옵션 조항은 일응 유효하고 집행가능한 이 사건 주주간 계약의 일부임이 명백하다. 이 사건 주주간 계약에는 '완전한 합의' 조항이 있음을 알 수 있는데[2] 이 또한 위 옵션조항이 집행가능하다는 사실을 뒷받침하는 근거 중의 하나가 되며 일반적으로 계약 이외의 사실관계 또는 진술에 의하여 쉽사리 부인될 수는 없는 것이다.

Ⅳ. 사기

14. 이하에서는 Y 공사가 이 사건 주식 인수계약들의 취소사유로 주장하는 민법상의 다섯 가지 근거에 대해 각각 별도의 항에서 살펴보기로 한다.

A. 민법상 사기의 구성요건

15. 민법 제110조는 취소를 주장하는 당사자가 다음의 다섯

2) 이 사건 주주간 계약, § 8.07.

가지 구성요건을 모두 입증하는 경우 사기에 의한 계약의 취소가 가능함을 규정한다:

가. 기망행위 : 피청구인(기망행위자)이 (a) 계약의 취소를 청구하는 당사자에게 **그릇된 관념을 유발하는 객관적으로 확인 가능한 허위의 진술**을 하였거나 (b) 고지의무가 있는 사실을 고지하지 아니한 점

나. 기망행위의 위법성(중요성) : 기망행위가 사건의 구체적인 사실관계와 정황에 비추어 **위법한 정도의 수준에 이르러야 한다**는 점. 기망행위가 위법하기 위해서는 그 기망행위가 청구인의 계약체결에 관한 의사결정에 영향을 미칠 수 있는 객관적으로 중요한 사항에 관한 것이어야 한다는 점

다. 인과관계 : (a) 계약의 취소를 청구하는 당사자가 기망행위로 인하여 착오에 빠지게 되었으며, 또한 (b) 그러한 기망행위가 없었더라면 계약을 체결하지 않았을 것이라는 점

라. 사기의 고의 : 피청구인(기망행위자)은 (a) 청구인(피기망자)을 기망하여 착오에 빠지게 하려는 고의 및 (b) 그러한 착오에 기하여 의사표시를 하게 하려는 고의를 모두 가진 점

마. 계약 체결의 의사표시 : 청구인(피기망자)이 취소를 구하는 계약을 당사자들이 체결하였다는 점

16. 한국법원은 이와 같은 구성요건의 해석 및 적용을 엄격히 한다. 대한민국에서 민사사건에 있어 입증책임의 정도는 영미법의

그것보다 높으며, 고도의 개연성을 요구한다. 또한 전문지식을 가진 당사자들 사이의 상거래 계약에서는 경험이 부족한 일반 당사자들 사이의 기본적인 민사계약에 비해 취소의 기준이 더 엄격하다. 본인은 전문지식을 가진 당사자들 사이에 체결한 자산 또는 주식이전계약에 있어서 매도인이 그 취소를 구하려 한 예는 지금껏 단 한 건도 없는 것으로 알고 있다.

B. 상거래 계약에 있어 사기의 주요 구성요건의 적용

17. 한국의 사기에 의한 취소청구와 관련한 판례들은 아래에서 자세히 설명할 기망행위, 위법성 및 인과관계의 구성요건들을 강조하고 있다. 그 이외의 다른 구성요건인 사기의 고의나 의사표시에 대해서는 판례들이 대부분 구체적으로 논의하고 있지 않은데, 이는 단순히 대부분의 사안에서 세 가지 중요요소 중 최소한 한 가지가 존재하지 않기 때문이며, 이 경우에는 나머지에 대한 분석이 불필요하게 된다.

1. 기망행위

18. 기망행위는 적극적 기망일 수도 있고 소극적 기망일 수도 있다. 상거래 계약에 있어서 적극적 기망은 허위인 사실을 고지하는 것이며, 소극적 기망은 일정한 사실을 고지하여야 할 의무가 인정되는 드문 경우에 있어서 그 사실을 묵비하고 고지하지 않은 경우에 성립한다. 상거래의 당사자들은 서로 상반되는 이해를 가진 것을 전제로 하며 한국법원은 특히 수준 높은 당사자들 사이의 공격적인 협상을 기망행위와 동일시하지 않는다.

19. 취소를 청구하는 당사자가 충분한 전문지식이 있는 경우이거나 업계 사정에 밝은 경우에는 계약서에 기재되지 않고 일정한 정도를 넘어서지 않는 것이어서 일반 거래관념에 비추어 부당해 보이지 않는 협상 과정 중의 적극적인 허위진술이나 과장행위도 기망성이 결여된다.[3] 예를 들어, 대법원은 1995. 9. 29. 판결 95다7031사건(법원공보 1995년, 3613면)에서, 협상 중에 매도인이 점포분양에 있어서 그 점포의 이익배당이 연 24%일 것이며, 자신이 총소유지분의 50%를 보유하면서 책임을 지고 경영할 것임을 확언한 사안과 관련하여 실제 이익배당률이 연 3%에 그치고 피고가 그 소유지분의 15%만을 보유한 경우라 하더라도 취소를 인정하지 않았다. 대법원은 이 사건에서 (1) 허위진술이 이 사건 분양계약서에 약정되어 있지 않았으며, 따라서 (2) 투자할 것인지의 여부는 "원고의 책임 하에" 결정될 성질의 것이라고 "봄이 상당하다"고 이유를 설시하였다.[4] 이 사건에서는 특히 원고는 그 수익성에 관하여 "자세한 질문"을 한 것에 대하여 피고가 위와 같이 허위의 답변을 하였음에도 불구하고 위와 같은 이유로 사기성이 부인되었던 것이다.

---

3) 그 예로 서울중앙지방법원 2005. 10. 13. 판결 2004가합45320사건(미공간)은 영업을 양도하는 회사 입장에서는 회사의 상황(매출액 등)에 대하여 어느 정도 과장을 하게 마련인 점, 매도인은 6개월 이상 사업에 대한 준비를 해왔으며 피고회사의 상황을 충분히 파악할 수 있었을 것이라는 점 및 다소 과장하였다고 하더라도 이는 업계에서 흔한 것이거나 그 정도가 미미한 것이라는 점에 비추어 기망행위가 없었다고 판단하였다. 또한 서울고등법원 2002. 7. 31. 판결 2001나6047사건(미공간)은 원고가 사업에 상당한 식견이 있었으며, 따라서 당초에 예견한 사업전망이 얼마든지 빗나갈 수 있다는 사정을 잘 알 수 있었을 것이므로 기망행위가 인정되지 않는다고 판단하였다.

4) 이 사건에서 대법원은 이어서 "일반적으로 상품의 선전, 광고에 있어 다소의 과장, 허위가 수반되는 것은 그것이 일반 상거래의 관행과 신의칙에 비추어 시인될 수 있는 한 기망성이 결여된다"고 판시하고 있다.

20. 부작위에 의한 기망에 있어서는 고지되지 아니한 사실이 객관적으로 계약의 중요한 내용이어야 한다. 여기서 중요한 사실이라 함은, 계약의 목적 자체를 좌절시키는 것이거나 청구인이 계약을 통해 얻고자 하는 주요한 권리를 위태롭게 하는 것이어야 한다고 이해된다.[5] 그 판단은 업계관행, 당사자 지위의 관계와 전문성의 정도, 독립적인 방법을 통해 당사자가 입수할 수 있는 정보, 협상의 과정 및 계약의 조건 등 다양한 정황을 고려할 것을 요구한다. 그러한 정황들의 분석을 통해 문제된 쟁점이 계약의 주목적과 관련된 것이 아니라는 결론에 이르게 되면, 한국법은 취소를 불허한다.

21. 한국법 하에서 기망행위는 엄격하게 해석되며, 따라서 상거래 계약의 당사자들은 통상 실사를 통하거나 중요한 조건들을 계약서에 명시적으로 기재하는 등의 방법으로 자신들이 우려하는 사항에 대한 사실을 적극적으로 조사할 의무를 부담한다. 특히 한국의 법원은 계약의 당사자들이 서로 이해 상반의 지위에 있고 각자가 자신의 지식과 경험을 이용하여 최대한으로 자신의 이익을

---

5) 예를 들어, 대법원 1998. 4. 14. 판결 98도231사건(판례공보 1998년, 1423면)은 중고차 매도인들이 미지급 할부금이 있다는 사실을 매수인에게 알리지 않은 사안에 있어 이러한 할부금 채무가 당연히 매수인에게 승계되는 것이라고 볼 근거가 없고, 따라서 할부금이 남아 있다는 사실이 매수인이 장차 계약의 목적물의 소유권을 확보하지 못할 위험을 발생시키는 것은 아니라는 이유로 고지의무가 없다고 판시하였다. 한편 대법원 1996. 6. 14. 판결 94다41003사건(판례공보 1996년, 2134면)은 임차권의 양도에 있어서 그 임차권의 존속기간, 임대기간 종료 후의 재계약 여부, 임대인의 동의 여부는 위 "계약의 중요한 요소를 이루는 것"이므로 양도인으로서는 이에 관계되는 모든 사정을 양수인에게 알려주어야 할 신의칙상의 의무가 있다고 판시한 바 있다.

도모할 것이기 때문에 당사자 일방이 알고 있는 정보를 상대방에게 사실대로 고지하여야 할 신의칙상의 주의의무가 인정된다고 볼 만한 특별한 사정이 없는 한 일방 당사자가 자신이 알고 있는 사항에 관하여 상대방에게 이를 설명 내지 고지를 할 주의의무를 부담하지 아니한다는 태도를 취하고 있다.[6)]

2. 위법성/중요성

22. 기망행위가 민법 제110조에서 정하는 사기가 된다고 하기 위해서는 기망행위가 위법한 정도의 수준에 이르렀다는 사실이 계약을 취소하고자 하는 당사자에 의하여 입증되어야 한다. 기망행위는 상대방 당사자가 계약을 체결할 것인지의 의사결정에 직접적인

6) 대법원 2006. 11. 23. 판결 2004다62955사건(판례공보 2007년, 19면)은 일반적으로 매매거래에 있어서 매수인은 목적물을 염가로 구입할 것을 희망하고 매도인은 목적물을 고가로 처분하기를 희망하는 이해상반의 지위에 있으며, 각자가 자신의 지식과 경험을 이용하여 최대한으로 자신의 이익을 도모할 것으로 예상되기 때문에, 당사자 일방이 알고 있는 정보를 상대방에게 사실대로 고지하여야 할 신의칙상의 주의의무가 인정된다고 볼 만한 특별한 사정이 없는 한, 매도인이 목적물의 시가를 묵비하여 매수인에게 고지하지 아니하거나 또는 시가보다 높은 가액을 시가라고 고지하였다 하더라도 상대방의 의사결정에 불법적인 간섭을 하였다고 볼 수 없으므로 불법행위가 성립한다고 볼 수 없는바, **주식과 같은 투기성 있는 객체의 거래에 있어서는 더욱 그러하다**"고 판시하였다((고딕체에 의한 강조는 인용자가 가한 것이다. 이하 본문·각주를 통하여 같다). 물론 이 사건은 불법행위의 성립 여부에 관한 것이나, 이 사건 중재에서 논의되고 있는"상대방의 의사결정에의 불법적인 간섭"이 있었는지의 문제에 대하여는 중요한 의미가 있다고 할 것이다. 특히 위에서 강조한 바와 같이 그 계약이 어떠한 성질의 목적물을 객체로 하는 것인가에 고려하여야 한다는 점은 이 사건 중재와 관련하여 현저한 의미가 있다고 생각된다. 뒤의 주 11에서 보는 대법원의 4291민상139사건 및 2000다54406사건도 참조.

영향을 미칠 수 있는 불법적인 간섭행위라는 의미에서 위법한 것이어야 한다. 이러한 구성요건은 객관적인 중요성에 대한 입증을 요구한다.[7] 따라서 기망행위가 위법하기 위해서는 일반적으로 인정되는 영업관행과 신의성실의 원칙에 위반하는 것이어야 하며, 그 판단을 위해 법원은 당사자들의 전문성의 정도 및 문제된 계약의 종류를 고려하여야 한다.[8] 정상적인 거래관계에서는 당사자들 각자가 지식경험을 이용하여 최대한으로 자신의 이익을 도모하기 때문에 기망행위는 많은 경우 위법성이 없다는 판단을 받게 된다.[9] 이와 유사하게, 허위·과장광고 또한 일반 상거래의 관행에 비추어 용인될 수 있는 한도에서는 위법성이 결여되었다고 인정된다.[10]

---

7) 이러한 개별요건들은 강학상 개별적이나, 실제 사건의 판단에 있어서는 중요성의 개념이 사기의 구성요건의 대부분에 결정적인 영향을 미치는 경우가 많다. 이와 같은 중요성의 요건이 결여되어서는 사기에 의한 계약의 취소청구는 실패하게 된다.

8) 곽윤직 편집대표, 민법주해 [Ⅱ](1992), 제110조, 556면(송덕수 집필부분) 이하 참조. 대구고등법원은 2002. 7. 31. 판결 2001나6047사건(미공간)에서 상당한 규모의 회사를 운영하고 있어 매수인은 사업에 상당한 식견이 있었으며 사업전망은 얼마든지 빗나갈 수 있다는 사정을 잘 알 수 있었을 것이므로 사기가 성립하지 아니한다고 판시하였다.

9) 대법원은 1959. 1. 29. 판결 4291민상139사건(대법원판례집 제7권, 19면)에서 매매거래에 있어서는 매수인은 염가로 구득할 것을 희망하고 매도인은 고가로 처분할 것을 희망하는 이행상반의 지위에 있는 것으로서 각자가 지식경험을 이용하여 최대한으로 자기의 이익을 도모한라고 판시하면서 매수인이 목적물의 시가를 허위로 고지하였다 하더라도 이를 가리켜 사기행위로 인한 법률행위라 할 수 없다고 하였다. 대법원은 또한 2002. 9. 4. 판결 2000다54406사건(판례공보 2002년, 2308면)에서 피고가 자신의 목적물에 대해 실제보다 높은 가격을 시가라고 고지하였다 하더라도 계약을 체결하려는 당사자는 이해상반의 지위에 있고 각자 독립적으로 목적물을 평가할 것이 예상되기 때문에 이는 상대방의 의사결정에 불법적인 간섭을 한 이라고 볼 수 없다고 판시하였다.

10) 대법원은 1995. 7. 28. 판결 95다19515사건(법원공보 1995년, 2982면)에

3. 인과관계

23. 마지막으로 사기가 인정되기 위해서는 계약의 취소를 청구하는 당사자가 기망행위로 인하여 계약을 체결하였어야 함을 요한다. 위 요건을 충족하기 위해서 취소를 청구하는 당사자가 기망행위로 인하여 착오를 하게 되었으며, 나아가 그러한 착오로 인하여 계약을 체결하였다는 사실 모두를 입증하여야 한다. 만약 기망행위로 인해 발생한 착오가 상대방 당사자의 계약 체결의 의사결정에 실제로 영향을 미친 것이 아니라면 사기에 해당하지 않는다.[11] 예를 들어, 토지의 공매절차와 관련한 사안에서 대법원은, 피고는 경쟁입찰의 외관을 창출하기 위하여 제3자에게 금원을 지급하고 그로 하여금 자신보다 더 낮은 가격으로 입찰케 하였으나, 인과관계 요건이 결여되어 있다고 판시하였다. 대법원은 나아가 제3자의 입찰은 국가에 의해 낙찰자로 선정될 수도 있는 것이어서 여

서 빌라를 분양함에 있어 그 이른바 '평형'의 수치를 과장하여 광고하였다는 사실은 "그것이 거래에 있어 **중요한 사항**에 관하여 구체적 사실을 거래상의 **신의성실의 의무에 비추어 비난 받을 정도의 방법으로** 허위로 고지함으로써 사회적으로 용인될 수 있는 상술의 정도를 넘은 기망행위에 해당한다고 보여지지 아니한다"는 이유로 사기에 해당하지 아니한다고 판시하였다. 또 앞의 주 5에서 본 대로 대법원 95다7031사건에서는 상품의 허위, 과장광고는 그것이 "일반 상거래의 관행과 신의칙에 비추어 시인될 수 있는 한 기망성이 결여된다"고 판시하였다.

11) 예를 들어, 대법원 1994. 5. 24. 판결 93도1839사건(법원공보 1994년, 1866면)은 토지 공매절차와 관련하여 피고인이 허위로 조작한 실적증명을 국가에 제출한 경우 인과관계 요건이 결여되어 있다고 판단하였다. 다른 입찰자는 없어서 공매절차는 종료되었고, 국가는 결국 실적증명을 요하지 않는 별도의 수의계약을 통해 피고인에게 분양을 하게 되었다. 따라서, 대법원은 피고인이 공매절차에서 허위의 증명원을 제출하였더라도 이는 수의계약에서의 국가의 의사결정에 어떠한 영향을 미쳤다고 볼 수 없다고 결론 내렸다.

전히 유효한 것이며, 따라서 기망행위가 경쟁입찰의 존재에 관한 착오를 일으켰다고 볼 수 없다고 판시하였다.[12)]

C. 이 사건에 있어 사기의 구성요건의 적용

24. 이 사건 중재에 있어 Y 공사는 X 컨소시엄이 그것을 구성하는 ○○ 회사(이하 "B 회사"라고 부른다)의 자금조달의 세부적인 사항들을 고지하지 아니하였으며 B 회사의 X 컨소시엄에의 참여는 명목상의 참여에 불과하다는 주장을 근거로 사기에 기한 취소를 구하는 것으로 보인다.[13)] Y 공사는 또한 재경부장관에의 뇌물공여 의사표시로 인하여 이 사건 주식 인수계약들이 사기행위로 인해 얻어진 것이라고 주장하기도 한다.[14)] Y 공사의 사기에 기한 취소 청구를 한국법에 의해 판단하는 한국 법원은 증거에 대한 검토를 통하여 Y 공사가 사기의 각 구성요건에 대한 입증책임을 다하였는지 여부를 판단할 것이다.

25. 첫째로, Y 공사의 청구는 B 회사에 대한 적극적인 허위진술에 근거하고 있는 것으로 보이지는 아니하며, 오히려 소극적 기망에 근거하고 있다. 이 경우에 있어 B 회사와 관련하여 기망행위를 인정하기 위해서는 X 컨소시엄이 B 회사의 A 회사주식 인수자금의 조달방법과 세부사항을 Y 공사에게 고지할 의무가 있었다는 점과 자금조달방법이 Y 공사가 이 사건 주식 인수계약들을 체결한

---

12) 대법원 1968. 5. 21. 판결 68다464사건(대법원판례집 제16권 2집, 58면) 참조.

13) Y 공사의 중재신청서 ¶ 4.

14) Y 공사의 중재신청서 ¶ 50(i); Y 공사의 답변서 ¶ 47.

에 있어 객관적으로 중요한 사항이었다는 점을 입증하여야 할 것이다. 만약 B 회사가 계약상의 모든 의무를 이행하였으며 실제로 X 컨소시엄의 A 회사 경영에 있어 기여를 한 것으로 밝혀진다면 기망행위가 없었다는 결론을 내릴 수 있을 것이다.

26. 둘째로, 주장된 기망행위가 위법하다는 판단을 하기 위해서는 Y 공사가 이 사건 주식 인수계약들을 체결할지에 대한 결정을 함에 있어 직접적인 영향을 미칠 정도로 중요한 사항이라는 점과 X 컨소시엄이 그러한 사실을 고지하지 않은 것이 신의칙에 반하며 인정된 상거래 관행을 위반한 것이라는 점을 입증하여야 한다. B 회사의 Y 공사에 대한 자금조달의 중요성을 판단함에 있어 한국법원은 여러 가지 요소들을 고려할 것이다. 중재신청서와 본인에게 제공된 기타 다른 자료들의 검토 결과, 본인은 법원이 특히 다음의 사실관계에 촛점을 맞출 것으로 보인다: (1) B 회사의 A 회사주식의 보유지분비율의 크기; (2) 당사자들의 전문성; (3) 협상과정에서 B 회사의 자금조달과 참여가 쟁점이 된 정도; (4) 이 사건 주식 인수계약들에서 B 회사의 자금조달이나 참여에 대한 진술 및 보장이 있었는지 여부; (5) 기업의 인수·합병 시장에서 전문성을 가진 당사자들이 X 컨소시엄 구성원 상호간의 재무적 세부사항을 포함한 모든 약정을 상대당사자에게 고지하는 것이 일반적 관행인지 여부; (6) Y 공사가 B 회사의 자금조달과 참여에 대해 조사할 수 있는 실사기회를 이용한 정도; (7) 입찰과 관련된 조건 중에 입찰을 하는 X 컨소시엄의 구성원으로서 생명보험회사가 포함되어야 한다는 것 또는 입찰자가 자신의 비용으로 인수자금을 조달하여야 한다는 조건이 포함되어 있었는지 여부 및 (8) B 회사가 다른 X 컨소시엄 구성원에게 주식을 양도할 수 있다는 이 사건 주식 인수계

약들에 포함된 조항의 중요성 등이다. 만약 B 회사의 자금조달원 또는 참여의 정도나 기간이 이 사건 계약을 체결함에 있어 Y 공사의 결정에 중요한 사항이 아니었다면 사기에 의한 취소는 인정될 수 없게 된다.

27. 셋째로, 주장된 기망행위가 실제로 Y 공사로 하여금 이 사건 주식 인수계약들을 체결하도록 하였다는 사실을 인정하기 위해서는 Y 공사가 B 회사의 자금조달원 및 B 회사의 참여의 성격을 알았더라면 계약을 체결하지 아니하였을 것이라는 사실을 Y 공사가 객관적인 측면에서도 입증하여야 할 것이다. B 회사와 관련한 인과관계 쟁점을 판단함에 있어서 한국법원은 중요성을 판단함에 있어 고려하는 요소들과 많은 동일한 요소들을 고려한다. 더 나아가, 법원은 (1) Y 공사가 A 회사주식의 매각으로 X 컨소시엄으로부터 받은 금액과 Y 공사가 이 사건 주식 인수계약들을 체결함에 있어 가격이 가졌던 중요성의 정도; (2) 거래종결의 시기와 Y 공사에게 2002년 말까지 A 회사의 매각의 완료가 가지는 중요성 및 (3) B 회사의 자금조달원보다 X 컨소시엄이 인수가격을 지급할 능력이 있는지가 더 중요했는지 여부 등을 포함한 다른 요소들도 고려할 것이다. 만약 Y 공사가 B 회사의 자금조달방법과 참여의 정도를 알았더라면 계약을 체결하지 아니하였을 것이라는 점을 입증하지 못한 것으로 판단되는 경우 사기가 인정될 수 없을 것이다.

28. 넷째로, Y 공사는 X 컨소시엄이 의도적으로 Y 공사로 하여금 계약을 체결하도록 하기 위해 B 회사의 자금조달원과 A 회사의 경영에의 참여 정도에 대해 착오를 일으키게 하였다는 점을 입증하여야 한다. 민사상 사기의 구성요건 모두에 대해서와 마찬가지

로 기망의 고의에 대한 입증책임의 정도는 고도의 개연성이다.

29. 이와 유사하게, 뇌물공여 의사표시가 사기에 기여하였다는 Y 공사의 주장을 판단함에 있어서 한국법원은 B 회사의 자금조달과 참여에 관하여 본인이 앞서 설명한 것과 본질적으로 같은 분석과정을 거칠 것이다. 특히, 법원은 Y 공사가 뇌물공여 의사표시에 대해 알았더라면 이 사건 주식 인수계약들을 체결하지 않았을 것인지 여부에 중점을 둘 것이다.

30. 이 사건에서 Y 공사의 사기에 기한 주장을 평가하는데 한국법원이 고려할 요소들을 확인하는데 있어 본인은 모든 사항을 열거한 것이 아니며, 당사자들이 증거를 전개하고 제시함에 따라 고려하여야 할 수많은 다른 요소들이 있을 수 있음을 밝혀둔다.

Ⅴ. 착오

A. 민법상 착오의 구성요건

31. 민법 제109조는 취소를 청구하는 당사자가 다음의 각 구성요건들을 증명하는 경우 착오에 기해 계약을 취소할 수 있는 근거를 마련하고 있다:[15)]

가. 계약의 내용에 관한 착오 : 계약의 구체적 내용에 관한 것이라는 점

15) 민법주해[Ⅱ](주 8), 제109조, 444면 이하(송덕수 집필부분).

나. 계약의 중요부분에 관한 착오 : (a) 착오가 없었더라면 청구인뿐만 아니라 일반인의 경우에도 계약을 체결하지 아니하였을 것이라는 점과 (b) 청구인이 착오로 인하여 경제적 손실을 입었다는 점

다. 중과실의 부존재 : 표의자의 직업, 계약의 유형 및 목적 등을 고려하여 표의자의 주의의무의 현저한 결여로 인하여 착오가 발생한 것이 아니라는 점

32. 사기에 의한 청구의 경우에서와 마찬가지로 한국법원은 착오를 이유로 취소를 구하는 사건에 있어서 그 구성요건의 적용을 엄격히 한다. 이는 특히 착오를 이유로 하는 취소의 요건으로 무엇보다도 계약의 중요부분에 관한 착오가 있을 것이 요구되고 있고, 여기서 "중요부분"이란 계약의 핵심을 구성하는 부분을 의미하는 것으로서, 앞서 사기에 관하여 본 "중요성"의 요건보다 더욱 협소한 내용을 가지는 것으로 이해되고 있다.

B. 상거래 계약에 있어 착오의 구성요건의 적용

1. 계약의 내용에 관한 착오

33. 착오가 계약의 '내용'에 관한 것이어야 한다는 요건은 계약을 구성하는 내용 자체에 관하여 착오가 있는 경우를 의미한다. 한편 실제의 사건에서 문제된 착오의 사례는 거의 예외 없이 계약의 '내용' 자체에 관한 것이 아니라 동기의 착오에 관한 것이다. 동기에 관한 착오의 경우에는 계약 취소를 주장하는 당사자가 추가적으로 (a) 상대방에게 그러한 동기를 표시하였고, (b) 나아가 그

동기가 계약의 내용이 된 것이라는 점을 입증하여야 한다.[16] 이러한 추가적인 구성요건들이 입증되는 경우는 드물며, 한국법원이 동기의 착오에 근거하여 취소를 인정하는 경우는 별로 없고 이러한 청구는 하급심에서 통상 기각되는 경우가 많다.[17]

2. 계약의 중요부분에 관한 착오

34. 사기에 관한 사례들의 경우와 마찬가지로, 당사자는 착오가 거래 자체를 원상태로 되돌리는 것을 정당화할 만큼 중요한 것임을 입증하여야 한다. 취소를 청구하는 당사자는 착오가 계약의 중요부분에 관련된 것이어서 이러한 착오가 없었다면 표의자 또는

16) 민법주해 [Ⅱ](주 8), 제109조, 429면 이하(송덕수 집필부분).

17) 대법원 2000. 5. 12. 판결 2000다12259사건(판례공보 2000년, 1417면)은 동기의 착오에 관해 취소를 인정한 드문 사안에서, 취소를 청구하는 당사자는 매도인에게 그 위에 주택을 신축하기 위해 토지를 매수하는 것임을 구체적으로 명시했으며, 당시 중개인은 토지의 3% 내지 4.5% 정도의 면적이 도로를 건설하기 위해 정부로부터 수용될 것이라고 하였으나 매매계약이 체결된 후 정부는 위 토지의 30% 가량을 수용한 경우 그 매매계약의 취소를 인정하였다. 그러나 대부분의 사건에서 상대방 당사자에게 동기가 유효하게 표시되지 않았거나 계약의 내용이 되지 아니하였다고 하여 취소가 인정되지 아니한 경우가 많다. 예를 들어, 대법원 1996. 3. 26. 판결 93다55487사건(판례공보 1996년, 1363면)에서 대법원은 매수인이 대출을 받을 수 없는 경우에는 거래를 완성할 수 있는 경제적 능력이 안 되는 상황이라는 것을 매도인에게 표시하지 않은 사안에서 취소를 인정하지 않았다. 또한 대법원 2001. 2. 23. 판결 2000다48135사건(대법원판례집 제49권 1집, 156면; 판례공보 2001년, 746면)에서, 보증인이 리스장비의 이전이 있어야 한다는 전제를 리스회사에 표시하지 않았으며, 결과적으로 모르는 상태에서 공리스를 보증한 사안에서 계약의 취소를 인정하지 않았다. 그리고 대법원은 1999. 4. 23. 판결 98다45546사건(판례공보 1999년, 1001면)에서 청구인이 영업양도계약을 체결함에 있어 주장된 동기의 착오는 당사자들 사이에 계약의 내용으로 인정된 것이 아니어서 취소를 부인하였다.

일반인 역시 계약을 체결하지 않았거나 그러한 내용의 계약을 체결하지 않았을 것임을 입증하여야 한다. 따라서, 착오는 객관적 및 주관적 관점에서 모두 중요한 것이어야 하며,[18] 착오가 계약상 인정되는 착오자의 권리에 결정적인 영향을 미칠 만한 문제와 관련된 것이어야 한다.[19] 또한, 대법원은 착오가 중요부분의 착오가 되기 위해서는 표의자에게 경제적 불이익을 초래하였거나 향후 그러한 불이익을 초래할 가능성이 있어야 한다고 판시하였다.[20]

---

18) 민법주해 [Ⅱ](주 8), 제109조, 444면 이하(송덕수 집필부분)("보통 일반인도 표의자의 입장에 섰더라면 그러한 의사표시를 하지 않았으리라고 생각될 정도로 중요한 것이어야 한다. 객관적인 현저성의 요구는 착오가 고려되는 경우를 확대하는 것은 아니고 주관적인 현저성이 인정되는 가운데 일정한 경우를 제외시키는 효과를 가진다").

19) 대법원 1995. 3. 24. 판결 94다44620사건(법원공보 1995년, 1725면)에서 대법원은 매수인이 법인이라는 점은 매도인이 부담하여야 할 양도소득세에 중대한 영향을 미치는 것이었으므로 매수인(매수인은 공동매수인이 법인임에도 개인 두 명인 것처럼 진술하였다)의 동일성은 중요부분임을 인정했다. 대법원은 매도인이 이를 알았더라면 매매계약을 체결하지 않았거나 매수인으로 하여금 양도소득세를 부담하도록 하였을 것이라는 점을 인정했다.

20) 예를 들어, 대법원 1999. 2. 23. 판결 98다47924사건(판례공보 1999년, 545면)에서 원고는 시설물을 지어 군에 기부 채납하였으며 그 대가로 그 시설물을 무상으로 사용하기로 하였으나, 이후 위 토지가 군의 소유가 아님이 밝혀졌다. 원고는 토지에 대한 국가의 소유권에 관한 착오에 기해 계약을 취소하고자 시도하였으나, 대법원은 원고가 아무런 경제적 손실을 입지 않았다는 이유로 위 청구를 기각하였다. 원고는 계약의 약정된 바에 따라 시설물을 사용하여 왔다는 점, 국가가 실제 소유자와 계약을 체결하여 원고가 미래에도 무상이용할 수 있도록 보장한 점 등을 근거로 들었다. 또한 대법원은 2006. 12. 7. 판결 2006다41457사건(판례공보 2007년, 120면)에서 차용금반환에 대한 연대보증과 관련한 착오로 인해 원고가 경제적 불이익을 입었거나 장차 불이익을 당할 염려가 없는 경우, 위와 같은 착오는 이 사건 보증계약의 중요부분에 관한 착오라고 할 수 없다고 판시하였다.

3. 중과실의 부존재

35. 착오를 이유로 계약을 취소하고자 하는 당사자가 계약을 체결함에 있어 요구되는 자신의 주의의무를 다하지 못한 것을 이익으로 삼을 수는 없는 것이다. 계약 체결 당사자들에게 기대되는 주의의무의 정도는 "표의자의 직업, 행위의 종류 및 목적 등에 비추어 일반적으로 요구되는 정도의 주의의무"이다.[21] 이는 유사한 전문성과 경험을 가진 일반인에게 기대되는 주의의무에 근거한 객관적인 판단이며, 그러한 중과실을 주장하는 당사자가 중과실에 대한 입증책임을 진다.

C. 이 사건에 있어서 착오의 구성요건

36. 이 사건 중재에 있어 Y 공사가 주장하는 바에 따르면 착오로 인한 청구도 사기로 인한 청구의 경우와 본질적으로 동일한 주장에 근거하고 있다.[22] Y 공사는 B 회사의 자금조달방법과 참여의 정도와 관련한 한화와 B 회사 사이의 약정에 대해 알지 못했기 때문에 X 컨소시엄의 적격 여부에 관해 착오를 하였으며, 이러한 착오에 근거하여 이 사건 주식 인수계약들을 체결하게 되었다고 주장한다.[23]

37. 그러나 위와 같이 주장된 착오가 이 사건 주식 인수계약들의 계약조건과 관련된 것이 아니라 오히려 Y 공사가 위 계약들을

---

21) 대법원 2000. 5. 12. 판결 2000다12259사건(판례공보 2000년, 1417면) 참조.
22) Y 공사의 중재신청서 ¶ 50(ii); Y 공사의 답변서 ¶ 48.
23) Y 공사의 답변서 ¶ 48.

체결하게 된 동기에 관련된 것임을 주목해야 한다. 따라서, Y 공사가 주장하는 착오가 계약의 내용에 관련된 것임이 인정되기 위해서는 Y 공사가 (i) X 컨소시엄에게 B 회사가 자신의 자금으로 참여한다는 사실이 X 컨소시엄에게 A 회사의 지배권을 매각함에 있어 동기에 해당한다는 사실을 표시했으며 (ii) 그러한 동기가 계약의 중요한 부분에 관한 것이어서 이 사건 주식 인수계약들의 내용이 되었음을 입증해야 한다. 그러한 입증이 없이는 착오가 인정될 수 없게 된다.

38. 또한 Y 공사는 B 회사가 A 회사 주식을 인수하기 위하여 자기 자금으로 투자한다는 점과 A 회사의 경영에 참여한다는 점이 Y 공사가 이 사건 주식 인수계약들을 체결함에 있어 주관적·객관적으로 중요한 것이었음을 입증하여야 한다. 만약 B 회사의 자금조달약정과 참여의 정도가 객관적으로 중요하지 않다고 판단될 경우 착오가 성립하기 위해 필요한 중요부분의 요건이 결여될 것이다. 나아가, Y 공사는 한화와 B 회사 사이의 약정을 몰랐기 때문에 경제적 불이익을 입었다거나 장차 불이익을 받게 될 것이라는 점을 입증하여야 한다. 이러한 쟁점을 판단함에 있어 한국법원은 다음의 사항들을 고려할 것이다: (1) X 컨소시엄에게 매각한 주식의 대가로 Y 공사가 받은 금액; (2) 인수 당시 A 회사 매각에 관한 보다 나은 대안이 Y 공사에게 있었는지 여부; (3) A 회사이 인수된 이후의 성공하였는지 여부 등이다. 만약 Y 공사가 위와 같이 주장하는 착오에 기해 경제적 손실이 발생한 사실을 입증할 수 없다면 청구는 기각될 수밖에 없다.

39. 마지막으로, Y 공사가 주장하는 착오가 스스로의 중과실

에 기인한 것인지를 판단함에 있어서는, 한국법원은 (1) Y 공사와 자문사들의 전문성 및 이와 같은 유형의 거래에 있어서의 경험; (2) 그들에게 제공된 실사기회를 얼마나 효율적으로 이용했는지 여부; (3) 입찰절차에 적용된 절차 및 조건들이 충분했는지 여부 등의 요소들을 고려할 것이며, Y 공사가 주장하는 착오를 자신의 중과실로 인해 회피하지 못한 것으로 밝혀진다면 그 청구는 기각될 것이다.

40. Y 공사의 사기에 관한 주장과 마찬가지로, Y 공사의 착오 주장을 판단하는데 있어 한국법원이 고려할 만한 요소 중 일부만을 확인한 것이며, 증거관계에 따라 여러 다른 요소들이 있을 수 있음을 밝혀둔다.

Ⅵ. 선량한 풍속 및 사회질서에 반하는 행위

41. 다음의 세 문단은 상거래에서는 거의 적용되지 않는 민법 조항에 대한 주장을 언급하고 있고, 나는 따라서 이러한 주장들에 대하여는 제한적으로 논하고자 한다.

42. 민법 제103조는 “선량한 풍속 기타 사회질서에 위반한 사항을 내용으로 하는 법률행위는 무효로 한다”라고 규정하고 있다. 한국에서는 상거래 계약에 있어서 계약의 안정성을 훼손하지 아니하기 위하여 민법 제103조를 제한적으로 해석하여 법률행위의 내용이 명백히 확립된 공서양속에 반하는 경우 등 예외적인 경우에 있어서만 적용된다. 이 조항의 요건을 구체적으로 정립한 판례들은 일반적으로 (i) 법률행위의 대상인 권리 의무에 관한 내용이 선량한 풍속 및 사회 질서에 위반되는 경우(가령 범죄를 저지르기로 하는

약정이나 첩계약 등),[24] (iii) 반사회적인 조건이 결부됨에 따라 계약 그 자체가 반사회적인 성격을 띠는 경우(개인의 자유나 참정권을 불법적으로 극도로 제한하는 계약)이거나,[25] 또는 (iv) 법률행위의 동기 혹은 계약의 목적이 명확히 확립된 공서양속에 반하는 경우(불법 도박에 사용할 것임을 알면서 체결한 금전소비대차 등)[26] [27]와 관련된 것이다.

43. 한국에서는 상거래 계약에 있어서 계약의 안정성을 훼손하지 않기 위하여 민법 제103조를 제한적으로 해석한다. 민법 제103조에 의하여 계약의 무효를 주장하는 자는 (1) 법률행위의 대상인 권리 의무에 관한 내용이 선량한 풍속 및 사회 질서에 위반되는 경우(가령 범죄를 저지르기로 하는 약정)이거나 (2) 반사회적인 조건이 결부됨에 따라 계약 그 자체가 반사회적인 성격을 띠는 경우(개인의 자유나 참정권을 불법적으로 제한하는 계약)이거나 (3) 법률행위의 동기 혹은 계약의 목적이 명확히 확립된 공서양속에 반하는 경우(불법 도박에 사용할 것임을 알면서 체결한 금전소비대차)[28]임을 입증하여야 한다.

---

24) 대법원 1960. 9. 29. 판결 4293민상302사건(대법원판례집 제8권, 149면)은 이른바 첩계약은 본처의 동의 유무를 불문하고 공서양속에 반한 무효의 법률행위라고 판시하였다.

25) 대법원 1969. 8. 19. 판결 69므18사건(대법원판례집 제17권 3집, 28면)은 어떠한 일이 있어도 이혼하지 아니하겠다는 각서를 써 주었다 하더라도 그와 같은 의사표시는 신분행위의 의사결정을 구속하는 것으로서 공서양속에 위배하여 무효라고 판단하였다.

26) 민법주해[Ⅱ](주 8), 제103조, 219면 이하(송덕수 집필부분).

27) 대법원 1973. 5. 22. 판결 72다2249사건(대법원판례집 제21권 2집, 11면)은 도박자금에 제공할 목적으로 금전의 대차를 한 때에는 그 대차계약은 민법 제103조의 반사회질서의 법률행위로 무효라고 판단하였다.

28) 민법주해[Ⅱ](주 8), 제103조, 219면 이하(송덕수 집필부분).

44. Y 공사의 민법 제103조에 입각한 주장은 비록 Y 공사가 "공적 이익의 보호자로서 기능한다는 주장"을 덧붙이기는 했지만, 기본적으로 사기에 대한 Y 공사의 주장과 동일한 사실적 근거에 기반한 것으로 보인다.[29] 민법 제103조의 적용을 위해서는 계약이 불법적인 수단[30]에 의하여 체결되었다거나 당사자의 일방이 공익을 대표한다는 주장만으로는 불충분하다. Y 공사는 계약의 내용이 범죄를 구성하거나 명확히 확립된 공서양속에 반한다고 주장하지는 않았다. 인수계약에 대한 대략적인 검토를 한 결과, 이러한 계약들이 한국 법원에 의해 민법 제103조에 해당한다고 판단되는 일정한 유형에 해당한다는 증거를 찾지 못했다.

Ⅶ. 현저히 불공정한 행위

45. 민법 제104조는 민법에 있어서 예외적으로 적용되는 또 하나의 조항이다. 민법 제104조는 "당사자의 궁박, 경솔 또는 무경험으로 인하여 현저하게 공정을 잃은 법률행위는 무효로 한다"라고 규정하고 있다. 민법 제103조와 같이 민법 제104조에 의한 무효도 예외적인 경우로 제한되고, 한국 법원은 이 조항에 의한 계약의 무효를 거의 인정하지 않는다. 민법 제104조의 주장을 위한 요건은 다음과 같다.[31]

29) 중재신청서 ¶ 50 (iii); 답변서 ¶ 49.

30) 예를 들면, 대법원 1992. 11. 27. 판결 92다7719사건(법원공보 1993년, 242면)은 비록 감금을 통하여 위임장이 부여되었고 그에 따라 재산이 증여된 것일지라도 민법 제103조는 이 경우에 적용되지 않는다고 판시하였다.

31) 대법원 2002. 10. 22. 판결 2002다38927사건(판례공보 2002년, 2793면); 민법주해 [Ⅱ](주 8), 제103조, 249면 이하(송덕수 집필부분).

가. 당사자 일방의 궁박, 경솔 또는 무경험 : 계약의 무효를 주장하는 당사자가 일반적인 생활, 거래경험이 부족하거나 또는 스스로 결정을 내릴 자유를 박탈당할 정도의 급박한 곤궁 상태—즉 절박한 재정적, 육체적, 혹은 정신적 해악—에 있어야 한다.

나. 상대방의 악의 : 상대방은 위 가.에서와 같은 '취약함'을 알면서 이를 의도적으로 이용하였어야 한다.

다. 급부와 반대급부 사이의 현저한 불균형 : 급부와 반대급부 사이에 현저히 불공정할 정도의 불균형이 있어야 한다.

46. 대법원이 2002. 9. 4. 판결 2000다54406사건(판례공보 2000년, 2308면)에서 판시한 것처럼 민법 제104조의 목적은 "약자적 지위에 있는 자의 궁박, 경솔 또는 무경험을 이용한 폭리행위를 규제"하는 데에 있다. 계약이 위 조항에 의하여 무효임을 주장하기 위해서, 당사자는 자신(또는 그 대리인)이 일반적인 생활, 거래경험이 부족하거나 스스로 결정을 내릴 자유를 박탈당한 급박한 곤궁 상태에 있었음을 입증하여야 한다.[32] 또한 당사자는 상대방이 자신의 취약함을 알면서 이를 의도적으로 이용하였고, 급부와 반대급부 사이에 현저한 불균형이 있음을 입증하여야 한다. 제104조는 이 사건의 당사자들과 같이 거래 경험이 풍부한 자들 사이에서 체결된

32) 이러한 계약을 무효화하는 근거가 되는 무경험이나 궁박에 대하여는 높은 기준이 설정되어 있어 거의 인정되지 아니한다. 예를 들어 대법원 2002. 10. 22. 판결 2002다38927사건(판례공보 2002년, 2793면)에서는 초등학교 졸업의 학력만을 가지고 있었고, 부인을 사망에 이르게 하였다는 죄책감으로 합의내용에 대한 설명 없이 보험합의를 한 당사자에게 경솔이나 무경험을 인정하지 아니하였다.

계약에는 적용되기 어렵다고 할 것이다.

Ⅷ. 신의칙 위반

47. 민법 제2조는 "권리의 행사와 의무의 이행은 신의에 좇아 성실히 하여야 한다"고 규정한다.[33] 이러한 신의성실의 원칙은 우리 민법의 대표적인 '일반조항'으로서, 일반적인 법률 규정들이 법률요건과 그에 따른 법률효과를 구체적으로 규정하고 있음에 비하여[34] 그 규정 내용 자체에서 알 수 있듯이, 구체적인 법률요건을 규정하고 있지 아니할 뿐만 아니라, 그에 따른 어떠한 법률효과도 규정하고 있지 않다. 신의성실의 원칙은 모든 민법상 제도를 규율하는 통칙적인 법리로서 인정되고 있다.

48. 한국 법원은 제2조를 계약의 취소를 인정하는 별개의 독립적인 근거로 인정하지는 않는다. 따라서 앞서 검토한 사기, 착오, 불공정한 법률행위, 반사회질서의 법률행위 등의 개별 민법 조문에 의한 구성요건을 다 결한다면, 그럼에도 불구하고 독자적으로 민법 제2조 신의성실의 원칙 위반이라는 이유만으로 이 사건 계약이 무효가 될 여지는 없다고 할 것이다.

---

33) 곽윤직 편집대표, 민법주해 [I](1992), 제2조, 106면 이하(양창수 집필부분).

34) 예를 들면, 이 사건에서 Y 공사가 거론하고 있는 민법 제103조, 제104조, 제109조 및 제110조는 모두 하나같이 일정한 법률요건과 그에 따른 법률효과가 민법에 규정되어 있다.

Ⅸ. 취소권의 배제

A. 신의칙에 의한 취소권의 배제

49. 계약의 취소 또는 무효를 위한 요건이 설령 인정된다고 하더라도, 그 취소 또는 무효의 주장이 한국 민법 제2조에서 규정하고 있는 신의성실의 원칙에 반하는 경우에는 그 취소가 인정되지 않는다. 계약의 취소 또는 무효의 주장이 신의성실의 원칙에 반하는지 여부를 판단함에 있어서 한국 법원은 당해 사안의 모든 사정을 고려한다.

50. 이 사건의 경우, Y 공사측의 이 사건 주식 인수계약들의 취소 또는 무효의 주장이 신의성실의 원칙에 의하여 부정될 것인지를 판단함에 있어서 고려되어야 할 요소는 다음과 같다. (1) A 회사이 지배지분을 공정한 가격에 매각하였는지, (2) A 회사이 인수 후에 성공적으로 경영이 정상화되었는지, (3) Y 공사가 취소의 원인이 되는 사실을 알면서도, 컨소시움이 A 회사과 관련해서 경영정상화 노력을 기울이는 동안 상당 기간 취소권을 행사하지 않았는지, (4) 컨소시움의 성공적인 경영에 의한 A 회사의 주식가치 상승으로 인하여 Y 공사가 주주로서 이익을 보았는지 등이 그것이다.

B. 추인에 의한 취소권의 배제

51. 민법 제143조는 취소할 수 있는 법률행위는 취소권자가 사후에 추인을 할 수 있고, 추인 후에는 취소하지 못하도록 하고 있다. 또한, 민법 제145조는 취소권자에게 일정한 사유가 있는 경

우, 민법은 위와 같은 추인행위가 있는 것으로 간주하고 있는데, 그 '일정한 사유'란 (i) 전부나 일부의 이행 또는 상대방의 이행행위의 수령, (ii) 이행의 청구, (iii) 경개, (iv) 담보의 제공, (v) 취소할 수 있는 행위로 취득한 권리의 전부나 일부의 양도, (vi) 강제집행이 그것이다.

52. 따라서 Y 공사가 이 사건 주식 매매계약 혹은 이 사건 주주간 계약과 관련하여 이를 추인하였거나 위에서 적시한 행위 중 하나를 했다는 사실이 입증되면, 가사 사기나 착오에 의하여 Y 공사의 취소권이 가사 발생했다고 가정하더라도 이러한 취소권의 행사는 불가능하다. 법원은 그 추인이 있었는지를 판단함에 있어서 Y 공사가 계약에 의한 대금지급을 받았는지 여부, 중재절차에서 주장하고 있는 사실들을 안 이후에도 계약에 대한 이의를 표시하지 않고 있다가 2006년 7월이 되어서야 중재신청에 이르게 된 사실 등을 고려할 수도 있을 것이다.[35)]

X. 손해배상 청구

53. 취소 또는 무효를 주장함과 함께 Y 공사는 같은 사실에 기초하여 손해배상을 주장하는 것으로 보인다. 한국법 하에서 손해

---

35) 예를 들면, 서울지방법원 2003. 11. 12. 판결 2002가합19419사건(미공간)에서는 매수인이 매도인의 이사들이 매각대상사업의 가치를 과대평가하기 위해 회계부정을 저지른 사실을 알았음에도 계약에 대한 반대의 의사표시를 하지 아니하였다는 이유로 취소를 부인했다. 법원은 두번째 분할계약 대금납부통지를 받았음에도 이의를 표시하지 아니하고 대금 잔액 지급의 연기를 시도했다는 점에서, 매수인이 계약을 추인하였다고 인정하였다.

배상은 일반적으로 상대방이 유효한 계약을 불이행하였거나 상대방의 행위가 불법행위를 구성한다는 것을 입증한 경우에 인정된다. 이 사건에서 Y 공사는 채무의 전제가 되는 계약의 무효 혹은 취소를 주장하고 있으므로, 그러한 취소나 무효를 전제로 한 손해배상을 청구한다면 이는 불법행위를 근거로 한 것이어야 한다. 민법상 불법행위의 요건사실은 (1) 고의 혹은 과실, (2) 위법성, (3) 손해, (4) 인과관계이다.

54. 따라서 Y 공사가 취소나 무효, 그리고 그로 인한 원상회복을 청구하는 동시에 그와 별도로 손해배상을 청구하려면, 한화의 행위가 불법행위의 요건사실을 충족했고, 원상회복으로는 회복되지 않는 추가적인 손해가 있다는 점을 입증하여야만 할 것이다. Y 공사의 중재신청서를 검토한 결과, 이러한 사실에 대한 주장과 입증은 없는 것으로 보인다.

(2006년 10월 작성)

5. 차량의 결함으로 인한 법적 책임 및 그에 관련한 약정의 해석 등

신청인 P 주식회사와 피신청인 정리회사 D 사이의 이 사건 중재사건에 있어서 신청인의 대리인으로부터 한국법상 계약의 해석에 관한 의견을 제출할 것을 요청받아, 다음과 같이 의견을 제출한다.

Ⅰ. 서 언

[본인의 학력·약력 등 및 이 사건 중재사건 관련 서류 등을 적시하는 **1.**부터 **3.**까지는 생략]

Ⅱ. 사실관계

1. 계약의 체결 등

1.1. 2002년 ○월 ○일의 MTA 체결

4. 미국의 국제적인 자동차회사인 A회사는 2002년 ○월 ○일 B은행(정리회사인 D 주식회사(아래에서는 "D회사"라고 부르기로 한다)와 그 회사에 대하여 채권을 가지는 이들이 조직한 협의회를 적법하게 대표

한다)과의 사이에 이 사건 포괄거래계약(아래에서는 "MTA"라고 부르기로 한다)을 체결하였다. 그 주된 내용은, P 주식회사(아래에서는 "P회사"라고 부르기로 한다)를 신설하고, P회사가 D회사의 특정 자산(갑 지방의 승용차사업장, 을 지방의 사업장 일체의 자산 및 일부 해외생산법인과 해외판매법인)을 매수 · 양수하기로 약정하는 것이다(아래에서는 "이 사건 자산양수도"라고 부르기로 한다).

5. 그 매매대금으로는 (i) P회사가 발행하는 액면 금 12억 미화달러(아래에서는 미화달러를 단지 '달러'라고만 부르기로 한다) 상당의 약속어음을 교부하고 (ii) D회사의 5.1억 달러 상당의 특정채무와 660억 원의 리스채무를 인수하는 것으로 정하여졌다.

6. P회사가 위와 같이 매매대금으로 D회사로부터 인수하기로 한 위 (ii)의 5.1억 달라 상당의 특정채무 중에는 이른바 Warranty Liabilities가 포함되어 있다. 여기서의 Warranty Liabilities에는 명시적으로 "all recall claims, whether identified, contingent or potential"은 배제되었다.(MTA, Annex I)

7. MTA 체결 당시에 Warranty Liabilities의 가액은 잠정적으로 1억2천만 달러로 추산되었다. 그러나 향후에 위와 같은 자산양도 및 채무인수의 효력이 발생(이를 아래에서는 "Closing"이라고 부르기로 한다)하는 시점인 2002년 ○월 ○일을 기준으로 정확한 액수로 「조정」(adjustment)하기로 하였다. 그리고 향후의 조정에서 Warranty Liabilities의 가액이 1억2천만 달러를 초과하는 경우에는 D회사가 양도하는 재고자산을 당해 초과액만큼 증가시키고, 그 액이 1억2천만 달러에 미치지 못하는 경우에는 그 양도 재고자산을 당해 부족

액만큼 감소시키기로 약정하였다.(MTA 제3.3조)

8. MTA 안에 포함된「진술 및 보증(Representations & Warranties)」에 의하면 D회사는 "Potential recall list"를 다음과 같이 기재하여 스스로 밝혔다.(MTA Schedule 5.18)

Vehicle Model : XXX

Defect : CVT inner defects

Remedy : Replace CVT unit assembly

Potential Number of Units affected : 96,800[1)]

Production Date : Oct. 15, 1999 ~ Jun. 31, 2002 (TBD)

Affected Area : Domestic only

Estimated Cost : $ 77,388,000

1.2. 그 후 2002년 ○월 ○일의 Closing

9. Closing 일자인 2002년 ○월 ○일에 MTA의 정함에 따라 P회사(그에 앞서 2002년 ○월에 설립되었다)는 D회사와 사이에 '자산양도 및 채무인수계약'(ATLA) 및 손해보전계약(IA)를 체결하였다.

10. ATLA에서는 MTA에서 정하여진 바에 좇아 양도되는 자산 및 인수되는 부채에 대한 구체적인 내용을 정하여지고, IA에서는 위와 같이 인수되지 아니하는 부채 등으로 말미암아 향후 발생할 수 있는「보전(Indemnification)」의 문제에 관하여 약정하였다.

---

1) D회사가 Closing 이전에 생산한 문제의 XXX 모델 차량의 숫자는 실제로는 108,794대이다. 그러나 위「진술 및 보증」에서는 우선 2002년 6월 말을 기준으로 생산대수를 계산하였기 때문에, 다소 차이가 나는 것이다

11. ATLA에서는 P회사가 D회사로부터 인수하는 채무, 즉 Assumed Liabilities를 구체적으로 정의하고, 그 외의 것은 Excluded Liabilities로 간주하였다. 그런데 앞의 제6항에서 본 대로 MTA에서 정한 바에 좇아 Warranty Liabilities는 Assumed Liabilities에 포함되어 있었다.(ATLA 제3.1조, Schedule 3.1) 한편 앞의 제6항에서 본 대로 Warranty Liabilities에는 명시적으로 "all recall claims, whether identified, contingent or potential"이 배제되고 있다. 그리하여 결국 "all recall claims, whether identified, contingent or potential"은 Assumed Liabilities에 포함되지 아니하여, Excluded Liabilities가 되었다.

12. IA에 의하면, D회사가 Closing 이전에 소비자들에게 판매한 차량(Closing 시기 현재의 완성차 및 재고품을 포함한다)과 관련하여 "제품 리콜로부터 발생하는 책임(Liabilities … arising out of product recalls)"으로 인한 손실에 대하여는 D회사가 P회사 및 A회사에 이를 보전(indemnify)하기로 약정하였다.(IA 제2.1조 (a)항 제(viii)호)

13. 그러나 당시 체결된 MTA, ATLA 및 IA의 어디에도 여기서 말하는 "product recalls" 또는 "recalls"에 대한 정의규정은 발견되지 아니한다.

2. 2003년 7월 ○일의 Revised Final Statement

14. 앞의 제7항에서 언급한 Warranty Liabilities의 가액 조정을 위하여 Closing 이후인 2003년 7월 ○일에 P회사와 D회사는 P회사가 인수하는 Warranty Liabilities의 가액을 Closing 일자를 기준으로 하여 산정하고 최종적으로 이를 당초 추산되었던 1억2천만 달러보

다 조금 많은 123,451,000 달러에 합의하였다. 이 액수는 다음과 같은 경위에 의하여 산출되었다.

15. 2003년 2월 ○일에 P회사는 D회사에 대하여 Warranty Liabilities 가액의 잠정적 추산액인 1억2천만 달러를 실제로는 130,618,000 달러로 증액하여야 한다고 주장하는 서면을 보냈다.

16. 이에 대하여 D회사는 동년 4월 ○일에 리콜로 인한 책임액(recall claim)은 Warranty Liabilities에서 제외되어야 하는데 P회사가 이를 그 가액을 포함시켜서 계산한 것은 부당하다고 주장하였다.

17. 그 후의 동년 4월 ○일에 다시 P회사는 D회사에 대하여, 리콜로 인한 책임액은 7,167,000 달러이므로 이 액수를 앞서 본 Warranty Liabilities 가액 조정에 반영하여 거기서 이를 공제하고 Warranty Liabilities의 가액을 계산하면 된다는 서면을 보냈다.

18. 이어서 동년 5월 ○일에 P회사는 D회사에 대하여, 앞서 언급한 바와 같이 Warranty Liabilities에서 제외되는 리콜로 인한 비용 상당액(Recall Costs)은 D회사가 후에 하여야 할 보전(indemnification)의 대상이라는 서면을 보냈다.

19. 그리하여 동년 7월 ○일에 앞서 말한 바와 같이 P회사와 D회사는 “Warranty Liabilities : Recall amount $ 7,167 included in Actual at Closing. Revised Actual $ 130,618 − $ 7,167 = $ 123,451” (여기서 숫자는 천 단위이다)이라는 내용으로 Revised Final Statement

를 최종적으로 행하기에 이른 것이다.

Ⅲ. 질의사항

20. 본인은, D회사가 Closing 전에 제조한 차량(보전 대상 차량) 중 XXX형 자동차에 탑재된 자동변속기(아래에서는 "CVT"라고 부르기로 한다)의 안전 관련 결함이 발생한 것으로 확인되자(아래에서는, 그와 같이 결함 있는 CVT를 장착한 XXX형 자동차를 "이 사건 리콜 차량", XXX형 자동차에 장착된 결함 있는 CVT를 "이 사건 CTV"라고 부르기로 한다) 그 결함을 교환이나 수리 기타의 방법으로 완전히 시정하기 위하여 직접 또는 제3자에게 지출한 일체의 비용 및 손해를 P회사가 MTA, ATLA 및 IA에 따라 D회사로부터 보전받을 계약상 그리고/또는 법률상 권리가 있는지 여부에 대한 질의를 받았다. 구체적인 질의사항은 다음과 같다.

(a) D회사가 이 사건 리콜 차량에 존재하는 안전상의 결함과 관련하여 제조자로서 부담하게 되는 계약상 및 법률상의 채무는 무엇인지의 여부. 그 하나의 내용으로서:

(i) 결함을 교환·수리 기타의 방법으로 완전하게 시정·제거하여 줄 적극적 의무를 부담하는지, 또는 이와 관련된 비용을 손해로 배상할 의무가 있는지의 여부.

(ii) 제3자가 위와 같은 조치를 취한 경우 그 비용을 상환할 의무가 있는지의 여부.

(b) P회사가 이 사건 리콜 차량의 결함이 안전 관련 결함인 경우에 A회사의 영업관행에 따라 D회사와 협의하여 취하여진 교환·

수리, 기타 그 결함의 완전한 제거를 위하여 한 일체의 시정조치로 인한 비용 또는 손해를 D회사로부터 상환받을 수 있는지 여부.

(c) 그 때 P회사가 D회사로부터 상환받을 수 있는 비용 또는 손해가 행정법규인 자동차관리법에서 정하는 바에 따라 이루어진 시정조치로 인하여 발생한 비용 또는 손해에 한정되는지, 아니면 동법에서 정하는 시정조치의 형식 또는 기간에 구애되지 아니하고, 이 사건 리콜 차량에 존재하는 안전상 결함과 관련된 제조자의 책임을 이행 또는 해소하기 위하여 부담하게 되는 일체의 손해비용 (자동차관리법에서 정한 이외의 방식의 수리, 자동차 소유자의 직접수리비용에 대한 상환, 안전결함으로 유발된 생명신체의 상해책임에 대한 배상 등)을 모두 포함하는 것으로 해석하여야 하는지 여부.

(d) 위 손해비용에 지연손해금이 포함되는지의 여부

Ⅳ. 논의의 전제 및 그 구성

21. 질의내용은 기본적으로 앞에서 본 MTA, ATLA 및 IA 등 계약의 해석에 관한 것이다. 그러므로 이하에서는 우선 한국법에서 계약의 해석에 관한 일반적 원칙으로 인정되는 바를 서술하기로 한다.

22. 나아가 여기서 논의되어야 하는 계약 해석의 문제는 기본적으로 매매목적물에 「하자」 또는 「결함」이 있는 경우에 그로 인한 법적 책임을 제3자가 이행하였을 때 원래의 매도인은 그 제3자에 대하여 어떠한 법적 지위에 놓이는가의 문제를 배경으로 한다

고 이해된다. 따라서 한국법에서 매매목적물에 「하자」 또는 「결함」이 있는 경우에 매도인은 일반적으로 어떠한 법적 책임을 지는지를 검토하고, 이어서 그리고 그러한 법적 책임을 제3자가 이행하였을 때 원래의 매도인은 그 제3자에 대하여 어떠한 법적 의무를 부담하는지를 다룬다.

23. 그리고 특히 IA 제2.1조 (a)항 제(viii)호에서 규정하고 있는 "recall"을 자동차관리법상의 시정조치에 한정하는 것으로 해석하는 것이 타당한지를 판단하려면, 자동차관리법 및 거기서 정하고 있는 시정조치의 법적 성질에 대한 분석을 필요로 한다. 그런데 그 분석에서는 자동차관리법상의 시정조치와 앞서 말한 결함 있는 매매목적물의 매도인의 법적 책임과의 관계를 분석하는 것이 필요하다.

24. 이상과 같은 전제적 논의를 바탕으로 하여서, 앞의 제Ⅱ절에서 정리된 제반 사실관계에 비추어 구체적으로 이 사건 약정조항을 어떻게 해석하는 것이 타당한지를 검토하기로 한다

Ⅴ. 전제적 논의

1. 한국법상 계약 해석의 일반적 원칙

1.1. 객관적·합리적 계약 해석

25. 한국법상 계약은 둘 이상의 당사자가 한 대립하는 의사표시가 일치함으로써 성립한다. 쌍방의 의사표시는 문자와 같은 의사표현의 수단을 써서 이루어지는 것이 통상이다. 그러나 우선 그와 같이 의사 표시를 외계에 대하여 현출시키는 데 쓰이는 수단의 의

미가 반드시 명확하다고는 할 수 없고, 나아가 당사자가 쌍방이 모두 일치한 의미로 그것을 사용하지 아니한 경우도 있다.

26. 한국의 계약법은 우선, 외부적으로 행하여진 표현이 당사자들이 실제로 합의한 바를 제대로 반영하지 못한 경우에는 당사자들이 실제로 합의한 바가 그 표현의 객관적 의미에 우선하여 당사자들이 실제로 합의한 바에 좇아 해석되어야 한다는 원칙 위에 서 있다. 즉, 당사자들이 실제로 합의한 내용이 문언의 일반적·객관적인 의미에 우선한다. 이러한 법리는 「오표시 무해의 원칙(falsa demonstration non nocet)」이라는 이름으로 불리기도 한다. 한국의 최고법원인 대법원도 1993년 10월 26일 판결 93다2629사건(법원공보 1993년, 3165면); 1996년 8월 20일 판결 96다19581사건(판례공보 1996년, 2792면) 등에서 이러한 법리에 좇고 있음을 명확하게 하고 있다.

27. 그런데 이와 같이 실제의 합의내용, 즉 내심에서의 의사의 일치는 주관적인 사실이다. 그러하여 계약서면 중의 X라는 표현에 대하여 일방 당사자는 이를 A로 해석되어야 한다고 주장하고, 상대방 당사자는 이와는 달리 B라고 해석되어야 한다고 주장하는 경우에는, 앞에서 본 바와 같은 그 계약상 표현의 객관적 의미와는 다른 실제의 합의내용이 있다고 주장하는 측에서 그러한 일치된 진의의 존재를 증명하여야 한다. 그 입증은 쉬운 일이 아니다.

28. 그리하여 계약 체결시의 당사자들의 진정한 합의(또는 실제로 일치하는 이해)의 내용이 입증되지 못한 경우에는, 그 표현의 객관적·합리적 의미에 따라서 그 법률행위가 해석되어야 한다. 그와 같은 경우의 계약의 해석기준에 대하여 대법원도 예를 들면

1990년 11월 13일 판결 88다카15949사건(법원공보 1991년, 54면)에서 "의사표시의 해석은 서면에 사용된 문구에 구애받을 것은 아니지만 어디까지나 당사자의 내심적 의사의 여하에 관계 없이 그 서면의 기재내용에 의하여 **당사자가 그 표시행위에 부여한 객관적 의미를 논리칙과 경험칙에 따라 합리적으로 해석하여야 할 것**"(강조는 인용자가 부가한 것이다. 이하 같다)이라고 설시한다. 이러한 취지는 그 후의 대법원 1991년 4월 9일 선고 90다카16372사건(판례공보 1991년, 1350면); 대법원 1995년 6월 30일 판결 94다51222사건(판례공보 1995년, 2556면) 등에서도 반복되고 있다.

29. 또 대법원 1992년 5월 26일 판결 91다35571사건(판례공보 1992년, 1997면)이 "법률행위[계약은 그 한 종류이다]의 해석은 당사자가 그 표시행위에 부여한 객관적인 의미를 명백하게 확정하는 것으로서 당사자가 표시한 문언에 의하여 그 객관적인 의미가 명확하게 드러나지 않는 경우에는 그 문언의 내용과 그 법률행위가 이루어진 동기 및 경위, 당사자가 그 법률행위에 의하여 달성하려고 하는 목적과 진정한 의사, 거래의 관행 등을 종합적으로 고찰하여 **사회정의와 형평의 이념에 맞도록 논리와 경험의 법칙, 그리고 사회일반의 상식과 거래의 통념에 따라 합리적으로 해석하여야** 한다"(꺾음괄호 안은 인용자가 부가한 것이다. 이하 같다)고 설시하고, 대법원 1993년 6월 8일 판결 92누18009사건(판례공보 1993년, 2027면); 대법원 1993년 10월 26일 판결 93다3103사건(판례공보 1993년, 3167면); 대법원 1994년 3월 25일 판결 93다32668사건(판례공보 1994년, 1320면) 등 많은 재판례에서도 이러한 설시를 반복하고 있는 것은 앞에서 설명한 바와 같은 객관적·합리적 해석을 지향하고 있음을 말하여 주는 것이다.

30. 이상과 같은 한국법의 객관적·합리적 해석에의 지향은, 법원이 앞에서 본 대로 계약해석에서 요구되는 「합리적 의미」의 탐색에 있어서 일정한 범위에서 재량(물론 그 재량은 객관적 기준에 의하여 행사되어야 한다)을 가짐을 인정하는 것으로 귀착된다. 예를 들어 대법원 1988년 9월 27일 판결 87다카422사건(법원공보 1988년, 1326면)이나 대법원 1989년 9월 12일 판결 88다카12506사건(법원공보 1989년, 1458면)이 "[법원은] 법률행위를 해석함에 있어서 경험법칙과 논리법칙에 어긋나지 않는 범위 내에서 자유로운 심증으로 판단할 수 있다"고 판시하고 있는 것이다.

1.2. 객관적·합리적 계약해석의 구체적 내용

31. 이상에서 보는 바와 같이 계약해석에서 추구되는 바의 객관성·합리성이란 보다 구체적으로 말하면 다음과 같은 것이다.

1.2.1. 권리 포기 등 이례적 결과를 회피하는 해석

32. 우선, 계약을 당사자 일방이 계약 체결시에 통상적으로 예상하지 못하는 이례적이거나 기이한 결과가 발생하도록 해석하는 것은 피하여야 한다.

33. 예를 들면 대법원 1996년 11월 26일 판결 96다21027사건(판례공보 1997년, 45면)은, 동업계약시에 그 조항의 하나로 동업관계를 해소하는 경우에는 그 당사자 중 일방이 동업관계 존속 중에 취득한 의장권을 포기하기로 약정하였는지가 문제된 사안에서, "통상 아무런 반대급부 없이 권리를 포기하겠다는 약정은 매우 이례적인 것이어서 그와 같이 약정하게 된 특별한 사정이나 또는 권리를 포

기할 만한 합리적인 이유가 없는 한 … 그와 같이 해석하여서는 아니 된다"(점선은 인용자에 의하여 생략된 부분을 가리킨다. 이하 같다)라고 판시하면서, 그러므로 그 포기조항은 동업관계가 의장권자의 잘못으로 해소되는 경우에 한하여 이를 포기한다는 의미라고 해석하였다.

34. 또한 대법원 1998년 10월20일 판결 98다31462사건(판례공보 1998년, 2678면)은 임야상태로 있던 토지를 임차하여 대지로 만든 후에 그 위에 건물을 건축하여 거기서 음식점을 경영할 목적으로 임대차계약을 체결하였는데, 그 계약서에는 "[임차인의] 필요비 및 유익비의 상환청구권은 그 비용의 용도를 묻지 아니하고 이를 전부 포기"한다고 기재되었다고 하더라도, "만약 위 계약조항을 문언 그대로 해석한다면, 피고[임차인]로서는 대지조성 및 건축에 임차기간의 상당 부분을 소요하게 되어 음식점 영업이 가능한 기간은 수개월에 지나지 않음에도 불구하고, 음식점의 규모나 임료에 대비하여 거액에 해당하는 대지조성비의 상환청구권 및 건물매수청구권을 모두 포기한 것이 될 뿐 아니라 … 심지어는 토지에 대한 임야 상태로의 원상복구의무까지 부담하는 것이 되어 불합리한 해석이 된다고 하지 않을 수 없다"고 설시하고, 그러므로 계약 당사자의 실제로 합의한 바는 "이 사건 토지를 대지로 조성한 후 이를 임차 목적에 따라 사용할 수 있는 상태에서 새로이 투입한 비용만에 한정하여 피고가 그 상환청구권을 포기한 것이고, 대지조성비는 그 상환청구권 포기의 대상으로 삼지 아니한 취지로 약정한 것이라고 해석하는 것이 합리적"이라고 판시하였다.

1.2.2. 계약 조항 전체의 조화적 해석

35. 나아가 계약의 해석은 계약서에 포함된 여러 조항 중의 어느 하나만을 중시하지 아니하고 계약의 각 조항에 적절한 효력이 부여되도록 계약 전체를 배경으로 하여 해석이 이루어져야 한다. 그리고 특히 계약의 각 조항은 다른 조항과 모순되지 않게 해석되어야 한다.

36. 예를 들면 대법원 1986년 1월 28일 판결 85다카1626사건(대법원판례집 제34권 1집, 24면)은, 신용카드회원과 신용카드회사 사이에 체결된 신용카드계약서에 제3자가 보증인으로서 책임을 지기로 약정한 사건에서 그 보증책임의 범위에 대하여 당해 계약서의 문언상으로는 "주채무자[즉 신용카드회원 본인]와 연대하여 책임을 진다"라고 하여 주채무자와 그 책임범위를 같이하는 것으로 되어 있는 것처럼 쓰여 있으나, 그 계약서의 다른 조항에서 정하여진 신용카드회원이 한 달 간 신용카드를 사용할 수 있는 한도약정액의 범위 내에서만 보증책임을 지기로 합의한 것이라고 해석하여, 주채무자가 그 월간 사용한도액을 넘어 신용카드를 사용한 경우에 그 한도액을 넘는 범위에 대하여는 보증인의 책임을 부정하였다.

37. 또 대법원 1990년 5월 26일 판결 89다카8290사건(법원공보 1990년, 1355면)이 약관을 사용하여 체결된 보험계약에서 그 앞부분에 오는 용어의 정의에 관한 조항이 보험자의 책임을 정하는 조항과 일치하지 아니하는 경우에 후자에 따라 해석되어야 한다고 판시한 것도 이러한 취지라고 이해된다.

1.3. 계약해석에서 고려되어야 할 사정

38. 이와 같은 일반적 이해틀 아래서 계약의 해석에 있어서 구체적으로 고려되는 사정들, 특히 이 사건 약정조항의 해석과 관련하여 의미 있는 것들을 들면 다음과 같다.

1.3.1. 계약 체결에 이르기까지의 경위

39. 우선 당해 계약조항은 어떠한 경위를 거쳐 그와 같이 작성되기에 이르렀는가. 이는 앞의 제29항에서 본 대법원 1992년 5월 26일 판결; 대법원 1993년 6월 8일 판결; 대법원 1993년 10월 26일 판결; 대법원 1994년 3월 25일 판결 등이 정면에서 인정하고 있음은 앞에서 인용한 판시부분에서도 명백하다.

40. 그 외에도 대법원 1998년 7월 14일 판결 96다39707사건(판례공보 1998년 하, 2115면)은 보험계약의 체결과정에서 보험회사측이 상대방에게 그 계약의 내용에 대하여 설명한 내용을 그대로 보험계약의 내용으로 해석하고 있는 데서도 드러나는 바와 같이, 계약체결 전에 존재한 각종의 사정은 당해 계약조항의 해석에 중요한 의미를 가진다. 이는 나아가 대법원 1997년 11월 28일 판결 97다36231사건(판례공보 1998년 하, 1745면)에서와 같이 당해 계약이 체결되기에 이르기까지 당사자들 사이의 분쟁 및 그 해결을 위한 협의의 내용을 상세하게 설시하고, 그에 비추어 당해 계약의 내용을 해석하는 태도로 이어지는 것은 자연스러운 일이다.

1.3.2. 계약 체결 후 당사자들의 행태

41. 또한 계약이 체결된 후에 분쟁이 발생하기 전에 당사자들이 취한 행태, 특히 당사자 중 일방이 계약을 이행한 내용은 당사자들의 진정한 합의내용을 알게 하는 중요한 사정이 될 수 있다.

42. 예를 들면 대법원 1994년 5월 24일 판결 93다32514사건(법원공보 1994년, 3059면)은, 고용계약서상에는 고정된 월급액만이 기재되어 있다고 하더라도 고용주가 근로자별로 시간급 임금을 책정하고 거기다가 근로자들이 매월 실제 근로한 시간수를 곱한 금액을 월급으로 지급하여 왔으면 근로자들의 임금형태는 기본적으로 시간급으로 정한 것으로 보아야 하고 월급제라고 할 수 없다고 판단한 바 있는 것이다.

1.3.3. 계약의 배후에 있는 경제적 목적

43. 또한 당사자들이 당해 계약조항으로써 어떠한 사항을 어떠한 방향으로 처리하려고 하였는가 하는 그 합의의 바탕을 이루는 경제적 목적도 매우 중요함은 물론이다.

44. 예를 들면 대법원 1990년 3월 9일 판결 89다카17809사건(법원공보 1990년, 867면)은 "계약의 해석은 그 계약서 문언의 취지에 따름과 동시에 **계약당사자가 기도하는 목적**과 계약 당시의 제반 사정을 침착하여 당사자의 진의에 맞도록 합리적으로 해석하여야 한다"고 하고, 대법원 1990년 12월 21일 판결 90다6583사건(법원공보 1991년, 584면)은 "계약을 해석함에 있어서는, 계약서에 쓰여진 문언의 내용, 그와 같은 약정이 이루어진 동기와 경위, **그 약정에 의하여 달**

성하려고 하는 목적, 당사자의 진정한 의사들을 종합적으로 고찰하여 계약을 해석하여야 한다"고 설시하고 있는 것이다.

1.4. 계약 해석을 위한 증거

45. 이상에서 본 바와 같은 기준에 좇아 계약을 해석하기 위하여 법원은 자유롭게 증거를 채택할 수 있다. 특히 앞의 제44항에서 본 대법원 1990년 12월 21일 판결이 말하는 대로, 계약이 그러한 내용으로 정하여진 동기와 경위 등을 입증하기 위하여 당사자는 그 계약의 교섭과정에 관여한 증인을 심문할 수 있으며, 기타의 증거를 채택하도록 신청할 수 있다.

46. 그리하여 일부의 국가에서 받아들여지고 이는 이른바 구두증거 배제의 원칙(Parol Evidence Rule)은 한국법에서는 인정되지 아니하고 있다. 대법원 1989년 9월 12일 판결 88다카12506사건(법원공보 1989년, 1458면)은 "[계약서와 같은] 처분문서라 하더라도 그 기재내용과 다른 특별한 명시적·묵시적 약정이 있는 사실이 인정될 경우에는 그 기재내용의 일부를 달리 인정할 수 있다"고 판시하고 있으며, 이러한 취지는 대법원 1991년 7월 12일 판결 91다8418사건(법원공보 1991년, 2152면) 등 매우 많은 재판례에서 반복되고 있다.

2. 매매목적물에 「결함」이 있는 경우 매도인의 법적 책임 및 제3자에 의한 이행

2.1. 매도인의 계약상 책임

47. 자동차를 제조하여 판매하는 계약은 불특정물의 매매에 해당한다. 이 사건에서 이 사건 리콜 차량의 결함은 그 자동차의

「하자」에 해당될 것인데, 자동차를 제조하여 판매하는 이는 그 자동차에 존재하는 하자에 대하여 그 매수인에 대하여 다음과 같은 책임을 진다.

48. 매매목적물에 하자가 있는 경우에 매도인은 그 일반적 계약책임으로서 추완의무를 부담한다. 그 하자가 목적물을 구성하는 부품의 하자인 경우에는 특별한 사정이 없는 한 그 부품의 교체 또는 수리로써 하자를 제거하는 것을 내용으로 한다.

49. 매도인으로서의 일반적 계약책임 외에 민법이 특별히 정하는 매도인의 담보책임으로서 다음과 같은 것이 있다. 이 중에서 ② 및 ③에 대하여는 요건상 일정한 제한이 있다.

① 완전물급부의무(민법 제581조 제2항). 목적물의 하자가 보수할 수 있는 것인 경우에는 이에 기하여 매도인은 '작은' 완전물급부의무로서의 수선의무를 질 수 있다.

② 손해배상의무(민법 제581조 제1항, 제580조, 제575조 제1항).

③ 매수인의 계약해제권(민법 제581조 제1항, 제580조, 제575조 제1항). 계약이 해제되면 매도인은 매수인으로부터 받은 매매대금을 매도인의 목적물 반환과 상환으로 반환하여야 한다(민법 제548조 제1항 본문, 제549조).

50. 앞의 제48항의 책임(추완의무) 및 제49항의 ①의 완전물급부의무는 하자에 대하여 매도인에게 이른바 귀책사유가 있는지를 묻지 아니하고 발생한다. 즉 그 하자에 대하여 매도인에게 귀책사유가 없는 경우에도 그 책임이 발생한다.

51. 대법원 2004년 7월 22일 판결 2002다51586사건(판례공보 2004년 하권, 1431면); 대법원 2004년 8월 20일 판결 2001다70337사건(판례공보 2004년 하권, 1561면) 등에 비추어 보면, 앞의 제48항의 계약책임 및 제49항의 담보책임은 서로 경합관계에 있으며 앞의 제49항의 담보책임이 인정된다고 하여 앞의 제48항의 계약책임이 배제되는 것은 아니라는 것이 대법원의 태도인 것으로 이해된다.

52. 앞의 제48항 이하에서 본 매도인의 계약상 책임은 매수인에 대하여만 부담한다. 그러나 매수인이 매매목적물을 제3자에게 매도하여 이를 그에게 양도한 경우에도 종국적으로는 애초의 매도인이 책임을 져야 한다. 왜냐하면 최종 매수인은 그 매도인에게, 그 매도인은 다시 그에 대한 매도인에게 … 하는 식으로 매수인들의 권리추급이 이어져서, 결국은 법적 책임의 실제적 부담은 소급하여 최초의 매도인에게 귀착되기 때문이다.

2.2. 매도인의 불법행위책임

53. 제조물책임법 제3조에 의하면, 자동차와 같은 제조물의 제조업자는 그 제조물에 제조상 또는 설계상의 결함 등이 있는 경우에는 그 결함으로 인하여 생명, 신체 또는 재산(당해 제조물에 대해서만 발생한 손해를 제외한다)에 발생한 손해에 대하여 배상책임을 진다.

54. 위와 같은 책임은 그 성질이 불법행위로 인한 책임으로서, 그러한 손해를 입은 사람과 제조업자 사이에 아무런 계약관계가 없는 경우에도 인정된다. 여기서 제조상 결함 및 설계상 결함의 의미에 대하여는 제조물책임법 제2조 제2호 가목 및 나목에서 자세

히 규정하고 있는데, 이 사건에서 이 사건 리콜 차량의 결함이 이에 해당함에는 의문의 여지가 없다.

55. 제조물책임법 제3조 제1항의 규정에 의하면, 하자 있는 물건의 제조업자가 배상하여야 하는 손해에는 앞의 제48항에서 본 대로 당해 제조물에 대해서만 발생한 손해는 배제되지만, 그 외의 손해, 예를 들면 그 결함으로 인하여 사고가 일어난 경우에 그 사고로 다치거나 사망한 사람이 입은 손해 또는 그 사고로 부서진 다른 자동차의 소유자가 입은 손해 등이 포함된다.

56. 위와 같은 책임은 그 결함에 대한 제조업자의 귀책사유가 없어도 발생한다. 면책사유로서는 오로지 제조물책임법 제4조 제1항에서 정하는 이른바 기술수준의 항변 등의 사유가 있을 뿐이다. 이 사건에서 D회사가 문제된 CVT를 ○○라고 불리는 일본회사로부터 공급받았어도, D회사가 이 사건 리콜 차량의 「제조업자」(제조물책임법 제2조 제3호 참조)로서 이 사건 리콜 차량이 판매되는 한국에서의 제반 형편에 맞는 변속장치를 장착하였어야 할 것이므로, 동항에서 규정하는 면책사유는 이 사건에서 인정될 수 없다.

57. 뿐만 아니라 제조물책임법 제4조 제2항은 제조물을 공급한 후에 당해 제조물에 결함이 존재한다는 것을 알거나 알 수 있었음에도 그 결함에 의한 손해의 발생을 방지하기 위한 적절한 조치를 하지 아니한 때에는, 기술수준의 항변 등을 제기할 수 없다고 한다. 그러므로 설사 제56항에서 본 면책사유의 주장이 애초에는 허용되었다고 하더라도, 결함이 존재한다는 것을 알거나 알 수 있게 된 때에 그 결함에 의한 손해의 발생을 방지하기 위한 적절한

조치를 하여야만 위와 같은 면책주장이 가능하다.

58. 그러므로 결함 있는 제조물의 제조자로서는 위 기술수준의 항변을 확보하기 위해서라도 —적어도 예비적으로— 그 결함에 의한 손해의 발생을 방지하기 위한 적절한 조치를 취하여야 한다. 이는 엄밀한 의미에서 매수인에 대한 의무라고는 할 수 없으나, 자신의 이익을 보장받기 위하여 취하여야 하는 이른바 간접의무(Obliegenheit)라고 하겠다.

59. 제조물책임법은 2002년 7월 1일부터 공급된 제조물에 적용된다. 그런데 위와 같이 제조물책임법이 시행되기 전에도 제조물의 「결함」으로 인한 손해의 배상에 관하여는 일정한 판례준칙이 형성되어 있었다. 지도적인 판례는 대법원 1992년 11월 24일 판결 92다18139사건(대법원판례집 제40권 3집, 158면)인데, 이 판결은 "물품을 제조하여 판매하는 제조자는 제품의 구조, 품질, 성능 등에 있어서 현대의 기술수준과 경제성에 비추어 기대가능한 범위 내의 안전성과 내구성을 갖춘 제품을 제조하여야 할 책임이 있고, 이러한 안전성과 내구성을 갖추지 못한 결함 내지 하자로 인하여 소비자에게 손해가 발생한 경우에는 계약상의 배상의무와는 별개로 불법행위로 인한 배상의무를 부담한다"고 판시한다. 여기서 중요한 것은 그와 같은 결함 있는 물건의 제조자의 불법행위책임은, 불법행위책임에 관한 일반규정인 민법 제750조에 그 근거를 두는 것일 터인데도, 그 결함에 대하여 그에게 과실이 있는지 여부를 묻지 않고 인정된다는 점이다. 그리고 이러한 태도는 그 후 대법원 2000년 2월 25일 판결 98다15934사건(판례공보 2000년 상권, 785면) 등에서도 그대로 이어지고 있다. 이는 제조물책임법의 시행 전에도 제조물의

결함으로 인한 제조자의 법적 책임에 대하여는 그 시행 후와 기본적으로 다를 바 없는 법리가 인정되고 있었음을 의미한다.

60. 그러므로 이 사건에서 이 사건 리콜 차량에 결함이 있다면, 그 자동차를 제조하여 판매한 D회사는 **제조물책임법이 시행된 2002년 7월 전에 판매한 같은 형식의 자동차에 관하여서도** 그 결함에 대하여 과실이 있는지 여부를 불문하고 그 결함으로 인하여 발생한 손해를 배상할 책임을 져야 한다. 그리고 그 경우 배상하여야 하는 「손해」에는 그때그때의 자동차 소유자 등이 스스로 또는 수리업자와 같은 제3자를 통하여 결함의 제거(즉 이 사건 리콜 차량의 교체 또는 수리)를 위하여 지출한 비용은 물론이고 그 결함으로 인하여 사고가 일어난 경우 그 사고로 다치거나 사망한 사람 또는 그로 인하여 자기 소유의 물건이 파손된 사람의 그로 인한 손해도 포함된다.

2.3. D회사 이외의 제3자가 하자보수를 한 경우의 법적 문제

61. 한국법상 자신의 사무가 타인에 의하여 처리된 경우에 그 사무본인은 그 사무를 손수 처리한 사람에 대하여 그 사무 처리에 든 비용을 상환할 법적 의무가 있다. 이는 그들 사이에 사무 처리를 위탁하는 계약이 존재하는 경우에는 '위임'에 관하여 민법 제688조에서 정하는 비용상환청구권의 문제이다. 그러나 그러한 계약이 존재하지 아니하는 경우에도, 그러한 상환의무는 사무관리로 인한 비용상환(민법 제739조)으로서 인정된다.

62. 이 사건에서 이 사건 리콜 차량의 결함을 제거할 법적 책임을 지는 당사자 또는 이를 제거할 필요가 있는 사람은 그것을 제

조하여 판매한 D회사이다. 그러므로 그 경우에 결함을 제거하는 일은 의심의 여지 없이 민법 제734조, 제739조의 의미에서 객관적으로 D회사의 사무이다. 따라서 만일 그 결함을 P회사가 D회사를 위하여 제거하였다면, 이는 P회사가 D회사의 사무를 행한 것으로서 한국법상 「사무관리」가 성립한다. 그러므로 D회사는 P회사에 대하여 앞의 제61항에서 본 바와 같이 그 사무의 처리를 위하여 P회사가 지출한 비용을 상환하여야 할 법적 책임이 발생한다.

2.4. D회사는 자신이 제조 및 판매한 자동차에 대한 하자 또는 결함에 관한 최종적인 책임을 부담한다

63. 이상과 같이 보면, 하자 또는 결함(이하 단지 「결함」이라고만 한다) 있는 자동차를 제조하여 판매한 이는 그 결함을 제거하여야 할 법적 의무를 일반적으로 자신의 계약상대방에 대하여 직접적으로 부담하거나, 그것이 아니라고 하여도 제3자에 대하여 그 결함으로 인하여 발생한 손해의 배상책임을 지는 것을 사전에 미리 막기 위하여 그 결함을 제거하여야 할 보편적인 현실적 필요성이 있다.

64. 결국 문제의 결함 있는 이 사건 리콜 자동차를 제조하여 판매한 D회사로서는 위에서 본 대로 하자 등을 제거할 법적 의무 또는 그 간접의무를 진다고 할 것이다.

Ⅵ. 이 사건 계약조항의 해석

1. MTA, ATLA 및 IA에서의 채무인수 및 보전의 규정체계 및 그에 비추어 본 이 사건 약정조항의 의미

65. 앞의 제47항 이하에서 살펴본 바와 같이, 자동차의 제조자는 자신이 생산·판매한 자동차의 안전결함에 대하여 전반적인 책임을 부담한다. 즉, 이 사건의 경우 D회사가 원칙적으로 이와 같은 책임의 부담자라고 할 것이고, P회사가 D회사의 일부 자산 및 부채를 인수하였다고 하더라도, D회사의 법적 지위 자체를 전체적으로 승계한 것이 아니기 때문에 P회사가 인수한 채무 이외의 사항에 관하여 D회사가 여전히 책임을 부담할 수밖에 없다.

66. 이와 관련하여 먼저 이 사건 계약들의 각 관련규정을 살펴보면, P회사가 D회사로부터 인수하기로 한 채무 중에는 D회사가 Closing 일자 이전에 생산 및 판매한 차량에 대한 각종 품질수리 문제와 관련된 비용(Warranty Liabilities)이 일정한 범위에서 포함되어 있다. 이는 MTA, Annex I의 14면에 다음과 같이 정의되어 있다:

> "Warranty Liabilities"라 함은 D회사가 종결일 기준으로 인수되거나 인수되지 않는 해외판매계열사, 베트남 해외제조계열사 및 인수되지 않는 해외제조계열사와 관련된 보증청구, 캠페인 프로그램, 기술공보 또는 기타 유사한 품질문제와 관련하여 발생할 것으로 예상되는 제반 비용을 지칭하며, 여기에 통신비용, 검사비용, 교체부품비용, 서비스 및 설치비용, 노동 및 운송비용이 포함되나 (i) D회사가 판매한 인수되지 않는 해외제조계열사의 Complete Knock Down

Kits 관련 보증청구 및 (ii) 확정되거나, 잠재적이거나 우발적인지를 불문하고 모든 recall 관련 청구는 제외한다. "Warranty Liabilities"는 (i) D회사의 과거 회계방식 및 (ii) D회사의 과거 자료, 관행 및 대우 차량에 대한 경험을 바탕으로 계산되어야 한다.

67. 여기에서 보는 바와 같이, MTA는 Warranty Liabilities를 일반의 보증청구(warranty claims), 캠페인 프로그램(campaign programs), 기술공보(technical bulletins) 및 기타 유사한 품질문제(product quality issues)와 관련된 비용으로 정의하고 있고, 거기에서 "확정되거나, 잠재적이거나 및 우발적인지를 불문하고 모든 recall 관련 청구(all recall claims, whether identified, contingent or potential)"를 제외하고 있다.

68. 한편 MTA는 "채무(Liabilities)"를 다음과 같이 정의하고 있다. 즉, MTA의 Annex I에 의하면, 채무는 알려졌는지 또는 청구되었는지의 여부를 불문하고, 고정되거나, 절대적이거나, 우발적인지 여부, 기한의 도래 여부 또는 청산 여부를 불문하며, 또한 재무제표 또는 그 주석에서 일반회계원칙(GAAP)에 따라 부채로 표시되어야 하는지의 여부를 불문한 여하한 채무(즉, 계약에 기한 것이든, 불법행위에 기한 것이든 불문), 책임, 의무 및 약정 등을 폭넓게 지칭하는 것이다. 이는 그 후의 ATLA나 IA에서도 다름없이 타당할 것이다.

69. 나아가, ATLA는 「인수된 채무」(Assumed Liabilities) 중에 Warranty Liabilities를 다음과 같이 규정하고 있다. (ATLA 제3.1조, Schedule 3.1(a))

3.1 인수된 채무(Assumed Liabilities)

(a) 계약의 조건에 따라, P회사는 자산양도 종결일에 Schedule 3.1 (a)에 열거된 채무(Assumed Liabilities)를 인수함에 동의한다.

(b) 본 계약의 어떤 내용에도 불구하고, P회사는 오로지 Assumed Liabilities만 인수하며 D회사(및 그 영업 또는 자산의 전부 또는 일부를 소유하는 전자)의 현존하거나 추후에 발생하고, 그 성질을 불문한 기타 채무 또는 책임을 인수하지 않는다. 이와 같은 기타 채무 및 책임은 D회사가 부담하며 D회사의 채무로서 잔존한다. (이처럼 인수되지 않는 기타 채무 및 책임은 Excluded Liabilities라 한다)

70. 위와 같은 MTA 및 ATLA의 규정에 맞추어 IA는 제2.1조 (a)항에서 먼저 P회사, A회사 및 그 그룹, 그 계열사, 임직원 및 양수인 등이 손실(Damages)을 입을 경우에 대한 D회사의 보전(Indemnification)의 의무를 규정하면서, 이와 같은 손실에 모든 금전손해, 벌금, 세금, 화해금, 피보전채무, 모든 종류의 비용, 소송비용, 환차손, 이자 등을 포괄적으로 망라하고 있다. (IA, Annex A)

71. IA 제2.1조 (a)항은 다시 위 손실의 사유를 항목별로 구분하고 있는데, 그 중에는 바로 동항 제(iv)호에서 정하는 P회사가 인수하지 않는 Excluded Liability, 그리고 특히 동항 제(viii)호에 규정된 Closing 일자 이전에 D회사가 생산·판매한 차량에 대한 recall로 인한 책임이 포함되어 있다(이하에서는 동항 제(viii)호를 「이 사건 약정조항」이라고 부르기로 한다). 그 내용은 다음과 같다.

(iv) 여하한 Excluded Liability, 다음의 Excluded Liability 등을 포함

한다 … [이하 생략]

(viii) 종결일 이전에 D회사, 그의 계열사 등이 판매하거나 또는 종결일 기준으로 완성차로서 D회사의 재고에 포함된 차량에 대한 안전에 관련된 제품 recall 또는 정부의 안전기준에 대한 위반 및 자동차와 그 부품에 적용되는 배출기준의 위반에 기한 제품 리콜로부터 발생하는 책임(인적 손해의 배상청구를 포함하나 이에 한정되지 않는다); 다만 P회사가 이와 같은 recall조치의 실시 여부 및 위 recall조치를 시행하는 방식은 당해 지역에서의 유사한 성격의 recall에 관한 A회사의 영업관행에 부합하여야 하고, P회사는 합리적으로 가능한 범위 내에서 이와 같은 recall조치의 실시 전에 당해 recall조치의 사유와 성격에 대하여 D회사와 사전에 협의하여야 한다.

72. 이상과 같이 Warranty Liabilities는 P회사가 인수하는 채무로 정하여졌고, 반면 이른바 "리콜로부터 발생하는 책임"은 그 Warranty Liabilities에서 제외되면서, ATLA에 의하여 Excluded Liability에 포함되었고, 이는 다시 IA에서 정한 바와 같이 D회사의 보전의무사항으로 규정되었다.

73. 그런데 그러한 P회사가 인수하지 아니하고 오히려 D회사의 보전의무가 발생하는 것은, IA 제2.1조 (a)항 제(viii)호의 이 사건 약정조항에서 보는 것처럼, 그 "recall"이 안전에 관련된 결함에 대한 것이거나 또는 정부의 안전기준에 대한 위반 및 자동차와 자동차 부품에 적용되는 배출기준 위반이 되는 결함(아래에서는 이들 결함을 단지 「안전결함」이라고 부르기로 한다)과 관련한 것인 경우에 그러하다. 물론 그 때 안전결함에 대하여 그 제거작업을 함에 있어

서는, (i) 그러한 조치가 당해 지역 내의 A회사의 영업관행과 부합하여야 하며, (ii) 위 조치를 실시하기 전에 합리적인 범위 내에서 D회사와의 사전협의가 이루어져야 한다는 것으로 정하였다. 그러나 그 취지는 P회사가 D회사로부터 보상을 받기 위하여 무리하게 비합리적으로 recall을 실시하려는 것을 방지하려는 것으로 이해되며, 결코 자동차관리법상 시정조치로 한정하려는 것이 아닌 것으로 보인다(더구나 아래 제103항에서 보듯이 D회사의 권유에 따라 P회사가 이 사건 리콜 차량에 대한 recall을 실시하였으므로 위 요건은 충족되었다고 할 것이다).

74. 이상에 비추어 보면, A회사 측과 D회사는 기본적으로 D회사가 제조·판매한 자동차에 존재하는 결함으로 인하여 발생하는 일체의 부담(가장 넓은 의미의)을 그것이 원래 앞의 제47항 이하 및 제65항에서 본 대로 D회사가 부담하여야 하는 것이므로 그 원칙대로 종국적으로 D회사에게 부담시키려는 의도가 있었던 것이라고 할 것이다. 이 점은 이 사건에서 문제되고 있는 “recall”의 의미를 어떻게 해석할 것인지에 대하여도 뒤의 제90항 이하에서 보는 것처럼 중요한 의미가 있다.

75. 이와 관련하여, D회사는, MTA 상으로 P회사가 인수하기로 한 Warranty Liabilities에서 제외된 “제품 리콜로부터 발생하는 책임(Liabilities … arising out of product recalls)”(앞의 제12항 참조)은 이른바 자동차관리법 하에서 공고 또는 개별 소비자에게 통보된 시정조치에 한정되므로 이 사건에서 이 사건 리콜 차량에 대한 이와 같은 공고 또는 통보된 조치 이외의 시정행위는 P회사가 인수한 Warranty Liabilities에 포함되어, P회사가 이와 관련된 비용을 부담

하여야 한다고 주장하고 있다. 이에 반하여 P회사의 입장은, 이 사건 리콜 차량의 안전 또는 환경규제와 관련된 조치라면 (i) 자동차관리법상 시정조치를 하기 이전에 있었던 시정조치(대표적인 예로 이른바 field fix[2]가 있음), (ii) 자동차관리법상 시정조치에 이르기까지의 준비, (iii) 1회 결함 시정조치 후 결함의 재발생으로 취한 재발조치(이른바 recurrence)까지도 포함되어야 한다는 것이다. 아래에서는 이러한 양 당사자의 입장을 염두에 두면서, 양 당사자가 계약에서 정한 recall의 의미를 파악하기 위하여 이 사건 계약의 내용과 해당 결함의 성격, 당사자들이 그 비용의 분담과 관련하여 사전/사후에 있었던 협의 내용 등을 종합하여 한국의 법리에 따라 그 의미를 해석하고자 한다.

2. 리콜(recall)의 의미

76. 미국의 대표적인 법률용어사전은 recall을 다음과 같이 정의하고 있다.[3]

> Recall:
>
> 1) Removal of a public official from office by popular vote;
> 2) A manufacturer's request to consumers for the return of defective products for repair or replacement;
> 3) Revocation of a judgment for factual or legal reasons.

---

2) 본인은 field fix라는 개념을, 소비자에 대한 특별한 공고 또는 통보 없이 소비자가 임의로 자동차 정비를 받으려고 하는 기회에 그 정비사유의 여하를 불문하고 결함 있는 이 사건 리콜 차량을 P회사의 자발적 조치로써 교체하는 것을 의미하는 것으로 이해하고 있다.

3) *Black's Law Dictionary*, 7th ed., 1999, p.1274. 이것이 이 사건 계약들이 체결된 시점에 가장 가까운 판이다. 그러나 그 후에 나온 제8판(2004)에서도 그 내용은 다를 바 없다.

77. 이 중에서 2)의 의미가 이 사건 약정조항에서의 recall과 관련됨은 물론이다. 그에 의하면, 이 말은 ① 제조자가 그 제품의 결함을 보수하거나 교체할 목적으로 ② 소비자들에게 그 물건을 반환할 것을 요청한다는 두 가지의 의미요소를 가진다. 여기서 주목할 것은, 그것이 법에서 정하여진 절차에 좇아 그러한 요청을 하여야 하는 경우만을 가리키는 것이 아니라, 결함 있는 물건을 제조한 사람이 법에서 정하는 절차와는 다른 방법으로 그와 같은 요청을 하는 경우를 당연히 포함한다는 것이다.

78. 이를 이 사건과 관련지어 본다면, 여기서 말하는 recall이 반드시 자동차관리법 및 그 부속법령에서 정하여진 바의 이른바 「시정조치」로서 행하여진 경우만을 말하지 않고, 그와 무관하게 다른 방식으로 행하여진 경우도 포함한다는 것을 의미한다.

79. 한편 위와 같은 사전적 의미는 제조자가 소비자에 대하여 결함 있는 제조물의 반환을 적극적으로 요청하는 경우에만 recall에 해당하는 것으로 보이기도 한다. 그러나 이 사건 약정조항에서 정하여진 비용상환과 관련지어 보면, 이는 그다지 의미가 있다고 생각되지 않는다.

80. 우선 제조자가 그와 같이 적극적으로 반환을 요청하지 아니하였더라도, 문제의 차량이 다른 문제로 수리를 받으려고 수리공장에 입고된 때 기타 다른 기회에 문제의 결함을 제거하는 작업을 하는 것은 오히려 위와 같은 적극적 요청을 위한 비용 등을 절약하고 간편하게 일을 처리할 수 있는 방법이다. 그러므로 결함 제거를 위한 반환을 적극적으로 요청한 결과로 행하여진 결함제거의 비용

등에 대하여만 상환의무를 부담하고, 위와 같이 그 이외의 다른 기회에 행하여진 결함제거의 비용을 상환의무에서 배제할 수는 없는 것이다.

81. 또 위와 같은 기회에 결함제거 작업이 행하여진 경우에는 그 작업의 현장에서 소비자에게 그 작업의 내용을 설명하고 이를 인식시켰을 것이고, 소비자는 그 사실을 알면서 그 작업의 실시를 용인하였을 것이다. 그렇다고 하면, 그러한 경우에 앞서 본 의미에서의 "request to consumers for the return of defective products"가 없다고 단정하기는 어렵다고 할 것이다. 즉 여기서의 "request"라는 말에는 반드시 적극적인 요청이 있는 경우만을 가리키는 것은 아니고, 위와 같은 설명 및 소비자의 용인 아래서의 사실상 실시도 포함한다고 보지 못할 바 없다.

82. 뿐만 아니라, 아래에서 더 자세히 언급하겠지만, 결함 있는 물건의 제조자에게 그 결함을 제거할 의무를 부과하는 한국의 법규정 등은 제조물의 결함이라는 문제를 처리에 있어서 그 제거 자체에 주안을 두고 있으며, 이를 위하여 소비자들에게 그 물건의 반환을 적극적으로 요청하는 것이 중점이 아니다.

83. 다만 recall이라는 용어의 의미가 무엇인지를 고려함에 있어 이와 유사한 용어가 사용된 관련 법규정들을 참고하는 것이 적절할지도 모른다. 자동차의 안전결함에 관한 조치를 규정하고 있는 법률로서 자동차관리법 또는 소비자보호법을 들 수 있다. 이 중 D 회사는 이 사건에서 recall이라는 개념이 자동차관리법상의 시정조치로 한정된다고 주장하면서, recall이 반드시 소비자에 대한 공고

또는 통지를 통하여 이루어져야 한다는 절차적인 측면을 강조하고 있다.

84. 나아가 자동차관리법에 대하여 일반법규의 지위에 있는 소비자보호법에서는 근본적으로 물품의 안전결함과 이에 대한 시정에 초점을 맞추고 있으며 공고 또는 통보를 그 요건으로 하고 있지 않다. 즉, 소비자보호법 제17조의2[4]는 소비자에게 제공된 물품 등의 결함으로 인하여 소비자의 생명신체 및 재산상의 안전에 위해를 끼치거나 끼칠 우려가 있는 경우에 사업자에 대하여 당해 물품의 수거파기 또는 수리교환환급 등을 포함한 기타 필요한 조치를 취할 의무를 규정하고 있고, 대통령령에서 중앙행정기관에 대한 관계에서 그 절차를 구체화하고 있으나, 조치의 구체적인 형식은 이를 공고 또는 통보되어야 하는 방식으로 한정하고 있지 않다.

85. 가사 자동차관리법을 굳이 이 사건에 적용한다고 하더라도, 자동차관리법의 시정조치가 규정된 형식을 보면, 자동차관리법 자체도 자동차가 안전기준에 부적합하거나, 안전운행에 지장을 초래할 경우 이를 시정하여야 한다는 점을 핵심적인 내용으로 삼고 있고 그 구체적인 절차는 하위법령인 건설교통부령에 위임하는 점(자동차관리법 제31조 제1항)[5]에 비추어 볼 때, (i) 자동차의 안전결함

4) 소비자보호법 제17조의2 (물품 및 용역의 자진수거 등) : "사업자는 소비자에게 제공한 물품 및 용역의 결함으로 인하여 소비자의 생명신체 및 재산상의 안전에 위해를 끼치거나 끼칠 우려가 있는 경우에는 대통령령이 정하는 바에 따라 당해 물품의 수거파기 또는 수리교환환급, 당해 용역의 제공금지 그 밖에 필요한 조치를 취하여야 한다."

5) 제31조 (제작결함의 시정) : "제작자 등은 제작 등을 한 자동차가 안전기준에 적합하지 아니하거나 안전운행에 지장을 주는 등의 결함이 있는

과, (ii) 이와 같은 안전결함의 치유의 2가지 요소가 소비자보호법과 마찬가지로 자동차관리법의 우선적 목적이며 핵심적인 사항이라고 할 것이다.

86. 요컨대 MTA 등에서 인용되고 있는 recall이라는 개념이 근본적으로 소비자보호법 및 자동차관리법에서도 규정하고 있는 자동차의 안전결함에 대한 시정을 핵심적인 내용으로 하고 있으므로 이와 같은 사항을 사법상의 계약에서 사용한 recall이라는 개념을 해석하는데 고려할 수는 있으나 당사자 간의 계약에서, 이와 같은 안전결함의 시정방식에 대하여 A회사의 영업관행에 따라야 한다는 점 및 D회사와 사전협의를 거쳐야 한다는 점 이외에 특별한 제한을 두고 있지 않은 이상, 굳이 recall을 자동차관리법 시행규칙에서 정하여진 절차(소비자 통보 또는 공고)로 한정된 시정조치로 해석할 이유가 없다고 할 것이고, 안전결함을 시정하기 위한 적절한 조치이면 여기에 포함된다고 할 것이다.

3. "리콜로 인하여 발생하는 책임"을 보다 확장하는 합의

87. 이 사건 약정조항에서 규정하고 있는 책임, 즉, "리콜로 인하여 발생하는 책임"이라는 개념은 포괄적으로 사용되고 있다. 거기서 recall로 인하여 발생하는 책임을 "Liabilities (including, without limitation, *any arising out of personal injury claims*) arising out of product recalls"로 규정함으로써 관련 채무에 단순히 recall을 실시함에 있어 발생하는 비용뿐만 아니라 이를 넘어 안전결함으로 인하여 소비자에게 발생하는 신체상의 손해까지 포함시키고 있다.

경우에는 건설교통부령이 정하는 바에 따라 지체없이 그 사실을 공개하고 시정조치를 하여야 한다."

88. 이렇듯 당사자들은 단순히 안전결함의 시정비용뿐만 아니라, 안전결함으로 인하여 발생할지도 모르는 신체상 등의 전반적인 손해를 전보하려고 하였던 점에 비추어 보면, D회사가 주장하는 바와 같이 이 사건에서 recall로 인한 채무가 단순히 자동차관리법상의 통보 또는 공고된 시정조치로 인하여 발생하는 비용으로 한정될 수 없다고 할 것이다. 오히려, D회사가 직접적인 시정조치의 비용은 아니지만 시정을 요하는 결함으로 인하여 발생하게 되는 소비자의 신체상의 손해까지 면책하려고 하는 마당에 자동차의 안전결함을 시정하기 위한 여하한 조치와 관련된 비용은 당연히 면책되는 위 recall로 인한 채무에 포함되는 것으로 해석하는 것이 합리적이다.

89. 나아가 앞의 제68항에서 본 바와 같이, MTA에서 채무라는 개념 자체도 당사자들이 상정할 수 있는 여하한 채무 및 부채를 포함한 개념으로 정의되고 있고, 당사자들이 이와 같은 채무의 현출 여부, 기한도래 여부, 확정 여부 등을 모두 불문하고 가능한 이를 넓게 인정한 점 또한 감안하면, 더더욱 recall로 인한 채무를 D회사의 주장대로 자동차관리법상의 통보 또는 공고된 시정조치와 관련된 비용만으로 한정시킬 이유가 없다고 할 것이고, 여기에 안전결함을 시정하기 위한 제반 비용 또는 이처럼 시정하였어야 할 결함을 시정하지 않음으로써 발생하는 손해가 망라된다고 할 것이다.

90. 또한 제74항 이하에서 언급한 것처럼, MTA, ATLA 및 IA에 의하면 D회사가 Closing 기준일 이전에 생산한 자동차에 존재하는 결함으로 인하여 그가 부담하게 되는 법적 불이익(그 내용에 대하여는 앞의 제53항 내지 제60항에서 본 바 있으며, 그 불이익은 원래 전적으

로 D회사에게 귀속한다)을 아무런 대가 없이 P회사가 인수하기로 하는 약정은 일절 행하여진 바 없다는 점이다.

91. 그 책임은 원칙적으로 P회사가 인수하는데, 이 인수는 이 사건 자산양수도의 대가로서 행하여지는 것이다. 이와 같이 이 사건 자산양수도의 대가로 행하여지는 인수되는 책임 중 하나가 소위 Warranty Liabilities였다.

92. 그런데 그에는 예외가 있어서, D회사가 Closing 이전에 생산·판매한 자동차에 존재하는 결함으로 인한 법적 책임 중에서 P회사에게 인수되지 않는 책임이 있다. 그 책임의 내용은 all recall claims, whether identified, contingent or potential이라고 표현되어 있다. 즉 이미 현실적으로 확인되었든 장래 확인될 것이든 간에 그 법적 책임을 P회사가 인수하지 아니하는 것이다(MTA Section 3.1(b)(ii), Annex I).

93. 그러면 이와 같은 이른바 all recall claims는 어떻게 처리되는가? 이에 대하여 약정한 것이 여기서 논의되고 있는 IA상의 관련 조항이다. 그에 의하면, P회사가 위와 같이 법적 책임을 인수하지는 않았지만 사실상 그 결함을 제거하여 준 경우에는 그로 인한 비용 기타 손해를 추후에 D회사에 대하여 상환청구할 수 있다는 것이다.

94. 이와 같이 D회사가 Closing 이전에 생산한 자동차의 결함으로 인한 법적 불이익은 P회사가 이를 인수하면서 그 불이익을 이 사건 자산양수도의 대가로 삼음으로써 보전받던가, 아니면 그 대가

에 산입되지 않는 부분(즉 앞서 본 all recall claims)에 대하여는 추후에 그로 인한 비용 기타 손실액을 정산하여 D회사로부터 상환받음으로써 보전받던가 하기로 약정한 것이다.

95. 그런데 만일 후자의 상환청구에 기하여 보전받을 수 있는 부분이 단지 자동차관리법에 기한 시정조치를 거쳐 제거된 결함으로 인한 비용 기타 손실액에 한정되고 그 이외의 방법으로 제거된 결함으로 인한 비용 등은 제외된다면, 이는 그 부분에서 실제로 P회사이 원래 자신이 책임질 이유가 없는 결함으로 말미암아 그로 인한 불이익을 스스로 부담하여야 한다는 결과가 된다. 왜냐하면 그 부분의 불이익에 대하여는 앞서 본 두 가지 방법 중 어느 것으로부터도 D회사로부터 보전받지 못하게 되기 때문이다. 만일 그와 같이 해석되는 약정이 행하여지지 않았다면, 앞의 제61항 이하에서 본 것처럼 P회사가 D회사에 대하여 전적으로 상환청구권을 가지게 되었을 것인데도, 그 약정을 위와 같이 해석함으로 말미암아 그 부분의 상환청구권을 포기하는 결과가 된다. 그러므로 그러한 해석은 A회사 측에 일방적으로 부담을 주는 것이 되어서, 앞의 제33항 및 제34항에서 본 대로 한국의 법원실무가 계약의 해석에서 달성하려고 하는 합리성에 반하는 결과가 되기 쉽다.

96. 한편 P회사와 D회사는 자산양수도를 위한 MTA이나 ATLA 상에서 P회사가 인수할 채무액을 결정하면서, D회사가 이미 제조하여 판매한 자동차에 대한 넓은 의미의 「결함」의 처리와 관련한 채무 중에서 특히 안전에 관련된 결함의 제거(원문의 표현에 의하면 "product recalls of Vehicles related to defects which are safety-related or …")에 관련된 비용, 특히 미리부터 예상되었던 이 사건 리콜 차량

의 결함에 관하여 그 제거로 인하여 발생할 비용의 지출에 따른 채무를 별도로 처리한 것은 다음과 같은 경위에 의한 것이라고 추측된다.

97. 즉 자동차에 그 안전성을 저하시키는 결함이 있으면, 이는 그 제거에 적지 않은 비용이 드는 경우가 많을 뿐만 아니라, 특히 그로 인하여 인신손해를 동반하는 교통사고 등이 일어나게 되면 그로 인한 손해배상책임의 내용은 예측할 수 없게 되는 것과도 관련이 있는 것으로 보인다. 다시 말하면, 이는, P회사가 인수한 일반적인 「하자보증채무(warranty liabilities)」는 과거의 경험을 바탕으로 회사의 축적된 예측방법에 따라 이를 예측하며 제품 생산과 동시에 예측된 금액만큼 이를 적립해 두기 때문에 사전에 산정하여 자산 양수도 당시에 매매가격으로 반영할 수 있었지만, 이 사건에서 문제된 마티즈 CVT의 결함으로 인한 채무는 그 액이나 정도를 예측할 수 없었기 때문에 그 결함제거작업이 마무리 된 이후에 이를 산정하여 정산할 수밖에 없었기 때문이라고 생각된다.

98. 이상 계약문언 그 자체에 기초한 해석에 비추어 볼 때, MTA 등에서 언급하고 있는 recall은 단순히 자동차관리법상의 소비자에 대하여 통보되거나 공고된 시정조치로 엄격하게 제한되고 있는 것으로 보이지 않을 뿐만 아니라, recall로 인한 채무도 이러한 자동차관리법상의 시정조치와 관련된 비용만을 의미하는 것으로 해석될 수가 없다. 오히려, 여기서 말하는 recall은 광범위하게 통상 안전결함 등을 시정하기 위한 전반적인 조치를 의미하여 recall로 인한 채무는 이와 관련하여 발생하는 제반 비용을 의미하는 것으로서 P회사가 안전결함의 시정을 위한 행위가 이 사건 계약상 recall에 해당하는지 여부는 이 사건 계약의 내용과 해당 결함의 성격, 당사자들이 그 비용의 분담과 관련하여 사전/사후에 있었던 협의 내용 등을 종합하여 결정하는 것이 합리적인 것으로 보인다.

4. 계약의 전후 사정

4.1. 이 사건 계약들을 체결하기 전의 사정

99. 당사자들은 MOU를 체결할 때부터 기본적으로 D회사의 한국 사업이 원칙적으로 P회사에게 이전되지 않고, 그 중 특정하고, 한정적인 채무만이 인수될 것이라는 점을 약정하였다(MOU, Annex A). 이와 같은 당사자들의 의사는 MTA 및 그 후의 ATLA와 IA의 체결과정에서 그대로 반영되었고, 인수되지 않는 채무는 근본적으로 D회사의 면책사항으로 정리되었다.

100. 이에 따라 당사자들은 P회사가 인수할 Warranty Liabilities에서 제외될 recall로 인한 채무를 위에서 본 바와 같이 포괄적으로 규정하였고, 이를 전부 면책대상으로 정리하였다. 즉, 만약, D회사의 주장대로 recall이 자동차관리법상의 통보 또는 공고된 시정조치만을 지칭할 경우 당사자들은 충분히 이와 같은 제한을 포함시킬 수 있었고, recall이 A회사의 당해 지역의 영업관행 및 D회사의 사전협의를 통하여 이루어져야 한다는 절차를 규정하기보다 자동차관리법 시행규칙에 정해진 요건을 열거할 수도 있었다.

101. 이렇듯, 이 사건 계약들에 있어서 당사자들의 근본적인 정신이 특정한 몇 개의 채무 이외의 모든 기타 채무들이 전부 비인수채무(Excluded Liability)가 되어 D회사가 이를 면책하기로 한 점,

MTA 등을 체결하면서 면책대상에 포함된 recall을 자동차관리법 시행규칙에서 정하는 방식 또는 이와 유사한 형식으로 제한하지 않고, 오히려 이를 A회사의 영업관행에 위임하였다는 점 등에 비추어 볼 때 recall로 인한 채무는 단순히 소비자들에 대하여 통보 또는 공고된 자동차관리법상 시정조치로 인한 비용으로 한정되지 않고 원래 D회사가 계약 또는 법률에 따라 부담할 채무를 면하게 하는 행위는 모두 배상의 범위에 포함시키기로 한 것으로 보인다.

4.2. MTA 체결 후 Closing 이전의 사정

102. 이 사건 리콜 차량은 종결일 이전인 2002년 5월경부터 문제로 대두되기 시작하였고, 당사자들은 이 사건 리콜 차량의 안전결함에 관한 제반 조치를 recall의 범위에 포함시키려고 하였으며 이는 MTA에 첨부된 Schedule 5.18에 의하여서도 확인된다고 할 것이다. 즉, Schedule 5.18은 MTA Annex Ⅱ의 D회사의 진술 및 보증사항과 관련이 있는데, 당사자들이 예상하거나 알고 있었던 각종 recall 대상 차량 등을 나열하고 있다. 다시 말하자면, 위 Schedule에는 이른바 확정된(identified) recall 대상 차량과 잠재적(potential) recall 대상 차량들을 열거하고 있는데, 이 사건 리콜 차량은 바로 잠재적 recall 대상 차량으로 분류되어 있고, 그 생산대수도 그동안 생산되었던 이 사건 리콜 차량 전부를 포함하고 있다. 심지어, 이와 같은 이 사건 리콜 차량의 recall 비용조차 산정되었던 점에 비추어 당사자들은 명백히 이 사건 리콜 차량 전부를 recall로 처리함으로써, 이를 P회사가 인수하기로 되어 있었던 Warranty Liabilities의 금액산정에서 고려하지 아니하고, IA 하의 면책대상에 포함시키기로 하였던 것으로 보인다.

103. 또한 D회사는 종결일 이전에 이미 이 사건 리콜 차량의 안전결함을 시정하기 위한 방법을 CVT의 공급자인 일본회사인 ○○와 업계의 관행에 기초하여 논의하였고, 이를 바탕으로 그 당시 생산되었던 몇 종류의 이 사건 리콜 차량에 대한 세부적인 조치를 계획하였다. D회사에서 이렇듯, 이미 세부적인 시정계획을 세운 후 이를 presentation을 통하여 A회사에게 제공하였는데, 위 presentation에서 각 이 사건 리콜 차량의 종류별로 일반 보증으로 처리할 부분, field fix으로 처리할 부분 및 자동차관리법상의 시정조치로 처리할 부분을 구분하였을 뿐만 아니라, 이와 같은 시정방식을 점진적 recall 제안(gradual recall proposal)으로 소개하였다. 이에 따라 P회사는 D회사의 특정 자산을 인수한 후에 위 D회사의 제안에 따라 이 사건 리콜 차량에 대한 점진적 recall을 그대로 실시하였다.

104. 이렇듯 P회사가 사업을 개시하기 이전부터 D회사에서 이미 이 사건 리콜 차량의 안전결함의 시정을 위한 세부적인 조치를 계획하였고, P회사는 사업을 개시한 후 D회사의 이와 같은 계획을 따랐다는 점, D회사 스스로가 이 사건 리콜 차량의 결함을 시정하기 위한 제반 조치를 gradual recall로 명명하였다는 점 등에 비추어 D회사가 면책하기로 한 recall로 인한 채무(Liability)는 자동차관리법상의 통보 또는 공고된 시정조치와 관련된 비용으로 제한되지 않는다고 할 것이다.

105. 이외에 실제로 D회사의 gradual recall 제안에 따라 이 사건 리콜 차량의 안전결함에 대하여 실시되었던 조치들이 결국에는 자동차관리법상의 통보 또는 공고된 시정조치로 전환되었다는 사실을 고려하면, 똑같은 이 사건 리콜 차량의 안전결함을 시정하기

위한 조치들 중 단순히 그 시점상의 차이로 어떠한 것을 recall로 구분하고 어떠한 것을 recall로 구분하지 않는다는 것은 지나치게 형식주의에 빠진 자의적인 구분이라고 할 것이다.

4.3. IA 등이 체결된 종결일 후의 당사자들의 행태

106. 여기서 중요한 것은, P회사가 인수하는 채무(Assumed Liabilities)의 조정과 관련하여 2003년 7월 14일자 보충최종합의(revised final statement)를 하면서 양자 간에 서면 협상한 내용이다.

107. MTA에 따르면 P회사가 인수할 보증채무(Warranty Liabilities)를 1.2억달러로 산정한 후 Closing date를 기준으로 이를 조정하기로 약정하였는데(MTA 제3.1, 제3.3조), 이 조정과정에서 P회사와 D회사는 recall costs는 IA의 대상으로 하고 Warranty Liabilities에서는 제외하기로 합의하였다.

108. 그리하여 제Ⅱ.2절(제16항 이하)에서 살펴본 바와 같이, P회사가 2003년 2월 ○일경 D회사에게 Warranty Liabilities를 1억2천만 달러에서 130,618,000 달러로 증액해야 한다고 주장하자 D회사는 2003년 4월 ○일경 P회사에게 오히려 Warranty Liabilities는 109,415,000 달러로 감액되어야 한다고 주장하면서 그 이유로 recall claim이 제외되어야 하기 때문이라고 주장하였다. 이에 P회사는 2003년 4월 ○일경 D회사에게 recall이 되는 제품의 Warranty Liabilities 관련 비용은 7,167,000 달러이므로 이에 해당부분만 감액되는 것으로 하자고 다시 제안하였고, 2003년 5월 ○일경 D회사에게 Warranty Liabilities에서 제외된 recall costs는 IA의 대상이 된다는 점을 분명히 하면서, 2003년 7월 ○일자 위 Revised Final Statement(Warranty

Liabilities의 가액은 130,618,000 달러 − 7,167,000 달러 = 123,451,000 달러)를 하게 되었다.

109. 이처럼 당사자들이 이 사건 리콜 차량 등을 포함하여 일정한 차량의 결함과 관련된 Warranty Liabilities 산정 금액을 Warranty Liabilities 금액 계산에서 모두 제외하였다는 것은 곧 P회사 및 D회사는 이 사건 리콜 차량의 안전결함을 시정하기 위한 비용 일체를 IA 하에서 보전대상인 recall로 인한 채무로 포함시키겠다는 의사를 명백히 표시한 것으로 볼 수 있다.

110. 따라서 P회사가 D회사로부터 보증채무(Warranty Liabilities)를 인수하면서 recall과 관련된 모든 채무, 즉 자동차관리법상 시정조치 비용뿐만 아니라 그 이전에 있었던 시정조치 등도 모두 포함한 채무를 Warranty Liabilities가 아닌 향후 IA의 대상으로 하기로 하고 의도적으로 제외한 것이라고 할 것이다.

111. 가사 위와 달리 해석한다고 하더라도, 당사자들이 2003년 7월 ○일 Warranty Liabilities를 조정하면서 제외하기로 하였던 차량들에 대한 비용은 여전히 D회사의 채무라고 할 것이고, 거기에 이 사건 리콜 차량과 관련된 비용이 포함된다. 다시 말하자면, P회사가 인수한 Warranty Liabilities는 궁극적으로 구체적인 금액으로 산정될 것을 전제로 한 채무이고, 여기서 이 사건 리콜 차량을 비롯하여 recall의 대상이거나 대상이 될 것으로 예상되었던 차량과 관련된 비용 전체가 제외되었다는 사실은 이처럼 제외된 비용이 결국 Warranty Liabilities에 포함되지 않고, P회사가 이를 인수하지 않는다는 의미를 내포하고 있다.

112. P회사가 이렇듯 인수하지 않은 채무는 결국 ATLA의 제3.1조에 따라 비인수채무(Excluded Liability)에 해당하게 되며, 이는 D회사의 채무로 잔존하게 되고, IA 제2.1조 (a)항 제(iv)호에 따라 D회사가 P회사에 대하여 면책할 대상이다. 나아가, ATLA 또는 IA의 이와 같은 규정이 없다고 하더라도 한국법 상의 일반법리에 따라 자신이 제조 및 판매한 자동차의 안전결함과 관련하여 전반적인 채무를 원칙적으로 부담한 D회사가 위와 같은 채무를 이행하여야 하며, P회사가 D회사를 대신하여 이와 관련된 비용을 지출하면, D회사에 대하여 구상권을 취득한다고 할 것이다.

113. 따라서, 어느 모로 보나 D회사가 자신이 생산 및 판매한 이 사건 리콜 차량의 안전결함을 시정하기 위한 제반 비용을 부담하는 것이 계약해석 및 한국법리에 따라 타당하다고 할 것이고, P회사가 위 비용을 지출하였으면 이를 당연히 D회사에 대하여 청구할 수 있다.

4.3. 계약체결 전후 사정에 비추어 본 당사자들의 합리적 의사

114. 이상 살펴본 바와 같이, MTA, ATLA 및 IA의 계약체결 전후의 사정에 비추어 보더라도, MTA 등에 recall이 통보 또는 공고된 시정조치로 제한된다는 문구가 그 체결과정에서 전혀 포함되지 않았다는 점, D회사 스스로가 이 사건 리콜 차량의 안전결함을 시정하기 위하여 여러가지 형식의 조치를 구상하고 이를 recall로 인식하였다는 점, 당사자들이 최종적으로 Warranty Liabilities에서 recall로 인한 채무를 제외하면서 이 사건 리콜 차량의 안전결함을 시정하기 위한 방식을 불문한 제반 조치와 관련된 비용을 제외하

였다는 점 등에 비추어 보더라도, 이 사건에서 recall로 인한 채무를 자동차의 안전결함을 시정하기 위한 방식 불문의 조치에 대한 여하한 비용을 포함한 개념으로 해석함이 합리적이라고 할 것이다.

Ⅶ. 이자 부분

115. IA의 Annex A가 P회사가 면책 받기로 한 손해(Damages)를 정의하면서 그와 관련된 이자도 포함시키고 있기 때문에 D회사가 P회사에게 상환하여야 할 이 사건 리콜 차량의 안전결함을 시정하기 위한 제반 비용에 대한 지연이자도 당연히 포함된다고 할 것이다.

116. 설령 IA의 위와 같은 규정이 없다고 하더라도, 지연손해금은 일반적인 채무불이행책임 또는 불법행위법리에 따라 청구가 가능하다고 할 것이고, 한국 민법 제379조 및 상법 제54조에서 그 이율을 각 연 5% 또는 6%로 정하고 있다.

Ⅷ. 결 론

117. 이상 살펴본 바와 같이, MTA, ATLA 및 IA의 문언, 그 작성의 경위 및 동기, Warranty Liabilities 등에 관련한 협상의 내용, 한국법에서 결함 있는 자동차를 제조판매한 경우 당사자들의 책임 등에 비추어 MTA, ATLA 및 IA에서의 recall이라는 개념은 단순히 자동차관리법상의 시정조치, 즉, 반드시 소비자에 대한 통보 또는 공고를 통한 시정조치로 볼 수 없으며, 자동차의 안전 등과 관련되는 결함을 시정하기 위한 제반 조치로 해석된다.

118. MTA, ATLA 및 IA의 문언 그 자체에 비추어 볼 때, 이 사건 계약들에서 규정하고 있는 recall은 단순히 D회사의 주장대로 자동차관리법상의 통보 또는 공고된 시정조치로 한정되지 않으며, 안전결함의 시정을 위한 제반 조치를 지칭하는 개념으로서, 이 사건 계약들의 내용과 해당 결함의 성격, 당사자들이 그 비용의 분담과 관련하여 사전/사후에 있었던 협의 내용 등을 종합하여 그 의미를 파악하여야 한다. 같은 연장선상에서 recall로 인한 채무는 위와 같은 안전결함을 시정하기 위한 제반 비용뿐만 아니라, 직접적인 시정조치의 비용은 아니지만 시정을 요하는 결함으로 인하여 발생하게 되는 소비자의 신체상의 손해조차 포함하고 있는 포괄적인 개념이라고 할 것이다. 따라서 recall로 인한 채무는 자동차관리법상의 통보 또는 공고된 시정조치로 인한 채무를 비롯하여 그 시정조치의 시정 전후를 불문하고 시정조치를 요하는 동일한 안전결함에 대하여 이루어지는 제반 조치와 관련된 비용 및 기타의 채무로서 궁극적으로 그것이 안전관련 결함으로서 제조자의 시정으로만 해결될 수 있는 것인데 이를 대체하기 위하여 P회사가 부담하게 된 비용손해라면 recall로 인한 채무로서 면책대상채무가 되는 것이 타당하다고 할 것이다.

119. 한편 동일한 차량에 대한 같은 안전결함임에도 불구하고 자동차관리법상의 통보 또는 공고된 시정조치가 실시되기 이전에 이루어졌던 조치들로 인하여 지출된 비용을 위 recall로 인한 채무에 포함시키지 않고, 자동차관리법상의 시정조치가 이루어지는 기간 동안의 비용만을 recall로 인한 채무라고 보는 것은 당사자의 의사에 합치하지 않으며, MTA, ATLA 및 IA의 계약체결 전후의 사정과도 부합하지 않는다.

120. 이와 같은 논리 하에서, D회사의 요구에 따라 P회사가 인수하지 않기로 한 이 사건 리콜 차량의 안전결함의 시정과 관련된 제반 비용은 시정방식 및 기간 등을 불문하고 D회사의 채무로 잔존하며, D회사는 P회사에게 위 비용 및 이에 대한 이자를 상환할 의무가 있다고 할 것이다.

(2007년 3월 작성)

6. 장비공급계약에서 공급된 장비의 하자로 인한 책임

Ⅰ. 학력 및 경력

[생략]

Ⅱ. 제공받은 전제사실

8. 본인은 한국법인 ○○ 주식회사(이하 'X 회사'라고 부릅니다)와 독일법인 ○○ AG(이하 'Y 회사'라고 부릅니다) 간에 진행되고 있는 KCAB/IA No. ○○ 중재사건(이하 '이 사건 중재'라고 부릅니다)에 관한 법률 의견을 준비함에 앞서서, Y 회사의 대리인으로부터 아래와 같은 사실관계를 전제로 의견을 제공할 것을 요청받았습니다.

(1) Y 회사는 2012년 ○월 ○일 X 회사와 사이에 X 회사가 수행하는 ○○혁신도시 집단에너지사업 발전소(이하 '이 사건 발전소'라고 부릅니다) 공사와 관련하여 주요 장비(가스터빈, 스팀터빈, 발전기. 모두 합하여 이하 '이 사건 장비'라고 부릅니다)를 공급하는 계약(이하 '이 사건 장비공급계약'이라고 부릅니다)을 체결하였는데, 이 사건 계약

대금은 약 2,000억 원임.[1] Y 회사의 등재된 주소는 독일 베를린과 뮌헨이며, 이 사건 장비공급계약은 Y 회사의 ○○에 소재한 지점의 "Energy Sector — Fossil Power Generation Division"에 의하여 주관되었음. 위 계약과 관련되어 통지를 받는 곳도 아래의 General Terms and Conditions(이하 'GTC'라고 부릅니다)의 제5.2.2조에 그와 같이 되어 있음. 한편 X 회사의 본점 소재지는 대한민국 서울임.

(2) 이 사건 장비공급계약은 GTC와 Special Terms and Conditions(이하 'STC'라고 부릅니다)로 구성됨.

(3) Y 회사와 X 회사는 2012년 ○월 ○일 위 장비공급계약에 따라 공급될 장비와 관련하여 Y 회사가 X 회사에게 이 사건 장비의 발전소 설치 및 시운전과 관련하여 기술지원을 하는 내용의 Technical Field Assistance Agreement(이하 'TFA'라고 부릅니다)를 체결하였는데, 용역대금은 약 85억 원으로 합의하였음.[2]

(4) X 회사는 이 사건 장비공급계약을 체결한 후인 2012년 ○월 ○일 발주처 ○○ 회사(이하 'DGP'라고 부릅니다)와의 이에 이 사건 발전소 공사에 관한 건설 공사계약(이하 'EPC 계약'이라고 부릅니

---

1) 계약대금은 유로화·미화 및 원화로 책정되어 있음 (EUR 85,996,392 + USD 31,500,000 + KRW 49,204,366,650). 한국외환은행 2012년 ○월 ○일자 고시의 최종 매매기준율을 적용하여 (USD 1 = KRW 1,133.50; EUR 1 = KRW 1,384.00), 본문과 같이 산정되었음. 이 사건 장비 공급 계약에는 교육용 서비스(training services)가 포함되어 있는데 그 금액은 971,050유로에 불과함.

2) 용역대금은 원화 및 유로화로 책정되어 있음 (EUR 5,371,460 + KRW 488,376,000). 한국외환은행 2012년 ○월 ○일자 고시의 최종 매매기준율 적용하여 (EUR 1 = KRW 1,384.00), 본문과 같이 산정되었음.

다)을 체결하면서 공사대금을 총 4,390여억 원으로 합의하였는데, 이 공사대금은 2013년 ○월 ○일 4,400여억 원으로 증액되었음.

(5) Y 회사는 인도 기한에 맞추어 2013년 ○월경 X 회사에 발전기를 인도하였음.

(6) DGP와 X 회사는 2014년 ○월 ○일 이 사건 발전소의 시운전(commissioning)을 시작하였는데 시운전 중이던 2014년 ○월 ○일 발전기의 접지사고(ground fault)가 발생하여 시운전이 중단됨. 시운전의 중단은 장비의 자동안전 시스템의 작동에 의한 것으로서 시운전 중단의 원인을 확인하는 과정에서 하자가 있는 것으로 밝혀진 발전기 해당 부품 이외에 달리 재산 또는 인신에 대한 손해는 발생하지 아니하였음.

(7) Y 회사는 발전기의 운전정지 원인을 규명한 결과 경납땜(brazing)에 하자가 있었음을 인정하고 자신의 비용으로 해당 발전기를 Y 회사 계열사의 중국 상하이 공장에서 수리하였음. 그 후 X 회사는 시운전을 진행하였고 2014년 ○월 ○일 발전소의 상업운전(commercial operation)이 시작됨.

(8) DGP는 X 회사에게 그 후인 2014년 ○월 ○일자 공문으로 DGP와 X 회사 사이의 이 사건 발전소 건설공사계약에 기한 지체상금 370여억 원을 청구하였는데, X 회사는 이 사건 중재에서 Y 회사에게 위 금액의 배상을 구하고 있음. 나아가 X 회사가 추가 손해라고 주장하는 비용(발전기의 해체 작업 준비 비용, 기타 작업 비용, 추가 인력 배치 등으로 인한 인건비, 보험료 등) 약 19억 원의 배상도 구

하고 있음.

(9) X 회사는 DGP에게 위 지체상금을 일부라도 지급한 바가 없으며 오히려 Y 회사에게 보낸 2014년 ○월 ○일자 이메일에서 DGP에 대하여 위 지체상금과 관련하여 다툴 예정임을 통보하였음.

(10) 한편 X 회사는 DGP의 39.8%의 지분을 가지고 있는 주주로서, DGP의 지분을 47.8%를 보유하고 있는 ○○ 회사에 이어서 두 번째의 대주주임.

9. 한편 Y 회사는 이 사건 장비공급계약에 좇아 관련 법령과 주문서(Purchase Order)를 준수하여 전기를 생산할 수 있는 merchantable quality를 갖춘 이 사건 장비를 공급하여야 합니다. 그런데 Y 회사가 이 사건 장비공급계약상 부담하는 주요 책임 및 책임제한에 관한 규정은 아래와 같습니다.

(1) GTC 제17.1.1조 : Y 회사는 이 사건 장비가 사양, 설계 등에 부합하고 하자 없음을 보증하고 X 회사 또는 DGP가 보증기간 중 요청하면 Y 회사는 자신의 선택과 비용으로 하자를 보수(repair)하거나 교체(replace)하여야 함.

(2) GTC 제17.1.4조 : X 회사는 하자를 발견한 경우 보증기간 중 하자를 발견하는 날로부터 1개월 이내에 그 사실을 Y 회사에 통지하여야 함. Y 회사는 통지를 받는 즉시 하자를 시정(correction)하는 작업에 착수하여야 하며, Y 회사가 즉시 그 시정 작업에 착수하지 아니하는 경우 X 회사는 스스로 또는 제3자를 통하여 시정 작

업을 진행한 후 해당 비용을 Y 회사로부터 보전 받을 수 있음. 한편, GTC 제2.12조에 의하면 "Correction"은 "elimination of a Defect by repair, replacement, modification and/or reperformance of the Defective Equipment and/or Materials as Vendor deems necessary to achieve compliance with such warranty requirements"라고 정의되어 있음.

(3) GTC 제17.1.7조 : Y 회사는 하자시정 작업에 필요한 모든 비용을 부담하여야 함. Y 회사가 부담하는 하자시정 작업에 관련한 비용에는 보수 및 교체 비용 이외에 장비의 통관 비용, 장비에 대한 추가 보험료, 장비 운반 비용과 장비의 가공 및 반환 비용이 포함됨. X 회사는 Y 회사가 하자시정 작업을 하기 위하여 '하자 있는 장비에 대한 장애 없이 원활한 접근(unimpeded working access to the defective Equipment)'을 제공하여야 하고 이에 소요되는 비용도 부담하여야 함.

(4) GTC 제17.3조 : GTC 제17조, 제18조 및 STC 제2.14조에 명시된 Y 회사의 보증의무는 기타 법률 등에 의한 보증 의무에 배타적으로(exclusive) 적용되며, 계약에서 달리 정하지 아니한 한 이 사건 장비의 하자에 관하여서는 GTC 제17조, 제18조 및 STC 제2.14조에서 정한 하자시정 조치가 X 회사의 "유일한 구제수단(sole remedies)"임.

(5) GTC 제20.1조 : Y 회사는 Y 회사 또는 Y 회사의 통제 하에 있는 하청업체의 공급계약 이행과 관련하여 고의 및 과실 등으로 인하여 발생한 여하한 비용(any cost)을 배상하여야 하나, (i) "유체

재산(physical property)" 손해의 경우 일정 금액으로 손해배상책임이 제한되고(1회 50만 유로, 총 합계액이 250만 유로를 넘지 아니함), (ii) 인신상 손해 또는 제3자의 재산에 대한 손해의 경우 일정 조건 아래에서 책임을 부담함.

(6) GTC 제20.2조 : Y 회사의 모든 채무불이행 책임 및 불법행위 책임(고의 · 중과실의 경우는 제외)은 총 계약금액을 한도로 제한됨.

(7) GTC 제20.3조 : Y 회사와 X 회사는 각각 "any consequential or indirect damages and/or loss of profits, loss of use, loss of earnings, cost of capital, loss of power, cost of purchased or replacement power, or claim of any customer of the Parties"에 대하여 책임을 지지 아니함. (문언상 명확한 대로 제20.3조는 제20.1조 및 제20.2조와는 달리 Y 회사의 책임뿐만 아니라 X 회사의 책임도 제한함)

(8) GTC 제21조 : Y 회사가 X 회사에 대한 장비 인도기한을 준수하지 못할 경우 매일 각 장비 구매가의 0.1%에 상당하는 지체상금을 지급하여야 함(지체상금의 총액은 총 계약금액의 10%를 넘지 아니함).

(9) GTC 제24.2조 : Y 회사는 X 회사에 대하여 이 사건 장비공급계약의 이행을 담보하기 위하여 총 계약대금의 10%에 상응하는 금액의 지급에 관한 이행보증서(Performance Bond)를 제공하여야 함.

(10) STC 제2.14조 : Y 회사는 Combined Cycle Unit의 Performance Test와 관련하여 일정 수준의 performance가 담보되지 아니할

경우 지체상금을 지급하여야 함.

(11) 상업 운전(commercial operation)과 관련하여서는 GTC 제2.9조에서 그 의미를 “the operation of the power plant facilities for commercial purposes by linking to the grid load conditions, after completion of inspection prior to use under the Korea Electric Business Act”로 정의하고 있음. 그러나 그 개시 시점에 대하여는 달리 이 사건 계약에서 정하는 바가 없음.

Ⅲ. 제공받은 자료

10. 본인은 아래 의견을 제공함에 앞서 Y 회사의 대리인으로부터 다음과 같은 자료를 제공받았습니다. [제공받은 자료의 내역은 생략하나, 다만 이에는 A 및 B 두 교수의 의견서가 포함되어 있음을 밝혀두기로 한다]

Ⅳ. 본인이 법률 의견을 요청받은 사항

11. 본인이 Y 회사의 대리인으로부터 법률 의견을 요청받은 사항은 아래와 같습니다.

① **이 사건 중재에 적용되는 법** : 이 사건 장비공급계약에서 준거법을 한국법으로 정하고 있는 점과 관련하여 이 사건 중재에 ‘국제물품매매계약에 관한 국제연합 협약’, 즉 UN Convention on the International Sales of Goods(이하 ‘CISG’라고 부릅니다)가 적용되는지, 만일 CISG가 적용된다면 CISG와 한국 민법 등의 관계는 어떠한지.

② **이 사건 장비공급계약상 손해배상책임의 제한, 그리고 GTC 제17.3조 및 제20.3조의 해석** :Y 회사와 X 회사가 이 사건 장비공급계약에서 제한하고자 한 손해배상책임의 내용과 한국법에 기한 GTC 제17.3조 및 제20.3조의 해석상 DGP가 X 회사에게 청구한 지체상금을 X 회사가 다시 Y 회사에게 청구할 수 있는지 여부.

③ **Y 회사와 X 회사가 이 사건 장비공급계약에서 불법행위 책임도 제한한 것으로 볼 수 있는지 여부** : 이 사건 장비공급계약상 책임 제한 조항이 불법행위 책임에도 적용되어서 그 조항에 의하여 불법행위 책임도 제한되는지 여부.

④ **한국법상 중과실의 의미 및 입증책임** : 한국법상 중과실의 의미, 입증책임 및 이 사건 발전기의 하자에 대하여 Y 회사에게 중과실 책임이 인정되기 위한 요건.

⑤ **손해의 확실성** : X 회사가 DGP에게 부담한다고 주장하는 지체상금 채무가 X 회사의 입장에서 '현실로 입은 확실한 손해'에 해당하는지 여부.

Ⅴ. 이 사건 중재에 적용되는 법

가. 한국법상 국제물품매매의 규율과 CISG

12. 국제적 물품매매에 있어서 해당 매매에 적용될 법이 국가마다 서로 다른 경우 그 거래 당사자의 권리의무가 달라지는 불확실성을 초래할 수 있기 때문에, 1900년대 초부터 이를 규율하는 통

일적 규범의 필요성에 관하여 논의가 있어 왔습니다. 그 결과로 UN차원에서 국제적 물품매매를 통일적으로 규율하기 위한 CISG가 마련되어 1988년 1월 1일 공표되었습니다.

13. CISG는 현재 대한민국 · 독일 등 83개국이 가입한 상태인 것으로 알려져 있습니다. 대한민국은 2004년 2월 17일 동 협약에 가입하였고, CISG는 2005년 3월 1일부터 「국제물품매매협약에 관한 국제연합 협약」이라는 이름으로 대한민국의 국내법으로서 효력을 가지고 있습니다. 이와 같이 CISG가 국내법으로 발효한 이래로 한국의 각급 법원은 CISG의 적용이 배제되지 아니하는 사안에 대하여서는 CISG를 한국 민법 · 상법 등에 우선하여 적용하고 있습니다.

14. CISG가 적용되기 위하여는 우선 (i) 당해 계약이 '물품의 매매(sale of goods)'에 관한 것이고, (ii) 계약의 당사자가 서로 다른 국가에 영업소(place of business)를 두고 있고, (iii) 그 서로 다른 국가가 모두 CISG 가입국이어야 합니다.[3] 나아가 (iv) 계약의 당사자들이 당해 계약을 체결하기 전에 그 당사자들의 영업소가 소재한 국가가 서로 다르다는 점이 드러나 있어야 합니다.[4] 또한 (v) CISG는 일반 소비 목적으로 물품을 구입하는 경우, 경매의 경우 또는 주식 · 선박 · 항공기 등의 매매에는 적용되지 아니합니다.[5]

15. CISG는 국제적 물품매매계약의 성립과 그로부터 발생하는 매도인 및 매수인의 권리의무를 규율합니다. 그에 있어서는 계약의

---

3) CISG 제1조 제1항.
4) CISG 제1조 제2항.
5) CISG 제2조.

민사적 성질을 가지는지, 상사적 성질을 가지는지는 문제되지 아니합니다.[6] 그러나 CISG는 계약 및 그 개별 조항의 유효성(validity)이나 거래된 물품의 소유권에 계약이 미치는 영향 등은 규율하지 아니합니다.[7] 또한 CISG는 거래된 물품으로 인하여 발생한 사람의 사망·상해 등에 관한 매도인의 책임을 규율하지 아니합니다.[8]

16. CISG는 국제물품매매만을 규율하는 특별법으로, 국제물품매매의 경우에는 '특별법(lex specialis) 우선의 원칙'에 의하여 일반 민법이나 상법에 우선하여 적용됩니다.[9]

17. CISG 제6조는 당사자의 합의가 동 협약의 규정에 우선함을 명시적으로 규정하고 있습니다.[10] 이는 당사자들이 스스로의 의사 결정에 따라 권리의무관계를 구체화할 수 있도록 하고자 함입니다.

18. 아울러 CISG 제7조 제1항은 CISG의 해석에 있어서 CISG의 국제적 성격 및 적용상의 통일과 국제거래에 있어서의 신의 준수를 증진할 필요성을 고려하여야 한다고 선언하면서, 동조 제2항에서는 CISG에 의하여 규율되는 사항으로서 CISG가 명시적으로 다

6) CISG 제1조 제3항.
7) CISG 제4조.
8) CISG 제5조.
9) 석광현, "국제물품매매협약을 적용한 우리 판결의 소개와 검토", 국제거래법연구 제20집 제1호(2011. 7)(이하 이 논문은 "석광현(주 9)"로만 인용합니다), 89면(Ⅱ. 2.항); 석광현, 국제사법과 국제소송, 제5권(2012), 49면.
10) CISG 제6조.

루고 있지 아니한 문제는 CISG가 기초하고 있는 일반 원칙에 따라 해결하여야 하고 그러한 원칙이 없는 때에는 국제사법 규칙에 따라 적용되는 법에 의하여 해결한다고 정하고 있습니다. 위 제2항 규정에서의 '일반원칙'으로 언급되는 것으로는 신의성실의무(obligation to observe good faith), 금반언(estoppel) 등이 있습니다.11)

19. 이상을 종합하면, CISG가 적용되는 국제물품거래에 있어 분쟁이 발생한 경우 그 분쟁의 해결기준 및 그 적용의 순서는 아래와 같습니다.

(i) 당사자들이 계약으로 약정한 바가 있는 경우에는 그 약정 내용.

(ii) 당사자의 약정이 없는 경우에는 CISG의 규정.

(iii) 당해 분쟁사항에 관하여 CISG에 규정이 없는 경우에는 CISG가 기초하고 있는 일반원칙.

(iv) 그러한 일반원칙이 없는 경우에는 국제사법에 따라 적용되는 법.

나. 이 사건 중재에 CISG가 적용되는지 여부 및 이 사건 중재의 해결기준

20. X 회사 측에서 제출한 A 교수 및 B 교수의 각 '법률전문가 의견서'(이하 'A 교수 의견서' 및 'B 교수 의견서'라고 부릅니다)는 CISG에 대하여 아무런 언급을 하지 아니한 채 한국 민법이 이 사건 중

11) Schlechtriem & Schwenzer, *Commentary on The UN Convention on the International Sale of Goods (CISG)* (2010)(이하 "Schlechtriem & Schwenzer"로만 인용합니다), 135면 내지 139면.

재에 적용되는 것을 전제로 한국 민법에 대하여서만 서술하고 있습니다.[12] 그러나 이 사건 중재가 뒤의 제22항에서 보는 대로 영업소가 다른 국가에 위치한 당사자 사이에 체결된 물품거래계약에서 비롯한 것이라는 점을 감안하면, 먼저 이 사건 중재에 CISG가 적용되는지 여부를 검토하여야 할 필요가 있습니다.

21. 앞서 제14항에서 설명한 것과 같이, CISG가 적용되기 위하여는 (i) 당해 계약이 물품의 매매에 관한 것이고, (ii) 계약 당사자가 서로 다른 국가에 영업소를 두고 있고, (iii) 그 국가들이 모두 CISG 가입국이며, (iv) 계약 체결 전 또는 그 당시 당사자들의 영업소가 소재한 국가가 다르다는 점이 드러나 있어야 하고, (v) 당해 계약이 일반 소비 목적의 구매이거나 경매 또는 주식·선박·항공기 등의 매매가 아니어야 하며, (vi) CISG의 적용을 배제하는 다른 합의가 없어야 합니다.

22. 먼저 이 사건 장비공급계약의 일방 당사자인 X 회사가 대한민국에 '영업소'를 두고 있음은 명백하고, 다른 또 하나의 당사자 Y 회사는 독일의 베를린과 뮌헨에 본점을 두고 있으면서 그 독일 국내의 ○○ 지점에 소재하는 부서가 그 계약의 체결 및 이행을 주관하고 관련 통지를 받게 되어 있어서 독일에 '영업소'를 두고 있다고 하겠습니다. 따라서 CISG 가입국인 독일 및 한국에 영업소를 각각 두고 있는 당사자들 사이에 체결된 것입니다. 그리고 이 사건 장비공급계약은 가스터빈·스팀터빈·발전기 등 장비(이들 물품이

12) A 교수 의견서는 영국 판례에 대하여 언급하고 있으나(동 의견서, 제14항 내지 제19항), 한국법이 준거법인 이 사건 중재에 영국의 판례 등은 적어도 직접적으로는 관련이 없습니다.

제21항의 (v)에서 든 CISG의 적용이 배제되는 물품이 아님은 명백합니다)의 매매에 관한 계약이므로 일단 CISG가 정하는 '물품의 거래'에 해당합니다. 이미 완성된 물품이 아니라 계약당사자 일방의 주문에 의하여 상대방이 개별적으로 물품을 생산하여 공급하는 경우도 '물품의 매매'라고 볼 수 있는지에 관하여 CISG 제3조 제1항은 "물품을 주문한 당사자가 그 생산에 필요한 재료의 주요 부분(substantial part)을 공급하는 경우"가 아닌 한 위와 같은 제작물 공급계약도 '물품의 매매'에 해당하는 것으로 규정하고 있습니다.[13] 또한 계약에서 물품의 공급에 더하여 서비스의 공급까지 정하여진 경우에도 그러한 서비스 공급이 물품을 공급하는 당사자의 의무의 주된 부분(preponderant part)이 아닌 경우에는 CISG가 적용되는 '물품의 매매'에 관한 계약이라고 규정하고 있습니다.[14] 결국 이 사건 장비공급계약은 CISG가 적용되는 물품매매계약에 해당한다고 하여야 할 것입니다.[15]

23. 나아가 이 사건 장비공급계약에는 CISG 제2조에서 CISG의 적용이 배제되는 것으로 정하여진 내용이 포함되어 있지 아니합니다. 또한 계약 체결 전 또는 체결 당시 당사자들의 영업소가 소재한 국가가 다르다는 점이 드러나 있지 아니하였다고 볼 만한 사정은 전혀 찾아볼 수 없습니다. 그리고 CISG의 적용을 배제하기로 하는 Y 회사와 X 회사 간의 어떠한 약정도 존재하지 아니합니다.

---

13) CISG 제3조 제1항; Schlechtriem & Schwenzer, 62면 이하.

14) CISG 제3조 제2항.

15) 따라서 이 사건 장비공급계약이 한국 민법상 매매계약에 해당하는지 아니면 도급계약에 해당하는지 여부는 CISG의 적용 여부와 관련이 없습니다.

24. 결국 이 사건 장비공급계약의 경우 준거법인 한국법의 일부를 구성하는 CISG가 적용되며, CISG는 한국의 민법이나 상법에 우선하여 적용됩니다. 결국 이 사건 중재의 해결기준은 아래와 같은 순서에 의하여야 합니다.

(i) 당사자들이 체결한 이 사건 장비공급계약(GTC, STC 등)에서 약정한 바가 있는 경우에는 그 약정 내용.

(ii) 이 사건 장비공급계약상 당사자의 약정이 없는 경우에는 CISG의 규정.

(iii) CISG에 규정이 없는 경우에는 CISG가 기초하고 있는 일반원칙.

(iv) 그러한 일반원칙이 없는 경우 국제사법에 따라 적용될 법, 즉 당사자가 이 사건 장비공급계약에서 합의한 준거법인 한국법(민법, 상법 등).

25. 현재 대법원을 포함한 한국의 각급 법원도 CISG의 적용이 배제되지 아니한 국제물품거래에 대하여서는 CISG를 한국의 민법이나 상법에 우선하여 적용하고 있습니다.[16] CISG도 엄연하게 한국에서 법률로서의 효력을 가집니다. CISG가 해당 사건에 적용되어야 하는지 여부에 관하여 당사자의 주장이 없더라도 법원은 직권으로 그 적용 여부를 판단하고 CISG가 적용되는 사안이라면 CISG를 적용하여야 하는 것입니다.

16) 석광현(주 9), 89면(Ⅱ. 2.항); 서울고등법원 2014. 11. 4. 판결 2014나38175사건(미공간).

Ⅵ. 이 사건 장비공급계약상 손해배상책임의 제한, 그리고 GTC 제17.3조 및 제20.3조의 해석

가. CISG상 일방 당사자의 책임 제한이 허용되는지 여부

26. 앞의 제23항에서 설명드린 바와 같이, CISG 제6조는 당사자의 합의가 동 협약의 규정에 우선함을 명시적으로 규정하고 있습니다. 즉, CISG 제6조에 따라 당사자는 CISG 전체 또는 일부 규정의 적용을 배제하거나 개별 조항의 효과를 변경할 수 있습니다.[17)]

27. 따라서 계약의 양 당사자가 상호 합의로 계약 위반으로 인하여 발생하는 책임의 내용 및 배상되어야 할 손해의 범위 등을 제한하는 것은 일반적으로 얼마든지 허용됩니다.[18)] 이는 근대 사법私法의 원칙인 '사적 자치의 원칙(principle of private autonomy)'에 비추어서도 당연한 이치입니다.

28. CISG는 앞의 제15항에서 본 대로 물품매매계약 조항의 유효성(validity)에 대하여는 규율하지 아니하며, 위와 같은 '책임제한약정'의 유효성에 대하여도 별다른 구체적인 기준을 제시하고 있지 아니합니다. 그리하여 그 판단은 개별 사건의 준거법에 따르게 됩

17) CISG 제6조. 그런데 CISG 제6조는 당사자가 CISG 제12조 및 제96조에 따른 유보를 선언한 경우의 예외에 관하여 규정하고 있습니다. 그러나 이 사건 중재 당사자들의 영업소가 소재한 국가인 한국 및 독일은 모두 CISG 제12조 및 제96조에 따른 유보를 선언하지 아니하였습니다. http://www.uncitral.org/uncitral/en/uncitral_texts/sale_goods/1980CISG_status.html 참조.

18) Schlechtriem & Schwenzer, 92면, 115면 이하.

니다.[19] 그런데 이 사건 장비공급계약에서 당사자들은 한국법을 준거법으로 합의하였으므로,[20] 이 사건 장비공급계약상 책임제한 조항이 유효한 것인지 여부는 한국 민법 등을 기초로 판단하여야 하는 것입니다.

29. 계약의 당사자들이 상호 합의에 따라 채무불이행 혹은 불법행위에 관한 책임을 제한하는 것은 한국법상 사적 자치의 원칙에 따라 당연히 그 효력이 인정됩니다.[21] 이와 관련하여, 아래 제72항에서 논의하는 바와 같이 일방 당사자가 고의나 중과실에 기하여 채무불이행 또는 불법행위를 한 경우에까지 행위자의 책임을 감면하는 내용의 규정이 유효한지 여부에 관하여는 논의가 있습니다. 그러나 행위자의 단순한 과실에 기한 채무불이행 또는 불법행위의 책임을 면제하는 합의가 한국법상 유효하다는 점에 대하여서는 이론異論이 없습니다.[22]

30. 이 사건 계약에서 당사자들이 합의한 책임 제한에 관한 명시적인 규정은 GTC 제17.3조 및 제20조(특히 이 사건 중재의 경우 제20.3조의 구체적 의미가 문제될 것입니다)입니다. 국제물품계약의 해석 일반에 관하여 CISG 제8조 제1항은, 당사자의 진술 그 밖의 행위

19) Schlechtriem & Schwenzer, 92면.

20) GTC 제30.1조.

21) 우선 채무불이행에서의 면책조항에 관한 문헌으로서 곽윤직, 채권총론, 제6판(2003), 80면. 그 외에도 민법주해 [IX]: 채권(11)(1995), 373면 이하(양창수 집필부분); 송덕수, 채권법총론, 제2판(2015), 133면; 김증한/김학동, 채권총론, 제6판(1998), 88면 이하; 김대정, 채권총론(2006), 478면; 김형배, 채권총론, 제2판(1998), 170면 이하 등 참조.

22) B 교수 의견서, 제48항.

(statements made by and other conduct of a party)는 "상대방이 그 당사자의 의도를 알았거나 모를 수 없었던 경우에는 그 당사자의 의도(intent)에 따라 해석되어야 한다"고 하고,[23] 나아가 같은 조 제2항은 "제1항이 적용되지 아니하는 경우에는 상대방과 동일한 부류의 합리적인 사람(reasonable person of the same kind)이 동일한 상황에서 이해하였을 바에 따라 해석되어야 한다"라고 규정하고 있습니다.[24] 그리고 같은 조 제3항은 "당사자의 의도 또는 합리적인 사람이 이해하였을 바를 판단함에 있어서는 협상 경위, 당사자 간에 확립된 관례, 관행 및 당사자의 후속 행위를 포함하여 관련된 모든 사항을 적절히 고려하여야 한다"라고 규정합니다.[25] 이와 같은 계약 해석 원칙은 한국법상 계약 해석의 원칙과 별로 다르지 아니하다고 할 수 있습니다.

31. 그러므로 이 사건 장비공급계약에서 책임의 제한에 관한 제17.3조 및 제20.3조를 해석하여 그 구체적 의미를 확정함에 있어서도 (i) 각 당사자들의 의도를 표현하고 있는 계약 조항의 문언이 일정한 의미를 가지고 있음이 명백한 경우에는, 각 당사자는 그 의미를 당연히 알았거나 적어도 "모를 수 없었다"고 할 것이므로 위 계약 조항은 그에 따라 해석되어야 하고, (ii) 그렇지 아니한 경우에는 상대방과 동일한 부류의 합리적인 사람이 동일한 상황에서 이해하였을 바를 협상 경위, 당사자 간에 확립된 관례, 관행 및 당사자의 후속 행위를 포함하여 관련된 모든 사항을 적절히 고려하고 탐색하여 이에 따라 해석되어야 할 것입니다. 이때 '손해배상책임

23) CISG 제8조 제1항.
24) CISG 제8조 제2항.
25) CISG 제8조 제3항.

의 제한'에 관한 약정에 있어서의 당사자들의 의사를 해석함에 있어 고려할 수 있는 법규범은 오히려 CISG상의 손해배상책임에 관한 규정인 제74조라고 보이고, 한국 민법상 통상손해 및 특별손해에 관한 규정 또는 영국법상 손해배상의 범위에 관한 논의는 CISG가 우선적으로 적용되는 이 사건 중재와는 관련이 없다고 할 것입니다.

나. GTC 제17.3조의 해석

32. GTC 제17조는 앞서 본 바와 같이 Y 회사가 X 회사에게 공급한 이 사건 장비에 하자가 있는 경우 Y 회사의 보증책임에 관하여 규정하고 있습니다. 보증기간 동안 이 사건 장비에 하자가 발견되어 X 회사가 하자의 시정을 요청하는 경우 Y 회사는 자신의 선택에 따라 자신의 비용으로 보수(repair)를 하거나 대체장비(replacement)를 공급할 수 있습니다.[26] X 회사가 하자의 시정을 요청하고자 하는 경우에는 하자 발견일로부터 1개월 이내, 그리고 늦어도 보증기간이 만료된 후 15일 이내에 Y 회사에게 보증의무 위반사실을 통지하여야 하며, Y 회사는 그러한 통지를 받는 즉시 하자시정 조치(Correction)를 개시하여야 합니다.[27] Y 회사는 하자시정 조치를 함에 있어 소요되는 비용(세관 통관, 장비에 대한 추가 보험 등에 소요되는 비용 등 포함)을 모두 스스로 부담하여야 하며, X 회사는 자신의 비용으로 Y 회사의 하자시정 조치에 필요한 하자 있는 장비에 대한 완전한 접근(unimpeded working access)을 제공하여야 합니다.[28]

26) GTC 제17.1.1조.

27) GTC 제17.1.4조.

28) GTC 제17.1.7조.

33. Y 회사와 X 회사는 GTC 제17.3조에서 "*The warranties and guarantees provided in Article 18, Article 17 and Article 2.14 of Special Terms and Conditions are **exclusive** and no other warranties, guarantees and conditions of any kind, **whether statutory, express or implied,** shall apply unless applicable to the Vendor by the mandatory Applicable Law. Unless otherwise stated in this Contract, the remedies set forth in Article 18, Article 17 and Article 2.14 shall constitute Purchaser's **sole remedies** and Vendor's sole liabilities **with respect to Defects** and claims based upon Vendor's warranty obligations or guarantee however instituted.*"(강조는 인용자가 가하였습니다. 이하 인용문에서의 강조는 모두 같습니다)라고 하여, 이 사건 장비에 발생하는 하자와 관련하여서는 GTC 제17조에 따른 하자시정과 STC 제2.14조에 따른 성능시험(performance test) 관련 지체상금이 유일한 구제수단임을 명확히 규정하고 있습니다.

34. 이러한 책임제한 약정은 본건과 같은 대규모 발전소의 건설 공사에 필요한 장비의 공급계약의 경우 통상적으로 포함되는 내용입니다. 즉, 대규모 발전소의 건설에 필요한 각종 장비를 발전소 건설계약의 시공사(이 사건 중재의 경우 X 회사)에 납품하는 vendor(이 사건 중재의 경우 Y 회사)로서는 해당 공급계약상 장비의 하자가 발생하는 경우 그러한 하자가 발전소 운영에 어떠한 영향을 미칠지, 발주처나 시공사에 얼마나 큰 손해가 발생할지 여부를 예측할 수가 없습니다. 따라서 Y 회사와 같은 장비 공급사들은 장비의 하자로 인하여 발생할 수 있는 손해를 모두 부담하게 됨으로써 책임의 범위가 무한정 확대되지 아니하도록 그 책임범위를 손해배상의 예정에 관한 규정을 통하여 계약으로 제한하는 것이 일반적이

고 통상적입니다. 장비공급업체로서는 이와 같은 책임 제한 내지는 손해배상의 예정을 통하여 부담할 가능성이 있는 손해배상책임 및 그 범위를 예측할 수 있어야만 그러한 위험을 감안하여 계약 대금을 책정하고 계약을 체결할 수가 있는 것입니다.

35. 이 사건 장비공급계약도 이러한 산업 관행에 따라 체결된 것으로 이해되고 X 회사와 Y 회사는 Y 회사 또는 하청업체가 공급한 장비에 하자가 발생할 경우 Y 회사의 선택과 비용으로 장비를 보수 또는 교체하되, 그에 부수하여서 발생할 수밖에 없는 비용(운반비용, 장비 자체의 보험료 인상 비용, 세관 통관 비용)만 부담하기로 약정한 것이 분명합니다. 이러한 내용은 GTC 제17.3조의 문언상 분명합니다.

36. 또한 이 사건 장비공급계약에는 이 사건 발전소의 상업운전개시일을 정하는 내용 또는 이 사건 장비의 공급이 지연되어 X 회사가 상업운전개시일을 준수하지 못할 경우 Y 회사가 책임을 부담한다는 내용이 전혀 없습니다. 만약 Y 회사가 스스로 통제할 수 없는 상업운전 개시일에 대하여 책임을 부담할 의사이었다면 그러한 부분을 명확하게 계약에 명시하고, 약정된 상업운전개시일이 경과하면 경과일수에 따른 지체상금 규정을 합의하였을 것입니다.

37. 그러나 X 회사와 Y 회사는 GTC 제17.3조에 따라 이 사건 장비에 관한 하자를 이유로 이 사건 계약에서 정한 방법에 따른 시정 및 그 비용을 sole remedy로 하여 Y 회사가 부담하기로 합의하였을 뿐이고, CISG 혹은 한국 민법 등 관련 법에 따라 부담할 수 있는 채무불이행 또는 불법행위 책임도 모두 배제하기로 합의하였

습니다.

38. 본인이 이해하기로 Y 회사는 자기 비용으로 제17조에 따라 발전기의 수리를 완료하였습니다. 그렇다면 X 회사가 이 사건 중재에서 청구하고 있는 DGP에 대한 이 사건 발전소 공사계약에 기한 지체상금이나 수리와 직접적으로 관련 없는 발전기의 해체 작업 준비 비용, 기타 작업 비용, 추가 인력 배치 등으로 인한 인건비, 보험료 등의 추가 손해는 제17.3조에 의하여 명시적으로 배제되는 손해라고 봄이 타당합니다.

다. GTC 제20.3조의 유효성 및 그 해석 – 특히 "consequential or indirect damages"의 의미

39. 한편 이 사건 장비공급계약 GTC 제20조는 이 사건 장비 이외의 다른 재산상 손해, 인신 손해, 간접 손해 등의 제한에 관하여 규정하고 있습니다. 거기서 GTC 제20.3조는 "*Neither Party of the Contract including Vendor's Subsuppliers shall be liable for **any consequential or indirect damages** and/or loss of profits, loss of use, loss of earnings, cost of capital, loss of power, cost of purchased or replacement power, or **claim of any customer of the Parties**.*"라고 정하고 있습니다.[29)] 이는 장비공급계약에서 흔히 볼 수 있는 책임 제한 약정으로서 한국법상 유효하다는 점에 대하여서는 의심의 여지가 없습니다.

40. 이 사건 장비공급계약 GTC 제20.3조는 Y 회사나 X 회사는 각자 "consequential or indirect damages"에 대한 책임을 지지

29) GTC 제20.3조.

아니한다고 규정하고 있으나 구체적으로 consequential or indirect damages가 어떠한 의미를 가지는가에 관하여는 규정하고 있지 아니합니다.

41. 그러나 consequential or indirect damages는 우선 한국법에서도 낯선 법개념이 전혀 아닙니다. 한국의 대법원을 포함하여 법원은 '간접손해' 또는 '간접적인 손해'라는 용어를 여러 차례에 걸쳐 구사한 바 있으며,[30] 이는 손해배상책임의 발생원인이 되는 당해 채무불이행 또는 불법행위로 인하여 직접으로 침해를 당한 법익 이외의 법익에 발생한 불이익을 가리킨다고 말할 수 있습니다. 예를 들면, 물건의 매도인이 하자 있는 물건을 매매계약의 이행으로 매수인에게 인도하였다고 하는 경우를 생각하여 봅니다. 그때 인도받은 목적물의 가치는 통상 하자 없는 물건의 그것에 미치지 못할 것인데, 매수인이 입은 그 차액 상당의 불이익을 '직접손해'라고 합니다. 그러나 그 물건의 하자로 말미암아 매수인 소유의 다른 물건이 손괴되거나 매수인이 질병을 앓게 된 경우, 또는 그 물건의 하자로 말미암아 매수인 이외의 제3자 소유의 물건이나 제3자의 신체에 불이익을 입은 경우 등에는 그 다른 물건 또는 신체에 발생한 손해를 '간접손해'라고 부르는 것입니다. 그리고 한국의 대법원은 이러한 직접손해/간접손해의 구별을 다양한 국면에서 적용하고 있습니다.

42. 이는 CISG에서도 마찬가지입니다. 먼저 consequential or

30) 대법원 1993. 1. 26. 판결 91다36093사건(법원공보 1993년, 845면); 대법원 1999. 7. 27. 판결 99다19384사건(판례공보 1999년, 1777면); 대법원 2003. 10. 24. 판결 2003다29661사건(판례공보 2003년, 2250면).

indirect damages의 사전적 의미를 살펴보면, 'consequential damages'는 특정 행위 그 자체로 인하여 또는 그 행위로 말미암아 직접으로 발생하는 손해라기보다는 그에서 한 단계 더 나아간 인과관계에 의하여 결과적으로 발생하는 손해를 의미합니다. 'indirect damage'의 사전적 의미도 그와 유사할 것이나, indirect damages는 특정 행위와 손해가 간접적으로만 관계가 있음을 더 강조하는 표현인 것으로 이해됩니다.

43. CISG상으로 배상되어야 하는 손해(loss)의 유형으로는 통상적으로 (i) non-performance loss (actual damages), (ii) incidental loss, (iii) consequential loss (혹은 consequential damages)가 논의됩니다.[31)]

44. 이 중 'non-performance loss'란 특정 채무의 불이행으로 인하여 채권자가 1차적으로 입게 되는 직접적인 손해를 의미합니다. 이는 채무자가 하자 있는 물품을 공급한 경우에는 하자 없는 물품과 하자 있는 물품의 가치 차이가 될 것이며, 이행지체의 경우에는 지체된 기간 동안 대체장비를 대여하는데 소요된 비용이 여기서 말하는 non-performance loss가 됩니다.[32)] 다음으로 'incidental loss'란 채무자의 채무불이행으로 인하여 채권자가 추가적인 손해를 막기 위하여 지출한 비용을 의미합니다. Incidental loss의 유형으로서는 매수인이 정당한 사유 없이 거절한 물품을 보관하는 과정에서 매도인에게 발생한 보관비용을 들 수 있을 것입니다.[33)]

31) Schlechtriem & Schwenzer, 1006면.
32) Schlechtriem & Schwenzer, 1006면 이하.

45. CISG상 논의되는 'consequential damages' 또는 'consequential loss'란 개별적 불이행(non-performance)으로 인하여 직접으로 발생하는 손해를 넘어서는 추가적인 손해를 의미하며, 그 불이행으로 인하여 피해자(매수인)가 제3자에게 부담하게 되는 책임은 이에 해당하는 것으로 이해됩니다. CISG상 consequential damage에 해당한다고 하여서 그러한 손해가 반드시 전액 배상되어야 하는 것은 아니며, CISG 제74조에서 정하고 있는 바에 따라 그 손해액은 해당 계약을 체결할 당시 채무불이행자가 예견할 수 있던 범위로 제한됩니다.[34] 또한 앞서 설명한 것과 같이, 계약당사자들이 예견가능성의 존부와 무관하게 CISG 제6조에 따라 당사자들 사이의 합의로써 consequential damages 전체를 배제하는 것도 얼마든지 가능합니다.[35]

46. A 교수 의견서는 이 사건 장비공급계약의 언어가 영어이기 때문에 한국 법원의 입장에서는 "consequential or indirect damages"의 영어적 의미를 이해하려 할 것이고, 따라서 영국법상 consequential or indirect damages의 해석을 참고하여야 한다고 주장합니다.[36] 이 부분과 관련한 A 교수 의견서의 요지는 consequential damages의 범위에는 직접적·통상적으로 발생하는 손해가 포함되지 아니한다는 것으로 이해됩니다.

47. 그러나 이 사건 장비공급계약상 준거법은 한국법으로 한

---

33) Schlechtriem & Schwenzer, 1009면.

34) Schlechtriem & Schwenzer, 1012면.

35) Schlechtriem & Schwenzer, 92면, 115면 이하.

36) A 교수 의견서, 제14항 내지 제15항.

국법의 일부를 구성하는 CISG가 한국 민법이나 상법에 앞서 우선적으로 적용되며, 계약의 당사자가 독일회사와 한국회사로 영국과 아무런 관련이 없으므로, 영국법상 consequential damages의 해석은 이 사건 중재와 아무런 관련이 없고 한국 법원도 단순히 계약서가 영어로 되어 있다는 이유만으로 당사자들이 합의한 준거법이나 당사자의 국적과 관련이 없는 외국법인 영국법을 참고할 이유가 없습니다. 만약 한국 법원이 이 사건 장비공급계약 GTC 제20.3조의 문언상 제한하는 손해배상의 책임 범위가 명확하지 아니하다고 판단할 경우, 한국 법원은 계약의 문언, 그 체결 및 이행에 관한 제반 사정을 통하여 당사자들의 '의도'를 파악하려고 할 것이며, 이 사건 중재와 아무런 관련이 없는 영국법상의 해석론을 검토하지는 아니할 것입니다.

48. 앞서 살펴본 바와 같이, CISG상 consequential damages는 계약불이행으로 인하여 직접적으로 발생하는 손해를 넘어서는 추가적인 손해이며 그 대표적 예의 하나가 매도인의 채무불이행으로 인하여 매수인이 그 고객에게 부담하게 되는 손해입니다.[37] 따라서 당사자들이 명시적으로 이러한 책임을 제한하지 아니한 이상 당사자들은 CISG 제74조에 따라 계약 당시 예견 가능한 consequential damages를 배상할 수 있지만, 이 사건 장비공급계약의 당사자들은 GTC 제20.3조를 통하여 이러한 consequential damages에 대한 각 당사자의 책임을 제한하였고, 이러한 책임 제한은 '매도인(Vendor)'인 Y 회사의 책임에 국한되는 것이 아니라 X 회사의 경우에도 마찬가지로 적용됩니다.

37) Schlechtriem & Schwenzer, 1012면.

49. 따라서 Y 회사가 공급한 발전기의 하자로 인하여 X 회사가 입게 되는 여러 손해 중 (i) X 회사가 제3자(즉 DGP)에게 지급하여야 하는 지체상금과 (ii) X 회사에게 발생하는 간접적인 손해(X 회사가 발전기 수리에 직접적으로 지출한 비용 이외에 지출한 발전기의 해체 작업 준비 비용, 기타 작업 비용, 추가 인력 배치 등으로 인한 인건비, 보험료 등은 당사자들이 명백하게 GTC 제20.3조에 통하여 책임을 지지 아니하기로 합의한 "consequential or indirect damages"에 해당하는 것으로서, 위 조항에 기하여 Y 회사는 이에 관한 책임을 면한다고 할 것입니다.

라. GTC 제20.3조의 claim of any customer of the Parties의 의미

50. 당사자들은 GTC 제20.3조상 책임이 제한된 "claim of any customer of the Parties"의 의미도 다투고 있는 것으로 이해됩니다. 여기서 the Parties는 Y 회사와 X 회사를 가리키는 것이 명백한데, customer는 이 사건 장비공급계약에 따로 정의되어 있지 아니합니다.

51. 통상 "customer"는 고객(client)과 같은 의미로 쓰이는 단어로서, X 회사의 발주처인 DGP가 사전적 의미에서 X 회사의 "customer"라는 점에 의문의 여지가 없습니다.

52. B 교수 의견서는 GTC 제2.1.8조가 DGP를 "Company"라고 정의하고 있고,[38] GTC 제14.4조의 경우 그 문맥상 "customer"가 DGP를 제외한 제3자로 해석된다는 이유로 GTC 제20.3조의 "customer"에는 DGP가 포함되지 아니한 것으로 해석하여야 한다고 주장합

38) GTC 제2.1.8조.

니다.[39] 나아가 만약 DGP가 "customer"에 포함되는 것으로 해석하면 이는 GTC 제20.3조를 Y 회사에게 지나치게 유리하게 해석하는 것으로서, 즉 Y 회사의 책임 제한의 범위를 부당하게 넓히는 것으로서, 이른바 엄격해석의 원칙에 반한다고까지 주장합니다. 하지만 이러한 해석은 CISG뿐만 아니라 한국 민법상으로도 받아들일 수 없는 해석론입니다.

53. DGP를 "Company"로 정의하고 있다고 하여서 DGP가 X 회사의 "customer"가 아니라고 할 수 없습니다. 오히려 GTC 제2.1.8.조에 의하면, "'*Company' shall mean the **client** of the Purchaser, Daegu Green Power Corporation, and include its legal successors.*"라고 규정하고 있어서 DGP가 X 회사의 고객(client)이라는 점을 분명히 하고 있습니다. 이 경우 client도 customer와 마찬가지로 따로 정의되어 있지 아니한데, 통상 두 용어가 사용되는 어법에 비추어 볼 때 두 용어는 같은 의미라고 볼 수밖에 없습니다. DGP는 X 회사의 가장 크고 중요한 고객이므로 만약 당사자들이 DGP의 X 회사에 대한 청구를 책임 제한의 대상에서 제외할 의사였다면 이를 제20.3조에 분명히 밝혀 적었을 것입니다.

54. GTC 제14.4조는 X 회사가 Y 회사로부터 공급받은 물품이나 서비스를 다른 나라에 있는 제3자에게 이전하고자 하는 경우 X 회사의 정보제공의무 등에 관하여 규정한 것으로 이 사건 중재와 아무런 관련이 없습니다. 또한 동 조항은 정보제공의 대상이 단순 "customer"가 아닌 "end customer"라고 규정하고 있습니다. GTC 제14.4조의 전체 문맥상 이 "end customer"에 DGP가 해당될 수는 없

39) B 교수 의견서, 제94항.

습니다. 따라서 DGP가 GTC 제20.3조의 customer에 해당하지 아니한다는 주장 역시 논리적이라고 할 수 없으며 설득력이 없습니다. 특히 GTC 제20.3조는 "***any*** customer"라고 정하고 있고, 특별히 customer의 범위에 제한을 두거나 DGP를 제외하고 있지 아니한 것입니다.

55. GTC 제20조에 의하면 Y 회사는 GTC 제20.1조에서 Y 회사의 고의 또는 과실로 인하여 X 회사가 입는 손해를 배상하겠다고 약속하는 한편, GTC 제20.2조, 제20.3조에서 책임을 제한하는 규정을 두었습니다. 이로부터도 GTC 제20.3조의 경우 DGP와 같은 제3자로부터 X 회사가 제기당할 수 있는 손해 유형을 예상하여 이에 대한 Y 회사의 배상책임을 모두 제한하고자 한 것을 알 수 있습니다. 예를 들어, 이 사건 장비의 고장으로 말미암아 이 사건 장비를 이용하지 못하는 것 또는 전력이 상실되는 것("loss of use … loss of power")으로 인하여 발생하는 손해에 대하여도 Y 회사의 책임을 제한하였던 것입니다.

56. 나아가, Y 회사는 "claim of any customer of the Parties"라는 포괄적인 catch-all-phrase를 GTC 제20.3조의 마지막에 삽입함으로써 DGP를 포함한 X 회사의 고객으로부터 제기될 수 있는 모든 청구를 배제하려고 하였다는 점을 알 수 있습니다.

57. A 교수 의견서는 GTC 제20.3조의 any customer of the Parties는 정의도 되어 있지 아니하고 그 의미가 불분명하므로 이러한 불명확한 문구에 의존하는 Y 회사에게 보다 엄격한 방향으로 (contra proferentem) "any customer"의 의미를 해석하여야 한다고 주

장합니다.[40] A 교수 의견서는 이에 더하여 DGP가 X 회사의 가장 중요한 customer이므로 만약 Y 회사가 X 회사의 DGP에 대한 책임을 제외시킬 의사를 가지고 있었다면 DGP를 명시하였어야 한다거나 "any customer of the Parties"는 아직 고객의 identity가 알려져 있지 아니하였음을 방증하는 것이라고도 주장합니다.[41] 그러나 "any customer of the Parties"는 복잡한 해석을 요구하는 문구가 아니고 그 문언 자체로 당사자들의 모든 고객을 의미한다는 점이 문언상 분명합니다.

58. 또한 GTC 제20.3조는 GTC 제20.1.조, 제20.2조와는 달리 이 사건 장비공급계약의 양 당사자 모두에게 적용되는 규정입니다. 즉, 조문의 형식을 볼 때 X 회사의 customer가 제기하는 청구(claim)만을 제외시키는 Y 회사에게 일방적으로 유리한 조항이 아니며, X 회사 역시 GTC 제20.3조에 의하여 Y 회사의 고객이 Y 회사에 대하여 가지는 청구권(claim)에 대한 X 회사의 책임 제한을 주장할 수 있습니다. GTC 제20.3조에서 any customer of the Parties라는 표현을 쓴 것은 동 조항이 양 당사자 모두에게 적용된다는 점을 감안한 것으로, 동 조항에 계약의 일방 당사자인 X 회사 측의 고객(즉 DGP)만을 명시하는 것은 규정의 체계상 자연스러울 수 없습니다.

59. 아울러 DGP는 이 사건 장비공급계약에 관하여 X 회사의 가장 중요한 고객임이 분명한데, 그 '고객'의 범위에서 아무런 명시적인 규정 없이 DGP를 제외시키는 것으로 해석하는 것은 오히려 Y 회사에게 일방적으로 불리한 결과를 초래하는 해석으로 볼 수

40) A 교수 의견서, 제23항.

41) A 교수 의견서, 제25항.

있습니다.

60. 따라서 X 회사의 고객인 DGP가 이 사건 발전소의 상업운전 지연으로 X 회사에게 부과한 지체상금은 이 사건 장비공급계약의 당사자인 X 회사가 고객에게 부담하는 손해로 보아야 할 것이고, 이러한 손해는 GTC 제20.3조에 기하여 상대방, 즉 Y 회사에게 배상을 구할 수 없다고 해석함이 타당합니다.

마. 이른바 엄격해석의 원칙(principle of strict interpretation)

61. B 교수 의견서는 대법원 1993. 10. 29. 판결 93다3103사건[42]을 근거로 일방 당사자가 가지게 되는 손해배상청구권 등 권리를 포기하거나 제한하는 경우 그 책임을 제한하는 내용을 더 엄격하게 해석해야 한다고 설명하고 있습니다.[43]

62. 그러나 위 대법원 1993. 10. 29. 판결 93다3103사건의 사실관계를 살펴보면, 연대보증인이 '채무자의 모든 채무'를 연대하여 이행하겠다는 추상적인 내용의 연대보증계약서에 서명한 경우 장래에 발생할 채무 이외에 채무자가 기존에 부담하고 있던 사업상의 채무까지 변제하겠다고 합의한 것으로 인정할 수 있는지가 문제된 사안입니다. 대법원은 "계약당사자 간에 어떠한 계약내용을 처분문서인 서면으로 작성한 경우 그 문언의 객관적인 의미가 명확하다면 특별한 사정이 없는 한 그 문언대로의 의사표시의 존재와 내용을 인정하여야 할 것이지만, 그 문언의 객관적인 의미가 명

42) 법원공보 1993년, 3167면.

43) B 교수 의견서, 제45항.

확하게 드러나지 아니한 경우에는 당사자의 내심적 의사의 여하에 관계없이 그 문언의 내용과 그 계약이 이루어지게 된 동기 및 경위, 당사자가 그 계약에 의하여 달성하려고 하는 목적과 진정한 의사, 거래의 관행 등을 종합적으로 고찰하여 사회정의와 형평의 이념에 맞도록 논리와 경험의 법칙, 그리고 사회일반의 상식과 거래의 통념에 따라 당사자 사이의 계약의 내용을 합리적으로 해석하여야 하는 것이고 특히 당사자 일방이 주장하는 계약의 내용이 상대방에게 중대한 책임을 부과하게 되는 경우에는 그 문언의 내용을 더욱 엄격하게 해석하여야 할 것이다"라고 판단하였습니다. 즉, 대법원은 먼저 연대보증계약서의 내용이 객관적으로 명백한지 여부부터 판단하였는데, 계약의 내용이 명백하지 아니하다는 전제 아래 계약의 체결 경위 등 제반 사정을 종합하여 검토한 결과 연대보증인이 장래 채무 이외에 채무자가 기존에 부담하고 있던 사업상의 채무까지 연대보증한 것으로 볼 수는 없다고 판시하였던 것입니다.[44]

63. B 교수 의견서가 위와 같은 엄격해석의 원칙에 관한 근거로 들고 있는 대법원 2012. 1. 12. 판결 2010다103697사건, 대법원 2014. 6. 26. 판결 2014다14115사건, 대법원 2014. 6. 26. 판결 2014다14122사건[45] 역시 모두 마찬가지로 모두 계약의 특정 문언이 일방 당사자에게만 불리하게 작용하는 경우로서 그 내용이 객관적으로 명백하지 아니한 경우이었고, 본건과 같이 특정 계약 문구가 당사자 쌍방에게 같이 적용되면서 그 의미가 객관적으로 명백한 경우에 관한 것이 아닙니다.

---

44) 앞의 주 42의 대법원 1993. 10. 29. 판결.

45) 출전은 각기 법고을, 판례공보 1463면, 법고을입니다.

64. 또한 GTC 제20.3조는 일방에게 중대한 책임을 부과하는 규정이 아니라 당사자 쌍방이 일정한 경우 자기의 책임을 제한하는 규정으로서 X 회사와 Y 회사의 양 당사자에게 똑같이 적용되는 규정입니다. X 회사가 DGP로부터 지체상금을 부과받는 것은 X 회사와 DGP 사이의 EPC 계약에 기한 것이지, GTC 제20.3조의 규정에 따라 책임을 부담하는 것은 아니므로, 쌍방의 책임을 제한하는 내용의 GTC 제20.3조의 해석에 B 교수 의견서가 주장하는 바와 같은 이른바 엄격해석의 원칙이 개입할 여지는 없습니다.

Ⅶ. Y 회사와 X 회사가 이 사건 장비공급계약에서 불법행위 책임도 제한한 것으로 볼 수 있는지 여부

가. 채무불이행 책임과 불법행위 책임과의 관계

65. X 회사는 Y 회사를 상대로 채무불이행 책임을 주장하면서 동시에 민법 제750조에 따른 불법행위 책임도 묻고 있습니다. 그러나 B 교수 의견서도 인정하듯이, 한국 민법상 계약상 채무불이행 책임과 불법행위 책임은 그 요건이 다르며, 특히 불법행위 책임의 경우에는 뒤의 제66항에서 보는 대로 B 교수 의견서도 지적하는 바와 같이 '위법성'이라는 요건이 그 책임의 성립 여부를 가리는 현저하게 중요한 역할을 합니다.[46] 또한 계약상 채무불이행 책임의 경우 계약의 불이행에 대한 고의 또는 과실이 없었다는 부분에 대한 입증책임이 채무자에게 있는 반면, 불법행위의 경우에는 불법행위 책임을 주장하는 피해자가 고의·과실, 위법성, 손해 및 불법행위와 손해 사이의 인과관계 등 모든 요건을 입증하여야 합니다. 따

46) B 교수 의견서, 제21항 내지 제22항.

라서 계약상 책임인 채무불이행 책임이 성립한다고 하여 불법행위 책임이 언제나 함께 성립하는 것은 아니며 채무불이행 책임이 성립하는 경우에도 그 채무불이행이 급부 그 자체의 하자에 국한된 경우에는 불법행위 책임이 성립되지 아니한다고 보아야 합니다. 한국 민법에 관하여 가장 권위 있는 주석서라고 할 수 있는 『민법주해』의 관련 부분에서도 "채무자 자신에 의한 채권의 침해는 채무불이행이 되는 것으로서 불법행위법이 관여할 것이 아니다"라는 점을 분명히 밝히고 있습니다.[47)]

66. 물론 채무불이행으로 인하여 급부 그 자체뿐만 아니라 추가 손해(예를 들어, 물건의 하자로 인하여 인신상 피해가 발생한 경우)가 발생하는 경우에는 채무불이행 책임과 불법행위 책임이 함께 발생할 수도 있습니다. B 교수 의견서는 이 부분에 대하여 길게 설명하고 있으나[48)] 채무불이행 책임이 발생하는 경우 반드시 불법행위 책임도 발생한다고 주장하는 것은 아니라고 보입니다. 오히려 불법행위의 경우 '위법성' 요건이 중요하다고 하면서 실정법 및 '법질서의 일부로 인식되는 선량한 풍속 기타 사회질서'를 포함하는 실질적 의미의 법을 의미하며, 그 법에 '위반'한 상태인지 여부는 피침해이익의 종류와 침해행위의 성질을 함께 고려하여 판단하여야 한다고 주장합니다.[49)] 본인도 이 의견에 동의합니다. 그러나 본건과 같이 공급된 장비에 단순히 하자가 발생하여 장비공급업체가 계약상 하자담보책임의 일환으로 수리를 한 경우를 '선량한 풍속 기타

47) 곽윤직 편집대표, 민법주해 [XVIII]: 채권(11)(2005), 214면(이상훈 집필부분).

48) B 교수 의견서, 제26항 내지 제33항.

49) B 교수 의견서, 제24항. 동 의견서는 이 점에 있어서 본인과 B 교수 공저의 저술을 그 근거로 들고 있으나, 본인은 이를 그 의견을 뒷받침하는 자료로 하는 데 동의할 수 없습니다.

사회질서'를 '침해'한 '위법한 행위'로 불법행위가 성립한다고 볼 수는 없습니다.

67. 한국의 판례도 채무불이행 책임과 불법행위 책임을 명확히 구분하여 그 성립 여부를 별개로 판단하고 있습니다.[50] 일례로 원고가 공사를 의뢰한 철교에 하자가 있다는 이유로 시공사들을 상대로 채무불이행 책임 및 불법행위 책임에 근거하여 손해배상을 구한 사안에서 서울고등법원은 "불법행위 책임은 시민의 일반적 이익을 보호하고 공공의 질서를 확보함을 목적으로 하는 것이고, 채무불이행 책임은 채권자라고 하는 특정인의 의사를 매개로 하여 권리내용이 실현되는 것을 그 본질로 하는 것이므로, 채무자가 계약으로서 이행할 것을 약속한 후 채무자 자신이 그 계약에 위반하여 채권자의 채권을 침해하는 것은 채무불이행이 되는 것일 뿐 불법행위법이 관여할 사항이 아니다"라고 설시하면서 "이 사건 세로보 균열로 인한 손해는 <u>**당사자가 계약에서 이행할 것을 제대로 이행하지 아니하여 발생한 급부이익에 해당한다고 할 것이므로 불법행위 책임의 보호대상이 아니고**</u>, 따라서 앞에서 채무불이행 책임이 기각된 부분에 관하여 새삼스럽게 불법행위 책임이 인정될 여지 또한 없다"고 판시하였습니다.[51]

68. 같은 취지로, 원고가 피고 한국전력공사를 상대로 피고가 전기공급시설의 복구를 지체하여 16시간 가량 정전이 계속되어 손

---

50) 서울고등법원 1997. 7. 11. 판결 97나9910사건(로앤비); 같은 법원 2011. 12. 14. 판결 2006나6623사건(로앤비); 서울민사지방법원 1995. 1. 13. 판결 94나32657사건(로앤비) 등.

51) 주 50의 서울고등법원 2011. 12. 14. 판결.

해를 입었다면서 불법행위 및 채무불이행에 근거하여 손해배상을 구한 사안에서, 법원은 피고가 전기공급계약을 위반한 것이므로 채무불이행 책임이 성립한다고 판단하면서(다만 채무불이행 책임은 전기공급계약의 면책규정에 의해 면제되었습니다) 피고가 "이 사건 사고로 인하여 파손된 위 전기공급시설의 복구를 게을리 하였다고 보기도 어려우므로 … 원고의 위 불법행위 주장은 더 나아가 볼 필요 없이 이유 없다 할 것이다"라고 판시하였습니다.[52] 서울고등법원도 같은 맥락에서 국가가 운영하는 전철의 운행이 지연됨으로 인하여 생명 신체에 대한 침해 없이 단순히 탑승객이 불편을 겪은 경우 국가에게 운송계약상의 채무불이행 책임을 지우는 것은 별론으로 하더라도 불법행위 책임을 지울 수는 없다고 판단한 바 있습니다.[53]

나. 이 사건 계약에서 불법행위 책임도 제한되었는지 여부

69. 가사 이 사건 장비의 하자로 인하여 Y 회사에게 민법 제750조에 기초한 불법행위 책임이 성립한다고 하더라도, Y 회사와 X 회사는 이 사건 장비공급계약에서 불법행위 책임의 제한에 관하여 합의한 것으로 해석됩니다. 계약의 당사자들은 계약상 채무불이행 책임뿐만 아니라 불법행위 책임도 당사자들의 합의로 제한할 수 있고, 계약 위반에 대한 책임 감면 약정이 불법행위 책임에도 미치게 하려는 합의는 반드시 명시적으로 할 필요는 없고 묵시적으로도 가능하다는 것이 대법원은 태도입니다.[54]

---

52) 주 50의 서울민사지방법원 1995. 1. 13. 판결.

53) 주 50의 서울고등법원 1997. 7. 11. 판결.

54) 대법원 1983. 3. 22. 판결 82다카1533사건(대법원판례집 제31권 2집, 17면); 대법원 1989. 4. 11. 판결 88다카11428사건(법원공보 1989년, 749면); 대법원 1989. 11. 24. 판결 88다카16294사건(법원공보 1990년, 110면)도 참조.

70. 이 사건 장비공급계약상 당사자들의 책임 감면 약정이 불법행위 책임에도 적용되는지 여부를 판단하기 위하여는 다음과 같은 GTC 제20조 및 계약의 다른 내용을 종합적으로 검토할 필요가 있습니다.

① GTC 제20.1조는 Y 회사 또는 Y 회사의 통제 하에 있는 하청업체가 고의 또는 과실에 기한 채무불이행으로 손해배상책임을 부담하는 경우 (i) 유체 재산(physical property) 손해의 경우 일회 50만 유로(총 합계액이 250만 유로를 넘지 아니함)로 제한하고, (ii) 인신상 손해 또는 제3자의 재산상 손해는 일정 조건하에 배상책임을 부담하도록 규정함.[55)]

② GTC 제20.2조는 Y 회사의 불법행위에 기한 책임을 포함한 모든 책임(고의·중과실에 기한 책임은 제외)의 총액이 전체 계약금액을 넘을 수 없다고 규정함.

③ GTC 제20.3조는 각 당사자의 책임이 제한되는 손해의 유형(예컨대, consequential or indirect damages, loss of profits 등)만을 명시하고 있을 뿐 그러한 손해배상책임의 근거는 명시하고 있지 아니함.

④ 앞서 본 바와 같이 GTC 제17.3조는 제17조에서 명시한 하자시정 조치 이외에 여하한 법적(statutory) 책임을 배제한다고 규정함에 따라 채무불이행뿐만 아니라 불법행위 책임도 배제하였음.

⑤ 심지어 당사자들은 TFA 제15.2조에서도 불법행위 책임을 배제하고 있는데, 여기에 비추어 보더라도 채무불이행뿐 아니라 불법행위에 기한 손해배상책임을 모두 제한하고자 하는 당사자의 의사를 확인할 수 있음.

---

55) GTC 제20.1조.

71. 위 GTC 제20조의 내용을 종합하면, Y 회사와 X 회사는 제20.3조에 따라 계약상 책임뿐만 아니라 불법행위로 인한 손해배상책임도 제한하기로 명시적 또는 묵시적으로 합의한 것으로 볼 수 있습니다. GTC 제20.3조의 책임 제한이 채무불이행을 원인으로 한 손해배상청구에만 적용되고 불법행위 책임에는 적용되지 아니한다고 해석하는 것은 consequential damages or indirect damages 등을 쌍방 당사자의 책임 범위에서 배제하고자 하는 GTC 제20.1조 내지 제20.3조의 취지에도 맞지 아니할 뿐만 아니라, 채무불이행으로 인하여 직접으로 침해당하는 법익 이외에 채권자 또는 제3자의 다른 법익이 침해된 때에는 많은 경우에 채무불이행 책임과 불법행위 책임이 경합적으로 인정되는 현실에도 부합하지 아니한다고 할 수 있습니다.

Ⅷ. 한국법상 중과실의 의미 및 입증책임

72. B 교수 의견서가 설명하는 대로, 채무불이행 또는 불법행위의 책임을 당사자들이 계약으로 제한하는 경우에도 그것이 고의 또는 중과실에 기한 책임까지 제한하는 것으로 해석된다면 그 범위에서 그 책임 제한 약정의 효력이 제한될 수 있다는 것이 한국 민법과 관련하여 유력하게 주장되고 있는 견해입니다.[56] 그러나 B 교수 의견서도 인정하고 있듯이 대법원은 약관에 포함된 책임 감면 조항이 고의 또는 중과실로 인한 책임을 제한하는 것으로 해석되는 경우 무효라는 취지의 입장만을 밝혔을 뿐이고,[57] 이 사건 장

56) B 교수 의견서, 제59항 및 제60항.

57) 대법원 1991. 8. 27. 판결 91다8012사건(법원공보 1991년, 2420면); 대법원 1996. 5. 14. 판결 94다2169사건(법원공보 1996년, 1832면).

비공급계약과 같이 약관이 아닌 일반 쌍무 계약의 경우 고의 또는 중과실로 인한 책임을 당사자의 합의로 제한하는 것이 허용되는지 여부에 대하여서는 명시적으로 판단한 바가 없습니다.

73. 그러나 본건의 경우 당사자들이 GTC 제20.2조에서 고의 또는 중과실로 발생하는 책임은 제한하지 아니하기로 합의한 점에 비추어 보면, Y 회사와 X 회사는 GTC 제20.3조의 책임 제한 규정도 고의 또는 중과실의 경우에는 적용하지 아니하기로 합의하였다고 해석함이 타당할 것입니다.

74. B 교수 의견서도 인정하고 있는 바와 같이 한국법상 중과실은 사실상 고의와 같이 취급됩니다.[58] 무엇보다도 한국 대법원은 중과실을 고의와 유사하게 취급하면서 "통상인에게 요구되는 정도의 상당한 주의를 하지 아니하더라도 약간의 주의를 한다면 손쉽게 유해한 결과를 예견할 수가 있는 경우임에도 만연히 이를 간과함과 같은 거의 고의에 가까운 현저히 주의를 결여한 상태"[59] 또는 "제3자가 조금만 주의를 기울였더라면 사정을 알 수 있었음에도 불구하고, 만연히 믿는 등 거래통념상 요구되는 주의의무에 현저히 위반하는 것으로서 공평의 관점에서 제3자를 구태여 보호할 필요가 없다고 봄이 상당하다고 인정되는 상태"[60]라고 설명하고 있습니다.

75. 일례로 강풍으로 송전탑이 넘어져서 전기공급이 중단된

58) B 교수 의견서, 제62항.

59) 대법원 1990. 6. 12. 판결 88다카2사건(법원공보 1990년, 14456면).

60) 대법원 2004. 3. 25. 판결 2003다64688사건(판례공보 2004년, 701면).

사안에서 한국 법원은 전기공급약관에 책임 감면 조항이 있고 한국전력공사의 고의·중과실이 없다는 이유로 원고들인 주민들의 손해배상 청구를 모두 기각하였습니다.[61] 이 사건에서 원고들은 강풍 발생 전에 한국전력공사가 송전탑에 대한 보강공사 및 송전시설의 복선화를 지연하였고 또 정전사고가 난 이후에는 복구공사를 지체하였다는 이유로 한국전력공사에게 책임이 있다고 주장하였습니다. 그러나 법원은 보강 공사 등에 대해 한국전력공사의 중과실이 없다는 이유로 책임 감면 조항을 그대로 적용하였습니다.

76. 시운전 중 문제가 발생한 이 사건 발전기의 경우 Y 회사의 중과실이 인정되기 위하여는 Y 회사가 이 사건 장비를 제작하고 검수함에 있어 고의에 준하는 잘못이 있었다는 점이 인정되어야 하고 이러한 점에 대한 입증책임은 중과실을 주장하는 X 회사 측이 부담합니다.

77. 본인이 알고 있는 한, 한국 법원의 판례 중 고도의 기술을 요하는 제작물의 하자와 관련하여 제작회사의 중과실이 인정된 결과 제작물공급계약상의 책임제한 조항의 적용이 배제된 사례는 없습니다.

Ⅸ. 손해의 확실성

78. Y 회사가 설령 X 회사가 DGP에게 부담하는 지체상금을 배상할 책임을 부담한다고 하더라도 한국법상 X 회사의 손해가 현실적으로 확실하여야만 Y 회사의 배상책임이 인정됩니다.

61) 창원지방법원 2006. 10. 26. 판결 2003가합1645사건(법고을).

79. 한국 대법원이 "불법행위나 채무불이행을 이유로 배상하여야 할 손해는 확실한 손해에 한하는 것이기 때문에 불법행위나 채무불이행 등으로 인하여 피해자 또는 채권자가 제3자에 대하여 어떤 채무를 부담하게 된 경우 **상대방에게 채무액과 동일한 배상을 구하기 위하여는 채무의 부담이 현실적이고 확정적이어서 실제로 변제하여야 할 성질의 것임을 요한다**"는 입장을 취하고 있음에는 의문의 여지가 없습니다.[62]

80. 이에 관한 대법원 및 하급심 판례의 취지를 종합하여 보면, 당해 채무를 실제 변제하여 이행하였거나 적어도 그 존부 및 액수 등이 판결 기타 공적으로 권위 있는 기관의 판단을 통하여 상당성 있는 금액으로 정하여져야만 그와 같은 채무의 확실성을 인정할 수 있을 것으로 생각됩니다.

81. 대법원은 피고가 원고와의 어선편입계약을 위반하여 어선 2척을 임의로 철수한 결과 원고가 그로 인하여 수산청에 식용어를 납입하지 못하여 수산청과의 계약상 손해배상채무를 지게 된 사안에서 "계약상 원고가 위 수산청에 대하여 위와 같은 내용의 손해배상채무를 부담하게 되었다 하여 곧바로 그것이 현실로 입은 확실한 손해에 해당한다고 보기 어렵고, 따라서 원고가 위 채무의 확정을 기다리지 아니하고 먼저 피고에 대하여 위 채무액과 동일한 배상을 구하는 것은 허용될 수 없는 이치"라고 판시한 바 있습니다.[63]

82. A 교수 의견서는 DGP의 X 회사에 대한 지체상금 청구가

62) 대법원 1992. 11. 27. 판결 92다29948사건(법원공보 1993년, 256면).
63) 주 62의 대법원 1992. 11. 27. 판결.

확정적임을 보여주기 위한 논거로 대법원 2001. 7. 13. 판결 2001다22833사건[64]을 인용하고 있습니다. 그러나 그 판결을 자세히 살펴보면 이는 손해배상을 구하는 사람이 제3자, 즉 채권자와의 소송에서 일정액의 금전을 지급하라는 내용의 패소판결을 받고 부동산의 가압류까지 당한 사안에 대한 것입니다. 따라서 DGP가 X 회사에 지체상금 부과 청구서만 송부한 데 그치는 본건에 적용될 여지가 있는 재판례라고 하기 어렵습니다.

83. 서울중앙지방법원도 본건과 유사한 취지로 원고가 피고들에게 제3자가 원고를 상대로 제기하여 계속 중인 소송에서 다투어지고 있는 원고의 특정 손해배상 채무에 관한 면책을 구한 사안에서 제3자를 상대로 계속 중인 소송에서 채무의 존부 및 그 범위가 확정되지 아니한 이상 원고가 피고들을 상대로 그 채무에 관한 손해배상을 구할 수 없다고 판시하였습니다.[65]

84. 설사 DGP가 X 회사에 지체상금을 청구할 예정이라고 하여도, 그 청구에 따라 X 회사가 DGP에게 부과받은 지체상금 전액을 다툼 없이 지급하였다거나 적어도 소송절차 등을 통하여 손해의 발생 및 액이 확정되지 아니한 이상, X 회사의 손해가 현실적으로 확정되었다고 보기 어렵습니다. X 회사는 2014년 ○월 ○일 Y 회사에게 이메일을 보내어 X 회사가 DGP를 상대로 중재를 제기할 예정이라고 알렸다고 합니다.[66] 이는 X 회사 스스로도 지체상금채

64) A 교수 의견서, 제28항; 대법원 2001. 7. 13. 판결 2001다22833사건(판례공보 2001년, 1860면).

65) 서울중앙지방법원 2007. 12. 18. 판결 2002가합5403사건(법고을).

66) X 회사가 2014년 ○월 ○일자로 Y 회사에 보낸 이메일.

무의 존부 및 금액에 대하여 다투고 있다는 점을 반증합니다. (다만 본인은 2014년 12월 말 이후 X 회사와 DGP가 지체상금의 존부, 액수를 확정하기 위하여 공식적인 소송이나 중재 절차 등을 진행하였는지 여부는 알지 못합니다.) 또한 X 회사는 DGP의 지분 중 39.8%를 보유하고 있는 그 회사의 두 번째 대주주라고 알고 있습니다. 이러한 점에 비추어 보더라도 X 회사와 DGP는 상호간의 협의를 통하여 지체상금의 액수를 감액하는 등의 합의를 할 가능성을 배제할 수 없습니다.

Ⅹ. 결론

85. 이상에서 설명한 본인의 법률 의견을 요약하면 다음과 같습니다.

① **이 사건 중재에 적용되는 법** : 이 사건 장비공급계약은 국제물품거래를 그 내용으로 하는 것으로 한국법의 일부를 구성하는 CISG가 한국의 민법·상법 등에 우선하여 적용됩니다. 그 결과 이 사건 장비공급계약의 이행 등에 관한 특정 쟁점에 관하여 계약상 당사자들의 합의내용이 존재하는 경우 그에 따라 해결하고, 당사자들의 합의가 없는 경우 CISG의 개별규정, CISG의 일반원칙, 준거법인 한국법을 순차로 적용하여 해결하여야 합니다.

② **이 사건 장비공급계약상 손해배상책임의 제한, 그리고 GTC 제17.3조 및 제20.3조의 해석** : GTC 제17.3조는 장비의 하자와 관련하여 하자에 대한 시정조치가 X 회사의 유일한 구제수단임을 명시하고 있

고 GTC 제20.3조는 consequential or indirect damages 및 claim of any customer of Parties에 대하여 양 당사자가 책임을 지지 아니한다고 명시하고 있으며, 이로써 Y 회사나 X 회사가 그 고객(X 회사의 경우 DGP)에 대하여 부담하는 책임을 상대방에게 전가할 수 없다고 해석함이 타당합니다.

③ **Y 회사와 X 회사가 이 사건 장비공급계약에서 불법행위 책임도 제한한 것으로 볼 수 있는지 여부** : 채무불이행 책임이 성립하는 경우에도 그 채무불이행이 급부 그 자체의 하자에 국한된 경우에는 불법행위 책임이 성립되지 아니한다고 보아야 하므로, X 회사는 이 사건 장비의 하자를 이유로 Y 회사에게 불법행위에 근거한 손해배상을 청구할 수 없습니다. 나아가 GTC 제17.3조, GTC 제20.1조 내지 제20.3조의 내용을 종합하여 보면, Y 회사와 X 회사은, 고의 · 중과실로 인한 것이 아닌 한, GTC 제20.3조의 규정을 통하여 채무불이행뿐 아니라 불법행위에 기한 손해배상책임까지 제한하기로 명시적(또는 적어도 묵시적)으로 합의하였다고 보아야 합니다.

④ **한국법상 중과실의 의미 및 입증책임** : 한국법상 중과실은 고의에 가까운 현저한 주의 결여상태를 의미하며, Y 회사에게 고의에 가까운 중과실로 본건에서 문제된 발전기를 제작하였다는 점에 관한 주장입증 책임은 X 회사에게 있습니다.

⑤ **손해의 확실성** : X 회사가 DGP에게 지체상금을 확정적으로 지급하였거나 적어도 X 회사와 DGP 사이에 지체상금의 존부 및 그 액수가 판결 등을 통하여 확정되지 아니한 이상 X 회사가 DGP에게 부담하는 지체상금은 X 회사가 현실로 입은 확실한 손해에

해당한다고 볼 수 없고, 따라서 Y 회사에게 그 배상을 구할 수 없습니다.

(2015년 10월 작성)

7. 계속적 물품공급계약에서 계약 연장을 위한 재협상의무 및 경업금지의무

Ⅰ. 학력 및 경력

[생략]

Ⅱ. 제공받은 자료

8. 본인은 아래의 의견을 제공함에 앞서 신청인 ○○ 주식회사(이하 "X 회사"라고 부릅니다)의 법률대리인으로부터 다음과 같은 자료를 제공받아 검토하였습니다. [생략]

Ⅲ. 제공받은 전제사실

9. 본인은 X 회사와 피신청인 ○○ 주식회사(이하 "Y 회사"라고 부릅니다) 사이에 진행되고 있는 ICC 국제중재법원(International Court of Arbitration) No.○○ 중재 사건(이하 "이 사건 중재" 또는 "이 사건 중재 사건"이라고 부릅니다)에 관한 법률 의견을 준비함에 있어서, X 회사 의 대리인으로부터 아래와 같은 사실관계를 전제로 의견을 제공할 것을 요청받았습니다.

① 외국회사 ○○(이하 "A 회사"라고 부른다)는 1998년 ○월 ○일 Y 회사와 사이에 영업양수도 계약 및 5년 기간의 제품 판매에 관한 판매점계약(이하 "제1차 판매점 계약"이라고 부릅니다)을 각 체결하여, 건설자재 등을 생산하는 ○○공장을 Y 회사로부터 양도받고, Y 회사에게 위 ○○공장에서 생산되는 건설자재 등(이하 "이 사건 제품"이라고 부릅니다)을 공급하기 시작하였다. Y 회사는 제1차 판매점 계약에 따라, 계약 기간인 5년 동안 A 회사의 위 ○○ 공장에서 생산되는 건설자재를 A 회사로부터 독점적으로 구매하여 수요자들에게 공급하여야 했고, A 회사로부터 일정 금액 또는 매출액의 일정 비율에 해당되는 커미션을 받았다. 처음 2년 동안의 커미션은 각 60여억 원, 50여억 원이었으며, 그 후 3년차부터 5년차까지 3년 동안의 커미션은 A 회사가 Y 회사에 청구한 대금의 일정 비율(매년 각 17%, 16%, 15%)에 해당하는 액으로서 사실상은 가격을 할인하여 주는 형식이었다. 이 커미션과 관련하여 제1차 판매점 계약에는, 위 5년 동안의 커미션이 당시 한국에서는 통상 'IMF외환위기'라고 불리는 한국의 경제적 곤란 상태를 반영하여 업계의 일반 수준보다 높은 비율로 정하여진 것이고, 향후 계약이 갱신되는 경우에는 점차 낮아질 것임이 명시되었다. 이 사건 제품에 부착되는 상표의 표기 역시 Y 회사와 A 회사 마크의 공동표기(joint branding)가 행하여지는 것으로 하였다. 아울러 제1차 판매점 계약에는 Y 회사가 이 사건 제품과 유사하거나 경쟁의 여지가 있는 제품을 거래하는 것을 금지하는 경쟁금지조항이 포함되었다.

② 그 이후 A 회사의 계열 회사들과 Y 회사는 제1차 판매점 계약과 유사한 내용으로 2003년 및 2009년에 제2차 및 제3차 판매점 계약을 다시 각 체결하였다. 제3차 판매점 계약기간 중 ○○ 회

사가 A 회사 본사의 건설자재 사업 관련 계열회사에 대한 주식을 인수함으로써 계약상 당사자들인 회사들의 상호가 ○○ 회사 및 ○○ 회사로 변경되었다(이하 두 회사를 합하여 단지 "C 회사"라고 부릅니다).

③ C 회사는 2013년 ○월 ○일 Y 회사와의 사이에 제4차 판매점 계약(이하 "이 사건 계약"이라고 부른다)을 체결하였고 이 사건 계약은 2014년 1월 1일부터 발효되었다. 2014년 말경 앞서 본 C 회사 중 하나가 X 회사로 회사명을 변경하고 앞서 본 C 회사 중 다른 하나와 합병되어, 결국 X 회사가 이 사건 계약의 당사자가 되었다.

④ 이 사건 계약의 주요 조항은 아래와 같다.

- Y 회사는 국내에서 X 회사 이외의 어떠한 당사자로부터도 이 사건 제품을 구매할 수 없으나(제1조), 다른 한편 X 회사로부터 그 생산 제품의 50%까지 공급받을 수 있는 권리가 있다(제8조). 나아가 Y 회사는 X 회사로부터 커미션을 지급받았다. Y 회사가 지급받는 커미션의 비율은 판매금액의 11%(기본 커미션) 및 이 사건 제품의 매출 이익률에 따라 그 2% 이내의 범위에서 결정되는 비율의 액(추가 커미션)을 합하여 정하여진다(제3조).
- 종전 판매점 계약과 동일하게 이 사건 계약에도 경쟁 금지 조항(제21조)과 중도 해지 조항(제19조)이 포함된다.
- 다만 이전의 판매점 계약들과는 다르게, Y 회사가 이 사건 계약이 개시된 지 3년이 경과한 때로부터 계약 조건에 대한 재협상을 요구할 수 있다(제2조). 위 제2조의 해석에 대해서는 Y 회사와 X 회사 사이에 분쟁이 있고 이 사건 중재의 판

단 대상이다.

⑤ Y 회사 는 2015년 ○월 ○일 이 사건 계약 제2조에 의하여 계약 조건에 대한 재협상을 서면으로 요청하였고, X 회사는 2015년 ○월 ○일자 서신을 통하여 Y 회사 의 재협상 요청에 좇아 그 협상에 응한다는 의사를 표명하였다.

⑥ X 회사는 2015년 ○월 ○일경 Y 회사로부터, 자체 건설자재 생산 공장을 건설하여 2017년 1월경부터 자체 생산 계획이 있다는 사실을 통지받았다. 이에 X 회사는 Y 회사의 그러한 행위가 이 사건 계약 제21조의 경업금지의무에 위반한다는 점을 통보하였다. X 회사는 또한 Y 회사가 X 회사의 전前 직원들을 고용하여 그들에게 위 공장의 건설을 위한 다양한 업무를 맡기는 것은 이 사건 계약상의 경업금지의무 및 기밀유지의무 위반의 여지가 있다는 점을 Y 회사에게 항의하였다.

⑦ Y 회사는 2015년 ○월 ○일 충청남도 ○○군과 사이에 건설자재 공장의 설립을 위한 투자양해각서(MOU)를 체결하였고, 이와 같은 내용이 신문 등에 보도되었다. 해당 기사에 따르면, Y 회사는 ○○산업단지 내 부지에 2017년 12월까지 신규공장을 설립하고 새로운 생산기반을 마련할 계획이라는 것이다.

⑧ 한편 X 회사와 Y 회사는 계속하여 재협상을 시도하였으나 수정된 조건에 대하여 합의에 이르지 못하였다.

⑨ Y 회사는 2016년 ○월 ○일 ○○ 주식회사와 사이에 건설

자재 등의 생산 공장 건립을 위한 부지로 사용하기 위한 토지를 매수하는 계약을 체결하였고, 당일 이에 대하여 이사회의 결의를 거쳤다는 점을 금융감독원에 공시하였다. 같은 날 Y 회사는 X 회사에게 이 사건 계약 제2조에 따른 재협상 요구를 철회함으로써 새로운 계약 체결을 위한 재협상이 종료된다는 것, 그리고 그에 따라 이 사건 계약이 2018년 12월말까지 유지된다는 것을 통지하는 서신을 보냈다.

⑩ X 회사는 2016년 ○월 ○일자 서신으로, 이 사건 계약이 제2조에 따라 2016년 12월 말에 종료되며 Y 회사의 같은 계약 제21조 위반을 이유로 해지됨을 통지하고, 2016년 ○월 ○일 Y 회사를 상대로 이 사건 계약 제2조 또는 제21조와 제19.4조에 기하여 이 사건 계약이 2016년 12월 말로써 종료되었다는 점에 대한 확인을 구하는 이 사건 중재를 제기하였다.

Ⅳ. 본인이 법률 의견을 요청받은 사항

10. 본인이 X 회사의 법률대리인으로부터 법률 의견을 요청받은 사항은 아래와 같습니다.

① **이 사건 계약 제2조의 해석** : 한국법에 따른 계약 해석의 원칙에 대한 설명 및 이러한 한국법상의 계약 해석 원칙에 의하여 이 사건 계약 제2조를 해석하는 경우, Y 회사가 2015년 12월 ○말 이전에 재협상을 요구하여 X 회사와의 사이에 이 사건 계약의 수정에 관한 협상이 진행되었으나 당사자들이 2016년 12월 말까지 수정되는 계약의 조건에 합의하지 못하였다면 이 사건 계약은 자동적으

로 2016년 12월 말에 종료하는지 여부.

② **이 사건 계약 제2조에 따른 재협상 요구가 유효하게 철회될 수 있는지 여부** : 한국법상 Y 회사의 이 사건 계약 제2조에 따른 재협상 요구가 상대방 있는 단독행위에 해당하는지 및 이를 X 회사의 동의 없이 철회할 수 있는지 여부.

③ **이 사건 계약 제21조의 경쟁금지조항의 해석 및 X 회사 가 제19.4조에 따라 이 사건 계약을 해지할 수 있는지 여부** : 한국법상 이 사건 계약 제21조의 해석상 Y 회사의 이 사건 제품의 생산을 위한 계획 및 준비행위가 이 사건 계약 제21조의 경쟁금지 조항 위반을 구성한다고 볼 수 있는지 및 X 회사 가 이 사건 계약 제19.4조에 기하여 이 사건 계약을 해지할 수 있는지 여부.

Ⅴ. 이 사건 계약 제2조의 해석

가. 한국법상 계약 해석의 원칙

11. 한국법상 계약의 해석은 계약서의 문언의 객관적 의미가 명확하다면 그 문언대로의 의사표시의 존재와 내용을 인정하는 것을 출발점으로 합니다. 한국의 최고법원인 대법원은 "처분문서는 그 성립의 진정함이 인정되는 이상 법원은 그 기재 내용을 부인할 만한 분명하고도 수긍할 수 있는 반증이 없는 한 그 처분문서에 기재되어 있는 문언대로의 의사표시의 존재 및 내용을 인정하여야 한다"는 점을 수없이 반복하여 천명하였습니다. 나아가 대법원은, 계약 문언의 객관적 의미가 명확하지 않은 경우에 있어서는 "문언

의 내용, 그와 같은 약정이 이루어진 동기와 경위, 약정에 의하여 달성하려는 목적, 당사자의 진정한 의사 등을 종합적으로 고찰하여 논리와 경험칙에 따라 합리적으로 해석하여야 한다"고 밝히면서, "그 경우의 해석에 있어서는 당사자의 내심의 의사보다는 외부로 표시된 행위에 의하여 추단된 의사를 가지고 해석함이 상당하다"라고 판단하고 있습니다.[1] 즉, 대법원은 먼저 계약서면의 내용이 문언상 객관적으로 명백한지 여부를 판단하여 그에 해당하는 경우에는 그 문언의 객관적 의미에 좇아 해석되어야 하고, 그렇지 아니한 경우에는 계약의 체결 경위, 당사자들의 계약 체결 이후 행위 등 제반 사정을 종합하여 검토하여 하여야 한다고 일관하여 판시하고 있습니다.

12. 특히 대법원은 거듭하여 "계약당사자 사이에 어떠한 계약 내용을 처분문서인 서면으로 작성한 경우에 문언의 객관적인 의미가 명확하다면 특별한 사정이 없는 한 문언대로의 의사표시의 존재와 내용을 인정하여야 하며, 문언의 객관적 의미와 달리 해석함으로써 당사자 사이의 법률관계에 중대한 영향을 초래하게 되는 경우에는 그 문언의 내용을 더욱 엄격하게 해석하여야 한다"고 판시합니다.[2] 이와 같이 한국의 판례는 계약서의 해석이 당사자 사이

---

1) 비교적 최근의 대법원판결 중 일부만을 여기에 들어두기로 합니다. 대법원 2002. 6. 28. 판결 2002다23482사건(판례공보 2002년, 1816면); 대법원 2015. 10. 15. 판결 2012다64253사건(판례공보 2015년, 1641면); 대법원 2010. 11. 11. 판결 2010다26769사건(판례공보 2010년, 2241면); 대법원 2011. 5. 13. 판결 2010다58728 판결(판례공보 2011년, 1156면) 등 참조.

2) 앞의 주 1에서 본 대법원 2010. 11. 11. 판결 2010다26769사건(판례공보 2010년, 2241면) 및 대법원 2015. 10. 15. 판결 2012다64253사건(판례공보 2015년, 1641면) 등 참조.

의 법률관계에 중대한 영향을 미치는 경우에는 더더욱 문언의 객관적 의미에서 벗어나는 해석을 제한하고 있습니다.

나. 이 사건 계약 제2조의 해석

13. 한편 이 사건 계약 제2조의 내용은 아래와 같습니다(고딕체에 의한 강조는 인용자가 가한 것입니다. 이하 인용문에서 같습니다).

> "제2조 기간
> 본 계약은 2014년 1월 1일부터 효력을 발생하며, 단 Y 회사는 본 계약 개시 3년 이후 본 계약조건에 대한 재협상 요구권을 가지며 1년 전인 2015년 12월 31일 이전에 재협상을 서면으로 요구해야 한다. **당사자들이 2016년 12월 31일까지 수정된 계약 조건에 합의하지 못하면, 본 계약은 2016년 12월 31일에 종료한다.** Y 회사가 2015년 12월 31일까지 재협상을 서면으로 요구하지 않을 경우 본 계약은 현재의 조건에 따라 2018년 12월 31일까지 유지된다.
> 계약이 종료하는 경우 C 회사가 대체 판매점을 구하는 것을 가능하게 하기 위하여 Y 회사는 늦어도 2018년 1월 1일 이전에 실행 가능한 한 빨리 본 계약을 연장할 의도가 없음을 통보해야 한다." (고딕체에 의한 강조는 인용자가 가한 것입니다. 이하 인용문에서 같습니다)

14. 위 조항 문언의 객관적 의미는 명확합니다. (i) Y 회사가 2015. 12. 31.까지 재협상을 요구할 경우, 당사자들이 2016. 12. 31.까지 수정된 계약 내용에 합의하면 수정된 바대로 계약이 체결되고, 재협상에 실패하여 새로이 체결될 계약의 내용에 합의하지 못하면 2016. 12. 31.자로 기존 계약관계가 종료하는 반면, (ii) Y 회사

가 2015. 12. 31.까지 "재협상을 서면으로 요구하지 아니할 경우"에는 이 사건 계약의 내용에 따른 계약관계가 2018. 12. 31.까지 유지됩니다. 이처럼 이 사건 계약 제2조는, Y 회사가 재협상을 요구하여 당사자들이 새로운 계약의 내용에 관하여 협상을 행하였으나 당사자들이 그 합의에 실패하였다면 이 사건 계약이 2016. 12. 31.에 자동적으로 종료하는 것으로 정하고 있는 것이고, 그 외에 재협상에 실패했을 경우에 2018. 12. 31.까지 기존의 계약 내용에 따른 계약관계가 계속 유지되는 것으로 볼 수 있는 예외적인 경우를 전혀 규정하고 있지 아니합니다.

15. 즉, 이 사건 계약 제2조에 의하면, 기존의 계약관계가 2018. 12. 31.까지 그대로 지속되는 것은 Y 회사가 재협상을 요구하지 아니하는 경우뿐입니다. 만약 Y 회사가 재협상을 요구하였고 새로운 합의에 실패하였음에도 불구하고 Y 회사의 의사에 좇아 2018. 12. 31.까지 계약관계가 지속될 수 있다고 규정하고자 하였다면 그러한 점을 분명히 하였어야 했을 것입니다. 재협상 실패의 경우에도 기존 계약이 계속될 수 있다는 명확한 문언 없이는 Y 회사가 재협상을 요구하였으나 당사자들이 새로운 계약의 내용을 합의하지 못하여 재협상에 실패하는 때에는 이 사건 계약은 2016. 12. 31.에 자동적으로 종료한다는 것으로밖에 해석될 수 없기 때문입니다.

16. 이와 같이 이 사건 계약 제2조 문언의 객관적 의미가 명확하므로 앞서 본 한국 법원의 판례에 따르면 특별한 사정이 없는 한 문언대로의 의사표시의 존재와 내용을 인정하여야 하는데, 제가 아는 한 이 사건에서는 그러한 특별한 사정이 없습니다.

17. 앞의 제12항에서 서술한 대로, 대법원은 반복적으로 객관적 의미에 반하는 해석을 통하여 당사자 사이의 법률관계에 중대한 영향을 초래하게 되는 경우에는 그 문언의 내용을 더욱 엄격하게 해석하여야 한다고 판시하였습니다. 그런데 이 사건 계약이 원래 예정된 시기에 종료되지 아니하고 그로부터 2년 더 당사자 간에 계약 관계가 유지된다고 해석하는 것은 당사자 사이의 법률관계에 중대한 영향을 초래하는 경우에 해당함이 명백합니다. 결국 계약서에 규정되어 있지 아니한 문언을 추가하여 계약 관계의 지속을 인정하는 계약 해석은 허용될 수 없습니다. 이 사건 계약 제2조에 의하면, 당사자 간에 Y 회사가 재협상 요구를 한 후 수정된 계약에 대한 합의가 이뤄지지 아니한 경우에도 Y 회사가 계약 관계 유지 여부를 선택할 수 있다거나 재협상 요구를 철회할 수 있다고 해석할 수 없습니다.

Ⅵ. 이 사건 계약 제2조에 따른 재협상 요구가 유효하게 철회될 수 있는지 여부

18. 이 사건 계약 제2조에서 정하여진 Y 회사의 재협상 요구권은 Y 회사의 일방적인 의사표시에 의하여 X 회사에게 재협상에 응하여야 할 계약상 의무를 부담하게 하는 것으로 해석됩니다. 그리고 그와 같이 상대방에게 일정한 의무를 발생시키는 계약당사자의 의사표시는 이른바 상대방 있는 단독행위에 해당합니다.[3)]

---

3) 한국민법에서 계약은 체계적으로 보면 법률행위의 일종으로서, 법률행위의 가장 중요한 종류이나 역시 그 전부가 아니라 하나의 종류에 그치는 것으로 파악되고 있습니다. 그 외에도 단독행위가 법률행위의 다른 종류로 인정됩니다. 이 점에 대하여는 곽윤직/김재형, 민법총칙, 제9판(2013), 261면 이하; 송덕수, 민법총칙, 제2판(2013), 167면 이하 참조.

19. 한국법상 단독행위란 행위자 일방의 의사표시만으로 성립하는 법률행위입니다. 즉, 계약과 같이 상대방의 의사표시가 있어야 법률행위가 성립하는 것이 아니고, 일방의 의사표시만으로 법률행위가 성립하게 됩니다. 단독행위의 대표적인 예로, 권리자의 일방적 의사표시에 기하여 법률관계의 변동을 일으키게 할 수 있는 권리(형성권)의 행사가 있습니다. 예를 들어 취소권이나 해지권의 행사가 형성권의 행사로 상대방 있는 단독행위에 해당합니다.[4] 단독행위의 경우 일반적으로 타인의 의사를 묻지 아니하고 일방적으로 타인에게 의무를 부담시키거나 타인과의 사이에 성립한 법률관계를 소멸·변경시키는 등의 불가역적 변화를 일으킬 수 있기 때문에 양자 간의 합의에 의한 계약과는 달리 원칙적으로 일방이 자유롭게 할 수가 없습니다. 따라서 타인의 권리나 의무에 영향을 주는 단독행위의 경우 원칙적으로 법률의 규정이나 상대방과의 합의 등에 기하여 그 권한이 주어진 경우에만 허용이 되고, 상대방을 불안하게 하는 조건이나 기한을 붙일 수 없습니다.[5]

20. 이 사건 계약 제2조 문언의 해석상, Y 회사가 일단 이 사건 계약의 재협상을 요구한 경우에 그가 그 후에 이를 철회할 수 있다거나 당사자들이 Y 회사에게 이와 같은 권한을 부여하기로 합의하였다고 볼 수 없습니다. 즉, 당사자 간에 Y 회사에게 재협상 요구 철회권을 부여하는 합의가 없고, 이를 달리 X 회사가 철회권의 행사를 용인하였다고 볼 수 없습니다. 앞의 제12항에서도 살펴

---

4) 김용담 편집대표, 주석 민법: 민법총칙(2)(2010), 360면 이하(지원림 집필 부분).

5) 김용담 편집대표, 주석 민법: 민법총칙(2)(2010), 338면 이하(지원림 집필 부분).

보았듯이, 계약의 존속 여부와 같이 당사자 사이의 법률관계에 중대한 영향을 미치는 사항에 대하여는 문언의 객관적 의미는 더욱 엄격하게 관철되어야 하는 것입니다. 그러므로 Y 회사가 일방적으로 재협상 요구를 철회하는 의사표시를 하였다고 하여도, 그러한 철회를 허용하는 당사자 사이의 합의를 인정할 수 없음은 물론 그러한 취지의 법규정도 존재하지 아니하므로, 그러한 철회의 의사표시는 법적 근거 없이 행하여진 것으로서 이미 이루어진 재협상 요구의 효력을 없앨 수는 없습니다.

21. 대법원도, 한국의 상법 제224조 제1항에 정하여져 있는 '지분압류채권자에 의한 퇴사청구권'[6]이 형성권에 해당된다고 하면서, 그 권리가 행사되어 일단 사원 퇴사의 효력이 발생하였다면 당해 사원 또는 그 권리를 행사한 채권자가 일방적으로 퇴사의 의사표시를 철회할 수 없다고 하면서, 일방적인 의사 또는 행위에 기하여 이미 행사되어 효력이 발생한 형성권의 철회가 인정되어야 한다는 주장은 형성권 및 상대방 있는 단독행위의 본질에 반하므로 받아들일 수 없다고 판시한 바 있습니다.[7]

22. 정리하자면, 상대방 있는 단독행위에 해당하는 Y 회사의 재협상 요구는 유효하게 철회될 수 없으므로, 재협상 요구를 철회하였다는 Y 회사의 주장은 형성권 및 상대방 있는 단독행위의 본질에 반하여 허용될 수 없습니다. 따라서 이 사건 계약은 제2조의

6) 상법 제224조 제1항 : "사원의 지분을 압류한 채권자는 영업연도 말에 그 사원을 퇴사시킬 수 있다. 그러나 회사와 그 사원에 대하여 6월 전에 그 예고를 하여야 한다."

7) 대법원 2014. 5. 29. 판결 2013다212295사건(판례공보 2014년 하권, 1314면).

해석에 따라 2016. 12. 31.자로 종료되었음이 명백합니다.

Ⅶ. 이 사건 계약 제21조의 경쟁금지조항의 해석 및 제 19.4조에 기한 이 사건 계약의 중도해지

23. 이 사건 계약 제21조는 Y 회사에 대하여 이 사건 제품의 생산에 있어서 X 회사와 경쟁하는 사업에 관여하는 것을 금지하고 있고, 또한 이 사건 계약 제19조는 계약 위반의 경우에 계약을 일방적으로 해지할 수 있다고 정합니다. 그 경쟁금지조항 및 계약 위반 시의 중도해지에 관한 조항은 아래와 같습니다.

> "제21조 경쟁 금지
> 본 계약의 유효기간 동안, Y 회사는 직·간접적으로 또는 법인을 통하여, 단독으로 또는 기타 인과 공동으로 또는 기타 인(법인 또는 기타)의 대리인 또는 자문사로서, **이 사건 제품의 생산에 있어서 계약지역 내에서 보랄 또는 그 계열회사들과 경쟁하는 사업을 직·간접적으로 경영하거나 경영을 지원하거나, 또는 종사하거나 또는 관여하지 않아야 한다.**"

> "제19조 중도 해지
> 19.4 상대방 당사자가 본 계약상의 자신의 의무 또는 조건을 이행하지 아니하고 그와 같은 불이행이 동 불이행에 대한 서면 통지를 발송한 날로부터 30일 이상 지속되는 경우, 각 당사자는 서면으로 통지함으로써 본 계약을 해지할 수 있다."

24. 우선 이 사건 계약 제21조에서 정하는 경쟁 금지의 범위에 Y 회사가 이 사건 제품을 생산하는 공장을 설립할 부지를 매수하

는 등 X 회사와 경쟁하는 사업을 위한 준비행위를 한 경우도 포함되는지가 문제됩니다.

25. 판례는 명백히 그러한 준비행위 역시 위와 같은 금지 내지 경업 금지에 포함된다고 보고 있습니다. 대법원 1995. 3. 24. 판결 94다17826사건(법원공보 1995년, 1715면)은 다음과 같은 사실관계에 대한 것입니다. 원고는 특약점계약에 따라 피고로부터 그 계약 기간 동안 피고가 공급하는 일정한 제품에 관하여 일정한 지역 내의 총판권을 부여받았습니다. 그런데 원고는 그 특약점계약에서 피고가 공급하는 것 이외의 제품을 취급·판매하지 아니하기로 하는 경업금지의무를 부담하고 있었습니다. 이러한 특약점계약 관계는 그 후 몇 차례 연장되어 왔는데, 그동안 원고는 피고가 압연유를 직접 공급·납품하여 왔음에도 불구하고, 일본의 회사와 압연유 및 그 관련 제품을 제조·생산하기 위한 기술의 제휴를 추진하는 한편으로, 이와 별도로 원고 스스로 피고가 당시 생산·판매하는 제품과 동종의 특수윤활유 등을 제조·판매하는 사업을 독자적으로 경영하기 위하여 법인체의 설립 및 그 공장의 건립 등을 준비하였던 것입니다.

26. 위 사건의 하급심 법원은 원고가 피고와 사이에 거래·취급하는 제품과 동종의 제품에 관하여 그 생산·판매의 사업을 계획하고 있었다는 사유만으로는 위 특약점계약상의 경업금지의무를 위배하였다고 볼 수 없다고 판단하였습니다. 그러나 대법원은 이를 정면에서 부정하면서, "원고가 피고가 생산·판매하는 동종의 제품을 직접 제조·판매하기 위한 사업의 시행계획을 적극 추진하면서 정당한 이유 없이 피고의 중지 요구를 거절하는 등의 행위를 한 이

상, 이는 위 특약점계약상의 경업금지의무를 위배하는 행위에 해당한다"고 판단하였습니다.

27. 위 판결에서 대법원은 나아가 "계속적 계약은 당사자 상호 간의 신뢰관계를 그 기초로 하는 것이므로, 당해 계약의 존속 중에 당사자의 일방이 그 계약상의 의무를 위반함으로써 그로 인하여 계약의 기초가 되는 신뢰관계가 파괴되어 계약관계를 그대로 유지하기 어려운 정도에 이르게 된 경우에는 상대방은 그 계약관계를 막바로 해지함으로써 그 효력을 장래에 향하여 소멸시킬 수 있다고 봄이 타당"하다고 판시하면서, 위와 같이 경업금지의무를 위반하는 행위로 말미암아 당사자 사이의 특약점계약관계의 기초가 된 당사자 간의 신뢰관계를 파괴하는 결과가 초래되어 사실상 계약관계를 그대로 계속 유지시키는 것이 현저히 곤란하게 되었다고 보고, 피고가 한 계약 해지의 의사표시가 적법·유효하다고 판단하였습니다. 그 사건의 사실관계에서 실제 해지된 계약은 비록 위 특약점계약에서 파생된 별개의 영업 양수도 계약이었으나,[8] 대법원은 이와 같은 관련 약정은 당사자들이 특약점 계약상의 의무를 성실히 이행할 것을 당연한 전제로 한 것이고, 경업금지의무는 원고의

8) 즉, 원고가 피고 공급의 제품에 관한 총판권을 부여받고 피고가 공급하는 것 이외의 제품을 판매하지 않기로 하는 내용의 특약점계약을 체결하고 이에 따라 여러 개의 지역판매소를 경영하여 오던 중, 피고가 위 지역판매소들 가운데 특정 영업소의 영업 일체를 인수하게 되었습니다. 피고는 향후 1년간 그 영업소의 경영으로 얻게 되는 매출이익 상당액을 원고의 피고에 대한 채무에서 공제하여 주고 원고의 지시를 받아 위 영업소에서 영업을 종사하게 되는 종업원들의 보수 상당액을 원고에게 지급하여 주기로 하는 약정을 별도로 체결하였습니다. 대법원은 원고의 특약점 계약상의 경업금지의무 위반을 이유로 피고가 위 영업 양수도에 관한 계약을 해지한 것은 적법하다고 판단한 것입니다.

가장 주된 의무 중 하나였으므로 피고가 경업금지의무 조항 위반을 근거로 위 별도의 약정을 해지할 수 있다고 판단한 것입니다.

28. 본인이 제공받은 전제사실에 따르면, Y 회사는 X 회사에게 직접 이 사건 제품을 생산하는 공장을 건설하려는 계획이 있다는 사실을 통지했을 뿐만 아니라, 이와 같은 계획을 실현하는 과정에서 X 회사의 전前 직원을 고용하였고, 충청남도 ○○군과 건설자재 공장의 설립을 위한 투자양해각서를 체결하였으며,[9] 공장 설립을 위한 부지까지 취득하고 이와 같은 유형자산 취득결정을 금융감독원에 공시까지 하였습니다.[10] 위와 같은 행위는 이 사건 제품의 생산에 있어서 X 회사와 경쟁하는 사업을 하기 위한 준비행위, 그것도 매우 현실적으로 필요하고 중요한 준비행위에 해당함이 명백합니다.

29. 위와 같은 사실관계 아래서 법인체 설립 내지 공장 건립의 준비행위를 경업금지의무에 위반된다고 판단한 위 대법원판결의 태도에 따르면, 이 사건에서 Y 회사의 위와 같은 공장 건설 등의 준비행위도 마찬가지로 이 사건 계약 제21조의 경업금지 의무에 위반된다고 하겠습니다. 특히 Y 회사 및 X 회사와 같이 1998년부터 약 20여 년간 계속하여 판매점 계약을 체결하여 생산·공급 및 판매를 해 온 거래관계에 있어서는 상호간의 신뢰관계가 매우 중요하다 할 것인데, Y 회사의 위와 같은 건설자재 공장 신설의 계획 및 구체적 준비행위는 이 신뢰관계를 파기하는 행위에 해당하므로

9) 2015년 ○월 ○일자의 『○○ 경제 신문』 기사.

10) 2016년 ○월 ○일자 유형자산 취득공시; 2016년 ○월 ○일자 Y 회사 홈페이지의 「Y 회사 뉴스」.

이 사건 계약관계를 그대로 유지하기 어려운 상태에 이르도록 하였다고 할 것입니다. 그러므로 X 회사는 이 사건 계약 제19.4조에 따라 이 사건 계약 제21조의 경쟁금지조항 위반을 이유로 이 사건 계약을 해지할 수 있다고 판단됩니다.

Ⅷ. 결론

30. 이상에서 설명한 본인의 법률 의견을 요약하면 다음과 같습니다.

① **이 사건 계약 제2조의 해석** : 한국법에 기한 이 사건 계약 제2조의 해석상 Y 회사가 2015. 12. 31. 이전에 재협상을 요구하고 당사자들이 새로운 계약에 관한 협상을 진행하였음에도 2016. 12. 31.까지 수정된 계약 조건에 합의하지 못한 경우, 이 사건 계약은 자동적으로 2016. 12. 31.에 종료되고, Y 회사가 그 종료 여부를 선택하거나 재협상 요구를 철회할 권한이 없다고 해석하는 것이 타당합니다.

② **이 사건 계약 제2조에 따른 재협상 요구 철회 가능 여부** : 한국법상 Y 회사의 이 사건 계약 제2조에 따른 재협상 요구는 상대방이 있는 단독행위에 해당하며, 이는 X 회사의 동의 없이는 철회할 수 없습니다.

③ **이 사건 계약 제21조의 경쟁금지조항의 해석 및 X 회사 가 제19.4조에 따라 이 사건 계약을 해지할 수 있는지 여부** : 한국법에 기한 이 사건 계약 제21조의 해석상 Y 회사의 이 사건 제품의 생산을 위한 계

획 및 준비행위 역시 경쟁금지조항 위반을 구성하고 이에 따라 X 회사는 그 위반을 근거로 이 사건 계약 제19.4조에 따라 Y 회사와의 계약관계를 해지할 수 있다고 보는 것이 타당합니다.

(2017년 6월 작성)

8. 대리권 남용의 법리 등

본인은 ○○회사(이하 "신청인") 대 ○○공사(이하 "피신청인") 및 ○○주식회사 사이의 ICC 중재사건(ICC Case No.○○)에 관하여 다음과 같이 의견을 개진합니다.

본인은 이 의견서를 한글로 작성하였으며, 신청인의 대리인이 영어 번역을 첨부하여 제출한다는 점을 이해하고 있습니다.

Ⅰ. 학력 및 경력 [생략]

Ⅱ. 제공받은 자료 [생략]

Ⅲ. 제공받은 전제사실

9. 본인은 이 의견을 준비하는 데에 있어서 신청인의 대리인으로부터 아래와 같은 사실관계를 전제로 의견을 제공할 것을 요청받았습니다.

가. 신청인이 피신청인에게 제공한 ERP(전사적 자원관리) 소프트웨어(이하 "신청인 소프트웨어")는 전 세계 유수의 기업이 사용하는 ERP 소프트웨어의 대표적 제품임.

나. 신청인 소프트웨어의 라이센스 조건은 아래와 같음:

① 기명사용자(named user) 유형을 Developer, Professional, Limited Professional, Employee 네 가지로 나누어, 각 유형별로 라이센스료를 달리 책정함

② 사용자는 라이센스료를 1회 납부한 후 계속 사용할 수 있으나, 라이센스료의 일정 비율로 책정한 유지보수료를 정기적으로 지급하여야 함

③ 책정된 라이센스 개수보다 라이센스가 더 필요한 경우, 사용자는 신청인에 통보하여 라이센스를 추가 구입하여야 함

④ 신청인은 1년에 1회 이상 감사를 실시하여 사용자가 적게 지급한 요금이 있으면 청구할 수 있음.

다. 피신청인은 ERP 소프트웨어를 구축하기 위하여 2005년 6월 A회사 등이 구성한 컨소시엄(이하 "이 사건 컨소시엄")과 용역도급계약을 체결함. 이 사건 컨소시엄은 계약의 일부를 구성하는 사업제안서에서 아래와 같이 약속함.

> 본 사업에 필요한 적정 사용자 수 및 사용등급 산출
> 　– 제안 솔루션: my신청인 Business Suite
> 1. 사용자 수
> 　– 1 Developer User, 2,000 Professional User
> 　– 50 Limited Professional User, 17,000 Employee User
> 2. 기본적인 license는 상기와 같으며, 피신청인의 내부직원 및 용역계약을 통한 외부인력도 사용할 수 있는 권한이 있다.
> 3. 피신청인의 경우 사용자 등급의 구분은 의미가 없으며, 업무를 수행하는 데 불편이 있어서는 안 되는 범위로 제공한다.

라. A회사는 2005년 6월 신청인과의 사이에 신청인 소프트웨어 라이센스 계약(end-user license agreement. 이하 "EULA")을 체결함. A회사는 피신청인의 대리인(계약상 "에이전트"로 표현되었음)으로서 EULA에 서명함.[1] EULA에 따라 신청인 소프트웨어 사용이 허락된 기명사용자 수는 Developer 1명, Professional 2,000명, Limited Professional 50명, Employee 17,000명임. 신청인은 이에 따라 라이센스료를 산출한 후, 피신청인에게 제안할 총 라이센스료에 대하여 이 사건 컨소시엄과 상의한 결과 신청인의 표준 요율에 80%가 넘는 할인율을 적용하여 최종 라이센스료를 39억여 원으로 결정함.

마. EULA에는 이 사건 컨소시엄이 피신청인에 제출한 사업제안서에 기재되었던 "사용자 유형의 구분은 의미 없다"는 내용이 포함되지 아니함. 다만 "시스템 설치 후 3년 동안 감사를 실시하지 아니한다"는 조항이 있음.

바. 신청인은 2005년 6월 아래와 같은 내용을 담은 「S/W 패키지 공급자 확약서」에 날인하여 피신청인에 제공함(밑줄에 의한 강조는 본인이 추가하였음. 이는 아래에서도 마찬가지임).

확약내용

2. 금번 입찰사(대표사)가 신청인으로부터 가격제안을 받아 제출하는 소프트웨어 라이센스 수량은 제안요청서 I-3 page 2005년 3

1) 본 의견서는 A회사가 피신청인을 대리하여 EULA를 체결할 적법한 권한이 있었음을 전제로 함. 또한 라이센스 계약에서 A회사를 '라이센스 사용권자'라고 표현한 것은 회계 목적상 사용된 것이고, 라이센스가 부여된 사용권자는 피신청인임을 전제로 함.

> 월말 현재 귀사의 임직원 20,232명을 포함하고, 귀사의 업무상 관련업체 직원으로서 귀사에 용역을 제공하기 위해서 귀사의 신청인 System을 이용하여야만 하는 한정된 협력업체 직원에 대한 사용 라이선스를 포함하고 있습니다. 매년 신청인 본사의 Global License Auditing Services Team에서 라이센스 수량에 대한 감사를 실시하게 되어 있으나, 피신청인의 경우 시스템 Going Live 후 3년간 감사를 실시하지 않을 것이며, 시스템 Going live 3년 후 감사를 할 때에 귀사의 현재 인원을 제외한 증가 인원만이 감사의 대상이 될 것을 확약 드립니다.
>
> 3. 신청인은 피신청인에 대한 소프트웨어 제작공급자로서 상기 2항의 내용에 동의합니다.

사. 피신청인은 2007년 신청인 소프트웨어를 사용하기 시작한 후 2013년까지 줄곧 사용자 유형의 제한 없이 전 직원에게 Professional 등급을 부여하고 사용함. 만약 Employee 등급으로 라이센스료가 책정된 17,000명에 대해서 Professional 등급에 따른 라이센스료를 청구할 경우 그 금액은 약 500억 원에 달함.

아. 신청인의 '영업대표(Sales Representative)' 직함을 사용하면서 신청인 소프트웨어의 피신청인에 대한 판매 영업을 담당하던 X는 피신청인에게 "신청인은 피신청인 임직원 20,232명까지는 사용자 유형의 제한 없이 소프트웨어를 사용하도록 허락한다"고 확약함(이하 "이 사건 확약"). X는 신청인의 라이선스 영업을 총괄하는 임원이나 재무를 담당하는 임원 또는 대표이사에게 이 사건 확약을 보고하여야 함에도 이를 보고한 바 없으며, 신청인은 이 사건 확약이 피신청인에 대한 신청인 소프트웨어 라이센스의 조건이 되었다면

계약을 체결하지 아니하였을 것임.

자. 2005년에 이루어진 피신청인과의 위 계약은 X가 입사한 이래 가장 큰 성과였고, 이에 따라 X는 실제로 고액의 성과급을 받음.

차. 신청인이 2005년 6월 피신청인에게 제공한 「S/W 공급자 확약서」에는 “3년 후 감사를 할 때에 귀사의 현재 인원을 제외한 증가 인원만이 감사 대상이 될 것”이라는 표현이 있는데, 피신청인은 이것이 이 사건 확약을 문서화한 것이라고 주장하고 있음.

Ⅳ. 본인이 법률 의견을 요청받은 사항

10. 본인은 위와 같은 사실관계를 전제로, X가 피신청인에 이 사건 확약을 한 것이 대리권 남용에 해당하는지 여부, 이에 따라 신청인이 이 사건 확약에 구속되는지 여부에 관한 의견을 요청받았습니다.

Ⅴ. 한국법상 대리권 남용의 법리

가. 대리권 남용 법리의 내용

11. 한국 민법은 대리인이 대리권의 범위 내에서 본인을 위한 것임을 표시한 의사표시는 직접 본인에 대하여 효력이 생긴다고 규정하고 있습니다(민법 제114조). 그러나 대리인이 외형적/형식적으로 대리권의 범위 내에서 대리행위를 하였지만, 그 행위가 실질적으로는 자신 또는 제3자의 이익을 도모할 목적으로 행하여진 경

우에는 본인이 그 대리행위의 효과를 귀속시키지 아니하도록 하는 것이 대리권 남용의 법리입니다.

12. 한국의 최고법원인 대법원도, 대리인이 배임적인 의사로 대리행위를 한 경우에 대하여 대리권 남용을 인정하는 판례가 확립되어 있습니다. 예를 들어 은행의 지점장대리가 은행의 의사나 이익에 반하여 예금의 형식을 빌어 사채를 끌어모아 제3자의 사업자금을 마련함으로써 자기와 제3자의 이익을 도모한 사건에서, "민법 제107조 제1항은 진의 아닌 의사표시에 관하여 '의사표시는 표의자가 진의 아님을 알고 한 것이라도 효력이 있다. 그러나 상대방이 표의자의 진의 아님을 알거나 이를 알 수 있었을 경우에는 무효로 한다'고 규정하고 있는데, 이 규정의 뜻은 표의자의 내심의 의사와 표시된 의사가 일치하지 아니한 경우에는 표의자의 진의가 어떠한 것이든 표시된 대로의 효력을 생기게 하여 거짓의 표의자를 보호하지 않는 반면에, 만약 그 표의자의 상대방이 표의자의 진의 아님에 대하여 악의 또는 과실이 있는 경우라면 이때에는 그 상대방을 보호할 필요가 없이 표의자의 진의를 존중하여 그 진의 아닌 의사표시를 무효로 돌려 버리려는 데 있는 것이고, 나아가 진의 아닌 의사표시가 대리인에 의하여 이루어지고 그 대리인의 진의가 본인의 이익이나 의사에 반하여 자기 또는 제3자의 이익을 위한 배임적인 것임을 그 상대방이 알거나 알 수 있었을 경우에는 위 법 제107조 제1항 단서의 유추해석상 그 대리인의 행위는 본인의 대리행위로 성립할 수 없다 할 것이다"라고 판시하였고,[2] 이러한 판시는 수 차례에 걸쳐 천명되었습니다.

2) 대법원 1987. 7. 7. 판결 86다카1004사건(법원공보 1987년, 1292면).

13. 즉, 거래의 상대방이 대리인의 배임의사를 알고 있었거나 알지 못한 것에 대하여 과실이 있는 때라면, 구태여 본인의 이익을 희생해 가면서까지 상대방을 보호할 필요는 없으며, 오히려 본인의 이익을 보호하는 쪽이 정의감정이나 형평의 원리에 맞기 때문에 본인에게 당해 대리행위의 효력이 미치지 아니하고 계약의 책임을 지우지 아니하는 것입니다.[3)]

14. 판례 및 통설이 의심이 없이 수용하는 바에 따르면, 대리권 남용에 해당하기 위해서는 i) 대리인이 본인의 이익을 위한 것이 아니라 자신 또는 제3자의 이익을 위해서 대리행위를 하고, ii) 상대방이 대리권 남용의사를 알았거나 알 수 있었을 것을 요합니다.

나. 대리권 남용 법리의 근거와 보편성

15. 대리권 남용의 법리는 근본적으로 타인의 사무를 처리하여 계약 등 행위를 한 자에게 배임적 의도가 있는 경우 그 법률효과가 귀속하는 사무 본인에게 책임을 지우지 아니하겠다는 의지에서 비롯된 법리입니다. 따라서 이러한 법리는 타인의 사무를 처리하는 자의 배임적 의도가 개입될 수 있는 상황이라면 비교적 넓은 폭으로 인정하는 것이 한국 대법원의 태도입니다. 즉, 대법원의 법리는 임의대리뿐만 아니라 법정대리에도 대리권 남용을 인정하고, 대표에 대하여도 대표권 남용이라는 이름으로 같은 내용의 법리를 인정하여 왔습니다. 이는 학설상으로도 의문 없이 받아들여지고 있습니다.

---

3) 곽윤직 편집대표, 민법주해[Ⅲ] (1992), 44면 이하(손지열 집필부분).

16. 첫째로, 대리권 남용의 법리는 종래 주로 임의대리, 즉 당사자 간의 계약으로 인해 발생하는 본인과 대리인 관계에서 논의되어 왔지만, 대법원은 이에 한정하지 아니하고 그 적용 범위를 법정대리까지 확장하고 있습니다. 대리권 남용으로부터 본인을 보호하여야 할 필요성은 본인과 대리인 관계가 법률에 의하여 생겨나는 법정대리에서도 마찬가지이기 때문입니다. 그 예로, 대법원은 "법정대리인인 친권자의 대리행위가 객관적으로 볼 때 미성년자 본인에게는 경제적인 손실만을 초래하는 반면, 친권자나 제3자에게는 경제적인 이익을 가져오는 행위이고 그 행위의 상대방이 이러한 사실을 알았거나 알 수 있었을 때에는 민법 제107조 제1항 단서의 규정을 유추 적용하여 행위의 효과가 자子에게는 미치지 않는다고 해석함이 타당하다"고 밝힌 바 있습니다.[4)]

17. 둘째로, 대리권 남용의 법리는 본인에게 일부 권한을 위임받은 대리인뿐만 아니라 한국법상의 회사 기타 법인의 대표자, 즉 법인의 모든 계약 기타 법률행위를 직접 행하여 그 효과를 법인에 귀속시킬 권한을 가지는 대표자에게도 적용되어 '대표권 남용'의 법리가 됩니다. 예를 들어, 대법원은 회사의 대표이사가 회사의 이익과는 관계없이 타인의 이익을 도모할 목적으로 그 대표권한을 남용하여 회사 명의로 예금담보대출을 받은 사안에서, "대표이사가 대표권의 범위 내에서 한 행위는 설사 대표이사가 회사의 영리목적과 관계없이 자기 또는 제3자의 이익을 도모할 목적으로 그 권한을 남용한 것이라 할지라도 일단 회사의 행위로서 유효하고, 다만 그 행위의 상대방이 대표이사의 진의를 알았거나 알 수 있었을 때

4) 대법원 2011. 12. 22. 선고 2011다64669 판결(판례공보 2012년 상권, 164면).

에는 회사에 대하여 무효가 되는 것이며, 이는 민법상 법인의 대표자가 대표권한을 남용한 경우에도 마찬가지이다"라고 판시하면서,[5] 담보대출계약의 효력을 부인하였습니다.

18. 셋째로, 대법원은 타인의 사무를 처리하는 자의 배임적 의도가 드러나는 다른 사례들에도, 비록 직접적인 대리권 남용의 법리는 아니라도, 유사한 논리로 판단하고 있습니다. 예를 들어 한국법에서 사용자는 피용자의 불법행위에 대하여 함께 책임을 져야 합니다(민법 제756조). 그런데 만약 "피용자의 불법행위가 외관상 사무집행의 범위 내에 속하는 것으로 보이는 경우에도, 피용자의 행위가 사용자의 사무집행행위에 해당하지 아니함을 피해자 자신이 알았거나 또는 중대한 과실로 알지 못한 경우에는 사용자에 대하여 사용자책임을 물을 수 없다 할 것"이라고 판시하고 있습니다.[6]

다. 법리 배후의 고려, 즉 법리의 실질적인 이유에 대하여

19. 이처럼 대법원이 배임적 의사를 가진 대리인의 행위로부터 본인을 널리 보호하는 이유는, 대리인을 통한 거래가 극도의 분업이 행하여지는 현대 사회에서는 불가피한 것임을 고려한 처사입니다. 대리인을 통한 거래가 보편임에도 대리인에 의한 거래는 역시 필연적으로 일정한 위험을 안고 있습니다. 즉 대리인이 일탈행위를 할 위험이 언제나 존재하므로, 그러한 위험의 적절한 배분을

5) 대법원 2004. 3. 26. 선고 2003다34045 판결(판례공보 2004년 상권, 712면).

6) 대법원 1983. 6. 28. 선고 83다카217 판결(대법원판례집 제31권 3집, 민사편 103면) 이래 근자의 대법원 2015. 12. 10. 선고 2013다33584 판결(미간행. 「법고을」 검색)에 이르기까지 많은 재판례가 있습니다.

위하여 고심한 결과라고 할 수 있습니다.

20. 원래 타인을 위하여 일하는 자는, 비록 제3자(대체로 계약 상대방)에 대하여 본인과는 독립적으로 행위를 할 권리가 있다고 하더라도, 그 권리의 내재적 목적에 의하여 일정한 법적 제약을 받아야 합니다. 타인을 위하여 행위하는 이상 자신이 아닌 본인의 이익을 도모하여야 하고, 업무처리자 자신 또는 제3자의 이익을 위하여 그 권리를 사용하여야 한다는 의미입니다.

21. 만약 이러한 배임적 의도가 대리인에게 있었다 하더라도, 그 행위가 대리권의 범위 내에서 적법하게 이루어졌다면, 우선은 상대방을 보호하여 그 법률행위의 효력을 본인에게 귀속시키는 것이 타당합니다. 그러나 만약 상대방이 그러한 목적 일탈을 알았던 경우 및 나아가 특히 그것을 통상의 주의로 알 수 있었음에도 알지 못하였던 경우, 즉 과실로 알지 못하였던 경우에는, 그리고 그 경우들에 한하여 대리행위의 효력을 본인에 대하여 주장할 수 없도록 하는 것입니다.

22. 이러한 논리가 적용될 수 있는 사례, 즉 행위의 법률효과가 행위자 본인 이외의 제3자에게 미치는 경우의 일반적이고 전형적인 예들이 바로 앞서 살펴본 대리인, 법인의 대표자 또는 피용자 관계입니다.

라. 관련 재판례에 나타난 실제 고려요소들

23. 본인과 상대방 사이의 위험을 분배하기 위하여 대법원은

상대방이 배임 의사의 존재를 "알거나 알 수 있었다"는 점(상대방의 과실)을 입증하기 위한 기준에 대하여 많은 고민을 거듭하여 왔습니다. 예금 기타 금융기관의 금융거래 등의 경우에 관한 위에서 든 재판례들은 물론이고, 부분적 포괄대리권을 가진 상업사용인의 배임적 대리행위에 관한 사건에서도 대리권 남용을 판단하는 대법원의 고려요소들이 어떤 것인지 확인할 수 있습니다.[7)]

24. 영업의 특정한 종류 또는 특정한 사항에 대하여서만 대리권을 가지고 있는 상업사용인이 본인인 회사의 이익은 고려하지 아니한 채 타인의 이익을 위하여 상품권구매계약을 체결하였는데, 대법원은 그 상대방의 과실을 인정하여 계약의 효력을 부인하였습니다. 이 사례에서 대법원은 피고의 과실을 판단함에 있어 이 계약이 이른바 "비정상거래"에 해당된다는 점에 방점을 두었습니다. 즉 '과실' 유무는 무엇보다도 대리인이 하는 의사표시가 당해 거래에서 통상적으로 또는 전형적으로 또는 정상적으로 행하여지는 내용(가장 넓은 의미의)에서 상당한 정도로 벗어나고 있는지에 의하여 판단하였습니다. 이 상업사용인에 관한 사건에서는, (i) 10억 원을 초과하는 큰 규모의 상품권 발주서가 특판 영업파트 부장의 결재만으로 송부된 것이 다수 존재하는데, 이는 국내 기업의 통상적인 전결기준에 비추어 이례적이라는 사실, (ii) 정상거래는 주거래은행으로부터 한 달에 한 번씩 송금이 이루어진 데에 반하여, 비정상거래는 인터넷뱅킹으로 송금되었다는 사실, iii) 초과입금액의 처리에 관하여 공문이 수령된 바 없이 구두협의만으로 다음달 대금에서

7) 대법원 2008. 7. 12. 판결 2006다43767사건(판례공보 2008년 하권, 1132면) 및 그 원심판결인 서울고등법원 2006. 6. 8. 판결 2005다65366사건(법고을) 참조.

상계처리하기로 합의가 이루어지고 구두요청만으로 수억 원에 달하는 대금의 선결제가 이루어진 사실 등을 들어, 계약이 통상 거래관행에 비추어 상당히 비정상적이었고, 그렇다면 계약 상대방으로서는 이 행위가 적법한 행위인지를 확인하여야 할 의무가 있었는데, 그 의무를 다하지 아니한 이상 과실이 존재하므로 본인에게 책임을 물을 수 없다고 판단하였던 것입니다(이 재판례에 대하여는 아래 제36항도 참조).

25. 판례는 이처럼 과실 유무를 판단할 때에 대리인이 행하는 행위가 비정상거래에 해당되는지 여부, 즉 "비통상성"에 큰 비중을 두고, 그 비통상성으로 인하여 본인이 손해를 입는 상황이라면 상대방으로서는 당연히 그 점에 대하여 주의를 기울여야 한다는 입장입니다. 이때 주의의무의 유무 및 정도, 다시 말해 상대방이 그러한 사정을 살필 의무가 있는지 여부는, 우선 문제가 되는 계약행위와 통상의 동종 계약과의 「거리」를 우선시하여 판단하는 것입니다. 즉 해당 계약이 본인이 일반적으로 맺어오던 반복된 계약관계와 얼마나 다른지가 중요한 척도가 됩니다.

26. 따라서 만약 문제의 계약행위가 통상적이지 아니하고, 그러한 비통상성이 결과적으로 본인에게 해를 끼칠 가능성이 높은 경우라면, 상대방은 대리인의 행위로 자신이 '이익'을 얻게 되는 것에만 안주할 것이 아니라, 그 진정한 의도가 무엇인지를 살펴보아야 할 주의의무를 지게 됩니다. 그리고 이 주의의무는 비통상성의 정도 및 본인의 손해 정도가 커질수록 더욱 강하게 요구됩니다.

27. 이에 더하여 상대방의 주의의무는 부수적으로는 본인에의

조사 탐색의 용이성에 연동합니다. 특히 거래의 성질상 본인에의 조사 내지 탐문이 용이한 경우에는 더욱 적극적으로 그 행위의 적법성을 확인하여야 하므로, 이 의무를 다하지 아니하였다면 상대방의 귀책사유는 더욱 용이하게 인정될 수 있을 것입니다. 즉 만일 상대방이 본인의 의사를 확인하기가 용이한 경우라면 대리인이 표시하거나 약속하는 계약 당의 내용이 비통상적임에도 불구하고, 대리인의 일방적인 말만 믿고 본인에게 아무런 확인(그 절차가 어렵지 아니함에도)을 하지 아니한 경우에는 상대방의 과실이 인정되기가 쉽고, 본인에게 계약의 내용을 주장할 수 없을 가능성이 커지게 됩니다.

28. 한편 대리행위의 상대방도 대리인을 통하여 거래를 하는 경우에는, 대리권 남용의 요건으로서의 '과실'은 그 대리인을 기준으로 정하여집니다. 이는 민법 제116조 제1항이 "의사표시의 효력이 의사의 흠결, 사기, 강박 또는 어떤 사정을 알았거나 과실로 알지 못한 것으로 인하여 영향을 받을 경우에 그 사실의 유무는 대리인을 표준으로 결정한다"고 규정하고 있기 때문입니다.

Ⅵ. 이 사건의 경우

29. X가 피신청인 및 이 사건 컨소시엄에 구두로 한 이 사건 확약이 신청인의 이익을 해하고 X 본인의 이익을 꾀할 목적으로 이루어졌다면 대리권 남용 가능성이 있습니다. 원칙적으로는 이 사건 확약이 객관적으로 영업대표로서 X의 권한 범위 내에 있었다면 신청인에게 효력이 미칩니다. 그러나 상대방인 피신청인이나 그 대리인인 A회사가 X의 진의를 알거나 알 수 있었을 때에는 신청인에

대하여 무효가 됩니다.

가. X의 이 사건 확약이 신청인의 이익을 해하고 자기 또는 제3자의 이익을 위한 것인지 여부

30. 우선 이 사건 확약 내용이 신청인의 이익을 해한다는 점은 분명합니다. 이 사건 확약이 없다면 피신청인은 신청인 소프트웨어를 사용자 유형별로 Developer 1명, Professional 2,000명, Limited Employee 50명, Employee 17,000명으로 제한하여 사용하여야 하는데, 이 사건 확약으로 인하여 라이센스료가 낮은 유형의 기명사용자가 라이센스료가 높은 라이선스를 무상으로 사용할 수 있다면, 그 라이센스료 차액만큼 신청인이 재산적 「희생」을 하게 된다는 점은 분명합니다.

31. 신청인 대리인의 설명에 따르면 위와 같은 재산적 「희생」의 규모는 최대 약 500억 원에 달한다고 하는데, 신청인이 그러한 재산적 「희생」을 받아들이려면 그만한 유인誘因 또는 반대이익이 있어야 할 것입니다.

32. X는 신청인이 B회사와의 경쟁에서 이겨서 피신청인과의 거래를 성사시키고자 했기 때문에 이 사건 확약을 했다고 하는데, 신청인이 이러한 재산적 「희생」을 받아들일 유인으로서 해당 거래가 성사된다는 사실 자체만으로는 충분치 아니합니다. 그러한 유인이 되기 위해서는 일반적으로 신청인이 피신청인과의 거래를 성사시킬 때 장래 신청인에게 더 큰 이익이 기대된다는 등의 특별한 사정이 있어야 할 것입니다. 그러한 사정이 없이 피신청인과의 거래

를 성사시킨다는 목적만에 기하여 위와 같은 희생을 받아들였다고 인정하는 것은, 신청인이 일정한 계획 아래 설계된 거래방식에 의하여 이윤을 추구한다는 신청인의 상인성商人性 자체 또는 그 중추적 부분을 흔드는 일이 될 것입니다.

33. 본인이 보기에는, 신청인이 내부적인 라이센스료 기준에서 80% 이상 할인하여 주었고, 3년 동안 적응 기간을 부여하여 사용자 유형을 문제삼지 아니하기로 하였으며, 20,232명까지 약 1천명 이상(정확하게는 1,181명 = 20,232명 − 19,051명) 실사용자 추가를 허용한 것만으로도 신청인으로서는 피신청인 거래 성사를 위하여 이미 적지 않은 재산적 「희생」을 한 것이라고 판단됩니다.

나. 피신청인이 알거나 알 수 있었는지 여부

34. 피신청인이나 A회사가 X의 진의를 알 수 있었는지 여부를 판단하기 위하여는, ① 이 사건 확약 내용이 ERP 소프트웨어 라이센스에서 통상적으로 또는 보편적으로 행하여지는 내용에서 얼마나 벗어나는지, ② 이 사건 확약 내용으로 인하여 신청인의 이익이 해쳐지는 정도가 심하다는 점을 A회사나 피신청인이 얼마나 쉽게 알 수 있었는지, ③ X(또는 제3자)가 이 사건 확약으로 얻게 될 이익을 피신청인이나 A회사가 얼마나 알기 쉬운 위치에 있었는지 등의 요소를 종합적으로 고려하여야 합니다.

35. 첫째, 본인이 위에서 전제한 것처럼 신청인의 ERP 소프트웨어 라이센스가 기명사용자의 등급을 구분하고 그에 따라 라이센스료 산정을 하는 것이 통상적이라면, 그러한 등급 구분을 폐지하

는 이 사건 확약은 아주 이례적인 것이라고 할 수 있습니다.

36. 앞의 제24항에서 설명한 상품권 매수 행위 사례에서 법원은 비정상 거래들에 대하여, (i) 발주서들에 날인된 인장이 정상 거래에서 사용하던 인장과 다른 것이 많았고, (ii) 일부 발주서에 직급이 낮은 간부가 결재를 한 경우가 많았으며, (iii) 상품권 대금이 입금된 계좌나 대금 지급 방식이 달랐던 점 등을 종합적으로 고려하여, 상품권 매도인으로서는 '통상의 주의를 기울였다면 위 직원의 진의에 대하여 의심을 가지고 매수 회사의 관리, 재무부서에 확인하는 등의 조치를 통하여 위 직원의 비정상거래에서의 주문이 진의가 아니라는 것을 알 수 있었다'고 판시하였습니다. 이에 대하여 매수 회사는 위 거래들이 일반적인 상관행에 모두 부합하며 아무런 의심할 점이 없었다고 주장하였으나 받아들여지지 아니하였고, 위 판결은 대법원에서도 타당하다고 인정되었습니다.

37. 이 사건 확약의 경우, 피신청인과 이 사건 컨소시엄이 계약 체결 전부터 신청인 소프트웨어 라이선스가 사용자 유형을 구분하여 이루어진다는 점을 잘 알고 있었고, 양사 사이에 체결한 용역도급계약의 일부를 구성하는 이 사건 컨소시엄의 사업제안서에서 사용자 유형이 구구하게 언급되고 있는 것도 이러한 인식을 반영한 것이라고 해석됩니다. 그렇다면 피신청인이나 이 사건 컨소시엄으로서는 통상적인 사례뿐만 아니라 이 사건 신청인 소프트웨어 라이선스에서도 신청인이 사용자 유형 구분을 두고 그에 따라 라이센스료를 산정하여 부과한다는 점을 잘 알고 있었다고 할 수 있습니다.

38. 위에서 본 상품권의 비정상 거래와 비교하여 본다면, 사용자 유형별 사용자 수를 명확히 구분한 라이센스 계약을 체결하고도, 구두로 그러한 사용자 유형 구분이 의미가 없다고 확약하는 것은 매우 이례적이라고 할 수 있습니다. 따라서 피신청인이나 이 사건 컨소시엄으로서는 '통상의 주의를 기울였다면 X의 진의에 대하여 의심을 갖고 신청인의 경영진에 확인하는 등의 조치를 통하여 이 사건 확약이 신청인의 진의가 아니라는 것을 알 수 있었다'고 판단됩니다.

39. 둘째, 신청인 대리인의 설명에 따르면 피신청인이 사용자 유형에 아무런 제한 없이 신청인 소프트웨어를 사용하고도 그에 상응하는 라이센스료를 지급하지 아니한다면 신청인에게는 최대 약 500억 원의 손실이 있습니다. A회사는 EULA를 체결하면서 라이센스료가 약 390억 원이었던 점을 잘 알고 있었으므로, 신청인이 이 사건 확약을 할 경우에는 약 500억 원 규모의 엄청난 손실을 볼 수 있음을 잘 알고 있었을 것입니다.

40. 신청인이 이러한 손실에도 불구하고 이 사건 확약을 하였다고 A회사가 만연히 믿었다면 그렇게 믿은 데에는 과실이 있었다고 생각합니다. 그 과실을 부정하기 위하여는 신청인이 이 사건 확약을 하여서라도 피신청인 거래를 성사시키고자 하는 강력한 유인誘因이 있었어야 할 것입니다. 그러한 유인이 없었다면 A회사는 X의 구두 확약이 신청인 경영진의 분명한 의사인지를 별도로 확인하였어야 할 것입니다.

41. 셋째, 대리권 남용의 요건으로서 상대방의 '과실'은 상대방

의 대리인을 표준으로 하여 결정될 수 있으므로, X의 이 사건 확약이 신청인에 대하여 배임적인 대리행위에 해당한다는 점은 A회사가 알 수 있었다면 충분합니다.

42. 이 사건 컨소시엄이 피신청인으로부터 ERP 소프트웨어 도입 용역을 수주한 것은 소프트웨어 라이선스에 대하여 경험이 많은 것도 한 요인이 되었을 것입니다. 그렇다면 ERP 소프트웨어 라이센스에 대하여도 피신청인보다 그 계약조건을 잘 안다고 할 수 있습니다. 특히 A회사는 신청인과 EULA를 체결함으로써 라이선스 조건에 사용자 유형 구분이 중요한 요소라는 점을 잘 알았을 것입니다. 그런데 X이 사용자 유형은 의미 없다는 내용의 이 사건 확약을 구두로만 제공하였으므로, A회사로서는 이 사건 확약의 비통상성을 쉽게 꿰뚫어 보았거나 꿰뚫어 볼 수 있었을 것입니다. 따라서 A회사는 이 사건 확약이 신청인 회사의 권한 있는 자에게 확인하거나 공식 문서로 그 내용을 확인할 주의의무가 있다고 할 것입니다.

43. 또한 신청인과 같은 소프트웨어 패키지 회사에서 X와 같은 영업 담당자가 실적을 평가받고 급여가 결정될 때 대형 거래를 성사시키는 것이 아주 중요하다는 점을 A회사가 잘 알고 있었다면, A회사는 X가 이례적인 이 사건 확약을 구두로 하는 것이 X 자신의 실적을 위한 것이고 신청인 경영진으로부터 승인받지 아니한 확약이었을 가능성이 있다는 점을 예측하기 어렵지 아니하였을 것입니다. 따라서 A회사는 신청인 경영진에게 이 사건 확약이 승인된 것인지를 확인하였어야 합니다.

다. 「S/W 공급자 확약서」와 대리권 남용의 관계

44. 「S/W 공급자 확약서」가 이 사건에서 가지는 의미는 중재판정부가 해석하여야 하겠지만, 이를 해석하는 데에는 아래 사항들을 고려하여야 합니다.

45. 우선 이 사건 확약이 구두로 이루어졌다는 점에서 「S/W 공급자 확약서」의 위 문구가 이 사건 확약 내용과 다르다는 점은 중요합니다. 위 문구가 오로지 이 사건 확약을 문서화하려는 의도로 작성된 것이라면, 왜 이 사건 확약의 내용 그대로 "사용자 유형의 제한 없이 사용할 수 있다"고 표현하지 아니하고 감사監査의 기간 내지 대상을 정하는 문언을 사용하였는지에 대하여 합리적인 설명이 필요하다고 하지 않을 수 없습니다.

46. 다음으로 확약서의 작성 경위를 고려할 필요가 있습니다. 만약 피신청인이나 A회사가 '사용자 유형 제한 없이 사용할 수 있음'을 S/W 공급자 확약서에 명시하여 달라고 요구하였다면, X이 그러한 요구와 다른 표현이 기재된 확약서를 제시하였을 때 그 차이를 쉽게 파악할 수 있었을 것입니다. 즉, A회사가 이 사건 확약의 비통상성을 꿰뚫어 보고 그 주의의무를 다하기 위하여 의도적으로 「S/W 공급자 확약서」를 요청하여 징구한 것이라면, 그 문언이 이 사건 확약과 다름에도 다시 수정을 요구하지 아니하였거나 그와 같이 다른 이유를 신청인 경영진에 확인하지 않았다면 주의의무를 게을리하였다고 판단할 수 있습니다.

Ⅶ. 결론

47. 결론적으로 이 사건 확약은 X 개인의 이익을 도모하기 위한 배임적 의도에서 나온 것으로서 그 대리권의 남용에 해당하며, 상대방인 피신청인 또는 A회사(나아가 이 사건 컨소시엄)는 그러한 배임적 의도를 알지 못하였다고 하더라도 알지 못한 데 대하여 과실이 있다고 보아야 할 것입니다. 따라서 신청인은 이 사건 확약에 구속되지 아니한다고 할 것입니다.

(2017년 8월 작성)

9. 기업양도계약에서 각 당사자의 채무불이행 여부와 그 법률효과

Ⅰ. 본인의 경력과 주요 저술

[생략]

Ⅱ. 의견 제출 대상 및 검토 문서

5. 본인은 A 회사(이하 "신청인" 또는 "A 회사"라고 부릅니다)와 B 회사 및 C 회사가 운영하는 사모펀드(이하 "피신청인" 또는 "B 회사"라고 부릅니다) 사이의 중재사건(Case No. ○○/○○. 이하 "이 사건 중재"라고 부릅니다)과 관련하여 한국법에 대한 의견을 제출하여 달라는 요청을 받았습니다. 이 사건 중재는 신청인이 피신청인에게 N 회사를 자회사로 거느리는 M 회사(이하 "M 회사"라고 부릅니다)의 주식 100%를 매도하는 내용의 주식매매계약(이하 "이 사건 SPA"라고 부릅니다)과 관련하여, 피신청인으로 하여금 해당 주식을 양도받고 이에 대한 대가로 신청인에게 주식매매대금을 지급할 것을 구하는 것을 내용으로 하는 사건입니다.

6. 이에 본인은 다음과 같은 사항에 대하여 의견을 개진하고자

합니다.

i. 2016년 12월 ○○일자로 이 사건 SPA가 해제되었는지 여부
ii. 2017년 2월 ○일자로 이 사건 SPA가 해제되었는지 여부
iii. 2017년 2월 ○일자로 이 사건 SPA가 해제되었는지 여부
iv. 주식의 양수 또는 주식매매대금의 지급과 같은 이행청구(specific performance)가 이 사건에서 인정될 수 있는지 여부

7. 본 의견서를 작성함에 있어서 본인은 아래와 같은 자료를 제공받아 검토하였습니다.

i. 2017년 1월 ○○일자 신청인의 중재신청서 및 그에 따른 서증
ii. 2017년 3월 ○○일자 피신청인의 답변서 및 그에 따른 서증

Ⅲ. 전제 사실

8. 본인은 본 의견서를 작성함에 있어서 다음과 같은 사실을 전제로 하였습니다.

(1) 이 사건 SPA에서 정하여진 신청인의 진술 및 보장 내용의 위반이 M 회사 그룹의 연결 이익을 15억 원 이상 감소시키거나 감소시킬 것으로 예상되어 이 사건 SPA 제7.2조 (b)항에서의 거래 종결의 선행조건의 불충족을 구성하지 아니함. 특히,

① N 회사의 2016년 8월 재무정보가 IFRS의 기준에 따라 작성되지 아니하였거나, 관련 사항을 완전히 반영하지 아니하여 이 사건 SPA 제4.4조 상의 진술 및 보장 내용을 위반하지 아니함;
② 신청인이 Company Information Memorandum 및 2016년 8

월 경영진 프레젠테이션에서 N 회사의 ○○터미널의 하루 처리가능물량이 25만 개라고 진술한 것은 ○○터미널의 설계상 일일 처리가능물량이 25만 개라는 것이고, 임의의 작업일에 언제나 실제로 25만 개를 처리할 수 있다는 의미는 아니므로, 설령 ○○터미널이 실제로 25만 개를 처리하지 못한 경우가 있다 하더라도 이것이 이 사건 SPA의 제4.21조에서 정하는 진술 및 보장 내용을 위반하지 아니함.

(2) 신청인이 제공한 M 회사와 N 회사의 각 2016년 8월의 재무정보상 N 회사의 EBITDA가 -(마이너스)10억○○ 원보다 더 낮아서 이 사건 SPA 제7.2조 (f)항상의 거래 종결의 선행조건의 불충족을 구성하지 아니함.

(3) M 회사가 N 회사를 매각하게 된 것은 B 회사가 이 사건 SPA 제6.14조에 따라 부담하고 있던 M 회사의 기존 대출금 채무에 대한 대환(refinancing)의 의무를 위반하였으므로 M 회사가 부득이 직접 대환을 할 수밖에 없었고, 그 과정에서 채권은행들이 대환의 조건으로 N 회사의 매각을 요구하여서 불가피하게 N 회사를 매각하게 된 것이며, 또한 그 당시 M 회사는 N 회사의 채무에 대하여 지급보증을 제공하고 있었으므로 적자상태가 악화되고 있는 N 회사를 매각하는 것이 M 회사의 생존을 위하여 필요한 경영상의 조치이었음.

Ⅳ. 계약 해석의 일반 원칙

9. 한국법상 계약 해석은 계약서 문언의 객관적 의미가 명확하

다면 그 문언대로의 의사표시의 존재와 내용을 인정하는 것을 출발점으로 합니다. 한국의 최고법원인 대법원은 “처분문서는 그 성립의 진정함이 인정되는 이상 법원은 그 기재 내용을 부인할 만한 분명하고도 수긍할 수 있는 반증이 없는 한 그 처분문서에 기재되어 있는 문언대로의 의사표시의 존재 및 내용을 인정하여야 한다”는 점을 반복하여 확인한 바 있는데, 여기서 말하는 ‘처분문서’의 대표적인 것이 계약서입니다. 나아가 대법원은, 계약 문언의 객관적 의미가 명확하지 아니한 경우에 있어서는 “문언의 내용, 그와 같은 약정이 이루어진 동기와 경위, 약정에 의하여 달성하려는 목적, 당사자의 진정한 의사 등을 종합적으로 고찰하여 논리와 경험칙에 따라 합리적으로 해석하여야 한다”고 판시하면서, “계약의 해석에 있어서는 당사자의 내심의 의사보다는 외부로 표시된 행위에 의하여 추단된 의사를 가지고 해석함이 상당하다”라고 판단하고 있습니다.[1] 즉, 대법원은 먼저 계약서의 내용이 문언상 객관적으로 명백한지 여부를 판단하여 그에 해당하는 경우에는 그 문언의 객관적 의미에 좇아 해석되어야 하고, 그렇지 아니한 경우에는 계약의 체결 경위, 당사자들의 계약 체결 이후 행위 등 제반 사정을 종합하여 검토하여 하여야 한다고 일관되게 판시하고 있습니다.

10. 대법원은 특히 “계약당사자 사이에 어떠한 계약내용을 처

---

1) 여기서는 비교적 최근의 대법원판결 중 일부만을 들기로 합니다. 대법원 2002. 6. 28. 판결 2002다23482사건(판례공보 2002년, 1816면); 대법원 2010. 11. 11. 판결 2010다26769사건(판례공보 2010년 하권, 2241면); 대법원 2011. 5. 13. 판결 2010다58728사건(판례공보 2011년, 1156면); 대법원 2015. 10. 15. 판결 2012다64253사건(판례공보 2015년, 1641면); 대법원 2017. 2. 15. 판결 2014다19776사건(판례공보 2017년, 527면) 등 참조.

분문서인 서면으로 작성한 경우에 문언의 객관적인 의미가 명확하다면 특별한 사정이 없는 한 문언대로의 의사표시의 존재와 내용을 인정하여야 하며, 문언의 객관적 의미와 달리 해석함으로써 당사자 사이의 법률관계에 중대한 영향을 초래하게 되는 경우에는 그 문언의 내용을 더욱 엄격하게 해석하여야 한다"고 판시한 바 있습니다.[2] 이와 같이 한국의 재판례는 계약서의 해석이 당사자 사이의 법률관계에 중대한 영향을 미치는 경우에는 더더욱 문언의 객관적 의미에서 벗어나는 해석을 제한하고 있습니다.

11. 본인도 위와 같은 계약 해석의 일반원칙을 전제로 이하에서는 이 사건 SPA의 규정들에 대한 해석 및 이에 대한 한국법의 적용에 대하여 논하고자 합니다.

V. 이 사건 SPA가 B 회사의 2016년 12월 ○○일자 해제 통지로써 해제되었는지 여부

12. 피신청인들은 답변서[3]에서 신청인이 (i) 이 사건 SPA 제4.4조, 제4.5조 및 제4.21조에 의한 보증사항들을 위반하여 M 회사 그룹의 consolidated profit이 15억 원을 초과하여 감소하는 결과를 초래하였고(이 사건 SPA 제9.1조 제(d)항의 해제사유), 또한 (ii) 이 사건 SPA 제7.2조 제(b)항 및 제7.2조 제(f)항에서 정하여진 종결(Closing)의 선행조건들이 충족되지 아니하여 계약체결일로부터 90일 이내에 이 사건 거래 종결이 이루어지지 아니하였다는 이유로

2) 앞의 주 1에서 본 대법원 2010. 11. 11. 판결 및 대법원 2015. 10. 15. 판결 등 참조.

3) 피신청인 답변서 제69항 참조.

(이 사건 SPA 제9.1조 제(e)항의 해제사유), 이 사건 SPA는 B 회사의 2016년 12월 ○○일자 해제 통지에 의하여 해제되었다는 주장을 하는 것으로 이해됩니다.

13. 한국 민법 제543조 제1항(이하 한국 민법은 단지 '민법'이라고만 합니다)은 "계약 또는 법률의 규정에 의하여 당사자의 일방이나 쌍방이 해지 또는 해제의 권리가 있는 때"에는 상대방에 대한 의사표시로써 계약을 해지 또는 해제한다고 규정하고 있습니다. 여기서 이 사건 SPA 제9.1조에서와 같이 해제권의 발생사유를 당사자 사이의 계약으로 정한 경우에 그 사유가 발생하게 되면, 그것은 위 규정에서 정하는 '계약에 의하여 당사자가 해제의 권리를 가지는 것'에 해당합니다. 그러한 경우의 계약해제권은 통상, 법률의 규정에 의하여 해제권이 발생하는 경우를 '법정해제권'이라고 부르는 것과 대비하여, '약정해제권'이라고 불립니다. 그리고 그러한 약정해제권의 행사로 인한 계약 해제를, 역시 법정해제권의 행사로 인한 계약 해제를 '법정해제'라고 부르는 것과 대비하여 '약정해제'라고 부릅니다. 이러한 약정해제권의 발생사유가 충족되었는지 여부를 판단함에 있어서는 계약 해석의 일반원칙으로 돌아가 그 발생사유를 정하는 계약상 해당 조항의 문언해석에서 출발하여야 합니다.

14. 이 사건에서 피신청인이 주장하는 바와 같이 피신청인에게 이 사건 SPA 제9.1조 제(d)항 및 제9.1조 제(e)항이 정하는 약정해제권이 발생하였는지 여부는 결국 (i) 신청인이 이 사건 SPA 제4.4조(Financial Statements; No Undisclosed Liabilities), 제4.5조(Absence of Certain Changes) 및 제4.21조(Disclosure)의 진술 및 보증 사항을 위반하여 이 사건 SPA 제9.1조 제(d)항이 정한 해제권의 발생요건

이 충족되었는지 여부, 그리고 (ii) 신청인이 이 사건 SPA 제4.4조, 제4.5조, 제4.21조의 진술 및 보증사항을 위반하여 이 사건 SPA 제7.2조 제(b)항(Warranties)상의 선행조건이 충족되지 아니하였거나 혹은 이 사건 SPA 제7.2조 제(f)항(Monthly Accounts)의 선행조건이 충족되지 아니하였고 그 결과 이 사건 SPA 제9.1조 제(e)항의 해제사유가 발생하게 된 것인지 여부에 의하여 결정될 것입니다.

15. 그런데 상기 조항들의 해당 여부는 사실관계에 대한 판단이 선행되어야 할 부분이므로 이 의견서에서는 위와 같은 점에 대하여 판단하지 아니하겠습니다.

16. 다만 앞의 제14항에서 본 바와 같이 피신청인들은 약정해제권의 발생사유가 있어서 피신청인들이 그 약정해제권을 취득하였다고 주장하므로, 이에 대한 입증책임이 누구에게 있는지를 논의하고자 합니다.

17. 입증책임 또는 증명책임이라고 함은, 소송상 어느 증명을 요하는 사실이 존재하는지 여부가 확정되지 아니할 경우에 당해 사실이 존재하지 아니하는 것으로 취급되는 당사자 일방의 위험 또는 불이익을 말합니다. 즉, 어떠한 사실에 대한 입증책임을 지는 자는 해당 사실을 입증하지 못하는 경우에 그 사실은 존재하지 아니하는 것으로 보게 됩니다.[4)]

18. 한국법상으로 권리의 존재를 다투는 상대방은 자기에게 유리한 반대규정의 요건사실에 대하여 증명책임을 지는 것이 원칙

4) 이에 대하여는 우선 이시윤, 신민사소송법, 제10판(2016), 541면 참조.

입니다. 특히 계약이 일단 유효하게 성립한 후에 사후적으로 그 계약을 해제할 수 있도록 하는 사유, 즉 해제권의 발생원인의 존재 여부에 대하여 다툼이 있는 경우에는 그 계약해제권이 발생하였다고 주장하는 측이 그 발생원인이 되는 사유를 입증하여야 할 책임을 진다는 것이 대법원의 확고한 입장입니다.[5] 따라서 이 사건의 경우에는 약정해제의 사유가 발생하였다는 점, 즉 앞의 제14항에서 언급한 바 있는 약정해제사유가 발생하였음을 피신청인들이 입증하여야 할 것이고, 이를 입증하지 못하는 경우에는 피신청인들에게 그 주장과 같은 계약해제권이 있다고 인정될 수 없으므로 그들의 계약해제 주장은 받아들여질 수 없습니다.

Ⅵ. 2017년 2월 ○○일을 기하여 이 사건 SPA가 해제되었는지 여부

1. 피신청인들의 주장

19. 피신청인들은 답변서에서 M 회사가 2017년 2월 ○○일 N 회사를 회사에 매각함으로써 이 사건 SPA가 같은 날에 '법률의 작용으로(by operation of law)' 해제되었다고 주장하면서, 대법원 2010. 2. 25. 판결 2007다85980사건을 그 근거로 인용하고 있습니다.[6]

20. 우선 by operation of law가 무엇을 의미하는지 피신청인들이 자신의 답변서에서 명확하게 밝히고 있지는 아니합니다. 다

---

5) 대법원 2009. 7. 9. 판결 2006다67602사건(법고을) 등 참조. 재판례 수록 자료로서의 「법고을」에 대하여는 뒤의 주 8 참조.

6) 피신청인 답변서 제89항 및 제90항.

만, 그 구체적인 주장내용에 비추어 선해하여 보면, 피신청인들의 주장은 결국 N 회사가 M 회사의 자회사로서 이 사건 SPA의 매각 대상인 'Acquired Entities'의 범위에 포함됨에도 불구하고, M 회사를 실제 거래종결이 이루어지기 전에 제3자에게 매각한 것은 신청인이 이 사건 거래의 진행을 하지 아니하겠다는 의사를 표시한 것이고, 피신청인 B 회사가 2016년 12월 ○○일 이미 계약의 해제에 대한 의사표시를 함으로써 이 역시 거래의 진행을 하지 아니하겠다는 의사를 표시하였으므로, 양 당사자간 묵시적 합의해제가 이루어졌다는 주장인 것으로 이해됩니다. 실제로 피신청인들이 자신의 답변서에서 인용하고 있는 대법원 2010. 2. 25. 판결 2007다85980사건은 뒤의 제30항 이하에서 보는 대로 묵시적 합의해제를 다룬 재판례에 해당합니다. 따라서 본인은 피신청인들이 이 사건 SPA가 묵시적으로 합의해제되었다는 주장을 하는 것으로 이해하여 의견을 개진하도록 하겠습니다.

2. 묵시적 합의해제가 이루어졌는지 여부

(1) 묵시적 합의해제의 요건

21. 먼저 한국법상 '법률의 작용으로(by operation of law)' 계약이 '무효'가 되는 경우는 있을 수 있지만, 당사자 의사와 무관하게 법률의 효과로 계약이 '해제'되는 경우는 상정하기 어렵습니다. 묵시적 의사표시에 의한 합의해제도 결국 계약 당사자들에 의한 합의해제의 하나의 양태樣態일 뿐 법률의 작용이나 효과로 이른바 법정해제가 이루어지는 것은 아닙니다.

22. 계약의 합의해제는 앞의 제13항에서 살펴본 약정해제와는

그 법적 성질을 달리하는 것입니다. 약정해제는 거기서 말한 법정해제와 마찬가지로 계약을 해제할 권리를 가진 사람의 일방적인 의사표시로써 행하여집니다. 위 제13항에서 인용한 바 있는 민법 제543조가 바로 그 점을 명확하게 규정하고 있습니다. 그러므로 약정해제와 법정해제는 그 해제를 할 수 있는 권리가 당사자의 계약으로부터 발생하는가(약정해제) 아니면 법률의 규정에 기하여 발생하는가(법정해제)의 차이가 있을 뿐, 계약의 해제는 그러한 권리를 가진 사람, 즉 해제권자가 계약을 해제할 것인지 여부를 일방적으로 결정하여 만일 계약을 해제하기로 하면 그 의사를 상대방에게 표시함으로써 계약은 해제되어 그 효력을 상실합니다.

23. 그러나 합의해제는 계약당사자 사이의 합의로 행하여집니다. 다시 말하면 합의해제는 계약의 당사자들이 이제 더 이상 계약에 구속되지 아니하기로 하는 합의를 함으로써 성립하고, 그것은 종래의 계약의 효력을 소멸시키기로 하는 새로운 계약의 효력으로 행하여지는 것입니다. 그리고 그러한 내용의 계약은 '해제계약'이라고 불립니다.

24. 계약의 합의해제는 계약 일반에서와 마찬가지로 명시적으로뿐만 아니라 묵시적으로도 이루어질 수 있습니다. 즉, 계약 체결 후 당사자 쌍방의 계약 실현의사의 결여 또는 포기가 쌍방 당사자의 표시행위에 나타난 의사의 내용에 의하여 객관적으로 일치하는 경우에는 그 계약은 해당 계약을 이행하지 아니할 당사자 쌍방의 의사가 일치됨으로써 묵시적으로 해제되었다고 해석할 여지는 있는 것입니다. 다시 말하면 계약이 합의해제되었는지 여부는 계약해석의 일반원칙에 좇아 판단됩니다.

25. 그러나 계약 당사자가 계약상 채무의 이행을 하지 아니하고 상대방도 이에 대하여 최고나 손해배상 등의 권리행사를 하지 아니한 채 방치하고 있다는 사실만으로 묵시적 합의해제가 인정되기는 어렵습니다.[7] 계약이 합의해제되기 위하여는 일반적으로 계약이 성립하는 경우와 마찬가지로 계약의 청약과 승낙이라는 서로 대립하는 의사표시가 합치될 것을 그 요건으로 합니다. 다만, 앞서 기술한 대로 계약의 합의해제는 묵시적으로도 이루어질 수 있는 것이므로, 계약 체결 후 당사자 쌍방의 계약 실현의사의 결여 또는 포기가 쌍방 당사자의 표시행위에 나타난 의사의 내용에 의하여 객관적으로 일치하는 경우에는, 그 계약은 당사자 쌍방의 계약을 실현하지 아니할 의사가 일치됨으로써 묵시적으로 해제되었다고 해석하는 것이 타당한 경우가 있을 수 있습니다.[8]

26. 묵시적 의사표시는 당사자의 명확한 표시행위 없이 그 의사를 인정하는 것이므로, 그 존재를 판단함에 있어 어느 하나의 특정한 행위만을 따져 이를 결정하여서는 아니 되며, 당사자의 행위와 그를 둘러싼 상황을 종합적으로 고려하여 당사자의 의사를 추단하여야 하는데, 관련하여 대법원은 계약의 해석을 둘러싸고 당사자간 분쟁이 존재하는 경우에는 해당 계약의 효력을 소멸시키기로

---

7) 김용담 편집대표, 주석민법: 채권각칙(Ⅱ), 제3판(1999), 35면(박준서 집필부분).

8) 뒤의 제34항에서 인용하는 대법원 1998. 8. 21. 판결 98다17602사건(판례공보 1998년, 2296면); 대법원 2010. 2. 25. 판결 2007다85980사건(법고을) 등 참조. 「법고을」은 대법원에 속하는 「법원도서관」에서 판례 · 문헌 등을 모아서 전자파일 형태로 일반에 배포하는 자료로서 공적인 편찬물입니다. 이에는 『대법원판례집』이나 『판례공보』 또는 『법원공보』에 공간되지 아니한 대법원의 재판례 등도 수록되어 있습니다.

하는 의사가 합치되었다고 볼 수 없다고 판단한 바 있습니다.[9)]

(2) 이 사건에서의 적용

27. 우선 이 사건 SPA 제9.1조 제(a)항에 의하면, 이 사건 SPA는 언제든지 양 당사자 사이의 합의에 따라 해제할 수 있으나 이러한 합의해제는 '서면으로 이루어져야 할 것(by agreement in writing by Seller and Purchaser)'을 요하고 있습니다. 이처럼 당사자 사이의 계약에서 명시적으로 서면에 의한 합의해제를 요구할 경우에 묵시적 합의해제가 인정될 여지 희박하다고 하겠습니다.

28. 더 나아가, 피신청인들이 주장하는 바와 같이, M 회사의 매각이 이 사건 계약 실현의사의 결여 내지 포기로 해석될 수 있는지 여부를 살펴보겠습니다. 이 사건의 경우 신청인은 일관되게 이 사건 SPA가 유효하다는 입장을 취하여 왔고, 더욱이 2017년 1월 ○○일에 이 사건 SPA의 유효를 확인하는 중재신청을 제기한 바 있는데, 이러한 경우 이 사건 SPA의 효력을 소멸시키기로 하는 신청인의 의사가 존재한다고 보기 어렵다고 생각됩니다. 특히 M 회사의 매각이 피신청인들의 이 사건 SPA상 의무의 위반으로 초래된 것으로서, 신청인으로서 불가피하게 M 회사를 매각할 수밖에 없는 사정이 있다면, 이는 더더욱 신청인의 이 사건 SPA 계약 실현의사가 결여되었거나 포기된 것으로 보기 어려운 사정에 해당합니다.

29. 앞의 제34항에서 살펴본 바 있는 대법원판결도 이 사건에서와 같이 계약의 해석을 둘러싸고 당사자 사이의 의견이 대립하

---

9) 대법원 1998. 8. 21. 판결 98다17602사건(판례공보 1998년, 2296면) 참조.

던 중 일방 당사자가 결국 소송을 제기하고, 그 소송과정에서 해당 당사자가 당해 계약이 여전히 유효하다고 주장한 사안에 대한 것입니다. 대법원은 그 판결에서 계약의 효력을 소멸시키기로 하는 의사의 합치가 명시적이든 묵시적이든 존재한다고 볼 수 없다고 판단하였던 것입니다.

(3) 피신청인들이 인용한 재판례들에 대한 검토

30. 피신청인들이 인용한 첫번째 재판례인 대법원 2010. 2. 25. 판결 2007다85980사건(법고을)은 당사자 일방이 계약목적물을 제3자에게 매각한 사안에 대한 것으로서, 대법원은 그 판결에서 묵시적 합의해제를 인정하였습니다.

31. 그런데 위 사건의 사실관계를 살펴보면, 법원은 당사자 일방이 계약목적물을 제3자에 매각하였다는 사실 외에도 여러 추가적인 정황을 종합적으로 고려하여 묵시적 합의해제를 인정하였음을 알 수 있습니다. 위 사건에서는 매수인이 골프장 회원권에 대한 매매대금을 지급하지 아니한 상태에서 파산함에 따라 매도인이 채무불이행으로 인한 손해배상채권을 파산채권으로 신고하였으나, 매수인의 파산관재인은 손해배상채권이 계약목적물로 담보되어 있다는 이유로 그 손해배상채권을 부인하였습니다. 그러자 매도인은 계약목적물을 제3자에게 매각한 이후 파산관재인에게 그 매매대금을 초과한 부인금액에 대한 이의를 철회하여 줄 것을 요청하였고, 파산관재인이 이를 받아들여 매매대금을 제외한 부분에 대한 이의를 철회한 것을 두고 법원은 묵시적 합의해제가 이루어졌다고 판단한 것입니다.

32. 결국 위의 대법원판결에서는 매수인의 파산관재인이 매도인이 제3자에게 계약목적물을 매각한 사실을 인정하였을 뿐만 아니라, 매도인이 파산채권으로 신고한 손해배상채권(매매대금을 초과하는 부분)에 대한 이의를 철회하여 줄 것을 요청한 데 대하여 매수인이 이를 받아들인 사실에 주목하여, 계약을 종료하려는 쌍방의 의사가 명확히 확인되었다고 보고 계약의 묵시적 합의해제를 인정하였습니다.

33. 이 사건 중재에서는 B 회사가 이 사건 SPA에서 정하여진 거래종결의무 및 대환자금 조달 의무를 위반함으로 인하여 M 회사가 대출금 상환 압박을 받게 되었고, 해당 대출금의 대환이나 연장을 위하여는 M 회사가 부득이 N 회사를 매각할 수밖에 없었던 것으로 이해됩니다. 그럼에도 불구하고 A 회사는 이 사건 SPA의 유지 및 존속을 선언하고 B 회사에 대하여 계약이행을 요구함으로써 계약을 해제할 의사가 없음을 명시적으로 표시하였다고 하는바, 계약 해제에 관하여 명시적으로나 묵시적으로 양당사자간 아무런 의사 합치가 없었던 이 사건에 위와 같은 재판례를 적용하기에는 적절하지 아니하다고 판단합니다.

34. 한편 피신청인이 인용한 두 번째 판결인 대법원 2013. 11. 28. 판결 2013다8755사건(법고을)은 명시적인 합의해제에 해당하는 사안에 대한 것으로서 이 사건에서 피신청인들이 주장하는 묵시적 합의해제에 대한 재판례에 해당하지도 아니합니다.

3. 묵시적 합의해제가 이루어진 것으로 보는 경우, 손해배상을 청구할 수 없는지 여부

35. 피신청인들은 계약이 묵시적으로 합의해제된 경우에는 그 어느 당사자도 상대방 당사자에 대하여 손해배상을 청구할 수 없다고 주장하는 것으로 이해됩니다.[10)]

36. 계약이 합의에 의하여 해제된 경우에는, 일방 당사자의 타방 당사자에 대한 손해배상청구권을 유보하여 두거나 손해배상청구에 대하여 다른 특약이 없는 등 특별한 사정이 없는 이상, 채무불이행으로 인한 손해배상도 이를 청구할 수 없다는 것이 대법원의 입장이기는 합니다.[11)] 특히 명시적으로 합의해제가 이루어진 경우 손해배상에 관한 특약이 있거나 또는 손해배상청구권의 유보가 명시적으로 이루어지지 아니한 이상 이러한 특약 또는 유보를 쉽사리 인정하기는 어려울 것이라고 생각됩니다.

37. 그러나 '묵시적' 합의해제의 경우에는 앞서 본 대로 해제에 대한 합의 자체가 다양한 사정·행태·경위 등에 따라서 계약해석을 통하여 도출되는 것인 만큼, 손해배상에 관한 특약 또는 그 청구권 유보의 사실 또한 제반 사정을 고려하여 합리적인 해석에 따라 인정될 여지가 아예 배제되는 것은 아니며, 이 역시 전적으로 해제계약의 해석에 달려 있는 문제입니다.

---

10) 피신청인 답변서 제90항.

11) 대법원 1989. 4. 25. 판결 86다카1147사건(법원공보 1989년, 796면); 대법원 2013. 11. 28. 판결 2013다8755사건(법고을) 등 다수 참조.

38. 특히 일방 당사자가 채무불이행에 빠져 있음에도 불구하고 상대방 당사자가 계약 해제에 묵시적으로 합의하였다고 해석되는 경우에는, 자신에게 유리한 상황에서 상대방에 대한 채무불이행에 따른 손해배상청구권까지 포기하는 내용을 포함하여 계약의 해제에 합의하겠다는 것은 당사자의 합리적인 의사라고 보기는 어렵지 않을까 생각됩니다. 오히려 그러한 경우에는 상대방 당사자는 채무불이행에 빠진 당사자를 상대로 손해배상청구권을 유보하는 묵시적 의사표시가 있었다고 인정하여야 할 여지가 있을 것입니다.

39. 이 사건에서 A 회사는 B 회사의 이 사건 SPA 위반에 대하여 지속적으로 동 계약에 따른 이행청구를 하였던 것으로 알고 있습니다. 이러한 사실에 비추어 보면, 설사 M 회사의 매각 사실이 이 사건 SPA에 관한 당사자들 사이의 묵시적 합의해제를 전제로 한다고 인정될 수 있다고 가정하는 경우에도, A 회사는 채무불이행에 빠져 있는 상대방 당사자인 B 회사에 대하여 손해배상청구권을 유보하겠다는 의사 아래 그러한 계약해제의 합의를 한 것으로 볼 수 있는 것은 아닌지를 탐색하여 보아야 할 것입니다. 만일 그것이 긍정적으로 판단된다면, A 회사는 위와 같은 묵시적 계약해제의 가정 아래서도 여전히 B 회사에 손해배상청구를 할 수 있다고 판단됩니다.

Ⅶ. 2017년 2월 ○○일자로 이 사건 SPA가 해제되었는지 여부

1. 피신청인들의 주장

40. 피신청인들은 신청인이 2017년 2월 6일 N 회사를 매각함으로써 이 사건 SPA상의 여러 의무를 위반하였고, 이에 피신청인들은 이 사건 SPA 제9.1조 제(d)항에 따라서 2017년 2월 ○○일자 해제통지로써 이 사건 SPA를 유효하게 해제하였다고 주장하는 것으로 이해됩니다.[12)]

41. 피신청인들이 주장하고 있는 신청인의 주된 계약 위반 사항을 살펴보면, M 회사는 이 사건 SPA상의 "Acquired Entity"에 포함되어 있고, 신청인은 이 사건 SPA 제2.3조 제(b)항에 따라 거래종결시 (i) Acquired Entity의 이사들 및 감사들의 사임서 등, 그리고 (ii) Acquired Entity에 관하여 (B 회사 지명의) 신임이사 및 감사를 선임하는 주주총회 결의서를 B 회사에게 제공하여야 하는데, M 회사의 매각으로 인하여 동 조항에 따른 의무 이행을 거절하였다는 (anticipatory breach) 주장입니다.[13)] 이와 관련하여 피신청인들은 이 사건 SPA 제2.3조 제(b)항에 비추어 볼 때 제2.1조는 신청인이 종결일에 B 회사에 M 회사 주식을 양도할 때 계약체결 당시의 모든 Acquired Entities들이 그대로 남아 있을 것을 묵시적 조건(implied term)으로 규정하고 있다고 주장하고 있습니다.[14)]

---

12) 피신청인 답변서 제91항 및 제92항.

13) 피신청인 답변서 제78.2.1항.

14) 피신청인 답변서 제78.2.1항의 (ii).

42. 한편 피신청인들은 신청인에 대하여 이 사건 SPA상의 거래를 완료하도록 합리적인 노력을 기울일 이 사건 SPA 제6.4조상의 의무 및 이 사건 SPA 제6.2조 (a)항에서 정하는 비밀준수의무를 위반하였다고 주장하는 것으로 이해됩니다.[15)]

43. 피신청인들의 2017년 2월 ○○일자 계약해제 주장은 M 회사의 N 회사 매각에 따른 의무 위반이 이 사건 SPA 제9.1조 제(b)항에서 규정하는 'material breach'에 해당한다는 주장에 기초한 것으로 보입니다. 일반적으로 계약에서 사용된 'material breach'이라는 용어는 거의 전부의 경우에 그 의미가 분명하지 아니하므로 이 경우 한국법상 계약의 일반 해석원칙에 따라 이에 상응하는 한국법 개념을 적용하여 해석할 필요가 있겠습니다.

44. 한국법에서는 채무불이행의 경우에도 그 채무가 이행되지 아니하면 계약의 목적을 달성할 수 없을 정도의 비중을 가진 채무, 즉 이른바 '주된 채무(principal obligations)'인 경우에 한하여 계약을 해제할 수 있으며, 그렇지 아니하고 단지 부수적 의무에 불과한 경우에는 일반적으로 이를 이유로 계약을 해제할 수는 없고 손해배상만 청구할 수 있는 것으로 이해됩니다.[16)] 따라서 이 사건 SPA 제9.1조 제(b)항에서 말하는 'material breach'는 우선 한국법에서 상정하는 주된 의무의 위반(breach of principal obligations)을 의미한다고

15) 피신청인 답변서 제78.2.2항 및 제78.2.3항.

16) 대법원 1968. 11. 5. 판결 68다1808사건(대법원판례집 제16권 3집, 160면); 대법원 1976. 4. 27. 판결 74다2151사건(대법원판례집 제24권 1집, 248면); 대법원 1992. 6. 23. 판결 92다7795사건(법원공보 1992년, 2256면); 대법원 1996. 7. 9. 판결 96다14364사건(판례공보 1996년, 2453면) 등 참조.

볼 수 있다고 하겠습니다.

45. 이하에서는 M 회사의 N 회사 매각이 이행거절을 구성한다고 볼 수 있는지 여부 및 이로 인하여 신청인이 기타 의무를 불이행하였다고 볼 수 있는지 여부에 대하여 검토하도록 하겠습니다.

2. N 회사의 매각을 신청인의 이행거절로 볼 수 있는지 여부

(1) 이 사건 SPA의 해석상 이 사건 거래종결시 N 회사를 자회사로 유지할 묵시적 의무가 도출되는지 여부

46. 우선 피신청인들은 이 사건 SPA 제2.1조의 묵시적인 조건(implied term)으로, 신청인이 종결일에 B 회사에게 M 회사 주식을 양도하는 때에 계약 체결 당시의 모든 Acquired Entities들이 그대로 유지되어야 한다고 주장하고 있습니다. 그러나 이러한 주장이 한국법에서 인정되고 있는 계약 해석의 일반원칙에 부합하는지 의문입니다.

47. 앞의 제8항 이하에서 살펴본 바와 같이, 처분문서는 그 성립의 진정함이 인정되는 이상 법원은 그 기재 내용을 부인할 만한 분명하고도 수긍할 수 있는 반증이 없는 한 처분문서에 기재되어 있는 문언대로 의사표시의 존재와 내용을 인정하여야 합니다. 단지 처분문서에 나타난 당사자의 의사해석에 다툼이 있는 경우에 한하여 문제되는 문언의 내용, 약정이 이루어진 동기와 경위, 약정으로 달성하려는 목적, 당사자의 진정한 의사 등을 종합적으로 고찰하여 논리와 경험칙에 따라 합리적으로 그 의미를 해석하여야 하는 것입니다.

48. 이 사건 SPA를 살펴보면, 이 사건 SPA 체결 당시의 Acquired Entities가 항상 유지되어야 한다거나 그 어떠한 경우에도 M 회사를 매각하여서는 아니 된다는 규정은 찾아볼 수 없습니다. 이 사건 SPA 제2.3조 (b)항에서 Acquired Entities를 언급하고 있으나, 그 조항이 이 사건 SPA 체결 당시의 Acquired Entities의 내용이 변동되어서는 아니 된다는 취지의 규정이라거나 이와 같이 해석될 명확한 근거조항은 없습니다. 따라서 피신청인들이 N 회사를 반드시 M 회사의 자회사로 유지할 의무가 묵시적으로 존재한다는 점에 대하여 분명하고도 수긍할 수 있는 반증으로 증명하지 못하는 한, 피신청인들이 주장한 것과 같은 묵시적 조건이 한국법상 인정되기는 어렵다고 할 것입니다.

(2) N 회사의 매각이 이 사건 SPA 제2조상 의무에 대한 이행거절을 구성하는지 여부

49. 다음으로, 피신청인들은 N 회사 매각이 이 사건 SPA 제2.1조에서 정하는 의무에 대한 이행거절에 해당한다는 주장을 하고 있으므로, 이에 대하여 살펴보겠습니다.

50. 이 사건에서 M 회사가 N 회사를 매각하게 된 것은 B 회사가 이 사건 SPA에 따라 부담하고 있던 M 회사의 기존 대출금 채무에 대한 대환(refinancing)의 의무를 위반하였기에 M 회사가 부득이 직접 대환을 할 수밖에 없었고, 그 과정에서 채권은행들이 대환의 조건으로 N 회사의 매각을 요구하여서 불가피하게 N 회사를 매각하게 된 것이며, 또한 그 당시 M 회사는 N 회사의 채무에 대하여 지급보증을 제공하고 있었으므로 적자상태가 악화되고 있는 N 회

사를 매각하는 것이 M 회사의 생존을 위하여 필요한 경영상의 조치에 해당하는 것으로 본인은 이해하고 있습니다. 사정이 이와 같다면, M 회사가 N 회사를 제3자에게 매각한 것은 피신청인들이 먼저 이 사건 SPA상의 의무(그리고 뒤의 제65항에서 보는 대로 이 대환의무는 이 사건 SPA에 기하여 피신청인이 부담하는 '주된 의무'라고 하겠습니다)를 위반함으로 인하여 초래된 것일 뿐만 아니라, 나아가 피신청인들의 의무불이행으로 인한 피해를 방지 내지 감축시키기 위하여 신청인이 취할 수밖에 없었던 불가피한 조치, 달리 표현하면 손해를 경감하기 위한 조치이었다고 할 것입니다. 이와 같은 사실관계를 전제로 살펴본다면, M 회사가 N 회사를 매각한 된 것을 두고 신청인의 이행거절 또는 그 밖의 채무불이행을 구성한다고 보기 어렵습니다.

51. 뿐만 아니라, 뒤에서 설명하는 바와 같이 한국법상 '이행거절'이란 채무자가 채무의 이행이 가능함에도 이를 행할 의사가 없음을 채권자에 대하여 진지하고 종국적으로 표시하여 객관적으로 보아 채권자로 하여금 채무자의 임의의 이행을 더 이상 기대할 수 없게 하는 경우에 인정됩니다. 한국의 재판례는 채무자가 이행기 전 또는 그 후에 종국적으로 이행을 거절한 경우를 이른바 '이행거절'이라는 채무불이행, 즉 우리의 논의 맥락에서는 계약 위반의 전형적인 유형에 해당하는 것으로 인정하고 있고, 이행거절이 인정되는 경우에는, 이행불능의 경우에 준하여, 채무자에게 이행을 최고하거나 이행의 제공을 할 필요도 없이 그 이행거절시의 시가를 기준으로 이행에 갈음하는 손해배상을 구할 수 있습니다.[17)]

---

17) 대법원 2005. 8. 19. 판결 2004다53173사건(판례공보 2005년, 1498면); 대법원 2008. 5. 15. 판결 2007다37721사건(법고을) 등 참조.

52. B 회사가 위에서 본 바와 같은 A 회사의 계약 위반, 즉 이른바 이행거절을 주장하기 위하여는, 비록 B 회사가 A 회사에게 주식매매대금을 지급하더라도 A 회사가 이 사건 SPA에 정하여진 자신의 의무, 즉 M 회사 주식을 계약상 정하여진 대로 B 회사에게 양도할 의사가 없다는 점을 진지하고 종국적으로 분명히 표시하였음을 주장 · 입증하여야 합니다. 그런데 이 사건에서 A 회사는 B 회사의 대환의무 위반으로 인하여 N 회사를 제3자에 매각할 수밖에 없었음에도 불구하고, 줄곧 B 회사에 대하여 M 회사의 발행주식을 양도할 의사가 있음을 밝혀 온 것으로 알고 있습니다. 이것이 사실이라면 A 회사는 자신의 SPA상 의무를 이행할 의사가 없음을 진지하고 종국적으로 표시한 바는 없었다고 봄이 타당합니다.

3. A 회사가 이 사건 SPA 제6.4조에서 정하는 의무를 위반하였는지 여부

53. 피신청인들은 신청인이 이 사건 SPA 제2.1조를 위반하였다는 주장에 추가하여, 신청인이 이 사건 SPA 제6.4조에서 정하는 'reasonable effort', 즉 합리적 노력을 기울일 의무를 위반하였다고 주장하므로, 이에 대하여 살펴보도록 하겠습니다.

54. '합리적 노력(reasonable effort)'을 기울일 의무는 영미법에서 유래한 개념이라고 여겨지므로, 앞에서 살펴본 바와 같이 외국법에서 사용되는 법률용어에 대한 해석원칙에 따라 해석되어야 할 것입니다. 본인은, 영미법에서는 reasonable effort 조항이 당사자에게 구체적인 법률적 의무를 부여하는 것으로 보는데 나아가 그 구체적인 의무의 정도 및 범위에 대하여는 결국 계약 해석의 문제로 인식하고 있는 것으로 알고 있습니다.

55. 일반적으로 reasonable effort에 따른 의무의 내용이 구체적이면서도 명확하고, 그 이행에 대한 상대방의 신뢰가 높으며, 계약의 특성과 내용상 독자적인 의미를 갖는다면 그 reasonable effort 의무의 법적 효력을 인정할 가능성이 높아질 것입니다.[18] 영미법계에서 이해되고 있는 이러한 reasonable efforts의 의미는 한국법에서도 존중될 것으로 생각됩니다.

56. 그런데 본인은, 앞에서 언급한 바와 같이, N 회사의 매각은 매수인 측에서 이 사건 SPA 제6.14조의 대환의무를 불이행하고 M 회사 및 N 회사의 양수를 거절하였기 때문에 M 회사로서는 스스로 부득이 대환을 할 수밖에 없었고 이 과정에서 채권단이 N 회사를 매각할 것을 요구하여 이에 좇아 N 회사를 매각하게 된 것으로 이해하고 있습니다. 위와 같은 전제가 사실이라면, M 회사가 N 회사를 매각하였더라도 이 사건 SPA 제6.4조에 따른 의무, 즉 거래종결을 위하여 합리적으로 노력할 의무를 위반한 것으로 보기는 어렵습니다.

57. 특히 M 회사의 차입금 약 1,100억 원은 M 회사의 자산규모로 볼 때 매우 큰 금액이었고, B 회사의 요구로 A 회사의 한국법인과 M 회사가 합병하는 2016년 11월 당시 채권단으로부터 합병 후 1개월 이내에 매각대금으로 이를 상환하기로 하여 그 변제기가 2016년 12월 초에 도래할 것이었기 때문에 이 시점까지 대환이 이루어지지 아니하면 M 회사는 이른바 부도사태(default)에 빠질 수밖에 없는 상황이었던 것으로 알고 있습니다. 사정이 이와 같다면 이

18) 권영준, "최선노력조항의 해석", 서울대학교 법학 제55권 제3호(2014.9), 67면 이하 참조.

사건 SPA 제6.14조에 따른 대환의무는 M 회사의 사활이 걸려 있다고 할 만한 중요한 매수인의 의무이었다고 할 것입니다. 그럼에도 불구하고, B 회사는 이 사건 SPA에 따른 대환의무를 불이행하였고 A 회사는 이로 인한 M 회사의 default를 막기 위하여 부득이 스스로 대환을 하지 아니할 수 없었고, 당시 은행권에서 대환의 조건으로 M 회사의 매각을 요구함에 따라 M 회사를 매각할 수밖에 없었던 것으로 알고 있습니다. 이에 비추어 볼 때 A 회사는 오히려 이 사건 SPA상의 매매목적물인 M 회사를 제대로 존속·유지하고 이 사건 SPA에 따른 주식매매거래를 실현시키기 위하여 부득이하게 필요한 조치를 취한 것이라 할 수 있습니다. 이러한 측면에서 더욱이나 M 회사 매각을 두고 신청인이 이 사건 SPA 제6.4조에서 규정하는 '거래종결을 위하여 합리적으로 노력할 의무'를 위반한 것으로는 보기 어려울 것입니다.

58. 이와 달리 보아, 설령 신청인이 이 사건 SPA 제6.4조에서 정하는 '합리적인 노력'의 의무를 위반하였다고 하더라도, 이는 그러한 의무 이행 없이는 계약 목적을 달성할 수 없을 정도의 주된 의무라고 하기는 어려울 것입니다. 그것은 주식을 양도하기로 한 계약에서 이와 같은 계약을 이행하기 위하여 추가적으로 그와 같은 부수의무를 부가한 것으로 해석하는 것이 합리적이기 때문입니다. 그렇다면 어느 모로 보나 피신청인들은 신청인의 그러한 의무 위반을 이유로 이 사건 SPA를 해제할 수는 없다고 판단됩니다.

4. A 회사가 이 사건 SPA 제6.2조 (a)항의 비밀준수의무를 위반하였는지 여부

59. 본인은, 피신청인들이 신청인이 M 회사를 매각하는 과정

에서 이 사건 SPA 제6.2조 (a)항의 비밀준수의무를 위반하였다고 주장하는 것으로 이해합니다. 그러나 피신청인들은 그 제출의 서면에서 구체적으로 신청인의 어떠한 행위를 두고 위 SPA 조항의 비밀준수의무를 위반하였다는 것인지 구체화하지 아니한 것으로 여겨집니다. 그러므로 이하에서는 일반적인 관점에서만 이에 대하여 살펴보도록 하겠습니다.

60. 이 사건 SPA와 관련하여 A 회사가 B 회사에게 제공한 정보 또는 Acquired Entities에 관한 정보 등은 처음부터 A 회사에 속하는 정보로서 B 회사는 이를 비밀로 유지하여야 할 것이지만 A 회사에게 비밀유지의무가 있다고 보기는 어렵습니다. 특히 이 사건 SPA와는 무관하게, 원래부터 A 회사(또는 M 회사)가 보유하고 있는 N 회사에 대한 정보를 제3자에게 제공하였다면, 이는 이 사건 SPA 제6.2조 (a)항에서 정하는 비밀준수의무와는 무관한 것이라 하겠습니다.

61. 설령 신청인이 이 사건 SPA 제6.2조 (a)항의 비밀준수의무를 위반하였다고 보더라도, 이 역시 앞서 이 사건 SPA 제6.4조에서 정하는 '합리적 노력'을 기울일 의무에서 살펴본 바와 마찬가지로 그 의무 이행 없이는 SPA의 계약 목적을 달성할 수 없을 정도의 주된 의무로 볼 수는 없을 것입니다. 따라서 피신청인들은 신청인의 이러한 의무 위반을 이유로 이 사건 SPA를 해제할 수는 없다고 봅니다.

Ⅷ. 한국법상 급부이행청구(specific performance)가 인정되는지 여부

62. 앞의 제Ⅴ절 내지 제Ⅵ절에서 살펴본 바와 같이, 이 사건 SPA는 해제되지 아니하였습니다. 따라서 이 사건 SPA는 여전히 유효하며 이 사건 SPA의 당사자들은 이 사건 SPA상의 계약상 의무를 이행하여야 합니다. 이하에서는 이 사건 SPA가 온전히 유효함을 전제로 당사자들이 행사할 수 있는 계약상의 청구 등에 대하여 살펴보고자 합니다.

1. 피신청인들의 주장

63. 피신청인들은 답변서에서 (i) N 회사의 매각으로 인하여 신청인의 계약상 의무의 이행이 불가능하게 되었고, 따라서, 설령 이 사건 SPA가 여전히 유효하다고 하더라도 이 사건 SPA상에 따른 급부이행청구는 불가능하게 되었으며, (ii) 나아가 동시이행항변권에 관한 민법 제536조에 따라, 신청인이 자신이 이 사건 SPA에 기하여 부담하는 의무를 이행할 수 없기 때문에 피신청인에게 자신의 의무를 이행할 것을 청구할 수도 없다는 주장을 개진하는 것으로 이해됩니다.

2. 한국법상 급부이행청구(specific performance)의 성격

64. 한국법에서는 채무자가 임의로 채무를 이행하지 아니할 경우, 그 채무의 성질이 아예 강제이행을 할 수 없는 것이 아닌 한, 채권자는 언제나 채무자가 그 채무에 기하여 이행하여야 할 급부 자체의 이행(specific performance)을 법원에 청구할 수 있습니다(민법

제389조).

65. 즉, 한국법에서는 계약의 당사자가 계약상 의무를 제대로 이행하지 아니할 경우, 즉 '계약 위반' 또는 '채무불이행'에 해당할 경우에, 상대방이 가지는 법적 구제수단에 관하여 금전배상이 원칙이고 특정이행의 청구는 예외적으로만 인정된다는 법리는 인정되지 아니합니다. 실제로 부동산이나 주식 등 특정물에 관한 매매계약의 불이행에 관한 소송에서 다수의 경우 그 특정물에 관한 이행청구가 원고가 법원에서 판결하여 주기를 구하는 주요한 청구가 되고 있습니다. 손해배상과 같은 금전배상은 그 이행의 지체로 인하여 발생한 지연손해의 배상을 구하거나, 아니면 특정물의 양도가 불가능하게 되는 것과 같이 원래의 이행청구가 불능하게 된 경우에 이를 청구하는 것이 일반적입니다. 이는 영미법에서 급부이행청구가 예외적인 구제수단이 되는 것과 전혀 다른 한국법의 중요한 특징이라고 할 것입니다.

66. 이 사건에서 문제되는 피신청인 측의 채무는 이 사건 SPA에 따라 매매목적물이 된 주식을 양도받으면서 이에 대한 매매대금을 지급할 것을 내용으로 합니다. 이는 민법 제389조에 따라 그 성질상 강제 이행이 금지되는 채무가 아니므로 급부이행청구가 허용됩니다. 더욱이, 이 사건 SPA 제10.11조에서는 금전으로 하는 손해배상청구 외에도, 급부 자체의 이행청구, 즉 특정이행(specific performance)의 청구를 할 수 있다고 명시적으로 규정하고 있습니다. 이로부터 특정이행청구를 허용하겠다는 당사자들의 의사가 분명하고, 이는 한국법의 일반적인 태도와도 일치합니다.

3. N 회사의 매각이 이 사건 SPA에서 정하는 신청인의 채무에 대하여 이행불능을 초래하는지 여부

67. 피신청인들은 N 회사의 매각으로 인하여 신청인이 부담하는 계약상 의무의 이행은 불가능하게 되었으므로, 설령 이 사건 SPA가 유효하다고 하더라도, 이 사건 계약상의 급부이행청구는 불가능하게 되었다고 주장합니다. 이에 대하여 살펴보겠습니다.

68. 우선 채무의 이행이 불가능한 경우란 물리적 불능에 한정하지 아니하고, 거래통념에 의하여 이행이 가능한지 여부에 따라 판단합니다.[19] 급부의 내용이 가분이면 일부의 이행이 불능이라 하여도 나머지 부분의 이행이 가능하므로 원칙적으로 불능이 된 부분에 한하여 이행불능의 효과가 발생합니다.[20] 한편 나머지 부분만의 이행으로 계약의 목적을 달할 수 없는 경우에는 계약 전부에 대하여 이행불능의 효과가 인정됩니다.[21]

69. 참고로, 일방 당사자가 부담하는 계약상 주된 채무의 이행이 그에게 책임 사유로 불능이 된 경우에는 상대방은 바로 계약을 해제하고 전보배상을 청구할 권리를 가집니다. 계약 목적물의 일부분에 대하여만 이행불능이 발생한 경우에는, 나머지 부분만으로 계약의 목적을 달성할 수 없게 되는 것이 아닌 한, 채권자는 계약을 해제할 수는 없고 단지 불능이 된 그 부분에 관하여서만 전보배상

---

19) 김용담 편집대표, 주석민법: 채권각칙(2), 제4판(2016), 135면(남효순 집필부분) 참조.

20) 대법원 1996. 12. 10. 판결 94다56098사건(판례공보 1997년, 288면) 참조.

21) 대법원 1996. 2. 9. 판결 94다57817사건(판례공보 1996년, 887면) 참조.

을 청구할 수 있을 뿐입니다.[22)]

70. 이 사건 SPA의 직접적인 매매목적물은 M 회사의 주식입니다. 따라서 그 자회사인 N 회사가 매각되었다고 하더라도 이 사건 SPA에서 정하는 주식 매매의 이행, 즉 주식의 양도가 그 자체로 이행불능이 되었다고 볼 수는 없습니다. 나아가 그로 인하여 이 사건 SPA 계약 체결의 목적이 달성될 수 없게 되었다고도 할 수 없을 것으로 이해합니다.

71. 따라서 설사 N 회사 매각이 신청인의 채무불이행을 구성한다고 가정하더라도 피신청인들은 원칙적으로 그로 인한 손해배상을 청구할 수 있을 뿐입니다. 그러나 앞에서 언급한 바와 같이 본인은 M 회사가 N 회사를 매각한 것을 두고 신청인의 채무불이행을 구성한다거나 신청인의 귀책사유에 의한 이행불능을 구성한다고 볼만한 근거는 없다고 봅니다.

72. 설사 N 회사의 매각이 신청인의 귀책사유에 의한 채무불이행 또는 이행불능을 구성한다고 가정하더라도 이로 인하여 피신청인들이 무슨 손해를 입었는지 의문입니다. 본인이 이해하기로는 당사자들 사이에 M 회사의 기업가치에 대하여 오히려 음수(마이너스)로 평가한 것으로 알고 있으나, 설사 N 회사의 기업가치가 양수(플러스)라 하더라도 N 회사의 매각으로 인한 경제적 이익은 현 시점에서 M 회사의 자산에 포함되어 있다고 할 것이므로 이 사건 주식매매계약상의 M 회사의 주식 가치에 어떠한 손해를 초래하였다

22) 김용담 편집대표, 주석민법: 채권각칙(2)(앞의 주 19), 141면 이하 (남효순 집필부분) 참조.

고 보기 어렵습니다. 더욱이 이 사건 SPA 제7.2조 (f)항에서 N 회사의 기준 EBITDA를 음수로 규정하고 있듯이 N 회사에 대하여는 당사자들이 부채(내지 손실)로 인식하고 있었던 것으로 보입니다. 위와 같은 사정을 종합하여 보면, N 회사 매각에도 불구하고 피신청인들에게 어떤 손해를 끼쳤다고 보기 어렵습니다.

4. 피신청인들의 동시이행항변(민법 제536조)과 신청인의 급부이행청구 가능 여부

73. 피신청인들은 동시이행항변권에 관한 민법 제536조를 원용하면서, 신청인은 자신의 계약상 의무를 이행할 수 없기 때문에 피신청인들을 상대로 매수인으로서의 의무를 이행할 것을 청구할 수 없다고 주장하고 있습니다.

74. 앞서 본 바와 같이 본인은 N 회사의 매각으로 인하여 신청인들의 의무가 이행불능이 되었다고 볼 근거는 없다고 봅니다. 그러나 설령 M 회사의 매각으로 신청인의 의무가 이행불능이 되었다고 하더라도, 피신청인들의 위와 같은 동시이행항변권 주장은 한국법상 허용되지 아니합니다.

75. 한국민법상 쌍무계약에 있어서 당사자 일방이 자신의 채무(예를 들면, 매도인이 매매대상 주식을 매수인에게 양도할 의무)를 이행하지 아니하거나 이행의 제공을 하지 아니한 채 상대방에게 채무(예컨대 매수인의 매매대금 지급의무)의 이행을 청구하면, 상대방은 자신의 채무 이행을 거절할 수 있습니다. 이를 '동시이행의 항변권'이라고 하며 민법 제536조가 이에 대하여 규정하고 있습니다.[23] 여

23) 민법 제536조 제1항 : "쌍무계약의 당사자 일방은 상대방이 그 채무 이

기서 정하여진 권리는 그 명칭에서 보듯이 매매와 같은 쌍무계약에서 일방 당사자가 상대방 당사자로부터 계약상 채무의 이행을 청구당하는 경우에 상대방이 부담하는 반대채무의 이행 제공이 있을 때까지 자신의 채무의 이행을 거절할 수 있는 것을 내용으로 하는 것이고, 그 일방 당사자의 계약상 채무 자체를 부인하는 것이 아닙니다. 그리하여 이러한 권리가 정당하게 성립하고 행사된 경우에, 법원은 원고의 이행청구를 기각하는 것이 아니라, 피고에 대하여 원고의 이행 제공과 서로 맞바꾸어(상환相換으로) 피고가 부담하는 계약상 채무의 이행을 명하는 이른바 동시이행의 판결을 합니다. 이는 피고의 채무가 전혀 인정되지 않는 경우에 행하여지는 원고 패소의 판결이 아니라, 원고 일부 승소의 판결인 것입니다.

76. 그런데 쌍무계약에서 상대방 당사자의 채무(예를 들면 매도인의 주식양도의무)가 이행불능이 된 경우에는 사정이 조금 다릅니다. 한국 민법은 일반적으로 채무자에게 그 채무의 이행불능에 대하여 '책임 있는 사유', 즉 귀책사유가 없는 경우에는 채무 자체가 소멸한다는 입장을 취하고 있습니다. 예를 들면, 건물의 매도인에게 아무런 귀책사유가 없이 매매목적물인 건물이 소실되어 건물을 양도하는 것이 불능하게 되었다면, 매도인의 건물양도의 채무는 그로써 아예 소멸하는 것입니다. 이 법리에는 예외가 인정되지 아니하고 있습니다. 이와 같이 이 경우에는 매매계약으로부터 발생하는 쌍방 당사자의 각 채무가 모두 소멸하여 계약 자체가 효력을 상실한 것과 같게 되므로, 동시이행의 항변권은 문제될 여지가 없습니다.[24]

행을 제공할 때까지 자기의 채무 이행을 거절할 수 있다. 그러나 상대방의 채무가 변제기에 있지 아니하는 때에는 그러하지 아니하다."

24) 다만 어떠한 채무의 이행불능이 채무자에게 책임 있는 사유로 발생한

77. 그렇다면 그 경우에 매수인의 대금지급채무는 어떻게 되는지에 대하여 한국 민법은 이른바 '채무자위험부담의 원칙'을 채택하여, 원칙적으로 매수인의 채무도 소멸한다는 태도를 취하고 있습니다(민법 제537조). 그러므로 위의 경우에 매도인의 건물양도의무가 그의 귀책사유 없는 이행불능으로 인하여 소멸한다면, 매수인의 대금지급의무도 원칙적으로는 소멸하는 것입니다.

78. 그런데 이 '채무자위험부담의 원칙'에는 의미가 적지 아니한 예외가 있습니다. 그것은 무엇보다도 위의 이행불능에 대하여 채권자에게, 즉 위의 예에서는 매수인에게 귀책사유가 있는 경우입니다. 이 경우에는 매수인의 대금지급의무는 소멸하지 아니하고 그대로 존속하여, 애초와 같이 매수인은 대금을 지급하여야 할 의무를 부담합니다(민법 제538조 제1항 제1문).[25] 그런데 이때에도 상대방인 매도인의 목적물양도의무는 앞의 제83항에서 살펴본 대로 이미 소멸하였으므로, 그 존속을 전제로 하는 동시이행의 항변권은 이 경우에도 문제될 여지가 없습니다. 결국 민법 제536조에서 정하는 동시이행의 항변권은 당사자 일방의 채무가 이행불능이 된 경우에

경우에는 그 채무가 소멸하는 것은 아니고 다만 그 채무의 내용이 이제 손해배상, 그것도 전보배상으로 전화轉化한다고 이해되고 있습니다. 그 경우에 채무자(본문에서 든 예에서는 매도인)이 매수인을 상대로 대금의 지급을 청구한다면, 매수인은 여전히 동시이행의 항변권을 행사할 수 있고, 그리하여 매수인은 매도인이 전보배상의 이행 제공을 할 때까지 자신이 부담하는 대금지급의무의 이행을 거절할 수 있다고 할 것입니다.

25) 또한 채권자(본문에서 든 예에서는 매수인)의 수령지체 중에 이행불능이 일어난 경우에는 —그 이행불능이 채무자(매도인)의 귀책사유로 인한 것이 아닌 한— 애초 매수인에게 책임 있는 사유로 이행불능된 경우와 마찬가지로 매수인의 대금지급채무는 여전히 존속하여 매도인은 그를 상대로 대금의 지급을 청구할 수 있습니다(같은 항 제2문).

는 그에 관한 귀책사유가 누구에게 있든지 간에 적용되지 아니하는 것입니다.

79. 한편 판례는 위 민법 제538조 제1항 제1문에서 정하는 '이행불능에 관하여 채권자에게 귀책사유 있는 경우'의 의미에 대하여 "여기에서 '채권자의 책임 있는 사유'라고 함은 채권자의 어떤 작위나 부작위가 채무자의 이행의 실현을 방해하고 그 작위나 부작위는 이를 채권자가 이를 피할 수 있었다는 점에서 신의칙상 비난받을 수 있는 경우를 의미한다"는 태도를 취하고 있습니다.[26)]

80. 이와 같은 한국 민법상의 법리에 비추어 볼 때, 이 사건에서도 설사 N 회사의 매각으로 인하여 A 회사의 의무가 이행불능이 된 것으로 가정한다고 하더라도, 그것이 A 회사의 귀책사유로 일어난 것이 아닌 한, 동시이행항변권의 문제는 논의될 여지가 없습니다. 그리고 그 이행불능이 누구의 귀책사유로 발생하였는지 또는 채권자(위의 예에서는 매수인)의 수령지체 중에 이행불능이 발생하였는지 여부에 따라 A 회사가 B 회사에 대하여 계약상 주된 의무의 이행(대금지급의무)을 청구할 수 있는지가 결정될 것입니다.

81. M 회사의 N 회사 매각은 피신청인들의 계약 위반으로 인하여 부득이하게 이루어진 것이고, 따라서 설사 그 매각으로 인하여 신청인의 이 사건 SPA상의 의무가 이행불능이 되었다고 하더라도 그에 대하여 신청인에게는 귀책사유가 없다고 할 것이므로, 피신청인들이 민법 제536조상의 동시이행의 항변권을 원용하여 자신

26) 많은 재판례가 있으나, 우선 근자의 것으로 대법원 2014. 11. 27. 판결 2013다94701사건(판례공보 2015년, 12면)만을 들어 두기로 합니다.

의 의무 이행을 거부할 수 있다고 주장하는 것은 한국법상 받아들여질 수 없다고 하겠습니다.

82. 이 사건에서, N 회사 매각은 B 회사의 계약 위반, 즉 그 계약상의 대환의무의 이행을 거절함으로 인하여 초래된 것으로서 M 회사로서는 대환을 하기 위하여 N 회사 매각에 이를 수밖에 없었다고 한다면, 설사 N 회사 매각으로 인하여 A 회사의 채무이행이 불능하게 되었다 하더라도, 이는 민법 제538조에서 규정하는 채권자(즉 이 사건에서는 B 회사)의 귀책사유에 기한 것이라고 볼 수 있습니다. 앞의 제87항에서 본 대로 한국의 판례는 위 민법 규정과 관련하여 "여기에서 '채권자의 책임 있는 사유'라고 함은 채권자의 어떤 작위나 부작위가 채무자의 이행의 실현을 방해하고 그 작위나 부작위는 이를 채권자가 이를 피할 수 있었다는 점에서 신의칙상 비난받을 수 있는 경우를 의미한다"는 태도를 취하고 있는데, 위와 같은 B 회사의 대환의무 이행거절이야말로 '채무자의 이행의 실현을 방해하고 채권자가 이를 피할 수 있었던 것으로서 신의칙에 반한다고 할 것입니다.

83. 그렇다면 채무자인 A 회사는 채권자인 B 회사에 대하여 여전히 이 사건 SPA으로부터 발생하는 채무에 관하여 그 급부이행청구(specific performance)로서 매매대금을 지급할 것을 청구할 수 있는 것입니다(민법 제538조 제1항).

84. 이와 같이 채권자의 귀책사유로 인하여 채무자의 의무가 이행불능에 빠진 경우에 채무자는 상대방에 대하여 여전히 의무이행을 청구할 수 있다는 재판례들은 다수 존재하며, 예를 들면 아

래와 같습니다.

(1) 아파트분양계약에서 피고가 대출금 이자를 지급하기로 약정하였는데, 이를 이행하지 아니하여 아파트가 경매됨으로써 소유권 이전의무가 이행불능에 빠진 사안에서, 채권자인 피고의 귀책사유로 인해 원고의 의무가 이행불능에 빠졌으므로 원고는 여전히 피고의 의무 이행을 청구할 수 있다고 판단하였습니다.[27)]

(2) 경매로 낙찰받은 부동산에 관하여 낙찰대금의 납부 전에 체결한 매매계약에서 매수인이 그 낙찰대금의 납입을 대신하기로 약정하였으나 이를 이행하지 아니하여 위 부동산이 재경매되었고 이로써 매도인의 채무가 이행불능이 된 경우 이는 채권자인 매수인의 귀책사유로 인한 것인바 매도인은 매수인에게 매매대금의 지급을 구할 수 있다고 판시하였습니다.[28)]

(3) 계약목적물의 소유권이전등기가 가능하였음에도 매수인이 전매의 기회를 엿보면서 그 이전등기를 태만히 하고 인도를 구하지 아니하고 있다가, 제3자가 함부로 설정한 근저당권에 기한 임의경매로 그 소유권이 타인에게 이전된 결과 매도인의 계약목적물 이전의무가 이행불능에 빠진 것은 매수인의 귀책사유로 인한 것이라고 판시한 바 있습니다.[29)]

---

27) 대법원 2011. 1. 27. 판결 2010다42495사건(법고을) 참조.
28) 대법원 2008. 8. 11. 판결 2008다25824사건(법고을) 참조.
29) 대법원 2002. 4. 26. 판결 2000다50497사건(판례공보 2002년, 1243면) 참조.

(4) 부동산 매수인이 매매목적물에 설정된 근저당권의 피담보채무에 관하여 그 채무를 인수한 후 매수인이 그 변제를 게을리 하여 근저당권이 실행됨으로써 매도인이 해당 매매목적물에 관한 소유권을 상실한 사례에서도, 채권자에 대한 관계에서는 매도인이 여전히 채무를 부담한다고 하더라도, 매도인과 매수인 사이에서는 매수인에게 위 피담보채무를 변제할 책임이 있으므로, 특별한 사정이 없는 한, 이는 매수인의 책임 있는 사유로 인하여 소유권이전등기의무가 이행불능으로 된 경우에 해당한다고 보았습니다.[30]

5. 신청인의 '이행에 갈음한 손해배상(in-lieu damages)' 청구 가부

(1) B 회사의 이 사건 SPA상 의무에 관한 이행거절(anticipatory breach)

85. 본인이 이해하기로는, B 회사는 이 사건 SPA에 따른 종결의무의 이행기 도래 전인 2016년 10월 ○○일에 A 회사에 대하여 이미 위에서 살펴본 바와 같이 A 회사가 여러 가지의 계약 위반을 저질렀다는 근거 없는 주장을 하고 그러한 주장에 기하여 앞서 본 대로 여러 차례에 걸쳐 계약을 해제한다는 의사표시를 함으로써[밑줄 부분 추가] 계약이행을 하지 아니하겠다는 분명하고도 종국적인 의사를 표시한 것으로 알고 있습니다. 따라서 A 회사에게 B 회사의 이행거절을 초래하였다고 할 만한 중대한 계약 위반이 없는 이상, B 회사의 위와 같은 표시행위는 한국법상 채무불이행의 유형 중 하나인 '이행거절'에 해당한다고 할 것입니다.

30) 대법원 2008. 8. 21. 판결 2007다8464사건(판례공보 2008년, 1271면) 참조.

86. 이행거절이란 채무자가 채무의 이행이 가능함에도 이를 행할 의사가 없음을 채권자에 대하여 진지하고 종국적으로 표시하여 객관적으로 보아 채권자로 하여금 채무자의 임의의 이행을 더 이상 기대할 수 없게 하는 경우로서, 계약 위반(또는 채무불이행)의 전형적인 경우에 해당합니다.

87. 특히 이 사건과 같이 상대방이 계약을 위반하였다고 근거 없이 주장하고, 나아가 이를 이유로 하여 계약을 해제하는 등으로 자신이 계약상 의무가 없음을 주장하는 것은 전형적으로 판례가 인정하는 이행거절의 사안유형입니다. 이와 같은 취지의 재판례들은 실무에서 아래와 같이 일찍부터 그리고 다수 등장하고 있습니다.

(1) 매도인에게 계약 위반의 사실이 없음에도 불구하고 매수인이 매도인에 대하여 그의 계약 위반을 주장하고 계약금의 배액상환을 요구한 사안에서, 특별한 사정이 없는 한 매수인은 그 계약을 이행할 의사가 없음이 명백하다고 판단하였습니다.[31)]

(2) 부동산매매계약에서 매수인이 목적물의 평수가 계약보다 훨씬 모자란다는 근거 없는 주장을 하여 중도금을 지급할 수 없다는 뜻을 통고하는 한편으로, 매도인이 담보제공을 위한 준비를 하는 데 비하여 매수인은 이를 담보로 하여 은행 등으로부터 융자를 받으려고 노력한다든가 기타 원고의 담보제공의무를 수령할 준비를 갖춘 흔적조차 없었던 사안에서, 매수인측의 이행거절을 인정하

---

31) 대법원 1956. 2. 16. 판결 4288민상130사건(대법원판결요지집 민사·상사편 I-2권, 876면).

였습니다.[32)]

(3) 매수인이 인접 국유지도 불하받을 수 있도록 매도인이 주선한다는 부수적인 약정이 있는 부동산매매계약에서 매도인이 국유지불하신청을 이미 하여 두었음에도 불구하고 잔금을 마련하지 못한 매수인이 위 국유지 불하 절차가 완료되지 아니하였다는 근거 없는 이유로 잔금 지급을 거절한 사례에서, 이는 매수인으로서의 채무이행을 거절하는 의사를 명백히 표시한 경우에 해당한다고 보았습니다.[33)]

(4) 매매계약에서 매수인이 잔금 지급을 제공하였음에도 매도인이 자신의 의무에 관하여 스스로 이행지체에 빠진 후에 오히려 매수인의 귀책사유로 자신에 의하여 계약이 해제되었다고 주장하면서 자신이 수령하였던 계약금 상당액을 공탁한 사안에서, 특별한 사정이 없는 한 매도인은 매수인이 이행을 최고하더라도 자신의 의무를 이행하지 아니할 의사를 미리 표시한 것이므로, 이행의 최고 없이 매매계약을 해제할 수 있다고 판단하였습니다.[34)]

88. 이와 같이 '이행거절'이라는 계약 위반의 유형에 해당하는 경우에는, 이행불능의 경우에 준하여, 채무자에게 이행의 최고 또는 이행의 제공을 할 필요도 없이 계약을 해제할 수 있고, 그 이행거절시의 시가를 기준으로 이행에 갈음하는 손해배상을 구할 수 있습니다.[35)]

---

32) 대법원 1981. 11. 24. 판결 81다633판결(법원공보 1982년, 70면).

33) 대법원 1993. 2. 23. 판결 92다50805사건(법원공보 1993년, 1067면).

34) 대법원 2009. 3. 12. 판결 2008다29635사건(법고을).

35) 대법원 2005. 8. 19. 판결 2004다53173사건(판례공보 2005년, 1498면); 대

89. 또는 채권자는 계약을 해제하지 아니하고 이행거절한 채무자에 대하여 여전히 급부의무에 대한 이행을 청구할 수도 있습니다. 그리하여 채권자는 채무자의 불이행을 전제로 급부이행에 갈음한 손해배상과 위의 급부이행을 선택적으로 청구할 수 있습니다.[36)]

(2) 신청인의 급부이행청구 및 전보배상 청구

90. 이 사건에서, B 회사는 이행기 전인 2016년 10월 ○○일에 A 회사에 대하여 계약이행을 하지 아니하겠다는 분명하고도 종국적인 의사를 표시한 바 있으므로, A 회사는 자신이 중대한 진술 및 보장 기타 의무의 위반을 저지르지 아니한 이상, 자신의 의무(주식양도)에 대한 이행제공이나 B 회사에 대한 이행의 최고를 하지 아니하고서라도, 그 즉시로, 다시 말하면 위의 2016년 10월 ○○일에 이 사건 SPA를 해제하고 B 회사에 대하여 이행에 갈음한 손해배상을 청구할 수 있다고 할 것입니다. 이 경우 신청인이 청구할 수 있는 전보배상은 이행거절 당시의 주식매매대금 상당액 및 이에 대하여 이행거절시로부터 완제일까지 상사법정이자율(연 6%)에 의한 지연손해금입니다.[37)]

법원 2008. 5. 15. 판결 2007다37721사건(법고을) 등 참조.

36) 앞의 제88항에서 살펴본 바와 같이 이행거절의 법률효과는, 원래의 이행을 선택적으로 청구할 수 있다는 점을 제외하고는, 이행불능과 마찬가지로 다루어져야 한다는 점에 대하여는 우선 양창수, "독자적인 채무불이행유형으로서의 이행거절 재론 — 판례의 형성 및 법률효과를 중심으로", 법조 2015년 1월호, 1면 이하, 특히 36면 이하 참조.

37) 이 지연손해금이 이행거절시부터 발생한다는 점에 대하여는, 대법원 2015. 1. 29. 판결 2013다56891사건(미공간)("채무자가 이행기에 이르러 이행지체에 빠진 상태에서 이행거절의 의사를 명백히 표시하는 경우에, 채권자는 최고 없이 계약의 해제나 손해배상을 청구할 수 있고, 채무자는 이행거절의 의사를 표시한 때로부터 그 손해배상채무에 대한 지체책

91. 그런데 A 회사는 위와 같은 B 회사의 이행거절을 이유로 계약 해제 및 전보배상권을 행사하는 대신, 이행기(Closing Date)를 기다려 B 회사에 대하여 계약의 현실적 이행(specific performance)을 청구하고 B 회사가 이를 이행하지 아니하는 경우 이행에 갈음한 손해배상(in-lieu damage)을 청구하는 방안을 선택하였습니다. 이러한 경우에도, A 회사가 청구할 수 있는 손해액은 주식매매대금과 이에 대한 B 회사의 이행거절시로부터 완제일까지 상사법정이자율(연 6%)에 의한 지연손해금이 될 것이라고 생각됩니다.

92. A 회사가 이러한 손해액을 배상받게 되면 일단 B 회사의 채무불이행에 따른 통상의 손해는 전보된 것으로 볼 수 있을 것입니다. 그러나 그 밖에 추가적인 손해(예를 들면, refinancing 및 M 회사 매각 등과 관련하여 지출된 자문료 등 추가비용)가 있다면, 이는 민법 제393조에서 말하는 특별한 사정으로 인한 손해(이른바 '특별손해')에 해당할 것입니다. 따라서 B 회사는 자신의 채무불이행으로 인하여 A 회사가 이러한 비용을 지출할 것임을 알았거나 알 수 있었던

임을 진다") 등 참조. 이 대법원판결은 채무자가 이행기를 도과함으로써 이행지체에 빠진 후에 이행거절을 한 사안에 대하여 판시하고 있으나, 앞의 주 36에서 본 대로 이행거절의 법률효과는 일반적으로 이행불능의 그것에 따라야 할 것이므로, 이행불능으로 인한 손해배상청구권에 대한 지연손해금에 관한 판례법리에 좇아 이행거절이 이행기 전에 일어난 경우에도 그때부터 지연손해금이 가하여져야 할 것입니다. 이행거절로 인한 손해배상청구권에 대한 지연손해금 기산시기의 문제에 대하여는 이미 양창수(주 36), 47면 이하도 참조. 한편 이행불능으로 인한 손해배상청구권에 대한 지연손해금에 관한 위와 같은 판례법리는, 대법원 1967. 11. 28. 판결 67다2178사건(대법원판례집 제15권 3집, 332면); 대법원 1975. 5. 27. 판결 74다1872사건(법원공보 518호, 8542면); 대법원 2013. 12. 12. 판결 2013다14675사건(판례공보 2014년, 161면) 등에서 명백합니다.

경우에는 A 회사는 B 회사에게 위와 같은 추가 손해의 배상을 청구할 수 있는 것으로 보입니다.

(2017년 8월 작성)

10. 금융기관의 인수계약에서 불공정한 법률 행위, 사기·강박 및 착오의 주장 및 불법행위책임, 민법 제150조 적용

본인은 ○○(이하 "신청인")와 ○○(이하 "피신청인") 사이의 ICC 중재사건(ICC Case No. ○○)에 관하여 다음과 같이 의견을 개진한다.

본인은 이 의견서를 한글로 작성하였으며, 피신청인의 대리인이 영어 번역을 첨부하여 제출한다는 점을 이해하고 있다.

Ⅰ. 학력 및 경력 [생략]

Ⅱ. 제공받은 자료 [생략]

Ⅲ. 제공받은 전제사실의 요지

9. 이 사건 주식매매계약 및 수정 계약의 체결 경과는 다음과 같다.

- 2010년 ○월 ○일 피신청인이 신청인으로부터 X은행의 지분 51%를 4조 6천여 원(1주당 14,250원)에 매수하기로 하는

주식매매계약 체결(이하 "최초 SPA")

- 2010년 ○월 거래종결시한을 2011. 5. 31.까지로 하는 제1차 수정 계약 체결(이하 "제1차 수정 SPA")
- 2011년 ○월 매매대금을 4조 4천여 원(1주당 13,390원)으로 하고, 2011년 11월 30일까지(이하 "lock-up 기간") 거래가 종결되지 아니하면 당사자 중 일방이 해제할 수 있다는 내용의 변경 계약 체결(이하 "제2차 수정 SPA")
- 2011년 ○월 매매대금을 3조 9천여 원(1주당 11,900원)으로 하고, 2011년 12월까지 거래가 종결되지 않으면 신청인이, 2012년 2월까지 거래가 종결되지 않으면 당사자 중 일방이 해제할 수 있다는 것을 주요 내용으로 하는 변경 계약 체결(이하 "최종 SPA")

10. 금융지주회사가 은행 주식을 취득하여 그 은행을 자회사로 편입하려면, 금융지주회사법 제16조, 제17조에 따라 금융위원회의 승인을 받아야 한다.[1)] 이와 같은 금융위원회의 자회사 편입 승인과 관련된 사실관계는 다음과 같다.

- 2010년 12월 피신청인이 금융위원회에 자회사편입 승인신청서 제출
- 2011년 10월 금융위원회가 피신청인에게 경과보고(status report) 요청(거래 진행경과 및 제2차 수정 SPA상의 lock-up 기간 이후의 거래지속 여부 의사의 확인을 요청)
- 농년 11월 피신청인이 금융위원회에게 신청인과 재협상을 진행하고 있다는 취지의 경과보고서 제출

1) 2010년 6월 8일 법률 제10361호로 일부개정된 금융지주회사법.

- 동년 11월 금융위원회가 피신청인에게 새로운 승인신청서를 제출할 것을 요청
- 동년 12월 피신청인이 금융위원회에 최종 SPA를 기초로 한 새로운 자회사편입승인 신청서 제출
- 2012년 1월 금융위원회의 자회사 편입 승인
- 2012년 2월 주식매매거래 종결

11. 한편 위와 같은 이 사건 주식매매거래가 진행 중이던 당시, 신청인에 대하여 주가조작 혐의에 관한 형사재판(이하 "주가조작 사건")이 진행 중이었다. 은행법은 10%를 초과하는 은행 주식을 보유하기 위해서는 "최근 5년간 금융 관련 법령을 위반하여 벌금형 이상에 해당하는 형사처벌을 받은 사실이 없을 것"을 요구하고 있고, 이와 같은 요건이 구비되지 못하는 경우에 금융위원회는 한도초과주식 보유 자격에 관한 적격심사를 하여 충족명령(compliance order) 및 처분명령(sales order)을 내릴 수 있다.[2] 따라서 주가조작 사건에 대한 형사재판은 신청인의 주식 보유 자격에 영향을 미치게 되는데, 금융위원회는 피신청인의 자회사 편입 승인에 관한 심사를 함에 있어서 주가조작 사건의 형사재판 결과를 주시하고 있었다. 이와 관련한 사실관계는 다음과 같다.

- 2008년 2월 제1심판결 선고 (유죄)
- 동년 6월 항소심판결 선고 (무죄)
- 2011년 3월 대법원판결 선고 (파기환송, 유죄 취지)
- 동년 5월 금융위원회의 승인심사 보류 선언 (환송 후 항소심 사건 결과를 보기 위하여)

---

2) 은행법 제15조, 제16조의4. 동법 시행령 제5조 [별표 1].

– 동년 10월 환송 후 항소심판결 선고 (유죄)
– 같은 달 신청인의 상고 포기로 위 유죄판결 확정
– 같은 달 금융위원회가 신청인에게 초과주식의 보유에 관한 요건을 충족할 것을 명령
– 동년 11월 금융위원회가 신청인에게 초과주식을 6개월 내에 처분할 것을 명령

12. 위와 같은 유죄판결의 확정에 따라 금융위원회가 위 충족명령을 내린 후 2011년 10월 말부터 11월 하순까지 피신청인은 신청인에게 "주식매매가격을 인하하지 않으면 금융위원회가 자회사 편입 승인을 하지 않거나 지연할 것이라고 생각한다"는 취지로 가격 인하를 설득하였다. 신청인은 금융위원회가 피신청인에게 가격 인하를 요구하였느냐고 물었으나, 피신청인은 "금융위원회가 명시적으로 가격 인하를 요구한 것은 아니고, 암묵적으로(implied) 요구하였다"고 답변하였고 또한 "승인을 위하여 가격 인하가 필요하다는 것은 정치권이나 여론을 종합하여 고려한 피신청인의 느낌이나 판단"이라고 언명하였다.

13. 한편 금융위원회는 lock-up 기간이 다가옴에 따라 피신청인에게 lock-up 기간 이후에도 계약을 유지할 것인지를 문의하였고, 피신청인은 2011. 11. 14. 금융위원회에 서면으로 (i) 신청인과 가격 인하를 포함한 계약 수정 협의를 하고 있으며, (ii) 수정 계약을 체결할 경우 새로운 편입승인절차를 진행할 가능성이 있다는 점을 신청인에게 설명하였다고 보고한 바 있다.

14. 이 보고를 받은 후 금융위원회는 앞의 제11항 말미에서 본

대로 2011. 11. 18. 신청인에게 초과보유 주식 처분명령을 내리고, 이와 동시에 편입승인절차와 관련해서는 (i) 2010년 편입승인의 신청이 있은 후 많은 시간이 경과하여 상황이 변하였고, (ii) 신청인의 초과보유 주식에 대한 의결권이 제한되었으며, (iii) 피신청인도 신청인에게 새로운 승인절차를 진행할 가능성이 있다고 설명하였다는 점을 종합적으로 고려하여 피신청인에게 제반 상황의 변화를 반영한 새로운 신청서를 제출하라고 통보하였다.

15. 피신청인과 신청인은 2011년 11월 가격 인하에 대한 추가 협상을 진행하여 매매대금을 주당 11,900원으로 인하하기로 합의하고, 이후 세부적인 협상을 거쳐 동년 12월 최종 SPA에 서명하였다.

Ⅳ. 법률 의견을 요청받은 사항

16. 이상과 같은 전제사실 아래에서, 본인은 특히 신청인이 제출한 전문가 A의 의견(이하 “A 의견”)(또 A의 의견을 적은 서면은 이하에서 “A 의견서”라고 부르기로 한다)에 관하여 의견을 제공하여 줄 것을 요청받았다.

Ⅴ. A 의견 및 반박의견의 요지

17. A 의견을 요약하면 아래와 같다.

17.1. 이 사건 최종 SPA는 불공정한 법률행위에 해당할 뿐만 아니라 피신청인에 의하여 유발된 착오 혹은 피신청인의 사기 또는 강박에 따라 이루어진 법률행위로서 무효이거나 취소할 수

있고, 이는 또한 불법행위를 구성한다.[3)]

17.2. 이 사건 최종 SPA가 무효이거나 또는 취소됨에 따라 피신청인이 신청인에게 부당이득으로 반환하거나 불법행위에 기초한 손해배상으로 지급하여야 할 금액은 제2차 수정 SPA에서 정한 매매대금과 최종 SPA에 따라 지급된 매매대금의 차액이다.[4)]

17.3. 피신청인은 최선의 노력을 다할 의무를 위반함으로써 신의칙에 반하여 금융위원회의 자회사 편입 승인이라는 조건의 성취를 방해하였으므로 신청인은 위 조건의 성취를 주장할 수 있다.[5)]

18. 이하에서는 A 의견의 전제가 되는 '최선 노력 의무'에 관한 의견을 먼저 피력한 다음(아래 VI.), 각각의 세부 쟁점(민법 제104조, 제109조, 제110조, 제750조 및 제148조, 제150조)에 관한 의견을 A 의견서에 기재된 순서에 따라 개진하겠다(아래 VII. 내지 XIII.).

19. 의문의 여지를 피하기 위하여 부언하면, 본 의견서가 A 의견에 대한 반대주장을 담고 있지만 모든 세세한 사항에 관하여 일일이 반대하는 주장까지를 담고 있지는 아니하다. 따라서 본 의견서에서 특정한 사항에 관한 A 의견 또는 결론에 대하여 구체적으로 반대하는 주장을 제기하지 아니하였다는 이유로 본인이 이에 동의한 것은 아님을 명확하게 밝혀두고자 한다.

---

3) A 의견서 제26항 내지 제143항, 제152항.

4) A 의견서 제144항 내지 제157항.

5) A 의견서 제158항 내지 제171항.

Ⅵ. A 의견의 전제가 되는 '최선 노력 의무'에 대한 의견

20. A는 '최선의 노력을 다할 의무'에 관하여 항목을 따로 하여 의견을 제시하고 있지는 않다. 그러나 A는 의견서 곳곳에서 '최선의 노력을 다할 의무'를 언급하며,[6] 금융위원회의 승인을 받지 못한 것은 피신청인이 최선의 노력을 다할 의무를 위반한 행위라는 의견을 표명하였다.[7]

21. 그러므로 최선의 노력을 다할 의무에 관한 한국법의 법리에 관하여 살펴본다.

22. 한국의 대법원은, 계약에 그 당사자 일방이 어떠한 일에 관하여 "최선의 노력을 다한다"고 하는 조항이 있다고 하더라도, 일반적으로 그에 기하여 그러한 내용의 법적인 의무를 인정하지 아니하는 태도를 취한다.[8] 그 하나의 예를 들면, 대법원 1994. 3. 25. 판결 93다32668사건(법원공보 1994년, 1320면)은 "어떠한 의무를 부담하는 내용의 기재가 있는 문면에 '최대 노력하겠다'라고 기재되어 있는 경우, 특별한 사정이 없는 한 당사자가 위와 같은 문구를 기재한 객관적인 의미는 문면 그 자체로 볼 때 그러한 의무를 법적으로는 부담할 수 없지만 사정이 허락하는 한 그 이행을 사실상 하겠다는 취지로 해석함이 상당하다"고 판시하고 있는 것이다.[9]

---

6) A 의견서 제19항, 제25.2항, 제37.2항, 제37.3항, 제80항, 제118항, 제125항, 제133항, 제134항, 제139항, 제167항 및 제170항.

7) A 의견서 제134항, 제167항 및 제170항.

8) 대법원 1994. 3. 25. 판결 93다32668사건(법원공보 1994년, 1320면); 대법원 1996. 10. 25. 판결 96다16049사건(판례공보 1996년, 3442면); 대법원 2013. 6. 27. 판결 2012다79347사건(판례공보 2013년, 1301면) 등.

본인은 대법원이 "최선의 노력을 다한다"는 문언에 법적 구속력을 인정하여 이를 근거로 새로운 법적 의무를 부과하거나 기존의 의무를 강화한 사례를 알지 못한다.

23. 한국 법원은 구체적인 계약에서 당사자가 의도한 바를 해석하여, 최선의 노력을 할 법적 의무가 있는지 또는 그 내용은 무엇인지, 나아가 당사자가 그 의무를 위반하였는지 여부에 관하여 판단할 것이다. 특히 이 사건에서 문제되는 제2차 수정 SPA 제6.3.2조[10]를 해석함에 있어서는 "법에 따라 요구되는 것(required to be done under applicable Laws)을 할 의무"라는 문언을 또한 무시하여서는 아니된다. 피신청인의 어떤 작위 또는 부작위가 최선 노력 의무의 위반에 해당하는지를 판단함에 있어서 한국의 법원은 그러한 작위 또는 부작위가 법에 따라 요구되는 것인지 여부를 가장 중요한 요소로 평가할 것이다. 그것이 계약에서 최선 노력 의무를 규정한 당사자의 의도를 가장 정확하게 해석하고 적용하는 방법이라고 할 것이기 때문이다.

24. 아울러 신청인은, 피신청인이 제2차 수정 SPA에 따라 금융위원회의 승인을 얻기 위하여 최선의 노력을 다하여야 하였던 시기에 자회사 편입 승인 신청서를 제출하는 것 이외에 추가적인 노력을 하지 아니하고 오히려 피신청인 자신의 이익을 위하여 대금 감액을 추구하였으므로 이 자체로 최선의 노력을 다할 의무를 위반하는 동시에 금융위원회의 승인이라는 조건 성취를 방해하였

9) 대법원 1994. 3. 25. 판결 93다32668사건(앞의 주 8 참조).

10) 제2차 수정 SPA는 최초 SPA에 수정 내용만을 표시하는 방식으로 체결되었으므로, 위 제6.3.2조는 최초 SPA 계약에 규정되어 있는 내용이다.

다고 주장하는 것으로 안다.[11] 그러나 최선의 노력을 다할 법적 의무가 있는지 또는 그 구체적인 내용이 무엇인지 및 피신청인이 그 의무에 위반하였는지 여부에 관하여 판단함에 있어서는 아래와 같은 사실들이 의미 있게 고려될 필요가 있다.

1. 금융위원회의 승인심사 보류 선언

25. 대법원이 2011년 3월 주가조작 사건에서 무죄를 선고한 항소심판결을 유죄 취지로 파기환송하는 판결을 선고하자, 금융위원회는 동년 5월 피신청인의 자회사편입승인 신청에 관한 언론 간담회를 열어, 주가조작 사건에 관한 사법적 결론이 내려질 때까지 승인심사 절차를 보류하겠다고 선언하였다.

26. 이것이 금융위원회가 스스로 밝힌, 당시까지 승인심사가 지연되고 있던 원인이다. 그러므로 위 사실은 피신청인이 금융위원회의 승인심사 절차의 속행을 위하여 할 수 있는 일이 없고, 신청인이 주장하는 '승인심사 절차 지연'이라는 조건불성취의 상황이 신청인에게 귀책사유가 있는 주가조작 사건으로 인하여 발생하였다는 점을 확인해 주는 직접적인 증거가 된다.

27. 따라서 위 사실은 최선의 노력을 다할 의무와 조건 성취의 방해와 관련된 신청인의 주장(특히 인과관계 부분)에 정면으로 영향을 미친다. 그러나 A 의견에는 위 사실이 간과되어 있다.

11) Reply 제234항 내지 254항, 제353항.

2. lock-up 기간이 임박한 시기의 재협상에 관한 법적 제약 및 거래 실무

28. 계약 변경의 자유는 사적자치의 원칙에 따라 당연히 인정되므로 계약 기간 중에 조건에 대한 재협상을 하는 것을 두고 계약상 의무를 저버리는 것이라 할 수 없고, 한국 민법에는 이러한 재협상을 금지하는 아무런 제한이 없다.

29. 더욱이 피신청인 대리인의 설명에 따르면, 아래와 같이 lock-up 기간이 도래하기 상당한 기간 전부터 계약기간의 연장, 매매대금 증감 등 거래 조건을 변경하는 재협상을 진행하는 것이 거래의 실무였고, 신청인 역시 실제로 그렇게 하여 왔다.

29.1. 신청인은 피신청인과 이 사건 주식매매계약을 체결하기 전인 2006년 5월 무렵 B은행에 이 사건 주식 매각을 시도하여 무산된 적이 있다. 신청인과 B은행의 주식매매계약은 1차적으로 2006년 5월 체결되었는데, lock-up 기간은 120일이었다. 당시 금융감독원 부원장은 이에 대하여 "(lock-up 기간인) 120일 동안 관련 당국과의 모든 문제가 해결이 안 된다면 그 때 B은행하고 신청인 측은 다시 협의해야 할 것으로 보인다"고 밝혔다. 이와 같이 lock-up 기간 내에 금융위원회의 승인 등 필요한 행정결정을 받지 못하면 기한 만료 무렵 재협상이 필요하다는 것은 거래 관련자들에게 잘 알려져 있던 상식이었다.[12)]

29.2. 신청인은 2006년 B은행과의 거래 시도 당시 lock-up

12) 2006년 5월 23일자 FNtimes 기사, "인수협상 120일내 못하면 재협상".

기간이 만료될 무렵이 되자 기한 연장과 함께 당시까지 변동된 주가를 반영하여 매매대금 증액을 요청하는 등으로 가격 조정에 관한 재협상을 진행하였다.[13)]

29.3. 신청인은 이 사건 제1차 수정 SPA의 lock-up 기간이 임박하였을 때에도 기간 연장과 함께 가격 조정에 관한 재협상을 진행하였다.[14)]

30. 이처럼 lock-up 기간을 전후하여 기간 연장, 가격 조정 등에 관하여 재협상을 하는 것이 통상적인 거래의 실무라는 사실은 최선의 노력을 다할 법적 의무의 존부 및 내용과 그 위반 여부 판단에 영향을 미친다.

31. 신청인은 피신청인이 대금 감액을 위한 재협상의 시간을 확보하기 위하여 금융위원회에게 재계약을 협의 중이라는 상황보고서를 제출함으로써 최선의 노력을 다할 의무를 위반하였다는 취지로 주장하고 있는 것으로 안다.[15)] 그런데 lock-up 기간이 임박한 시점에 가격 조정을 포함한 재협상을 하는 거래 실무가 존재하고, 이와 같은 거래 실무에 따라 진행 중이었던 재협상 사실이 상황보고서에 기재된 것일 뿐이라면, 이는 최선을 다할 의무의 위반이 없다고 결론 내릴 강력한 근거가 될 수 있다.

---

13) 2016년 9월 18일자 중앙일보 기사 "시한 넘긴 외환은행 매각계약 론스타서 조건 변경 요구 당연".

14) 2011년 5월 20일자 국민일보 기사 "외환은 계약 연장 조건 대금 8,000억원 더 달라 … 론스타의 승부수 거나".

15) Reply 제251항 내지 제254항.

32. 따라서 lock-up 기간이 임박한 무렵의 재협상에 관한 거래실무는 최선의 노력을 다할 법적 의무의 존부 및 내용과 그 위반 여부의 판단에 있어 간과되어서는 안 되는 사실이다. 그럼에도 불구하고 A의 의견은 이와 같은 사실을 고려하지 않았으므로 A의 의견을 신뢰하는 데에 주의를 기울여야 한다.

Ⅶ. 민법 제104조의 불공정한 법률행위

A. 일반법리

33. 민법 제104조는 민법에 있어서 예외적으로 적용되는 조항으로 상거래에서는 더욱 좀처럼 잘 적용되지 아니한다. 민법 제104조는 "당사자의 궁박, 경솔 또는 무경험으로 인하여 현저하게 공정을 잃은 법률행위는 무효로 한다"라고 규정하고 있다. 민법 제103조와 마찬가지로 민법 제104조에 의한 무효도 예외적인 경우로 제한되고, 한국 법원은 이 조항에 의한 계약의 무효를 거의 인정하지 아니한다. 민법 제104조의 주장을 위한 요건은 다음과 같다.[16)]

가. 당사자 일방의 궁박, 경솔 또는 무경험: 계약의 무효를 주장하는 당사자가 일반적인 생활상 또는 거래상 경험이 부족하거나 또는 스스로 결정을 내릴 자유를 박탈당할 정도의 급박한 곤궁 상태, 즉 절박한 재정적 · 육체적 혹은 정신적인 취약 상태에 있어야 한다.

나. 상대방의 악의: 상대방은 이러한 취약함을 알면서, 나아가 이를 의도적으로 이용하였어야 한다.

---

16) 민법주해 [Ⅱ], 제104조, 244면 이하(민일영 집필부분).

다. 급부와 반대급부 사이의 현저한 불균형: 급부와 반대급부 사이에 현저히 불공정할 정도의 불균형이 있어야 한다. 그 '현저한 불균형'은 대체로 어떤 거래 목적물의 시가 기타 그 정당한 가격이 실제로 합의된 대가보다 2배 이상으로 많은 경우에 한하여 긍정되고 있다.[17)]

34. 대법원이 2002. 9. 4. 판결 2000다54406사건[18)]에서 판시한 것처럼 민법 제104조의 목적은 "약자적 지위에 있는 자의 궁박, 경솔 또는 무경험을 이용한 폭리행위를 규제"하는 데에 있다. 계약이 위 조항에 의하여 무효임을 주장하기 위하여, 당사자는 자신(또는 그 대리인)이 일반적인 생활상 또는 거래상 경험이 부족하거나 스스로 결정을 내릴 자유를 박탈당한 급박한 곤궁상태에 있었음을 입증하여야 한다. 또한 당사자는 상대방이 자신의 취약함을 알면서 이를 의도적으로 이용하였고, 급부와 반대급부 사이에 현저한 불균형이 있음을 청구인이 입증하여야 한다. 제104조는 이 사건 매매계약의 당사자들과 같이 거래 경험이 풍부한 자들 사이에서 체결된 상거래 계약에는 적용되기 어렵다고 할 것이다. 나아가 신청인이 무슨 궁박의 상태에 있다고 하기도 어렵다고 여겨진다. 이러한 계약을 무효화하는 근거가 되는 무경험이나 궁박에 대하여는 높은 기준이 설정되어 있어 거의 인정되지 아니한다. 예를 들어 대법원 2002. 10. 22. 판결 2002다38927사건[19)]에서는 초등학교 졸업의 학력만을 가지고 있었고, 부인을 사망에 이르게 했다는 죄책감으로 합

17) 주석민법: 총칙(2)(2010), 제104조, 450면 이하(윤진수 · 이동진 공동집필 부분).

18) 판례공보 2002년, 2308면.

19) 판례공보 2002년, 2793면.

의내용에 대한 설명 없이 보험합의를 한 당사자에게조차도 경솔이나 무경험을 인정하지 않았다.

35. 이 사건의 경우 위 세 가지 요건 중 '현저한 불균형' 요건을 구비하였는지에 관한 결론이 비교적 용이하게 도출될 수 있을 것으로 보이므로 논의의 효율상 이에 관하여 먼저 살핀 다음 나머지 요건들에 관하여 살피겠다.

B. 현저한 불균형

1. 급부와 반대급부의 불균형 판단방법

36. A는, 이 사건 최종 SPA는 주식의 매매대금을 단순히 감액하기 위한 법률행위이므로 감액이 이루어진 부분에 한정하여 이에 대한 급부와 반대급부 사이에 불균형이 존재하는지 여부를 살펴야 하는데,[20] 감액된 대금에 대한 반대급부인 금융위원장의 확약은 실제로 존재하지 않았으므로, 현저한 불균형의 요건도 충족되었다고 주장한다.[21]

37. 급부의 불균형은 급부와 반대급부 전체를 비교하여 법률행위 전체가 불공정행위에 해당하는지 여부를 따져야 한다는 것이 불공정한 법률행위에서 현저한 불균형을 판단하는 방법에 관한 한국 민법의 기본법리이다. 한국 대법원 역시 같은 입장이다. 한국 대법원은 일체로서 이루어진 두 개의 계약 중 하나의 계약의 불공정성이 문제된 사안에서, 급부의 불균형은 일체로서 이루어진 두 개

20) A 의견서 제49항.

21) A 의견서 제50항, 제51항 및 제54.2항.

의 계약을 아울러 전체로서의 급부의 내용과 가치를 종합적으로 고려하여 판단되어야 한다고 판시하였다.[22)]

38. 현저한 불균형의 판단방법에 관하여 A 의견이 무엇인지는 상당히 혼란스러우나, A 역시 하나의 법률행위에서 이루어진 급부를 전체적으로 비교해야 한다는 법리 자체는 수긍하고 있는 것으로 보인다. 그러면서도 A는 제2차 수정 SPA와 최종 SPA를 아우르는 전체적인 거래모습을 하나의 법률행위라고 전제하고 제2차 수정 SPA에서 정한 매매대금을 본래의 급부라고 보아 최종 SPA는 대금감액 계약일 뿐이라고 주장하고 있는 것으로 보인다.

39. 그러나 제2차 수정 SPA 및 이를 수정한 최종 SPA 전체가 전체적으로 하나의 법률행위라는 견해는 타당하지 아니하다. 아래와 같은 이유로 최종 SPA는 당사자가 의도한 하나의 종국적인 법률행위라고 평가된다.

39.1. 첫째, A 또한 인정하듯이 최종 SPA는 제2차 수정 SPA를 대체하는 계약이므로[23)] 이 두 개의 계약이 동시에 병렬적으로 양립하며 하나의 법률행위를 구성할 수 없다.

39.2. 둘째, 최종 SPA에 제2차 수정 SPA에는 반영되지 못하였던 제2차 수정 SPA 체결 이후 변경된 상황들이 총체적으로 반영되어 계약 내용이 전반적으로 변경되었다. 예컨대 2012. 2. 28.까지

22) 대법원 2013. 9. 26. 판결 2010다42075사건(판례공보 2013년 하권, 1873면).

23) A 의견서 제54.2항.

로 lock-up 기간이 연장되는 한편 2011. 12. 31.까지 거래가 종결되지 않을 경우 오로지 신청인이 계약을 해제할 수 있다는 추가적인 약정해제권이 부여되었고,[24] 매매대금이 감액되었다.

40. 이처럼 최종 SPA는 단순한 대금감액 계약이 아니라, 제2차 수정 SPA 이후 변경된 시장 상황 등이 총체적으로 반영된 변경계약으로서 그 자체로 완전하고 새로운 전체 계약이다. 따라서 최종 SPA에서 정하고 있는 급부인 이 사건 외환은행 주식과 반대급부인 실제 지급된 매매대금(주당 11,900원)이 급부의 불균형 판단을 위한 비교 대상이 된다.

2. 현저한 불균형의 판단기준

41. 앞서 살핀 것과 같이 '현저한 불균형'은 대체로 어떤 거래목적물의 시가 기타 그 정당한 가격이 실제로 합의된 대가보다 2배 이상으로 많은 경우에 한하여 긍정되고 있다.[25] A 스스로 인용하는 사례들 역시 적어도 시가의 4배가 넘는 가격에 매매되거나, 대금지급의무가 없는 사람으로부터 대금을 지급받은 사안이다.[26]

---

24) 최종 SPA 제9.1.2조.

25) 앞의 주 17 및 그 본문 참조.

26) 대법원 2011. 4. 28. 판결 2010다106702사건(법고을)(여기서 「법고을」이라고 함은 대법원의 부속기관인 법원도서관에서 재판례 등을 수집하여 공간하는 전자매체를 말한다. 이하 재판례를 인용하면서 「법고을」을 출전으로 기재한 경우에 모두 같다)에서는 시가의 6배 내지 20배로 목적물이 매매되었다. 대법원 2010. 7. 15. 판결 2009다50308사건(판례공보 2010년 하권, 1566면)에서는 시가의 4배 이상으로 목적물이 매매되었다. 대법원 2007. 12. 28. 판결 2007도6441사건(법고을)에서는 시가의 4배 내지 6배로 목적물이 매매되었다. 대법원 1992. 12. 24. 판결 92다16669사건(법원공보 1993년, 591면)에서는 전 소유자의 연체 수도요금을 납부할 의무가 없었던 사람이 공장의 운영을 위하여 이를 납부하였다.

3. 현저한 불균형의 존부

42. 위와 같은 법리에 따라 최종 SPA의 급부와 반대급부 사이에 현저한 불균형이 존재한다고 볼 수 있을지에 관하여 보겠다. 피신청인 대리인의 설명에 따르면, 이 사건 주식매매계약은 제2차 수정 SPA 매매대금 1주당 13,390원에서 최종 SPA 1주당 11,900원으로 감액되었다는 것이다. 이는 종전의 매매대금의 약 11%가 감액된 것에 불과하여, 감액된 금액만을 보더라도 대한민국 법원이 현저히 불균형한 급부라고 인정할만한 수준에 이르지 못한다.

44. 이처럼 최종 SPA의 급부와 반대급부 사이에 현저한 불균형이 존재한다고 인정될 수 없다면, 나머지 요건에 관하여는 더 나아가 살펴볼 필요도 없이 최종 SPA가 불공정한 법률행위라고 할 수 없을 것이다. 그러므로 나머지 요건에 관하여는 A의 의견에 반박하는 범위에서만 이를 살피도록 하겠다.

C. 사회상규상 허용될 수 없는 반사회성

45. A는, 민법 제104조의 요건을 충족시키는 법률행위는 민법 제103조가 규정하는 반사회적 법률행위로 간주되므로, 불공정한 법률행위가 성립하기 위하여 해당 법률행위가 선량한 풍속 기타 사회질서에 위반된다고 인정될 필요까지는 없다는 취지로 주장한다.[27)]

46. 그러나 이는 민법 제103조와 제104조의 관계에 대한 견해

27) A 의견서 제28항 내지 제30항.

로서는 타당하지 아니한다. A는 민법 제104조의 불공정한 법률행위가 민법 제103조의 반사회적 법률행위의 한 예라고 스스로 인정한다.[28] A 또한 인정하는 바와 같이 민법 제104조의 불공정한 법률행위는 "민법 제103조의 반사회적 법률행위의 특수한 경우"라고도 한다. 그렇다면 불공정한 법률행위는 반사회적 법률행위의 요건을 당연히 구비하고 있다고 보는 것이 타당할 것이다. 이에 관하여 한국 민법에 관한 권위적인 문헌인 『민법주해』 역시 "민법 제104조는 민법 제103조에 의하여 무효로 되는 법률행위 중 일부를 골라 특히 이를 무효로 하고 있다"고 설명하고 있다.[29]

47. 뒤집어서 말하면, 위 민법 제104조의 규정이 따로 마련되어 있지 않다고 가정하더라도, 어떠한 계약이 앞의 제33항에서 살펴본 바 있는 여러 가지 요건을 갖추고 있다면, 그러한 계약은 당연히 민법 제103조에서 정하는 바에 따라 무효로 판단될 것이다.

48. 민법 제103조는 "선량한 풍속 기타 사회질서에 위반한 사항을 내용으로 하는 법률행위는 무효로 한다"라고 규정하고 있다. 한국에서는 상거래 계약에 있어서 계약의 안정성을 훼손하지 않기 위하여 민법 제103조를 제한적으로 해석하여 법률행위의 내용이 명백히 확립된 공서양속에 반하는 경우 등 예외적인 경우에 있어서만 적용된다. 이 조항의 요건을 구체적으로 정립한 판례들은 일반적으로 (i) 법률행위의 대상인 권리·의무에 관한 내용이 선량한 풍속 및 사회질서에 위반되는 경우(가령 범죄를 저지르기로 하는 약정이나 첩 계약 등),[30] (ii) 반사회적인 조건이 결부됨에 따라 계약 그

---

28) A 의견서 제29항.

29) 민법주해 [Ⅱ](1992), 제104조, 243면(민일영 집필부분).

자체가 반사회적인 성격을 띠는 경우(개인의 자유나 참정권을 불법적으로 극도로 제한하는 계약)이거나,[31] 또는 (iii) 법률행위의 동기 혹은 계약의 목적이 명확히 확립된 공서양속에 반하는 경우(불법 도박에 사용할 것임을 알면서 체결한 금전소비대차 등)[32]와 관련된 것이다.

49. 그러므로 민법 제104조에서 정하는 바의 '불공정한 법률행위'에 해당한다고 하려면, 해당 거래가 단순히 위법함을 넘어 사회상규상 도저히 허용될 수 없는 정도의 반사회성을 가지고 있다고 평가될 수 있어야 한다. 해당 거래가 단순히 위법하다고만 평가되는 경우라면, 이는 민법 제110조 등에 따라 취소할 수 있음에 그칠 뿐, 민법 제103조, 제104조와 같이 해당 거래를 무효로 하는 법률효과가 인정될 수 없다.

50. 다만 거래의 반사회성은 추가적으로 요구되는 독자적인 요건이라기보다는 불공정한 법률행위의 구성요건에 내재되어 있는 요건이다. 민법 제104조는 어떤 사람이 궁박·경솔 또는 무경험의 취약한 상태에 있는 것을 이용하여 폭리를 취하는 경우 이를 무효로 함으로써 민사법의 대원칙인 사적자치의 원칙에 대하여 중대한

---

30) 대법원 1960. 9. 29. 판결 4293민상302사건(대법원판례집 8권, 민사편 149면)에 의하면, 이른바 첩계약은 본처의 동의 유무를 불문하고 공서양속에 반한 무효의 법률행위이다.

31) 대법원 1969. 8. 19. 판결 69므18사건(대법원판례집 17권 3집, 민사편 28면)은 어떠한 일이 있어도 이혼하지 아니하겠다는 각서를 써 주었다 하더라도 그와 같은 의사표시는 신분행위의 의사결정을 구속하는 것으로서 공서양속에 위배하여 무효라고 판단하였다.

32) 대법원 1973. 5. 22. 판결 72다2249사건(대법원판례집 21권 2집, 민사편 11면)은 도박자금에 제공할 목적으로 금전의 대차를 한 때에는 그 대차계약은 민법 제103조의 반사회질서의 법률행위로 무효라고 판단하였다.

예외를 설정하므로, 해당 거래가 이와 같은 예외적인 경우에 해당하는지는 신중하게 판단되어야 한다. 그 판단에 있어서는 해당 거래 상황을 총체적으로 살펴서 계약의 무효를 주장하는 측이 민법 제104조에 따른 법적 보호를 받을 만한 가치가 있는지 등도 아울러 살펴야 할 것이다. 그것이 궁박 등이 있는지 또는 급부와 반대급부 사이에 현저한 불균형이 있는지 등의 구체적인 요건을 판단함에 있어서 상당한 영향을 미칠 것이다. 그런데 금융위원회의 자회사 편입 승인 절차의 진행이 보류되고, 신청인이 일정 기간(6개월) 이내에 주식매각의무를 부담하게 되는 등으로 신청인에게 불리한 상황이 형성된 것은 신청인의 주가조작 범행 때문이다. 이는 신청인의 협상력을 약화시켜 신청인 자신에게 불리한 상황을 야기한 직접적인 원인이다. 주가조작사건이 유죄로 확정됨으로써 신청인은 10% 지분을 초과하는 이 사건 주식 보유자격을 상실하였고, 이에 따라 금융위원회가 신청인에게 충족명령과 처분명령을 발령한 결과 신청인에게 기한 내 주식처분의무가 부과되었기 때문이다. 이처럼 신청인에게 불리한 상황이 오로지 신청인에게 책임 있는 사유로 인하여 발생하였다는 사실은 이 사건 매매계약의 불공정성의 판단에 반드시 충분히 의미 있게 고려되어야 한다. 그럼에도 불구하고 A 의견에는 위와 같은 점이 간과되어 있다.

D. 궁박

51. A는 불공정한 법률행위의 첫 번째 요건인 '궁박상태(distress)'와 관련하여, 궁박이 성립하기 위하여는 모든 재산을 잃을 위험에 처하거나 대안이 부존재할 필요는 없고, '상당한 경제적 손실

가능성'만으로 충분하며,[33] 여러 개의 사례를 들어 한국 대법원 역시 이와 같은 입장을 취하고 있다고 주장한다.

52. 한국 대법원 사례들이 궁박을 인정하기 위해서 '모든 재산을 잃을 위험'이나 '대안 부존재'가 필요하다고 판시하고 있지 아니한다. 그러나 '상당한 경제적 손실 가능성'만으로는 궁박을 인정하지 아니하고 있으며, 궁박을 인정한 사례의 대다수는 재산가치의 전부 또는 대부분을 잃을 정도의 위험이나 가족의 생명 또는 신체의 안전이 위험에 처한 경우이다.

53. 재산을 모두 또는 대부분 잃을 위험에 처하지 않은 경우에도 궁박이 인정되었다며 A가 들고 있는 사례들을 살펴보겠다. A는 처의 치료비 및 장녀의 학교 공납금이 필요한 경우, 국회의원 선거에 출마한 자가 선거운동비 부족으로 부동산을 처분하게 된 경우를 재산을 모두 또는 대부분 잃을 위험에 처하지 않은 경우에도 궁박이 인정되는 사례로 소개하고 있다.[34]

54. 그러나 위 사례들은 모두 한국민법이 제정되기 전인 1954년도의 사건로서 의용민법이 적용되었기 때문에 현재의 한국민법 해석과 관련하여 선례적 가치를 가지지 아니한다.

55. 다음으로 상당한 경제적 손실 가능성만으로 궁박이 인정되었다는 사례들을 살펴보겠다. A는 총 4개의 사안을 들어 한국 대법원이 상당한 경제적 손실 가능성만으로 궁박을 인정하였고, 특히

33) A 의견서 제34항, 제35항 및 제40항 내지 제44항.

34) A 의견서 제40항.

세 번째 사안은 형사사건으로서, 범죄의 구성요건은 민사사건의 요건사실보다 엄격하게 인정된다는 점에서 궁박의 성립요건에 관한 한국 대법원의 태도를 파악하는 데 유용하다고 주장한다.[35]

56. 그러나 A의 주장과는 달리, 위 사례들은 모두 상당한 경제적 손실 가능성만으로 궁박이 인정된 사례가 아니다. A 스스로도 "사업 자체의 무산" 여부를 궁박의 판단기준으로 제시하였듯이,[36] 오히려 이들은 모두 각 사례에서 문제된 특정 사업과 관련하여 쟁점이 된 당해 재산의 효용가치를 전부 또는 거의 잃을 가능성이 인정된 사례에 해당한다.

56.1. 무엇보다도 이들은 앞의 제50항에서 본 대로 신청인 자신이 일정한 범죄행위로써 자신의 협상력을 저하시키는 처지에 스스로 빠진 이 사건의 사안과는 무관한 사안들이다.

56.2. 첫 번째 사례는, 아파트 건축사업을 시행하는 사업자가 일부 토지를 취득하지 못하면 사업계획승인을 받을 수 없어 개발사업이 무산될 수 있다는 압박 아래 위 사업자가 당초 제안한 가격보다 6배 내지 20배 높은 가격으로 일부 토지를 매입한 사안이다.[37] 사업계획승인을 받지 못하여 개발사업이 무산되는 경우 사업자가 기존에 이미 취득한 토지 등 재산의 사업적 가치는 소멸하게 된다. 따라서 이 사안은 해당 재산이 문제된 특정 사업과 관련한

35) A 의견서 제35항 내지 제42항.

36) A 의견서 제36항.

37) A 의견서 제35.1항; 대법원 2011. 4. 28. 판결 2010다106702사건(앞의 주 26 참조); 대전고등법원 2010. 11. 25. 판결 2009나424사건(미공간); 대전지방법원 천안지원 2008. 11. 21. 판결 2006가합5287사건(미공간).

효용가치가 전부 또는 거의 상실될 위험이 있는 사례에 해당한다.

56.3. 두 번째 사례는, 재건축정비사업을 시행하는 사업자가 사업계획승인이 취소될 상황에 처하여 일부 재건축조합원의 공유지분을 취득가액(3.8억 원)보다 4배 이상 높은 가격(18억 원)으로 매수한 사안이다.[38] 사업자가 추진하고 있던 사업계획승인이 취소되면 사업자가 기존에 이미 취득한 토지 등 재산의 사업적 가치는 소멸하게 된다. 따라서 이 사안 역시 문제된 특정 사업과 관련한 재산의 가치가 완전히 또는 거의 상실될 위험이 있는 사례에 해당한다.

56.4. 세 번째 사례는, 아파트 건설사업을 시행하는 사업자가 1,530억 원의 대출금 중 약 50%에 이르는 700억 원 상당을 사업부지 매수자금으로 이미 지출하였으나 일부 지분을 양수하지 못하여 사업계획승인 및 분양허가조차 받지 못한 채 월 7억 원에 이르는 금융이자만 부담하고 있는 상태에서, 사업을 진행하기 위하여 매수하지 못한 일부 지분을 나머지 지분의 4배 또는 6배 이상의 금액으로 매수한 사안이다.[39] 이 사안은 사업계획승인을 받지 못하여 사업이 무산될 위험에 처한 첫 번째 사례와 유사하다. 사업계획승인을 받지 못하여 건설사업이 무산되는 경우 사업자가 기존에 이미 취득한 토지 등 재산의 사업적 가치는 소멸하게 된다. 따라서 이 사안 역시 해당 재산이 문제된 특정 사업과 관련한 효용가치가

38) A 의견서 제35.2항; 대법원 2010. 7. 15. 판결 2009다50308사건(앞의 주 26 참조).

39) A 의견서 제41항; 대법원 2007. 12. 28. 판결 2007도6441사건(앞의 주 26 참조).

완전히 또는 거의 상실될 위험이 있는 사례에 해당한다.

56.5. 네 번째 사례는, 수도요금이 체납되어 있는 사실을 모른 채 공장을 경락받아 취득한 사업자가, 수돗물을 공급받지 않으면 공장을 가동할 수 없기 상태에서 행정청으로부터 체납된 수도요금을 납부하기 전에는 수돗물을 공급받을 수 없다고 통보 받은 사안이다.[40] 사안자체에서 분명히 드러나듯이, 수돗물을 공급받지 못하여 공장이 가동되지 않아 공장으로서의 효용가치가 소멸한다. 따라서 이 역시 해당 재산의 가치가 완전히 또는 거의 상실될 위험이 있는 사례에 해당한다.

57. 그런데 이 사건에서는 우선 신청인이 대법원이 인정한 것과 같은 궁박상태에 있었는지는 의문이다. 신청인의 사업(business)은 주식을 보유하여 배당 수익을 얻거나, 주식의 매각을 통하여 투자 차익을 얻는 것일 터인데, 이 사건 주식매매거래가 무산된다고 하더라도 신청인이 이 사건 외환은행 주식을 온전히 보유하는 이상 매각자산으로서의 효용은 그대로 유지되기 때문이다. 신청인은 언제나 장내에서 주식을 처분하거나 시장에서 피신청인을 포함한 적절한 매수인을 찾아서 장외 거래로 주식을 매도할 수 있는 상황이었다.

58. 아울러 A는 궁박 상태가 인정되기 위하여 대안이 부존재하여야 할 필요가 없고,[41] 대안의 존재가 이에 영향을 미치더라도

40) A 의견서 제42항; 대법원 1992. 12. 24. 판결 92다16669사건(앞의 주 26 참조).

41) A 의견서 제43항.

이 때의 대안은 적법하거나 합리적인 대안이어야 하는데, 제3자에게 매각하거나 공개시장에서 매각하는 것은 적법한 대안이 아니라고 주장한다.[42)]

59. 그러나 A가 들고 있는 대법원의 재판례들에서 대안의 존재는 궁박상태 여부를 판단함에 있어서 불공정성의 판단에서 의미가 적지 않은 요소로 고려된 것으로 이해된다. 대법원은, ① 위 두 번째 재건축정비사업 사안에서 대안의 존재 여부가 궁박 상태 판단의 고려요소라고 명시하면서, (사업자가) 공유지분을 매수하는 외에는 다른 대안이 없었다는 사정을 주요한사건 이유로 설시하였고,[43)] ② 위 네 번째 공장수도요금 사안에서도 해당 공장이 달리 수돗물을 공급받을 방도가 없었다는 사정이 주요한 판단의 이유로 작용하였다. ③ 나아가 신청인이 의지하고 있는 올림푸스 중재판정에서도 당시 올림푸스캐피탈에게 주식의 매각 외에 다른 현실적인 대안이 없었다는 점이 판단의 주요한 근거로 고려되었다.[44)]

60. 뿐만 아니라 제3자에게 매각하거나 공개시장에서 매각하는 방안이 적법하지 않다는 의견 역시 타당하지 아니한다. 제3자에 대한 매각이나 공개시장을 통한 매각이 위법하지 않다는 점은 두말할 필요가 없다. 나아가 A의 위 의견을 '현실적'이지 않다는 취지로 선해한다고 하더라도, 제3자에 대한 매각은 처분명령에서 주어진 시한 내에 처분이 어렵다는 것이지 제3자에 대한 처분 자체가

42) A 의견서 제44항.

43) A 의견서 제33항 및 제35.2항; 대법원 2010. 7.15. 판결 2009다50308사건 (앞의 주 28 참조).

44) Olympus Capital KEB Cards Ltd., et. al. v. Korea Exchange Bank, et. al., ICC Case No.15776/JEM/CYK, Award, 13 December 2011, 제278항.

현실적으로 불가능하다는 의미가 아니고,[45] 공개시장을 통한 매각은 경영권 프리미엄을 추가로 취득할 수 없을 뿐 적어도 시가의 가치 확보가 가능하므로, 위 방안들이 비현실적이고 비합리적이라고 할 수 없다. 특히 신청인이 처분명령을 받아서 정해진 기간 내에 처분하여야 한다는 사정과 그에 따라 수익이 감소할 수 있다는 불이익은 한국법이 신청인의 행위에 대하여 부과한 적법한 불이익으로 평가하여야 한다.

61. 신청인은 단순히 자신의 범죄행위로 인한 유죄판결의 확정으로 협상력이 저하된 상황에 처해 있을 뿐이고 선택의 여지가 없어 궁지에 몰린 궁박한 상태에 처해 있다고 볼 수 없다.

E. 상대방의 궁박을 이용할 의사

62. A는, 피신청인이 신청인의 어려운 사정들을 모두 잘 알고 있는 상태에서, 피신청인 회사의 회장 김○○의 ICSID 중재절차에서의 증언에서 드러나는 것처럼 피신청인의 이익을 위하여 이를 이용하려고 하였으므로, 피신청인에게 신청인의 궁박을 이용할 의사가 충분히 인정된다는 의견을 표명하였다.[46]

63. 그러나 A의 위 의견은 타당하지 아니하다. 행위자가 단순히 상대방의 협상력이 약화된 상황을 인식한 상태에서 이를 이용하여 행위자의 이익을 도모하려는 의사가 있다고 해서 그것만으로

---

45) 이 사건 SPA 전에 거래가 무산되었을 때마다 신청인이 끊임없이 시도한 방안은 제3자에 매각하는 것이었다.

46) A 의견서 제57항 내지 제61항.

폭리의사가 인정될 수는 없다. 계약 재협상은 계약 자유의 원칙상 언제나 허용되는 것이 원칙이다. 이는 피신청인이 제2차 수정 SPA lock-up 기간이 만료된 후 계약을 해제하여 신청인이 제3자와 새로운 주식매매거래를 협상하는 상황을 가정해 보면 분명해진다. 이해관계가 대립되는 거래당사자인 제3자는 신청인의 이익을 고려할 의무가 없고, 자신의 이익을 위하여 상대방의 취약점을 적절하게 이용하며 협상을 유리하게 이끌어가는 것은 합리적인 경제주체에게 당연히 기대되는 행위이다. 이는 지극히 합리적인 경제주체의 행위이므로 여기에 어떠한 위법성이 있다고 할 수 없다.

64. 폭리의사가 인정되기 위해서는 의사표시를 하는 사람이 처해 있는 상황이 단순한 어려움을 넘어서 '궁박' 상황에 이르러야 하고, 행위자가 도모하는 이익의 내용이나 규모가 일반적으로 추구할 수 있는 수준이 아니라 사회상규상 허용될 수 없는 정도의 반사회성을 가지고 있는 정도라고 평가될 수 있어야 한다. 그러나 한국 법원은 단순히 상대방의 협상력 저하를 자신의 이익을 위하여 이용한 당사자를 반사회적으로 보지 아니하며, 그러한 협상을 통하여 체결된 계약을 무효로 선언하지도 아니한다.

Ⅷ. 민법 제109조 착오에 의한 법률행위

A. 일반법리

1. 민법상 착오의 구성요건

65. 민법 제109조는 "의사표시는 법률행위의 내용의 중요부분

에 착오가 있는 때에는 취소할 수 있다. 그러나 그 착오가 표의자의 중대한 착오로 인한 때에는 취소하지 못한다"라고 정하여, 계약의 당사자가 자신의 '착오'를 이유로 하여 그 계약을 취소할 수 있는 것은 다음의 요건들이 증명되는 경우에 한함을 밝히고 있다.[47]

가. 계약의 내용에 관한 착오가 있을 것: 이는 당사자가 그와 같은 내용의 계약을 체결할 의사가 없음에도 그러한 계약이 체결된 것을 말한다. 예를 들어, A라고 할 의사임에도 실수로 상대방의 입장에서 합리적으로 보면 B라고 해석되는 표시를 하는 경우가 그것이다. 단지 당사자가 그와 같은 계약 체결의 의사표시를 하기에 이르는 연유가 되는 일정한 사정에 관하여 착오를 일으킨 경우, 즉 이른바 '동기착오'는 원칙적으로 이에 해당하지 않으나, 판례는 "그 동기가 표의자에 의하여 외부로 표시되어 당사자들이 이를 계약의 내용으로 하기로 합의한 경우"에는 예외적으로 이에 해당한다고 한다.

나. 계약 내용의 중요부분에 관한 착오일 것: 여기서 '중요부분'이라고 함은 만일 그러한 착오가 없었더라면 착오를 주장하는 당사자 자신뿐만 아니라 일반인이라고 하여도 그러한 내용의 계약을 체결하지 아니하였을 정도의 비중이 있는 계약내용을 가리킨다.

다. 착오 취소를 주장하는 당사자에게 중대한 과실이 없을 것: 표의자의 직업, 계약의 유형 및 목적 등을 고려하여 표의자가 의사표시를 함에 있어서 기울여야 할 주의의무를 현저하게 결여함으로써 착오가 발생한 것이 아니어야 한다.

---

47) 민법주해 [Ⅱ], 제109조, 425면 이하(송덕수 집필부분).

2. 상거래 계약에 있어 착오의 구성요건의 적용

66. 사기에 의한 청구의 경우에서와 마찬가지로, 한국 법원은 착오를 이유로 취소를 구하는 사건에 있어서 그 구성요건의 인정을 엄격히 하여 쉽사리 착오를 이유로 하는 취소를 긍정하지 않는다.

67. 계약의 내용에 관한 착오에 관하여 본다. 착오가 계약의 '내용'에 관한 것이어야 한다는 요건은 계약을 구성하는 내용 자체에 관하여 착오가 있는 경우를 의미한다. 실제의 사건에서 문제된 착오의 사례는 거의 예외 없이 계약의 '내용' 자체에 관한 것이 아니라 이른바 '동기의 착오'에 관한 것이다. 동기에 관한 착오의 경우에는 계약 취소를 주장하는 당사자가 (a) 상대방에게 그러한 동기를 표시하였고, (b) 나아가 그 동기가 계약의 내용이 되었다는 점이 입증되어야 한다.[48] 이러한 사정들이 입증되는 경우는 드물며, 한국 법원이 동기의 착오에 근거하여 취소를 인정하는 경우는 별로 없고 이러한 청구는 하급심에서 통상 기각된다.

68. 그리하여 실제로 대부분의 사건에서 상대방 당사자에게 동기가 유효하게 표시되지 아니하였거나 계약의 내용이 되지 아니하였다고 하여 취소가 인정되지 않은 경우가 많다. 대표적인 예를 몇 개 들어 보기로 한다.

68.1. 대법원 1996. 3. 26. 판결 93다55487사건[49]에서 "매수인이 부동산을 매수하면서 잔금의 지급 전에 그 부동산을 은행 등

48) 민법주해 [Ⅱ], 제109조, 429면 이하(송덕수 집필부분).
49) 판례공보 1996년, 1363면.

에 담보로 넣어 대출을 받아서 잔금을 마련하기로 계획을 세우고 매도인에게 그와 같은 자금마련의 계획을 알려 잔금지급 전에 매수인이 대출을 받을 수 있도록 협조하여 주기로 약속하였다는 사실만으로는, 바로 매수인이 계획하였던 대출이 제대로 이루어질 수 없는 경우에는 그 부동산을 매수하지 아니하였을 것이라는 사정을 매도인에게 표시하였다고 할 수 없다"고 하고, 따라서 "매수인이 대출을 받아 잔금을 지급하려 하였던 잔금지급의 방법이나 계획이 매매계약의 내용의 중요한 부분으로 되었다고 할 수는 없다"고 판단하였다. 그리하여 대법원은 그 취소를 인정한 원심판결을 파기하였던 것이다.

68.2. 또한 대법원 2001. 2. 23. 판결 2000다48135사건[50]은, 리스이용자가 리스물건을 실제로 인도받지 아니하였음에도 리스계약을 통하여 금융의 편의를 얻은 사안에서 보증인이 리스물건의 인도가 없음을 알았으면 보증을 하지 아니하였을 것임을 들어 보증계약의 착오 취소를 주장하였으나, "리스물건의 인도가 없는 점에 보증인의 착오가 있었다고 하여도, 피고가 위와 같은 동기에 따라 이 사건 보증에 이르게 되었다는 사정이 상대방인 원고에게 표시되고 의사표시의 해석상 법률행위의 내용으로 되어 있는 경우에 한하여 피고의 착오에 의한 보증 취소 주장을 받아들일 수 있는데도, 원심이 이 점을 심리·판단하지 아니한 채 피고의 위 착오에 의한 주장을 받아들인 것에는 착오에 의한 의사표시의 법리를 오해하고 심리를 다하지 아니한 위법이 있다"고 판단하여 원심판결을 파기하였다.

50) 대법원판례집 49권 1집, 민사편 156면.

68.3. 그리고 대법원은 1999. 4. 23. 판결 98다45546사건[51] 에서, 청구인이 영업양도계약을 체결함에 있어 주장된 동기의 착오는 당사자들 사이에 계약의 내용으로 인정된 것이 아니어서 취소를 부인하였다. 이 사건에서 원고는 피고가 골프장 용지 매입에 적극 협조하겠다고 하는 바람에 착오를 일으켜 골프장 용지 매매계약을 체결하게 되었으므로 동기의 착오를 이유로 이를 취소한다고 주장하였다. 이에 대하여 해당 사건 항소심은 원고 주장과 같은 동기가 계약 내용으로 되어 있지도 않고, 그 착오가 법률행위의 중요부분의 착오도 아니라고 판단하여 원고의 주장을 배척하였고, 대법원은 위와 같은 항소심을 유지하였다.

69. 계약의 중요부분에 관한 착오에 관하여 본다. 사기에 관한 사례들의 경우와 마찬가지로, 착오를 이유로 취소를 주장하는 당사자는 착오가 거래 자체를 원상태로 되돌리는 것을 정당화할 만큼 중요한 것임을 입증하여야 한다. 그는 착오가 계약의 중요부분에 관련된 것이어서 이러한 착오가 없었다면 표의자는 물론이고 일반인이라도 역시 계약을 아예 체결하지 않았거나 그러한 내용의 계약을 체결하지 않았을 것임을 입증하여야 한다.[52] 대법원의 재판례 중에서는 이 점을 강조하여 "착오가 계약상 인정되는 착오자의 권리에 결정적인 영향을 미칠 만한 문제와 관련된 것이어야 한다"고 설시하는 것도 있다.[53]

---

51) 판례공보 1999년, 1001면.

52) 민법주해[Ⅱ], 제109조, 444면 이하(송덕수 집필부분): "보통 일반인도 표의자의 입장에 섰더라면 그러한 의사표시를 하지 않았으리라고 생각될 정도로 중요한 것이어야 한다. 객관적인 현저성의 요구는 착오가 고려되는 경우를 확대하는 것은 아니고 주관적인 현저성이 인정되는 가운데 일정한 경우를 제외시키는 효과를 가진다".

70. 중과실이 없을 것에 대하여 본다. 착오를 이유로 계약을 취소하고자 하는 당사자가 계약을 체결함에 있어 요구되는 자신의 주의의무를 중대한 정도로 다하지 못하였음에도 이를 들어 계약을 효력 없는 것으로 돌릴 수는 없는 것이다. 계약체결 당사자들에게 기대되는 주의의무의 정도는 "표의자의 직업, 행위의 종류 및 목적 등에 비추어 일반적으로 요구되는 정도의 주의의무"이다.[54]

B. 유발된 착오

71. A는, 착오가 상대방에 의하여 유발된 경우 한국 대법원은 이를 곧바로 법률행위 내용의 중요부분에 관한 것으로 보고 있고,[55] 상대방은 표의자에게 중대한 과실이 있다고 주장할 수 없다고 하여 계약의 착오 취소가 인정된다고 주장한다.[56]

72. 그러나 본인은 대법원이 A가 주장하는 것과 같은 법리를 취한다고 생각하지 않는다. 유발된 착오의 경우 그것만으로 법률행위 내용의 중요부분에 관한 착오가 된다고 보았다며 A가 들고 있는 대법원의 재판례들은 착오가 상대방에 의하여 야기되었다는 점 등을 포함하여 당해 계약의 성질, 예를 들면 보증 등의 무상행위인가, 매매 등의 유상행위인가, 거래주체는 상인인가, 사인인가, 아니면 공법상 주체인가, 목적물은 어떠한 종류의 것인가, 착오로 인하여 표의자가 어느 만큼의 불이익을 입는가 등의 여러 가지 사정을

53) 민법주해 [Ⅱ], 제109조, 445면(송덕수 집필부분).

54) 대법원 2000. 5. 12. 판결 2000다12259사건(판례공보 2000년, 1417면).

55) A 의견서 제67항, 제71항, 제75항 및 제76항.

56) A 의견서 제78항 내지 제80항.

종합적으로 고려한 결과 해당 사안에서 문제된 착오가 법률행위 내용의 중요부분에 관한 착오로 인정된다고 판시하였을 뿐이고, 유발된 착오의 경우에는 당연히 법률행위 내용의 중요부분에 관한 착오가 된다는 법리가 선언되어 있지 아니하다.[57)]

73. 오히려 한국 대법원은 착오가 상대방에 의하여 유발되었다고 하더라도 여러 구체적인 사정들을 참작하였을 때 법률행위의 중요부분에 착오가 있다고 볼 수 없다고 판단하기도 한다.[58)] 착오가 유발되었다는 사정과 법률행위의 중요부분에 관한 착오의 판단 문제를 엄격하게 구분하는 것이 한국 대법원의 입장이라고 이해하는 것이 타당하다.

74. 또한 본인이 아는 한, 착오가 유발된 경우 상대방은 표의자에게 중대한 과실이 있다고 주장할 수 없거나 표의자는 중대한 과실이 있더라도 그 의사표시를 취소할 수 있다는 법리를 선언한 대법원 판례는 없다. A가 인용하는 대법원 97다26210사건은 착오가 상대방에 의하여 유발되었다는 사정을 비롯한 여러 사정들이 종합적으로 고려되어 중과실이 존재하지 아니한다고 판단되었을 뿐이고, 위와 같은 법리를 판시한 것이라고 할 수 없다.[59)]

57) 대법원 1997. 8. 26. 판결 97다6063사건(대법원판례집 45권 3집, 민사편 112면).

58) 대법원 1987. 11. 10. 판결 87다카192사건(대법원판례집 35권 3집, 민사편 229면).

59) 대법원 1997. 9. 30. 판결 97다26210사건(판례공보 1997년, 3286면).

C. 인과관계

75. A는 자세히 설명하지는 않았으나, 신청인의 착오와 최종 SPA 체결 사이의 인과관계가 인정된다고 주장한다.[60] A가 전제하는 신청인의 착오는 두 가지이다. (i) 매매대금을 감액하여야만 금융위원회가 승인할 것이라는 착오와, (ii) 이에 관한 금융위원장의 확약이 존재한다는 착오가 그것이다.[61] 따라서 위와 같은 착오와 이 사건 최종 SPA 사이에 인과관계가 인정되려면, 위 착오가 없었다면 최종 SPA가 체결되지 아니하였을 것이라는 사실이 증명되어야 한다.

76. 그러나 이는 본인이 제공받은 사실과 다르다. 앞서 살핀 바와 같이 lock-up 기간이 임박할 무렵 당시까지 변경된 상황을 반영하여 매매대금을 비롯한 각종 거래 내용을 변경하는 내용의 재협상을 진행하는 실무가 존재한다는 사실이 확인되었다.[62] 금융감독원 부원장이 2006년 신청인과 국민은행의 거래 시도 당시 이에 대하여, "(lock-up 기간인) 120일 동안 관련 당국과의 모든 문제가 해결이 안 된다면 그 때 국민은행하고 론스타는 다시 협의해야 할 것으로 보인다"고 언급할 만큼[63] lock-up 기간 만료 무렵의 재협상은 당연한 일이었다. 게다가 제2차 수정 SPA lock-up 기간 만료 무렵 주가조작 사건이 유죄로 확정됨에 따라 신청인은 일정 규모 이상의 주식보유자격을 상실하였고, 금융위원회로부터 주식매각명

60) A 의견서 제75항.

61) A 의견서 제72항 및 제75항.

62) 앞의 제28항 내지 제32항.

63) 2006년 5월 23일자 FNtimes 기사, "인수협상 120일 내 못하면 재협상".

령을 받았으며, 주가가 계속하여 떨어지는 등 신청인 스스로 '궁박 상태'라고 주장할 정도로 신청인의 협상력을 약화시키는 불리한 상황이 형성되었다.

77. 한국 법원이 위 착오와 이 사건 최종 SPA 체결 사이에 인과관계가 있다고 판단하기를 기대하기는 무리가 있지 않나 하는 생각을 하게 된다.

Ⅸ. 민법 제110조 사기에 의한 법률행위

A. 일반법리

78. 민법 제110조는 취소를 주장하는 당사자가 다음의 네 가지 요건이 모두 입증되는 경우에 사기를 이유로 계약을 취소할 수 있음을 규정하고 있다:

가. 기망행위 : 상대방(기망행위자)이 (a) 계약의 취소를 청구하는 당사자에게 그릇된 관념을 유발하는, 객관적으로 확인 가능한 허위의 진술을 하였거나 또는 (b) 고지의무가 있는 사실을 고지하지 아니한 것.

나. 기망행위의 위법성(중요성) : 기망행위가 사건의 구체적인 사실관계와 정황에 비추어 위법한 정도의 수준에 이르러야 한다는 것. 기망행위가 위법하기 위하여는 그 기망행위가 취소를 주장하는 사람(피사기자)의 계약 체결에 관한 의사결정에 영향을 미칠 수 있는 객관적으로 중요한 사항에 관한 것이어야 한다는 것.

다. 인과관계 : (a) 계약의 취소를 청구하는 당사자가 기망행위로 인하여 착오에 빠지게 되었으며, (b) 그러한 기망행위가 없었더라면 계약을 체결하지 아니하였을 것이라는 것.

라. 사기의 고의 : 상대방(기망행위자)은 (a) 취소 주장자(피기망자)을 기망하여 착오에 빠지게 하려는 고의, 그리고 나아가 (b) 그러한 착오에 기하여 문제의 의사표시를 하게 하려는 고의를 모두 가졌다는 것.

79. 한국법원은 이와 같이 사기를 이유로 하는 취소권의 발생에 관한 요건을 엄격하게 적용한다. 대한민국에서 민사사건에 있어 입증책임의 정도는 영미법의 그것보다 높으며, 고도의 개연성을 요구하고 있다. 또한 전문지식을 가진 당사자들 사이의 상거래 계약에서는 경험이 부족한 일반 당사자들 사이의 기본적인 민사계약에 비하여 취소의 기준이 더 엄격하다고 할 것이다. 본인은 전문지식을 가진 당사자들 사이에 체결한 자산 또는 주식의 매매계약에 있어서 매도인이 사기를 원인으로 하는 취소를 구하여 받아들여진 예를 알지 못한다.

80. 특히 상거래 계약에 있어 사기로 인한 취소권 발생이 주장된 사안에 대한 한국의 재판례들은 아래에서 살펴보는 기망행위, 위법성 또는/및 인과관계의 요건을 들어 대체로 이를 부인하고 있다. 그 이외의 다른 요건인 사기의 고의에 대해서는 재판례들이 대부분 구체적으로 논의하고 있지 아니한데, 이는 단순히 대부분의 사안에서 위의 세 가지 요소 중 최소한 한 가지가 충족되지 아니하기 때문이므로, 이 경우에는 그에 대한 분석이 불필요하게 되는 것이다.

81. 이하에서는 A 의견서에서 논하고 있는 순서에 따라 우선 기망의 고의와 관련된 주장에 대한 반박의견을 피력한 다음, 기망행위, 위법성 및 인과관계의 나머지 요건에 관한 의견을 개진하도록 하겠다.

B. 기망의 고의

1. 충분한 근거 없는 의견 진술

82. A는, 충분한 근거가 없는 진술이나 주장을 하는 경우 기망의 고의가 인정될 수 있는데, 피신청인이 금융위원회와 매매대금에 관하여 아무런 논의도 하지 아니한 채 매매대금의 인하가 금융위원회의 승인 조건이라고 신청인에게 알렸다면, 이는 아무런 근거 없는 진술이므로 피신청인에게 기망의 고의가 인정된다고 주장한다.[64]

83. 그러나 위 의견은 타당하지 아니하다. 본인이 아는 한 충분한 근거가 없는 진술이나 주장의 경우 기망의 고의가 인정된다는 일반적인 법리는 존재하지 아니한다. 기망의 고의는 기망행위자가 그 진술이 잘못되었음을 알고 있다는 것을 전제로 하고, 진술의 옳지 아니함을 과실로 인하여 알지 못한 것만으로는 기망의 고의가 인정되지 아니한다. 따라서 선의로 진실이 아닌 진술을 한 경우에는 그 선의가 비록 중대한 과실로 인한 것일지라도 기망의 고의는 인정되지 아니한다. 따라서 설령 객관적으로 충분한 근거가 없는 진술이나 주장이 이루어졌다고 하더라도, 표의자가 과실로 근거

64) A 의견서 제85항 내지 제87항 및 제93항.

가 불충분함을 알지 못하였거나 혹은 나아가 자신의 진술이나 주장이 잘못되지 않았다고 믿었다면 기망의 고의는 부정된다.

84. 한편 A의 위 의견은 본인이 전제로 한 사실관계와 다른 사실에 기초하고 있음을 지적하여 둔다. 즉 A는 피신청인 관계자들이 ICSID 중재절차에서 "금융위원회가 승인에 매매대금 감액이 필요하다는 점을 알렸다는 진술은 허위"라는 취지로 증언하였다며 이를 의견의 근거로 삼았다.[65] 그러나 본인이 전제로 하는 사실은, 피신청인 측의 관계자들이 신청인에게 금융위원회의 승인을 위하여 대금 감액이 필요하다고 생각한다는 의견을 전달하였다는 것이다. 이는 증거에 의하여 확정될 사실관계이나, 피신청인이 감액 필요성에 대한 자신의 생각을 진술하였을 뿐이라면 그에 관하여는 기망의 고의가 인정될 수 없다. 특히 당시의 여론과 정치권에서 이 사건 매매대금이 과도하게 높아 외국계 자본에게 국부를 유출시킨다는 비판적 시각이 팽배하였고, 피신청인이 이를 누그러뜨리기 위하여 대금의 감액이 필요하다고 판단하였다면, 피신청인이 그와 같이 생각한 것에 대한 합리성을 부정하기도 어려울 것이다.

2. 상대방의 질문에 완전한 대답을 해야 할 의무?

85. A는, 상대방으로부터 특정한 질의를 받을 경우 행위자는 언제나 그에 대하여 사실에 부합하는 완전한 대답을 할 의무가 있으므로 피신청인이 매매대금에 대하여 금융위원회와 전혀 논의를 하지 않았으면서 이에 관하여 묻는 신청인에게 대답을 하였다면 이는 기망행위에 해당하는 불완전한 대답으로서 기망의 고의가 인

65) A 의견서 제86항.

정된다는 취지로 주장한다.[66]

86. 그러나 A의 주장과는 달리, 본인은 한국 대법원이 기망행위 또는 기망의 고의를 판단함에 있어 상대방으로부터 구체적인 사항에 관한 질의가 있었는지 여부에 따라 행위자에게 요구되는 진실성의 정도에 차이를 두고 있지 아니하는 것으로 이해하고 있다. 특수한 경우에 인정되는 고지의무에 대하여는 아래 제119항에서 별도로 다룬다.

87. 대법원 1995. 9. 29. 판결 95다7031사건(법원공보 1995년, 3613면)의 사실관계는, 분양회사의 직원이 분양희망자로부터 분양회사의 지분보유율, 장래의 수익성 등에 관한 질문을 받고, 분양희망자에게 (i) 당시 분양회사는 지분 전부의 분양을 목표로 하고 있었음에도 불구하고 적어도 50%의 지분을 보유할 계획이고, (ii) 실제 수익률은 연 10% 정도를 넘지 못할 것이라고 예상하였음에도 불구하고 연 24% 이상의 수익배당이 확실시된다고 설명을 하였으나 실제 이익배당률이 연 3%에 그쳤다는 것이었다.

88. 여기에서 이와 같은 분양회사 직원의 설명이 민법 제110조에서 요구하는 기망행위에 해당하는지 여부가 문제가 되었다. 이에 대하여 대법원은, "상품의 선전·광고에 있어 다소의 과장 또는 허위가 수반되는 것은 그것이 일반 상거래의 관행과 신의칙에 비추어 시인될 수 있는 한 기망성이 결여된다"는 기망행위에 관한 일반적인 법리를 적용하여, 분양회사 직원의 위 진술은 분양이 쉽게 이루어지도록 하려는 의도에서 이루어진 과장된 표현에 불과하므

---

66) A 의견서 제87항.

로 기망행위에 해당한다고 볼 수 없다고 판단하였다.[67] 즉 분양희망자가 그 수익성에 관하여 "자세한 질문"을 한 것에 대하여 분양회사 직원이 위와 같이 '과장된' 답변을 하였음에도 불구하고 사기성이 부인되었던 것이다.

89. 이처럼 질의에 따라 이루어진 대답인지 질의 없이 이루어진 진술인지를 구별하지 아니하고 동일한 판단기준을 적용한 것에서 드러나듯, 대법원은 상대방으로부터 질의가 있었는지 여부에 따라 행위자에게 요구되는 진실성의 정도에 차이를 두고 있지 아니하다. 특히 위의 사건은 대법원이 상대방의 질문에 답변을 하는 경우 '언제나 완전한 대답을 할 의무'를 인정하지 아니하였다는 점을 분명하게 보여준다. 분양회사 직원의 진술은 당시 존재하고 있었던 분양계획의 내용과 명백히 일치하지 아니하고 스스로의 예상에 반하는 '불완전한' 답변이었기 때문이다.

90. 이상에서 본 바와 같이 상대방의 질문에 완전한 대답을 할 의무가 한국 법원에서 받아들여진 법리라고 할 수 없다는 점에서, 본인은 위 A의 의견에 동의할 수 없다.

C. 기망행위

91. 기망행위는 적극적 기망일 수도 있고, 소극적 기망일 수도 있다. 상거래 계약에 있어서 적극적 기망은 허위인 사실을 고지하는 것이며, 소극적 기망은 일정한 사실을 고지하여야 할 의무가 인정되는 드문 경우에 있어서 그 사실을 묵비하고 고지하지 아니한

67) 대법원 1995. 9. 29. 판결 95다7031사건(법원공보 1995년, 3613면).

경우에 성립한다. 상거래의 당사자들은 서로 상반되어 흔히 충돌되는 이해를 가진 것을 전제로 하며 한국 법원은 특히 식견 있는 당사자들 사이에서 거래의 체결 및 내용 결정을 협상함에 있어서의 공격적인 태도를 기망행위와 동일시하지 아니한다.

1. 그릇된 관념(mistaken belief)

92. 기망행위란 표의자에게 그릇된 관념을 가지게 하거나 이를 강화 또는 유지하려는 모든 작위 또는 부작위를 의미한다. 따라서 기망행위는 개념적으로 상대방에게 '사실과 다른' 잘못된 인식 또는 믿음을 형성시키는 행위일 것이 요구된다. 그런데 신청인이 주장하는 기망행위가 과연 신청인에게 '그릇된 관념'을 가지게 하는 행위인지 여부에 관하여 의문이 있으므로 먼저 이에 관하여 살피겠다

93. 계약의 취소 또는 뒤의 제XII항에서 살펴보는 손해배상책임이 인정되려면 무엇보다도 신청인의 기망행위가 무엇인지 정확히 특정할 필요가 있다. A가 의견서에서 전제하고 있는, 기망행위 판단이 문제되는 사실은 "피신청인이 신청인에게 '금융위원회가 가격 인하를 승인의 조건으로 요구하였다'고 이야기하였다" 또는 "피신청인이 신청인에게 '금융위원회가 자회사 편입 승인을 위하여 매매대금의 감액이 필요하다고 알렸다'고 이야기하였다"는 행위로 이해된다.[68]

94. 위 진술이 기망행위가 되기 위하여는, (i) 금융위원회가 피신청인에게 감액을 요구하였는지 여부에 대하여 그릇된 관념을 가

68) A 의견서 제25.1항, 제117항 및 제119항.

지게 하였다는 것인지, 아니면 (ii) 자회사 편입 승인에 매매대금 감액이 필요한지 여부에 대하여 그릇된 관념을 가지게 하였다는 것인지 분명히 할 필요가 있다. 만약 금융위원회가 감액 요구를 하였는지 여부가 문제라면, 신청인은 (i) 금융위원회가 감액 요구를 한 바 없다는 사실, 나아가 (ii) 그럼에도 피신청인이 "금융위원회가 감액 요구를 하였다"고 말하여 신청인의 그릇된 인식을 유도한 사실을 입증하여야 할 것이다. 반면, 자회사 편입 승인에 매매대금 감액이 필요한지 여부가 문제라면, 아래에서 보는 것처럼 그것이 검증 가능한 사실인지부터 먼저 따져야 한다.

2. 검증가능성

95. A는, 미래의 불확실한 사실에 관한 의견 진술이라도 검증 가능하다면 기망행위가 될 수 있는데, 피신청인이 신청인에게 한 진술은 검증 가능한 사정에 관한 것으로서 기망행위에 해당한다고 주장한다.[69)]

96. 의견이나 평가는 일정한 사정을 객관적인 사실로서 전달하는 것이 아니므로 이는 성질상 그 진실 여부를 검증할 수 있는 대상이 아니다. 따라서 이는 원칙적으로 기망행위에 해당할 수 없다. 예를 들어 양장점 주인이 고객에게 어떤 옷이 아주 잘 어울린다고 이야기하는 경우에는 기망행위가 되지 아니함은 명백하다. 다만 이와 같은 진술이 객관적인 사실을 포함하는 것이어서 검증 가능한 내용을 담고 있다면 기망행위가 될 여지가 있겠다.

97. 피신청인이 "금융위원회가 매매대금의 감액을 원하고 있

69) A 의견서 제91항 내지 제93항.

다고 생각한다"거나 "자회사 편입 승인에 매매대금 감액이 필요하다고 생각한다"고 진술하였다면, 이는 미래의 불확실한 사정에 관한 피신청인의 주관적인 의견에 불과하다. 즉, 매매대금 감액이 자회사 편입 승인의 전제였는지 여부는 금융위원회가 미래에 회의를 개최하여 결정할 사안으로서, 객관적으로 검증이 불가능한 사정이라고 하겠다. 위 진술이 검증될 수 있다고 하려면, 당시 금융위원회가 피신청인의 자회사 편입 승인 신청에 대한 스스로의 입장과 결론을 이미 정하고 있었다고 인정되어야 한다. 그러나 금융위원회는 매매대금 감액 이후에도 한 달 이상 경과한 2012. 1. 27.이 되어서야 자회사 편입을 승인하였으므로, 당시 금융위원회의 결론이 검증할 수 있는 사실이었다고 보기는 어렵다. 따라서 "자회사 편입 승인에 매매대금 감액이 필요하다"는 진술은, 설사 신청인이 이러한 진술을 듣고 이를 믿게 되었고, 실제로는 매매대금 감액이 필요하지 아니하였음이 사후에 드러났다 하더라도, 기망행위가 될 수 없다.

98. 한편 A는 서울대학교 이전계획에 관한 진술이 이루어진 대법원 2007. 6. 1. 판결 2005다5812사건[70]을 들어, 미래의 불확실한 사실에 관한 진술의 경우에도 기망행위가 인정되었다고 주장한다.[71] 그러나 위 사건의 사실관계에서 문제된 진술은 '서울대학교 이전계획이 없다'는 것으로서 미래의 사실과 관련되어 있기는 하지만 진술의 실제 내용은 '서울대학교 이전 계획이 **현재 존재하지 아니한다**'는 객관적인 사정에 관한 것이었다. 따라서 위 사건에서 문제된 진술은 그 진위가 객관적으로 명백히 검증할 수 있는 사실에 대한 것으로서, 이 점에서 피신청인이 주장하는 진술과 본질적인 차

70) 판례공보 2007년, 972면.

71) A 의견서 제92항.

이가 있으므로, 위 사건의 결론은 이 사건에서 참고할 만한 것이 되지 못한다.

D. 위법성

1. 중요성

99. 기망행위가 민법 제110조에서 정하는 사기가 된다고 하기 위해서는 기망행위가 위법한 정도의 수준에 이르렀다는 사실이 계약을 취소하고자 하는 당사자에 의하여 입증되어야 한다. 기망행위는 상대방 당사자가 계약을 체결할 것인지의 의사결정에 직접적인 영향을 미칠 수 있는 불법적인 간섭행위라는 의미에서 위법한 것이어야 한다. 이러한 요건은 객관적인 중요성에 대한 입증을 요구한다. 실제 사건의 판단에 있어서는 중요성의 개념이 취소권을 발생시키는 사기의 다른 요건에도 현저한 영향을 미치는 경우가 많다. 이와 같은 중요성의 요건이 결여되어서는 사기에 의한 계약의 취소청구는 실패하게 된다.

100. 따라서 기망행위가 위법하기 위해서는 일반적으로 인정되는 거래관행이나 업무처리기준이나 신의성실의 원칙에 위반하는 것이어야 하며, 그 판단을 위하여 법원은 당사자들의 전문성의 정도 및 문제된 계약의 종류 및 내용을 고려하여야 한다.[72] 예를 들어, 대구고등법원은 2002. 7. 31. 판결 2001나6047사건(미공간)에서, 상당한 규모의 회사를 운영하고 있어 매수인은 사업에 상당한 식견이 있었으며 사업전망은 얼마든지 빗나갈 수 있다는 사정을 잘 알 수 있었을 것이므로 사기가 성립하지 아니한다고 판시하고 있다.

72) 민법주해[Ⅱ], 제110조, 556면 이하(송덕수 집필부분) 참조.

101. 또한 정상적인 거래관계에서는 당사자들 각자가 지식경험을 이용하여 최대한으로 자신의 이익을 도모하기 때문에 기망행위는 많은 경우 위법성이 없다는 판단을 받게 된다. 대법원은 2002. 9. 4. 판결2000다54406, 54413사건[73]에서 피고가 자신의 목적물에 대해 실제보다 높은 가격을 시가라고 고지하였다 하더라도 계약을 체결하려는 당사자는 이해상반의 지위에 있고 각자 독립적으로 목적물을 평가할 것이 예상되기 때문에 이는 상대방의 의사결정에 불법적인 간섭을 한 것이라고 볼 수 없다고 판시하였다.

102. 이와 유사하게, 앞의 제88항에서 본 대로 허위·과장광고도 또한 일반 상거래의 관행에 비추어 용인될 수 있는 한도에서는 위법성이 결여되었다고 인정된다. 대법원은 1995. 7. 28. 판결 95다19515사건[74]에서 신축의 빌라를 분양함에 있어 그 이른바 '평형'의 수치를 과장하여 광고하였다는 사실은 "그것이 **거래에 있어 중요한 사항**에 관하여 구체적 사실을 거래상의 **신의성실의 의무에 비추어 비난 받을 정도의 방법으로** 허위로 고지함으로써 사회적으로 용인될 수 있는 상술의 정도를 넘은 기망행위에 해당한다고 보여지지 아니한다"(고딕체에 의한 강조는 본인이 가하였다. 이하 같다)는 이유로 사기에 해당하지 아니한다고 판시하였다. 또 앞의 제87항 및 제88항에서 본 대로 대법원 1995. 9. 29. 판결 95다7031사건[75]에서는 상품의 허위, 과장광고는 그것이 "일반 상거래의 관행과 신의칙에 비추어 시인될 수 있는 한 기망성이 결여된다"고 판시하였다.

---

73) 판례공보 2002년, 2308면.
74) 법원공보 1995년, 2982면. (강조 추가)
75) 법원공보 1995년, 3613면.

2. 기망행위 판단의 고려요소[76]

103. A는, 기망행위의 판단 기준은 신의성실의 원칙 및 상거래 관념이고 검증가능성만이 이를 위한 고려요소일 뿐이고 당사자의 수준이나 협상력은 고려요소가 전혀 아니라고 주장한다.[77]

104. 그러나 취소를 청구하는 당사자가 충분한 전문지식이 있는 경우이거나 업계 사정에 밝은 경우에는, 계약서에 기재되지 아니하고 일정한 정도를 넘어서지 아니하는 것이어서 일반 거래관념에 비추어 부당해 보이지 아니하는 협상 과정 중의 적극적인 허위진술이나 과장행위도 기망성이 결여된다. 예를 들어, 서울중앙지방법원 2005. 10. 13. 판결 2004가합45320사건(미공간)은 영업을 양도하는 회사 입장에서는 매출액 등 회사의 상황에 대하여 어느 정도 과장을 하게 마련인 점, 매수인은 6개월 이상 사업에 대한 준비를 해 왔으며 피고회사의 상황을 충분히 파악할 수 있었을 것이라는 점 및 다소 과장하였다고 하더라도 이는 업계에서 흔한 것이거나 그 정도가 미미한 것이라는 점에 비추어 기망행위가 없었다고 판단하였다. 또한 대구고등법원 2002. 7. 31. 판결 2001나6047사건(미공간)은 원고가 사업에 상당한 식견이 있었으며, 따라서 당초에 예견한 사업전망이 얼마든지 빗나갈 수 있다는 사정을 잘 알 수 있었을 것이므로 기망행위가 인정되지 아니한다고 판단하였다.[78]

---

76) 이하에서 다루는 내용은 실질적으로 '기망행위'와 관련된 내용이지만, A 의견서의 체제에 따라 이 항목에서 논의한다.

77) A 의견서 제96항 내지 제116항.

78) 앞의 제100항 참조.

105. A의 의견은 한국민법에 대한 대법원판례와도 어긋나는 점이 있다고 생각된다. 대법원은 기망행위를 판단할 때 거래 당사자가 개인 혹은 회사인지 여부뿐만 아니라, 당사자의 지식·경험·직업 숙련도 등의 수준과 협상력 등 의사표시에 영향을 미치는 모든 요소를 고려한다. A가 당사자의 수준이나 협상력을 고려하지 아니하고 기망행위가 판단되었다고 들고 있는 5개의 재판례에서는 모두 당사자의 경험·지식 등의 수준과 협상력이 고려되었거나 그와 같은 법리가 나타나 있는 사안들로서, 그 판결이유에 이와 같은 취지가 직접 또는 간접으로 드러나 있다.

106. 대법원 2007. 6. 1. 판결 2005다5812사건에서는 앞서 살핀 바와 같이[79] 서울대학교 이전계획에 관한 진술이 기망행위에 해당하는지 여부가 문제되기도 하였지만, 또한 아파트 분양계약에서 아파트단지 주위에 공동묘지가 존재한다는 사실이 분양광고에서 고지되지 아니한 것이 기망행위에 해당하는지 여부도 문제되었다. 이에 대하여 대법원은 공동묘지가 주거지 주위에 존재한다는 사실은 아파트분양계약 체결 여부 및 가격에 상당한 영향을 미치는 요인이라는 사정 등을 이유로 분양사업자에게 이에 관한 신의칙상의 고지의무가 있다고 인정한 후 공동묘지 존재 사실을 고지하지 아니한 행위가 기망행위에 해당한다고 판단하였다.

107. 그런데 이와 같이 판단하는 과정에서 대법원은 신의칙상의 고지의무에 관하여, '상대방에게 스스로 확인할 의무'가 인정되거나 '거래관행상 상대방이 당연히 알고 있을 것으로 예상되는 경우'에는 고지의무가 인정되지 아니한다는 법리를 그 판결이유에서

79) 앞의 제98항 참조. A 의견서 제92항 및 제98항도 참조.

명시하였다.[80] 거래관행상 이를 당연히 알고 있을 것으로 예상되는지 여부는, 상대방의 지식·경험·직업·숙련도 등과 같은 당사자의 수준과 협상력을 고려하지 아니하고는 결정될 수 없으므로, 이는 결국 기망행위 판단에 당사자의 수준과 협상력이 고려된다는 취지가 선언된 것이라고 해석된다.

108. 또한 대법원 1993. 8. 13. 판결 92다52665사건(대법원판례집 41권 2집, 민사편 297면)을 우리의 논의 맥락에서 주목할 만하므로 이를 살펴보도록 하겠다.[81] 이 사건에서는 대형 백화점이 원래의 정가를 할인된 가격인 것처럼 표시하여 상품을 판매한 행위가 기망행위에 해당하는지 여부가 문제되었다. 이에 대하여 대법원은 이를 사회적으로 용인될 수 있는 상술商術의 정도를 넘는 기망행위에 해당한다고 판단하였다.

109. A는 그 사건에서 당사자들 사이의 수준과 협상력의 현격한 차이가 판단에 어떠한 고려 요소도 아니었다는 점은 매우 명확하다고 주장한다.[82] 그러나 이에 대하여도 의문이 있다. 대법원은 위 사건의 판결이유에서 "소비자가 갖는 상품의 품질이나 가격 등에 대한 정보는 대부분 생산자 및 유통업자의 광고에 의존할 수밖에 없어서 … 이에 대한 소비자들의 신뢰나 기대는 … 특히 크고, 이는 보호되어야 한다"(점선은 본인이 생략한 부분을 가리킨다)고 설시하였다. 즉 대법원은 대형유통업자와 소비자라는 거래상의 지위, 정보의 격차와 이에 따른 신뢰도 등과 같은 당사자의 지위가 판단

80) 뒤의 본문 제113항 이하도 참조.

81) A 의견서 제100항 및 제102항.

82) A 의견서 제103항.

의 고려요소이었음을 정면으로 밝혔던 것이다.

110. 대법원 1995. 9. 29. 판결 95다7031사건(법원공보 1995년, 3613면)(이 사건에 대하여는 앞의 제87항 및 제88항 등에서도 이미 살펴본 바 있다), 그리고 대법원 2001. 5. 29. 판결 99다55601사건(판례공보 2001년, 1449면)에서는 백화점에 부대된 특수시설 또는 상가와 같은 수익용 부동산에 관한 분양계약의 과정에서 이루어진 분양회사의 지분보유율, 장래의 투자수익률 등에 관한 진술이 기망행위에 해당하는지 여부가 문제되었다.[83] 이에 대하여 대법원은, A 역시 적절하게 지적하듯이, "장래의 수익성은 투자자가 자신의 책임 하에 스스로 판단하여야 한다"는 사정 등을 고려하여,[84] 위 진술들이 기망행위에 해당하지 아니한다고 판단하였다.

111. 어떠한 사항이 스스로 판단하여야 하는 사정인지는 거래관행뿐만 아니라 상대방의 지식 · 경험 · 직업 등의 지위와 거래숙련도 등에 따라 결정되기 마련이다. 위 사건의 경우 '투자자'라는 상대방의 지위와 이에 따라 기대되는 경험이나 거래숙련도 등이 고려되었다는 점이 판결이유를 통하여 분명하게 드러난다.

112. 대법원 2011. 10. 13. 판결 2011도8829사건(판례공보 2011년 하권, 2411면)에서는 금전대차 거래 과정에서 이루어진 차용인의 행위들이 부동산 중개업자와 은행지점장이었던 대여자들에 대하여 기망행위에 해당하는지 여부가 문제되었다.[85] 이에 대하여 대법원

83) A 의견서 제106항 내지 제109항.

84) A 의견서 제108항.

85) A 의견서 제112항 및 제113항.

은 기망행위는 “거래의 상황, 상대방의 지식 · 성격 · 경험 · 직업 등 행위 당시의 구체적인 사정을 고려하여 일반적 · 객관적으로 판단하여야 한다”는 법리를 밝히고 있다. A 역시 인정하는 바와 같이,[86] 대여자들이 차용인의 의도 및 상환 능력을 충분히 알 수 있었던 능력과 지위에 있었음을 고려하여, 위 행위가 기망행위에 해당하지 아니한다고 판단하였다. 상대방의 지식 · 성격 · 경험 · 직업 등 거래 당사자의 지위와 협상력이 그 판단에 정면으로 고려되었고, 이와 같은 취지가 판결이유에 기재되어 있다.

3. 부작위에 의한 기망행위

113. A는, 피신청인이 신청인에게 금융위원회의 승인 절차에 관한 상황과 과정을 설명할 의무가 있었음에도 불구하고, 금융위원회가 자회사 편입 승인을 위하여 매매대금 감액이 필요하다고 주장했다는 진술을 함으로써 부작위에 의한 기망행위를 하였다고 주장하는 것으로 보인다.[87] 본인은 이 주장에 쉽사리 동의하기 어렵다.

114. 우선 A의 위 주장에는 논리적 결함이 있다고 생각된다. 피신청인의 적극적인 진술이라는 ‘작위’가 ‘부작위’에 의한 기망행위를 구성한다고 하는 주장이기 때문이다.

115. 아울러 부작위에 의한 기망에 있어서는 고지되지 아니한 사실이 객관적으로 계약의 중요한 내용이어야 한다. 여기서 중요한 사실이라 함은, 계약의 목적 자체를 좌절시키는 것이거나 청구인이 계약을 통해 얻고자 하는 주요한 권리를 위태롭게 하는 것이어야

86) A 의견서 제114항.

87) A 의견서 제117항 내지 제119항.

한다고 이해된다. 그러한 취지에서 예를 들어, 대법원 1998. 4. 14. 판결 98도231사건(판례공보 1998년, 1423면)은 중고차 매도인들이 미지급 할부금이 있다는 사실을 매수인에게 알리지 아니한 사안에 있어 이러한 할부금 채무가 당연히 매수인에게 승계되는 것이라고 볼 근거가 없고, 따라서 할부금이 남아 있다는 사실이 매수인이 장차 계약의 목적물의 소유권을 확보하지 못할 위험을 발생시키는 것은 아니라는 이유로 고지의무가 없다고 판시하였다.[88)]

116. 중요한 사실인지 여부에 관한 판단은 업계관행, 당사자의 직업 · 지위, 그들 사이의 관계 및 전문성의 정도, 독자적으로 당사자가 입수할 수 있는 정보, 협상의 과정 및 계약의 조건 등 다양한 정황을 고려할 것을 요구한다. 그러한 정황들의 분석을 통해 문제된 쟁점이 계약의 주목적과 관련된 것이 아니라는 결론에 이르게 되면, 한국법은 취소를 불허한다.

117. 한국법 하에서 기망행위는 엄격하게 해석되며, 따라서 상거래 계약의 당사자들은 통상 실사를 통하거나 중요한 조건들을 계약서에 명시적으로 기재하는 등의 방법으로 자신들이 우려하는 사항에 대한 사실을 적극적으로 조사할 의무를 부담한다. 특히 한국의 법원은 계약의 당사자들이 서로 이해상반의 지위에 있고 각자가 자신의 지식과 경험을 이용하여 최대한으로 자신의 이익을 도모할 것이기 때문에 당사자 일방이 알고 있는 정보를 상대방에게 사실대로 고지하여야 할 신의칙상의 주의의무가 인정된다고 볼 만한 특별한 사정이 없는 한 일방 당사자가 자신이 알고 있는 사항에 관하여 상대방에게 이를 설명 내지 고지를 할 주의의무를 부담

88) 대법원 1998. 4. 14. 판결 98도231사건(판례공보 1998년, 1423면).

하지 아니한다는 태도를 취하고 있다.[89)]

118. 대법원 2006. 11. 23. 판결 2004다62955사건[90)]은 “일반적으로 매매거래에 있어서 매수인은 목적물을 염가로 구입할 것을 희망하고 매도인은 목적물을 고가로 처분하기를 희망하는 이해상반의 지위에 있으며, 각자가 자신의 지식과 경험을 이용하여 최대한으로 자신의 이익을 도모할 것으로 예상되기 때문에, 당사자 일방이 알고 있는 정보를 상대방에게 사실대로 고지하여야 할 신의칙상의 주의의무가 인정된다고 볼 만한 특별한 사정이 없는 한, 매도인이 목적물의 시가를 묵비하여 매수인에게 고지하지 아니하거나 또는 시가보다 높은 가액을 시가라고 고지하였다 하더라도 상대방의 의사 결정에 불법적인 간섭을 하였다고 볼 수 없으므로 불법행위가 성립한다고 볼 수 없는바, **주식과 같은 투기성 있는 객체의 거래에 있어서는 더욱 그러하다**”고 판시하였다(고딕체에 의한 강조는 인용자가 추가하였다). 물론 이 사건은 불법행위의 성립 여부에 관한 것이나, 본건 중재에서 논의되고 있는 “상대방의 의사 결정에의 불법적인 간섭”이 있었는지의 문제에 대하여는 중요한 의미가 있다고 할 것이다. 특히 위에서 강조한 바와 같이 그 계약이 어떠한 성질의 목적물을 객체로 하는 것인가에 고려하여야 한다는 점은 본건 중재와 관련하여 현저한 의미가 있다고 생각된다.

119. 한편 A가 피신청인에게 금융위원회의 승인 절차에 관한 상황과 과정에 관하여 설명할 의무가 있다고 주장하는 주된 근거

89) 대법원 2002. 9. 4. 판결 2000다54406사건(판례공보 2002년, 2308면)도 참조.

90) 판례공보 2007년, 19면.

는, 최선 노력 조항을 통하여 신청인과 피신청인 사이에 특별한 신뢰관계가 형성되었다는 것이다.[91)]

119.1. 광범위한 설명의무가 인정되는 '특별한 신뢰관계'란 위임 조합, 고용 등과 같이 이해관계를 함께하거나 상대방의 이익을 보호하여야 하는 의무가 발생하는 당사자 사이의 특수한 인적 관계를 의미한다. 그런데 신청인과 피신청인은 주식매매거래의 매도인 및 매수인으로서 이해관계가 대립하는 당사자일 뿐이다. 각자의 이익을 목표로 계약에서 정한 각자의 의무를 이행하는 것으로 족하고 상대방의 이익을 적극적으로 보호하여야 할 의무는 없다. 최선 노력 조항이 존재한다고 하여 이해관계가 대립하는 당사자의 관계가 갑자기 상대방의 이익을 보호하여야 하는 관계로 변경되는 것도 아니다. 앞서 살핀 바와 같이 최선 노력 의무 조항에 법적 구속력이 인정한 대법원 판례가 없으므로 최선 노력 조항으로 인해 특별한 신뢰관계가 형성될 수 있다고 인정하는 대법원 판례도 없다. 설령 최선 노력 조항에 어떠한 법적 구속력이 인정될 수 있다고 하더라도, 피신청인은 승인을 얻기 위한 노력을 스스로 하면 되지 거래 상대방인 신청인에게 그 상황을 설명할 의무가 있는 특수관계를 설정하였다고 하기는 어렵다.

119.2. 이처럼 특수한 신뢰관계가 없는 상황에서는 당사자는 허위의 사실로 상대방을 기망하여서는 안 됨은 물론이나, 더 이상 나아가서 자신이 모르는 상황까지도 적극적으로 확인하여 이를 신청인에게 고지하여야 할 의무까지 부담한다고 볼 수는 없다. A의 설명처럼 "신청인이 고지받았더라면 그 거래를 하지 않았을 것임이

91) A 의견서 제118항.

경험칙상 명백한 사실"을 피신청인이 잘 알고 있었다면 사정에 따라서는 이를 고지할 의무는 인정될 수도 있는 경우도 있을지 모른다. 그러나 A는 "금융위원회가 자회사 편입 승인을 위하여 매매대금의 감액이 필요하다고 피신청인에게 알렸다"는 피신청인의 언급이 허위라는 점을 들어 이를 그러한 고지의무의 대상이라고 주장하는 것으로 이해된다. 그런데 피신청인 대리인의 설명에 따르면, 피신청인은 신청인에게 '금융위원회는 피신청인에게 대금 감액에 대해서 구체적으로 언급하지는 아니한다'라고 설명하였다고 한다. 사실이 그러하다면 피신청인은 금융위원회가 피신청인에게 무엇이라고 알렸는지에 대하여 신청인이 오해하지 않도록 고지의무도 성실히 이행하였다고 평가될 가능성이 높다.

E. 인과관계

120. A는 신청인이 주장하는 기망행위로 인하여 신청인이 '자회사 편입 승인을 받기 위해서는 매매대금을 감액하여야 한다'는 착오에 빠졌기 때문에, 기망행위와 이 사건 SPA 체결 사이에 인과관계가 인정된다고 주장한다.[92)]

121. 그러나 본인은 A의 위 의견에 동의하지 아니한다. 사기가 인정되기 위해서는 계약의 취소를 청구하는 당사자가 상대방의 기망행위로 인하여 계약을 체결하였을 것을 요한다. 다시 말하면, 취소를 청구하는 당사자가 기망행위로 인하여 착오에 빠지게 되었고, 나아가 그러한 착오로 인하여 계약을 체결하였다는 사실 모두가 입증되어야 한다. 기망행위로 말미암아 착오가 발생하였다고 하

92) A 의견서 제121항.

더라도 그것이 당사자의 계약 체결의 의사결정에 실제로 영향을 미친 것이 아니라면 이는 여기서 논의하는 '사기'에 해당하지 아니한다.

122. 예를 들어, 대법원 1994. 5. 24. 판결 93도1839사건[93]은 토지 공매절차와 관련하여 피고인이 허위로 조작한 실적증명을 국가에 제출한 경우 인과관계의 요건이 결여되어 있다고 판단하였다. 다른 입찰자가 없어서 공매절차는 종료되었고, 국가는 결국 실적증명을 요하지 아니다는 별도의 수의계약을 통해 피고인에게 분양을 하게 되었기 때문이다. 따라서 대법원은 피고인이 공매절차에서 허위의 증명원을 제출하였더라도 이는 수의계약에서의 국가의 의사결정에 어떠한 영향을 미쳤다고 볼 수 없다고 결론 내렸다.

123. 토지의 공매절차와 관련한 또 다른 사안에서 대법원은, 해당 사건 원고가 경쟁입찰의 외관을 창출하기 위하여 제3자에게 금전을 지급하고 그로 하여금 자신보다 더 낮은 가격으로 입찰하도록 하였으나, 인과관계 요건이 결여되어 있다고 판시하였다. 대법원은 나아가 제3자의 입찰은 국가에 의해 낙찰자로 선정될 수도 있는 것이어서 여전히 유효한 것이며, 따라서 기망행위가 경쟁입찰의 존재에 관한 착오를 일으켰다고 볼 수 없다고 판시하였다.[94]

124. 이 사건의 경우 앞서 착오에서의 인과관계와 관련하여 살펴본 바와 같이,[95] 신청인이 주장하는 기망행위가 없었다고 하더

93) 법원공보 1994년, 1866면.

94) 대법원 1968. 5. 21. 판결 68다464사건(대법원판례집 16권 2집, 민사편 58면).

라도, 만약 제2차 수정 SPA의 거래종료시한이 임박함에 따라 재계약 협상은 당연히 진행되었을 것이고, 그 결과 신청인에게 불리하였던 당시의 상황이 매매대금에 반영되어 감액된 매매대금을 내용으로 하는 변경계약이 체결되었을 것이라고 인정된다면, 한국 법원이 신청인이 주장하는 기망행위와 이 사건 최종 SPA 체결 사이에 인과관계가 있다고 판단할 가능성은 대단히 낮을 것이다.

X. 민법 제110조에서 정하는 강박에 의한 법률행위

A. 강박행위

1. 해악의 고지

125. A는, 피신청인이 다음과 같은 진술을 행하였는데 그것이 민법 제110조에서 정하는 '강박행위'에 해당한다고 서술하고 있다.

(i) "매매대금이 감액되지 아니할 경우 금융위원회가 피신청인의 신청을 승인하지 아니함으로써 피신청인에 대한 주식매각 거래의 종결을 막을 것"[96]

(ii) "금융위원회가 매매대금 감액이 있을 때까지 절차를 계속적으로 지연시킬 것"[97]

(iii) "금융위원회가 매매대금의 감액 없이는 자회사 편입 승인을 하지 아니할 것"[98]

95) 앞의 제75항 내지 제77항.

96) A 의견서 제125항.

97) A 의견서 제130항.

98) A 의견서 제133항.

126. 위 진술들에서, 거래의 종결을 막고, 승인 절차를 지연시키고, 승인을 하지 아니하는 주체는 모두 피신청인이 아니라 '금융위원회'이고, 피신청인이 어떻게 하겠다는 내용이 아니다. A도 강박이란 "고의로 해악을 가하겠다고 위협하여 공포심을 일으키게 하는 행위"라고 하는데,[99] 위 진술들은 피신청인이 신청인에게 해악을 가하겠다는 위협이 아니라, 이는 매매대금이 감액되지 아니다는 경우 '금융위원회'가 할 행위에 대한 진술일 뿐이다. 설령 금융위원회의 승인 지연 등이 신청인에게 불이익이 되더라도, 피신청인이 그 불이익을 가하겠다는 것이 아니라 예상되는 불이익을 언급하는 것만으로는 강박행위가 되기에 충분하지 아니하다.

2. 해악의 실현 가능성에 대한 신뢰

127. A는, 피강박자의 시각에서 볼 때 해악의 발생 또는 불발생이 강박자의 의사에 달려 있다고 주관적으로 믿은 경우 강박행위가 성립하는데, 신청인은 피신청인이 금융위원회의 승인 절차를 지연시킬 수 있다고 믿었으므로 강박행위가 인정된다고 주장한다.[100]

128. 이 때 신청인이 금융위원회의 승인 절차의 진행을 피신청인이 좌우할 수 있다고 믿었는지 여부는 객관적인 증거로 입증되어야 할 사실이다. A는 신청인이 피신청인과 금융위원회가 밀접한 관계에 있다고 생각하였으므로 피신청인의 영향력을 믿었을 개연성이 있다고 한다.[101] 그러나 승인 신청을 하는 사람이 신청 여

99) A 의견서 제122항.
100) A 의견서 제127항 내지 제132항.
101) A 의견서 제130항.

부는 좌우할 수 있지만, 여기에서 나아가 승인 여부까지 좌우할 수 있다고 합리적인 사람이라면 믿지 않을 것임이 명백하다. A 역시 "새로운 주식 매수인과의 거래를 모색하여 적절한 제안을 하는 새로운 매수인을 제한된 시간 내에 찾을 수 있다고 하더라도, 금융위원회가 그러한 새로운 매수인의 신청을 승인하지 않을 수 있다는 위험은 여전히 존재한다"고 하여,[102] 승인신청인이 승인을 좌우할 수 없음을 스스로 인정하고 있다고 여겨진다. 따라서 신청인이 주관적으로 피신청인이 금융위원회의 승인 절차의 진행 및 그 결과를 좌우할 수 있다고 믿었다는 것은 쉽사리 인정하기는 어려울 것이다.

129. "재물을 바치지 않으면 천벌이 내릴 것"이라는 무속인의 말을 신뢰한 경우도 강박행위가 성립한다고는 하지만, 미신적인 믿음에 근거한 무속인의 사례를 세계적인 사모펀드인 신청인의 믿음에 참고하기는 어렵다.

3. 기존의 강박상태를 이용한 강박행위

130. A는, 강박자가 피강박자에게 신의성실의 원칙에 따라 대응할 법적 의무가 있는 경우 기존의 강박상태를 이용한 것은 강박행위가 되는데, 피신청인의 행위는 신청인이 이미 강박상태에 빠져 있는 것을 이용한 강박행위에 해당한다고도 주장한다.[103]

131. 이미 발생한 강박상태를 이용한 행위도 강박행위가 되는지에 관한 논의는, 예를 들면 물에 빠진 사람을 보고 거액의 돈을

102) A 의견서 제44항.

103) A 의견서 제133항 및 제134항.

준다고 약속하면 구해 주겠다고 하는 경우에 관한 문제이다. 국내에서 논의가 그다지 활발하지 아니하고 본인이 아는 한 이와 같은 쟁점을 다룬 법원의 사례도 존재하지 아니한다. 다만 몇 개의 학설이 대립할 뿐인데, 이 경우 (i) 위해의 계속을 고지하는 행위로서 강박행위가 될 수 있으나 나아가 위법성의 관점에서 검토할 필요가 있다는 견해, (ii) 위법성이 있으면 강박행위가 된다는 견해, (iii) 원칙적으로 강박행위에 해당하지 아니하나, 강박상태 이용자에게 피강박자에게 관여할 법적인 의무(구조의무)가 있는 경우에는 기존의 강박상태를 이용하는 것은 강박행위가 된다는 견해 등이 있다.

132. A의 의견은 위 학설 중 (iii)의 학설을 취한 것인데, 그마저도 학설을 잘못 인용한 것으로 여겨진다. (iii)의 견해는 본래 강박행위는 장래에 대한 해악을 고지하여 피강박자의 강박상태를 설정하는 것이므로 기존의 강박상태를 이용하는 것은 원칙적으로 강박행위가 아니지만, 다만 강박자가 피강박자의 업무에 관여할 법적 관계에 있는 예외적인 경우 기존의 강박상태를 이용하는 것은 위법하므로 강박행위가 성립한다는 취지이다. 이때 강박자의 '관여할 법적 관계'란, 예컨대 의사가 수술 도중 환자가 자신에게 토지를 매도하지 아니다면 수술을 계속하지 아니하겠다고 하거나, 등반 안내인이 산의 정상에서 자신을 고용하지 않으면 하산하는 것을 도와주지 아니하겠다고 하는 등의 '구조의무'의 관계를 의미한다.

133. A의 주장처럼 단순히 신의성실의 원칙에 따라 대응할 의무가 아니다. 피강박자의 이익을 보호하거나 피강박자를 위기에서 구조할 법적 의무가 있는 관계에 있는 사람이어야 비로소 기존의 강박상태를 이용한 강박행위가 성립할 수 있다. A는 피신청인이 자

회사 편입 승인을 받기 위하여 최선의 노력을 할 의무가 위와 같은 법적 의무라고 주장하는 것으로 추측되기도 한다. 그러나 피신청인이 은행을 인수하여 자신의 자회사로 편입하기 위하여 당국의 승인을 받는 것이 매도인인 신청인에 대한 보호 또는 구조의 의무의 근거가 될 수는 없다.

134. 뿐만 아니라 신청인이 강박상태에 있었다는 A의 주장도 타당하지 아니한다. 신청인이 기간을 정한 처분명령을 받은 것은 자신의 범죄로 인하여 한국법이 정한 제재를 받은 것일 뿐이고 그 자체로 강박상태라고 하기 어렵다.

B. 인과관계

135. A는 신청인이 주장하는 강박행위와 이 사건 SPA 체결 사이의 인과관계 또한 인정된다고 주장한다.[104)]

136. 그러나 본인은 앞서 착오 및 사기의 인과관계에서 살펴본 바와 같은 이유에서[105)] A의 위 의견에 동의하지 아니한다. 신청인이 주장하는 강박행위가 없었다고 하더라도, 제2차 수정 SPA의 거래종료시한이 임박함에 따라 재계약 협상은 당연히 진행되었을 것이고, 그 결과 신청인에게 불리하였던 당시의 상황이 매매대금에 반영되어 감액된 매매대금을 내용으로 하는 변경계약이 체결되었을 것이라고 어렵지 않게 예상되는 이상, 한국 법원이 신청인이 주장하는 기망행위와 이 사건 최종 SPA 체결 사이에 인과관계가 있

---

104) A 의견서 제140항 내지 제142항.

105) 앞의 제75항 내지 제77항 및 제124항.

다고 판단할 가능성은 대단히 낮다.

XI. 부당이득 반환 — 원물 반환이 불능인 경우 그 가액 산정의 기준시점

137. A는 법률행위가 무효 또는 취소된 경우 쌍방의 급부가 동시에 반환되어야 하고, 급부된 원물의 반환이 불가능하다면 불능 당시를 기준으로 하여 산정된 가액이 반환되어야 한다고 정확하게 설명하고 있다.[106] 그리고 A는 2015년 9월 피신청인과 ○○은행이 합병하여 이 사건 주식이 소멸하여 원물이었던 주식의 반환이 불가능하게 되었으므로 원물의 반환이 불능하게 된 위 합병 당시의 가액이 반환되어야 한다고 하면서도, ○○은행은 2013년 4월 상장 폐지가 되어 합병 당시의 시가를 파악하기 어렵기 때문에, 그로부터 가장 가까운 시점의 실거래가격인 2011년 7월 이 사건 제2차 수정 SPA에서 정한 매매대금을 기준으로 산정하여야 한다고 주장한다.[107]

138. 그러나 합병이 이루어진 2015년 9월 당시 ○○은행의 주식은 상장이 폐지되고 2년이 경과하였고, 은행의 영업이나 시장 상황의 변화가 주식 가치에도 영향을 미쳤을 가능성이 높으므로 합병으로부터 4년 이상 앞선 제2차 수정 SPA에서 정한 매매대금을 합병 당시의 시가로 보는 것은 타당하다고 하기 어렵다. 한국 법원은 이러한 경우 제2차 수정 SPA보다 합병에 가까운 시기에 참조할 거래가 있는지, 감정 등의 방법으로 합병 당시 주식의 객관적인 가

106) A 의견서 제145항.

107) A 의견서 제145항 내지 제151항.

치를 산정할 수 있는지 등을 종합적으로 살펴 반환할 가액을 합리적으로 산정할 것이다. 그러한 금액에 대한 입증책임은 반환을 구하는 쪽에게 있는데, 이를 입증하지 아니하고 만연히 4년 전의 거래가격이 불능 당시의 가액이라고 주장한다면, 이는 한국 법원에서 받아들여지지 아니할 가능성이 높다.

XII. 민법 제750조의 불법행위로 인한 손해배상

A. 차액설에 따른 손해액 산정 기준

139. A는, 불법행위로 인한 손해는 위법행위가 없었더라면 존재하였을 재산상태와 그 위법행위가 가하여진 결과로 생긴 현재의 재산상태의 차이인데, 제2차 수정 SPA에서 정한 매매대금이 신청인의 주장과 같은 사기 또는 강박의 행위가 없었을 경우 있었을 재산상태라고 보고 이를 기준으로 손해액을 산정해야 한다고 주장한다.[108]

140. A는 피신청인의 불법행위가 없었다면 제2차 수정 SPA에 대하여 금융위원회가 승인을 하고 그에 따라 거래가 종결되었을 것을 전제로 하고 있는데, 이는 단순히 불법행위가 없었던 상태가 아니라 계약이 이행된 후의 재산상태이다. 그런데 불법행위자에 대하여 구할 수 있는 손해배상의 범위는 불법행위가 없었을 경우에 그 피해자가 있었을 지위의 회복에 그치는 것이고, 그 불법행위의 일환으로 체결된 계약이 제대로 성립되어 이행된 경우에 피해자가 있게 될 지위의 회복까지 구하는 것은 허용되지 아니한다.[109] 따라

108) A 의견서 제157항.

서 제2차 수정 SPA에서 정한 매매대금이 손해 산정의 기준이 될 수 없다.

141. 신청인은 피신청인의 불법행위가 없었더라면 가격 인하에 동의하지 아니하였을 것이라고 주장하는 것으로 한다. 그렇다면 가격을 인하하지 아니한 제2차 수정 SPA가 유지될 뿐인데, lock-up 기간 이후에는 양 당사자가 누구나 자유롭게 계약을 해지할 수 있었으므로 당사자들이 제2차 수정 SPA에 따라 거래를 종결하였을지는 단정하기 어렵다. 피신청인이 2011년 7월 이후 달라진 시장 환경이나 신청인이 매각명령을 받았다는 사정 등을 감안하여 가격 인하 협상을 하였을 가능성이 있었고 의도도 있었다면, 선불리 제2차 수정 SPA에 따른 이행이 이루어졌을 것이라고 단정하여서는 안 될 것이다. 나아가 제2차 수정 SPA에 따른 이행을 인정하기 위해서는 또한 금융위원회가 신청인이나 피신청인의 주관적인 믿음과 달리 가격 인하 없이도 자회사 편입을 승인하였을 것이라는 점도 입증이 필요하다.

142. 이러한 입증이 없다면 불법행위가 없었더라면 존재하였을 상태란 양 당사자가 자유롭게 해지할 수 있는 계약을 가지고 가격 재협상을 할 수 있는 상태를 의미하고, 결국 개방된 시장에서 이 사건 주식에 대하여 객관적인 가치에 따라 매매계약을 체결하는 상태를 의미할 것이다.

143. 불법행위로 인한 재산상 손해액은 원칙적으로 불법행위

109) 대법원 2004. 3. 26. 판결 2003다34045사건(판례공보 2004년 상권, 712면).

시를 기준으로 산정되어야 한다. 재산을 고가 또는 저가로 매매함으로써 매도인 또는 매수인이 입게 되는 손해는 다른 특별한 사정이 없는 한 해당 매매 당시 목적물인 재산의 시가와 실제 매매가격의 차액이고, 이후에 이루어진 가치의 증감은 고려할 필요가 없다는 것이 한국 대법원의 태도이다.[110] 그렇다면 신청인에게 존재하였을 재산상태란 불법행위가 있었던 당시, 즉 최종 SPA가 체결될 때를 기준으로 한 이 사건 주식의 가치라고 할 수 있다.

144. 예를 들어 대법원은, 매도인이 보유한 임야가 가격이 떨어지고 매수하려는 사람이 없어 즉시 현금화하기 어려운 상태에서 매수인에게 임야를 즉시 전매할 수 있다고 속여 임야에 관한 매매계약을 체결한 사안에서, 이와 같은 매도인의 행위는 불법행위에 해당하고, 그로 인하여 매수인이 입은 손해는 다른 사정이 없는 한 매수가격과 매수 당시의 시가와의 차액 상당액이라고 판단하면서, 해당 임야에 대하여 시가를 감정하여 불법행위 당시의 시가를 산정한 원심을 유지하였다.[111]

145. 따라서 주식을 정당한 가격보다 저가로 매도함으로써 손해를 입었다고 주장하는 이 사건에서의 손해액은 불법행위시인 최종 SPA 체결일 2011. 12. 3. 주식의 시가와 최종 SPA에서 정한 실제 매매대금의 차액이 될 것이고, 2011. 12. 3. 당시 주식의 시가는 시가 감정 등 객관적인 방법을 통하여 산정될 수 있을 것이다. 이 경

110) 대법원 2010. 4. 29. 판결 2009다91828사건(판례공보 2010년 상권, 990면).

111) 대법원 1980. 2. 26. 판결 79다1746사건(법원공보 1980년, 12688면); 서울고등법원 1979. 8. 31. 판결 78나2956사건(로앤비).

우 특별한 사정이 없는 한 시장에서 잠재적인 매수인이 지급할 만한 객관적인 가치를 평가하여 산정하는 것이 합리적이라고 할 것이다.

B. 지연이자 산정 기준

146. 피신청인 대리인의 설명에 따르면, 신청인 측 손해배상액 전문가 B. S.는 불법행위로 인한 손해배상액에 대하여 제2차 수정 SPA에서 매매대금의 지급이 지연될 때 적용하기로 한 약정 이율 10%를 복리로 적용하여 배상액을 산정하였다. 그러나 이는 매매대금의 지연, 즉 채무불이행(이행지체)시에 관한 위약금 약정으로서 손해배상액의 예정이고, 불법행위를 이유로 하는 손해배상청구에는 적용의 여지가 없다. 한국민법상 불법행위로 인한 손해배상금에 대한 지연이자는 민법 제379조에 따른 연 5%의 법정이율이 적용될 것이다.[112] 이때의 지연이자는 지체배상금으로서 원본에 산입되지 아니하므로 복리는 적용되지 아니한다.[113] 따라서 손해배상금은 불법행위시를 기준으로 정한 손해액에 연 5%의 이율에 의한 단리 이자만 적용하여 산정하여야 한다.

147. 피신청인 대리인의 설명에 따르면, 위의 전문가 B. S.는 손해배상액에 대하여 최종 SPA 종결 직후 미화로 환전하였을 것이므로 환율변동에 따른 손해도 피신청인이 배상하여야 한다고 주장하였다. 그러나 불법행위를 이유로 하는 손해배상에서는 금전으로

112) 민법 제379조; 대법원 2004. 3. 26. 판결 2003다34045사건(판례공보 2004년 상권, 712면).

113) 주석민법: 채권(1)(2013), 제379조, 373면(안법영 집필부분).

하는 배상이 원칙이며(민법 제763조에 의한 제394조 준용), 이때의 '금전'이라 함은 대한민국의 법정통화를 가리키고 외국통화의 급부는 인정되지 아니한다.[114] 또한 불법행위에 기초한 손해배상채권과 채무불이행에 기초한 손해배상채권은 모두, 당사자가 외국통화로 이를 지급하기로 약정하였다는 등의 특별한 사정이 없는 한, 대한민국의 통화인 원화로 지급하는 채권이라는 것이 대법원의 확립된 판례이다.

148. 대법원은 1995. 9. 15. 판결 94다61120사건(법원공보 1995년, 33875면)에서, 신용장이 발행되어 달러화로 결제되는 물품수출입거래에서 운송인이 선하증권을 소지하지 아니한 물품수입업자에게 물건을 인도함으로써 해당 물품이 불법적으로 반출되어 결국 멸실됨으로써 신용장 발행은행의 운송물에 대한 권리를 침해하는 운송인의 불법행위 책임을 인정하였다. 이 사건에서 대법원은 "손해배상채권은 당사자가 외국통화로 지급하기로 약정하였다는 등의 특별한 사정이 없는 한 채권액이 외국통화로 지정된 외화채권이라고 할 수 없다", 즉 대한민국의 통화인 원화로 지급하는 채권이라고 판시하였다. 이후 채무불이행을 이유로 하는 손해배상이 문제된 물품수출입거래에 관한 대법원 2007. 8. 23. 선고 2007다26455사건(법고을)에서도, 위의 대법원 94다61120사건 외에 대법원 1997. 5. 9. 판결 96다48688사건(판례공보 1997년, 1724면) 및 대법원 2005. 7. 28. 판결 2003다12083사건(판례공보 2005년, 1406면)을 인용하면서, "민법 제394조에서 정하는 금전이라 함은 우리나라의 통화를 가리키는 것이어서 채무불이행으로 인한 손해배상을 구하는 채권은 당사자가 외국통화로 지급하기로 약정하였다는 등의 특별한 사정이 없는

114) 민법주해 [XVIII], 제750조, 251면(박철 집필부분).

한 채권액이 외국통화로 지정된 외화채권이라고 할 수 없다는 것이 대법원의 확립된 판례"라고 명확하게 못박고 있다.

149. 이처럼 당사자 간 거래가 외국통화로 이루어지는 경우에도 손해배상은 원화로 하는 것이 원칙이므로, 주식매매대금이 미화가 아니라 한화로 정하여져 있는 이 사건에서는 더욱이나 피신청인의 손해배상책임도 당연히 원화로 지급하여야 한다. 따라서 피신청인의 손해배상책임은 불법행위시에 원화 채권으로 발생하였고, 이는 금전채무로서 그 미지급에 대하여는 연 5% 이율에 의한 지연손해금 외에 추가적인 배상은 인정되지 아니한다.[115]

XIII. 민법 제148조, 제150조에서 정하는 '조건 성취의 방해'에 관하여

150. A는 피신청인이 제2차 수정 SPA 제6.3.2조에 따른 의무를 이행하지 않았으므로 계약 조건 성취의 방해에 해당한다고 주장한다.[116] 또한 피신청인이 2011년 가을에 금융위원회의 승인을 촉구하지 아니하고, 매매대금이 감액된 새로운 주식양수도계약을 제출할 것이라고 금융위원회에 알리는 등으로 금융위원회의 승인을 지연시키기 위한 조치들을 취함으로써 이 사건 주식매매계약 조건의 성취를 방해하였다고 주장한다.[117]

---

115) 민법주해 [IX], 제397조, 625면 및 630면(양삼승 집필부분); 민법주해 [XVIII], 제750조, 247면 및 250면(박철 집필부분).

116) A 의견서 제157항.

117) A 의견서 제167항.

151. 그러나 최선 노력 의무의 불이행에 따른 손해배상을 구하거나 조건 성취 방해를 이유로 한 민법 제148조, 제150조의 효과를 주장하기 위해서는 각각 별개의 요건이 구비되어야 하고 이에 관한 입증이 이루어져야 한다. 따라서 최선의 노력을 다할 의무를 위반하였다고 하여 곧바로 조건 성취 방해 행위가 인정된다고 볼 수 없다.

152. 이 사건에서도 신청인이 주장하는 대로 금융위원회가 자회사 편입승인을 지연한 것이 피신청인의 방해행위로 인한 것임이 증명되지 않으면 승인 간주 효과가 발생할 수 없다. 특히 금융위원회가 신청인에게 주식 처분명령을 내릴 때 새로운 편입승인 신청을 요청하였는데, 피신청인의 현황 보고가 없었다 하더라도 어차피 새로운 편입승인 신청을 요청할 상황이었다면, 이는 금융위원회가 처분명령을 내리는 시점까지 승인을 하지 않은 것은 피신청인의 행위 때문이 아니라 신청인의 범죄 및 이에 따른 처분명령으로 인한 것이라고 보는 데에 부족함이 없다.

153. 한편 A는 조건의 성취가 현저하게 어렵게 되거나 상당기간 내에 성취가 불능으로 된 때에도 조건의 성취를 주장할 수 있다고 주장하며, 공사도급계약에서 도급인이 공사를 방해한 사례에 관한 사건을 제시하였다.[118)]

154. 위 사건의 사실관계는, 도급인이 수급인으로부터 공사의 완료를 증명하는 준공필증을 제출받으면 공사대금을 지급하기로

118) A 의견서 제168항, 제169항; 대법원 1998. 12. 22. 판결 98다42356사건(판례공보 1999년, 198면).

하는 약정이 있었던 도급계약에서, 도급인이 공사를 하는 데 필요한 전기용량을 공급하지 아니하고 공사현장에도 출입하지 못하게 함으로써 수급인이 공사를 완료할 수 없게 되어 준공필증도 발급할 수 없게 되자 공사를 방해한 도급인의 책임이 문제되었던 것이었다.

155. 위와 같은 사안에서 대법원은 민법 제150조를 적용하여 건이 성취된 것으로 간주하고 도급인의 공사대금 지급의 의무를 인정하고, 이때 조건이 성취된 것으로 의제되는 시점은 이러한 신의성실에 반하는 행위가 없었더라면 조건이 성취되었으리라고 추산되는 시점이라고 판시하였다.

156. 따라서 이 사건에서는 피신청인의 행위와 금융위원회의 승인 지연에 인과관계가 인정된다 하더라도, 그 효과는 피신청인의 행위가 없었더라면 금융위원회가 승인하였을 것이라고 추산되는 시점에 승인이 이루어졌다고 간주하는 데에 그친다. 그런데 피신청인 대리인의 설명에 따르면, lock-up 기간 후에 자유로운 협상이 가능하므로, 신청인이 주장하는 조건 성취의 내용은 'lock-up 기간 내의 승인'을 의미하는 것으로 안다. 그러나 만약 피신청인의 방해가 없었을 때 lock-up 기간 내 승인이 불가능하다면 신청인의 주장과 같은 조건의 성취를 간주하는 것은 어려울 것으로 생각된다. 특히 피신청인이 가격 인하 직후인 2011년 12월 5일 최종 SPA에 기초하여 승인 신청을 한 후, 2012년 1월 실제 승인까지 한 달 넘는 기간이 소요된 사실을 고려해 보면, 과연 피신청인이 신청인의 주장과 같은 방해 행위를 하지 않았더라도 금융위원회가 처분명령 이후 lock-up 기간 내(즉 2주도 안 되는 기간)에 승인을 하였을 것인

지 의문이다.

157. 한편 민법 제150조 제1항에 따른 조건 성취의 간주는 민법 제148조 제1항에서 규정한 조건부 권리 침해에 따른 손해배상청구와 선택적인 관계이다. 조건 성취의 간주를 주장하면 손해가 없어서 손해배상을 청구할 수 없고, 조건 불성취로 인한 손해배상을 청구하려면 조건 성취 간주를 주장하는 것은 허용되지 아니한다.

(2018년 10월 작성)

11. 호텔 운영 계약의 해지에 관한 법문제

본인은 ○○Limited(이하 "신청인"이라고 합니다)와 ○○Inc.(이하 "피신청인"이라고 합니다) 사이의 HKIAC 중재사건(HKIAC Case No. ○○)에 관하여 다음과 같이 의견을 개진합니다.

A. 학력 및 경력

[생략]

B. 제공받은 자료

8. 본인은 이 의견을 개진함에 있어서 피신청인의 대리인으로부터 다음과 같은 자료를 제공받아 검토하였고, 이들 자료에 나타난 사실관계와 쟁점들은 이 의견서의 토대를 구성하고 있습니다.

(1) 신청인의 2019년 7월 1일자 Notice of Arbitration

(2) 피신청인의 2019년 8월 5일자 Answer

(3) 신청인의 2020년 2월 24일자 Statement of Claim

(4) 신청인과 피신청인 사이의 2013년 12월 11일자 운영계약(Management Agreement) 및 역외서비스계약(Offshore Services Agree-

ment)

C. 제공받은 전제사실의 요지

9. 신청인은 세계적으로 호텔을 경영하는 ○○Inc.(이하 "○○ 그룹"이라고 합니다)의 계열사로서 호텔의 소유·관리 및 운영 등에 종사하는 영국 법인입니다. 피신청인은 주식회사 ○○의 계열사로서 관광숙박업 및 관광객 이용시설업 등에 종사하는 대한민국 법인입니다.

10. 피신청인은 2013년 12월 ○일 ○○ 그룹의 계열사인 ○○ LLC와의 사이에서 부산 ○○에 위치한 '○○ 부산 호텔'(이하 "이 사건 호텔"이라고 합니다)에 관한 운영계약(Management Agreement relating to the ○○ Busan)(이하 "이 사건 운영계약"이라고 합니다)을 체결하였습니다. 같은 날에 피신청인은 ○○ 그룹의 또 다른 계열사인 ○○ Corporation과의 사이에서 이 사건 호텔의 개발 및 운영에 대한 자문서비스 제공과 관련한 역외서비스계약(Offshore Services Agreement)(이하 "이 사건 역외서비스계약"이라고 합니다)을 체결하였습니다. 이들 계약은 모두 한국법을 준거법으로 합니다. 그 후 신청인은 위에서 말한 ○○ LLC 및 ○○ Corporation로부터 이 사건 운영계약 및 이 사건 역외서비스계약의 당사자로서의 지위를 각 승계하였습니다.

11. 피신청인은 2019년 5월 ○일 더 이상 신청인이 이 사건 호텔을 위탁의 목적에 부합하게 관리 및 운영할 것임을 신뢰할 수 없게 되었다는 이유로 한국민법(이하 단지 "민법"이라고만 하면 이는 다

른 특별한 지적이 없는 한 한국민법을 가리킵니다) 제689조 제1항에 따라 신청인에게 이 사건 운영계약을 해지한다는 내용의 서신을 발송하였고, 그 무렵 이 서신은 신청인에게 도달하였습니다.

12. 신청인은 2019년 7월 ○일에 이 사건 중재신청을 하였습니다.

D. 본인이 법률의견을 요청받은 사항

13. 이상과 같은 사실을 전제로 하여, 본인은 "피신청인의 2019년 5월 ○일 자의 해지 통보가 민법 제689조에 따른 임의해지로서 유효한지"에 관하여 의견을 제공하여 줄 것을 요청받았습니다.

E. 민법 제689조에 따른 임의해지

I. 개관

14. 민법 제689조의 제1항은 "위임계약은 각 당사자가 언제든지 해지할 수 있다", 그 제2항은 "당사자 일방이 부득이한 사유 없이 상대방의 불리한 시기에 계약을 해지한 때에는 그 손해를 배상하여야 한다"라고 각각 규정하고 있습니다. 이 사건에 위 조항이 적용되어서 피신청인의 2019년 5월 ○일 자 해지 통보가 유효한 것으로 평가되려면 다음의 두 가지 전제가 충족되어야 합니다.

15. 첫째, 신청인과 피신청인 사이에 체결된 이 사건 운영계약

에 민법 제689조 제1항이 적용되기 위한 전제로, 이 사건 운영계약이 민법상 위임계약에 해당하거나, 민법상 위임계약에 해당하지 아니하더라도 위 조항의 적용 또는 유추적용이 인정될 만한 속성을 지니고 있어야 합니다. 둘째, 위 첫째의 전제가 충족된다고 하더라도, 민법 제689조 제1항의 적용을 배제하는 당사자 사이의 합의가 있어서는 안 됩니다. 한국에서 일치하여 주장되고 있는 견해에 의하면, 민법 제689조 제1항은 계약의 당사자들이 그 적용을 배제 또는 제한하는 합의를 하더라도 그 합의의 효력은 인정되지 아니하고 여전히 그 법규정이 적용되어야 하는 터인 이른바 강행규정이 아니며, 당사자들이 그 적용을 합의로써 배제할 수 있는 임의규정의 성질을 가지기 때문입니다. 아래에서는 이상 두 가지 전제에 대하여 차례로 살펴보도록 하겠습니다.

Ⅱ. 이 사건 운영계약에 민법 제689조 제1항이 적용되는지 여부

가. 이 사건 운영계약의 법적 성질

16. 우선 이 사건 운영계약이 민법상 위임계약에 해당하는지 여부를 살펴보겠습니다. 위임계약은 당사자 일방이 상대방에게 사무의 처리를 위탁하고 상대방이 이를 승낙함으로써 성립되는 계약이라고 정의되고 있습니다(민법 제680조 참조). 사무의 처리를 위탁하는 당사자를 위임인, 이를 위탁받아 사무를 처리하는 당사자를 수임인이라고 부릅니다. 위임의 대상이 되는 '사무'는 계약을 체결하거나 갱신하는 것과 같은 법률행위뿐만 아니라 물건 기타 시설을 관리하거나 서류를 법원 기타 관청에 제출하거나 금전을 수령하는 것과 같은 사실행위도 두루 포함하는 포괄적 개념입니다. 나

아가 민법 제681조는 "수임인은 위임의 본지(本旨)에 따라 선량한 관리자의 주의로써 위임사무를 처리하여야 한다"고 규정하는데, 거기서 정하여진 수임인의 의무는 흔히 '선관주의의무'라고 불립니다. 이러한 선관주의의무는 수임인이 위임계약에 기하여 위임인에게 부담하는 가장 핵심적인 의무입니다. 만약 수임인이 선관주의의무를 위반하여 위임인에게 손해를 입혔다면, 수임인은 채무불이행을 이유로 손해배상책임을 부담하게 됩니다(민법 제390조).

17. 위임계약에서 위임인이 계약의 체결과 같은 법률행위의 수행을 위탁하는 경우에는, 흔히 위임인이 수임인에 대하여 당해 계약 등 법률행위를 자신을 대리하여 행할 권한, 즉 대리권을 수여하였다고 해석됩니다. 그러면 수임인은 위임인에 대한 관계에서 위임계약의 당사자일 뿐만 아니라, 동시에 위임인을 대리하여 행위하는 대리인의 지위도 아울러 가지게 됩니다. 그리하여 수임인이 자신이 가지는 위와 같은 대리권의 범위 내에서 위임인의 대리인으로서 계약을 체결하면 그 계약의 효과는 위임인에게 귀속합니다. 예를 들어, 위임인이 수임인에게 어떠한 매매계약의 체결을 위탁하면서 동시에 그 대리권을 수여하는 통상의 경우에, 수임인이 위임인의 대리인으로서 "그 계약이 위임인을 위하여" 하는 것임을 밝히면서 제3자와의 사이에 매매계약을 체결하게 되면, 그 계약의 효과는 대리행위자인 수임인이 아니라 계약의 당사자인 위임인에게 귀속하는 것입니다(민법 제114조 제1항). 그리고 한국의 상법 제48조 본문은, 만일 그 계약이 '상행위'에 해당한다면, "그것이 위임인을 위하여" 하는 것임을 표시하지 아니하더라도 그 계약은 위임인에 대하여 효력이 있다고 정하고 있습니다.

18. 한국법에서는 대표적인 계약 유형들에 대하여 민법·상법 기타 법률에서 규정을 두고 있습니다. 민법에서 그 예를 들면 매매, 증여, 교환, 임대차, 소비대차, 도급, 위임 등과 같이 실제의 세계에서 가장 빈번하게 행하여지는 계약 유형들이 그러합니다. 이와 같이 법률에 정면으로 그 계약 유형에 대하여 정면으로 규정이 마련되어 있는 계약은 '전형계약'이라고 불립니다.

19. 한국법에서는, 다른 나라에서와 마찬가지로, '계약 자유의 원칙'이 민법 기타 사법(私法)에서의 가장 중요한 원칙으로 채택되어 있음에는 의문의 여지가 없습니다. '계약 자유의 원칙'의 구체적인 내용으로는, 대체로 (i) 계약을 맺을 것인지 아닌지를 자유롭게 결정할 수 있는 '계약 체결 자유의 원칙', (ii) 계약을 체결한다면 누구와의 사이에 이를 맺을 것인지에 관한 '상대방 선택의 자유', (iii) 어떠한 내용으로 계약을 맺을 것인지에 관한 '계약 내용의 자유', 그리고 (iv) 구두·서면 기타 어떠한 방식으로 계약을 맺든 상관이 없다는 '계약 형식의 자유'를 들고 있습니다. 이 중에서 가장 현저한 의미를 가지는 것은 물론 (iii)의 계약 내용의 자유입니다. 그러므로 계약당사자들은 법에서 특별히 금지되지 아니하는 한 각자의 의사에 좇아 자유롭게 합의할 수 있으며, 그 한도에서 계약은 당사자들이 합의한 내용대로 법적인 효력을 가집니다. 이는 "법률행위의 당사자가 법령 중 선량한 풍속 기타 사회질서에 관계없는 규정과 다른 의사를 표시한 때에는 그 의사에 의한다"고 정하는 민법 제105조에서 정면에서 인정되고 있습니다.

20. 따라서 앞서 본 매매나 도급, 위임과 같은 전형계약에 있어서도 그 당사자들은 자유롭게 그 합의한 바대로 계약의 내용을

정할 수 있음은 물론입니다. 그런데 위와 같은 전형계약들에 관하여 민법 기타 법률의 규정들은 특히 당사자들이 계약관계에서 문제될 수 있는 사항에 관하여 합의를 하지 아니한 경우에 그 계약관계를 보충하는 규범으로서의 의미를 가집니다. 다시 말하면, 이들 법규정은 그러한 의미에서 계약관계에 적용되어야 하는 **보충적** 규범으로서, 즉 당사자들이 그에 관하여 따로 규율하지 아니하는 경우에 비로소 그 계약관계를 규율하는 규범인 것입니다.

21. 그런데 어떠한 구체적인 계약이 전형계약에 해당하지 아니하는 경우(이러한 계약은 통상 '비전형계약' 또는 '무명계약'이라고 불립니다)에는 위와 같은 규범의 보충은 어떻게 행하여질까요? 즉 계약당사자들이 합의하지 아니한 사항에 대하여는 어떠한 법리에 의하여 규율되어야 할까요? 이 문제에 대하여 한국의 대법원 기타 법원실무는, 만일 그 무명계약이 서로 다른 두 전형계약의 성질을 겸비하고 있는 경우라면, 다른 특별한 사정이 없는 한 그 각각의 성질에 해당하는 사항에 대하여 그 각 해당 전형계약에 관한 법규정을 적용 내지 준용한다는 태도를 취하고 있습니다. 이 점에 대하여는 아래의 제51항 이하에서 보다 상세하게 다시 논의하도록 하겠습니다.

22. 한편 어떤 구체적 계약이 어떠한 전형계약에 속하는지, 또는 그에 속하지 아니하는지는 그 계약의 가장 중요한 내용에 좇아 정하여집니다. 여기서 '계약의 가장 중요한 내용'이라고 함은 전통적인 계약법리에서 '계약의 요소(essentialia)'라고 부르던 것에 대체로 상응하는 내용으로서, 일반적으로 계약당사자들이 그 계약에 기하여 얻으려고 하는 제1차적 급부를 가리키는 것이라고 할 수 있습

니다. 그러한 제1차적인 급부의 내용은 각 전형계약에 관한 민법 규정들의 맨 처음에 '○○[당해 전형계약의 민법에서의 명칭이 여기 들어갑니다]의 의의'(꺾음괄호 안은 인용자가 보충한 것입니다. 이하 인용문에서 모두 같습니다)라는 표제 아래 정하여져 있습니다. 예를 들어서 어떠한 계약에서 어느 당사자 갑에게 있어서 상대방 당사자 을로부터 '어떠한 재산권을 이전받는 것'이 제1차적인, 즉 갑에게 가장 중요한 의미가 있는 계약상 급부이고, 또한 갑으로부터 '그 대금을 지급받는 것'이 을에게 가장 중요한 의미가 있는 계약상 급부인 경우에 그 계약은 매매계약에 해당하는 것입니다. 매매에 관한 민법 규정들의 맨처음에 위치한 제563조가 「매매의 의의」라는 표제로 "매매는 당사자 일방이 재산권을 상대방에게 이전할 것을 약정하고 상대방이 그 대금을 지급할 것을 약정함으로써 그 효력이 생긴다"라고 정하는 것이 바로 이를 가리키는 것입니다. 마찬가지로 어떠한 계약에서 어느 당사자 갑에게 있어서 상대방 당사자 을이 '자신이 위탁하는 사무를 처리하는 것'이 위와 같은 의미에서 제1차적인, 즉 갑에게 가장 중요한 의미가 있는 계약상 급부인 그 계약은 위임계약에 해당하는 것입니다. 즉 위임에 관한 민법 규정들의 맨처음에 위치한 제680조는 「위임의 의의」라는 표제 아래 "위임은 당사자 일방이 상대방에 대하여 사무의 처리를 위탁하고 상대방이 이를 승낙함으로써 그 효력이 생긴다"라고 정하고 있는 것입니다.

23. 이 사건에서 피신청인은 신청인에게 '이 사건 호텔의 운영 및 관리'라는 사무의 처리를 위탁하고, 신청인이 이를 승낙함으로써 이 사건 운영계약이 체결되었습니다(이 사건 운영계약의 전문 및 제3.1.1조 참조). 이와 같이 일정한 시설을 운영하고 관리하는 사무

는 위임계약에서 전형적으로 상대방 당사자에게 위탁되는 사무에 해당합니다. 신청인은 자신의 재량과 통제 하에 이 사건 호텔이 '브랜드' 표준에 부합할 수 있도록(이 사건 계약에서의 '브랜드' 또는 '브랜드 표준'에 대하여는 아래의 제26항 이하에서 논의하겠습니다) 통상의 영업관행에 따라 운영할 배타적 권한과 의무를 부담하게 되었습니다(이 사건 운영계약 제3.1.2조 및 제3.1.3조 참조). 이는 수임인의 선관주의의무를 표현한 것으로 이해됩니다. 나아가 신청인은 "모든 고용계약, 임대, 면허 및 영업허가를 위한 계약, 구매 주문과 약정을 소유자[피신청인을 가리킵니다. 이하 이 사건 운영계약 문언에서의 '소유자'란, 다른 특별한 지적이 없는 한, 피신청인을 가리킵니다] 명의로 소유자를 대리하여서 하여야" 합니다(이 사건 운영계약 제3.1.6조 참조). 이 역시 위임의 목적을 달성하기 위한 법률행위는 수임인이 위임인의 대리인으로서 위임인의 명의로 행하게 된다는 위임계약의 일반적인 모습과 부합합니다. 또한 신청인의 모든 활동은 피신청인을 위한 것이고, 그 활동에 따른 책임은 피신청인이 부담합니다(역시 이 사건 운영계약 제3.1.6조 참조). 이와 같이 이 사건 운영계약은 민법상 위임계약의 본질적 속성을 갖추고 있다고 판단됩니다.

24. 이 점은 다른 관점에서 다음과 같이 파악될 수도 있습니다. 이 사건 호텔은 피신청인의 소유에 속합니다. 물론 '이 사건 호텔'은 호텔의 건물이나 그 부지는 물론이고, 더 나아가 그 호텔 방실에 놓여 있는 각종의 동산, 또한 로비나 접객 카운터 등을 포함하여 다양한 설비를 갖춘 하나의 집합체로서의 '시설'에 해당합니다. 그러나 그 모든 설비가 모두 피신청인의 소유에 배타적으로 귀속하는 것임에는 의문이 없습니다. 한국법에서 소유자는 일반적으로 그 소유에 속하는 물건 기타 목적물로부터 모든 이익을 배타적

으로 누릴 수 있습니다. 민법은 이 점을 그 대표적인 이익으로서 '사용 · 수익 · 처분'이라고 표현합니다. 즉 민법에서 소유권에 관한 규정들의 맨 처음을 이루는 제211조는 「소유권의 내용」이라는 표제 아래 "소유자는 법률의 범위 내에서 그 소유물을 사용, **수익**, 처분할 수 있다"(고딕체에 의한 강조는 본인이 가한 것입니다. 이하 인용문에서 모두 같습니다)고 정하고 있는 것입니다. 여기서 이는 앞서 본 바와 같이 다양한 물건, 즉 토지 · 건물은 물론이고, 호텔로서의 설비를 구성하는 극히 다양한 동산 기타 물건들로 구성되어 있는 하나의 영업시설로서의 이 사건 호텔에 관하여도 다를 바 없습니다.

25. 따라서 이러한 소유자가 그 영업시설로부터 '수익'을 얻기 위하여 이를 운영 또는 관리하는 것이 원래 소유자의 '사무'(앞의 제22항 말미에서 본 민법 제680조의 의미에서의)에 속하는 것임은 물론입니다. 즉 그러한 운영 등은 바로 그 소유자의 사무인 것입니다. 그러나 소유자가 그러한 영업시설의 운영 · 관리를 전문적인 경험 또는 지식, 나아가 명성이나 신용 등을 가진 사람 또는 기업에 맡겨서 그 경험 등을 이용할 수 있으면 자신이 직접 영업시설의 운영 등을 맡는 것보다 더 많은 '수익'을 얻을 수 있다고 생각되는 경우도 적지 않을 것입니다. 그러한 경우에 그 영업시설의 운영 및 관리라는 사무를 그 사람 등에게 맡기는 경우도 드물지 않습니다. 그러한 경우에 이들 당사자 사이에 체결되는 계약은 앞의 제16항에서 본 민법 제680조가 정하는 대로 "소유자가 상대방에 대하여 위와 같은 자기 사무의 처리를 위탁하고 상대방은 이를 승낙하는 것"을 내용으로 하는 것이고, 따라서 이러한 경우는 일반적으로 위임에 해당한다고 이해되는 것입니다.

나. 이 사건 운영계약에서의 다른 측면

26. 그런데 이 사건 운영계약에서는 엄밀한 의미의 위임계약과는 조금 다른 측면도 발견됩니다. 이는 대체로 이 사건 운영계약의 중요한 사항 중의 하나인 이 사건 호텔의 '브랜드', 즉 호텔 체인 「힐튼」이라는 브랜드와 관련됩니다. 이 사건 운영계약의 Schedule 1 — Definitions에 따르면, 여기에서의 '브랜드'라고 함은 이 사건 호텔 및 리조트의 브랜드(the upscale brand for "○○" hotels and re-sorts)를 의미합니다.[1] '브랜드'라는 용어는 이 사건 운영계약 곳곳에서 발견됩니다. 예를 들면, 이 사건 운영계약의 전문(前文) 제a항은 "소유자는 브랜드 하에서 호텔의 운영을 관리할 자로 운영자[2]를 선임하고자 한다", 제b항은 "운영자는 브랜드 하에서 호텔 운영을 관리하고자 한다"고 하고, 나아가 제c항은 "소유자와 운영자는 본 계약이 정하는 조건에 따라 브랜드 하에서 호텔 운영을 관리할 자로 운영자를 선임하기 위한 계약을 체결하기로 합의하였다"라고 각각 기술하고 있습니다. 이 사건 운영계약의 제3.2조는 "호텔이 브랜드 표준에 부합할 수 있도록" 호텔을 운영하여야 한다고 규정하고 있습니다. 또한 이 사건 운영계약 제3.1.3조는 "브랜드 표준의 준수(compliance with Brand Standards)", "호텔 및/또는 상표/및 또는 운영자와 그 관계사들의 평판과 명성(the goodwill and reputation of the Hotel and/or the Marks and/or Manager and its Affiliates)"을 고려하여 운영자의 의무를 이행하도록 규정하고 있습니다.

---

1) 이하 이 사건 운용계약과 관련하여 채택된 문언으로서의 '브랜드'란 이를 가리킵니다.

2) 신청인을 말합니다. 이하 이 사건 운영계약 문언에서의 '운영자'란, 다른 특별한 지적이 없는 한, 신청인을 가리킵니다.

27. 이 사건에서 위와 같은 브랜드는 신청인에게 속하는 것입니다. 따라서 피신청인은 신청인에게 그 브랜드 사용의 대가를 지급하여야 한다는 것을 용이하게 상정할 수 있습니다. 이에 따라 이 사건 운영계약의 제5.1조는 '라이선스 수수료'라는 표제 아래 "운영기간 중 운영자는 라이선스 수수료(License Fee)를 청구 및 수취할 수 있다"라고 정하고 있습니다. 여기서의 '라이선스 수수료'는 운영수수료(Management Fee)와는 별개의 명목으로, 또한 별도의 기준에 따라 산정하여 지급되는 것입니다. 한편 이 사건 운영계약 제13조는 신청인이 이 사건 호텔과 관련된 영업표지에 대하여 가지는 지식재산권의 내용 및 이에 관련한 신청인과 피신청인의 각종 권리의무관계에 관하여 상세하게 규정하고 있습니다. 이는 물론 피신청인이 신청인의 지식재산권을 사용하는 법률관계를 염두에 둔 조항입니다. 결국 이 사건 운영계약은 '브랜드'를 사용하도록 허락하는 일종의 라이선스 계약적인 요소도 포함하고 있다고 할 것입니다.

28. 또한 이 사건 운영계약과 같은 날 체결된 이 사건 역외서비스계약의 전문(前文) 제c항은 "서비스 제공자[3]는 프로젝트[4]를 위하여 특정 역외서비스를 제공합니다"라고 서술하고 있습니다. 이 사건 역외서비스계약에 따르면, 신청인(이 사건 역외서비스계약에서는 '서비스 제공자'라고 지칭되고 있습니다)은 피신청인(이 사건 역외서비스계약에서는 '소유자'라고 지칭되고 있습니다)에게 사업과 관련된 개발서비스를 제공하고(제1.2.1조), 피신청인은 신청인에게 개발서비스 보

3) 신청인이 그 계약당사자로서의 지위를 양수하기 전의 ○○ Corporation을 가리킵니다. 이하 그냥 '신청인'이라고 부르기로 합니다.

4) 여기서의 '프로젝트'의 내용에 대하여는 이 사건 역외서비스계약에서 구체적으로 정의되고 있습니다.

수를 지급하도록 규정하고 있습니다(제1.2.2조). 이 사건 역외서비스 계약은 같은 날에 체결되기는 하였으나 그 목적과 내용을 달리하는 것으로 볼 수 있습니다.

29. 그리고 이 사건 역외서비스계약은 단순한 운영위탁의 역무 제공을 넘어서서 피신청인의 노우하우와 전문성에 기초한 서비스의 적극적인 제공을 통한 브랜드 표준의 준수를 내용으로 하고 있어서, 일반적인 위임계약과는 다른 계약적 요소에 해당한다고 볼 수 있을는지 모릅니다. 그러나 이러한 '브랜드 표준'의 준수에 관한 약정 부분은 민법 제681조의 '선량한 관리자의 주의'의 내용을 정하는 것으로 볼 수도 있으므로, 반드시 위임계약과는 다른 사항을 정한 것이라고 보지 않을 수도 있을 것입니다.

다. 위임과 유사한 무명계약(無名契約) 내지 혼합계약

30. 이상에 비추어 이 사건 운영계약은 위임계약의 본질적 요소에 '라이선스 계약'적 요소 등이 일부 더하여진 계약, 즉 위임 유사의 무명계약에 해당한다고 볼 여지도 있다고 하겠습니다.

31. 이처럼 무명계약 또는 비전형계약 중에서 일정한 전형계약의 구성분자가 포함되어 있는 계약을 혼합계약이라고 부릅니다.[5] 혼합계약은 둘 이상의 전형계약의 징표가 서로 섞여 있는 경우가 있는가 하면, 전형계약의 구성분자와 전형계약에 속하지 아니하는 요소가 섞여 있는 경우도 있습니다.[6]

---

5) 양창수 · 김재형, 민법 1: 계약법, 제3판(2020), 5면.
6) 양창수 · 김재형(전주), 같은 곳.

32. 이러한 혼합계약에서는 전형계약에 관한 각각의 규정이 어느 한도에서 적용되는가 하는 문제가 제기됩니다. 이 사건 운영계약은 전형계약인 위임계약의 구성분자를 본질적 요소로 하면서 여기에 비전형계약에 해당하는 라이선스계약 또는 서비스제공계약의 구성분자가 부가되어 있다는 점에서 혼합계약에 해당한다고 볼 여지도 아주 없지는 있습니다. 그리고 만일 이 사건 계약의 법적 성질을 이와 같이 혼합계약으로 볼 경우라면, 위임계약에 관한 법 규정, 특히 이 사건의 경우 임의해지에 관한 민법 제689조가 이 사건 운영계약에 적용되는지는 거기에 위임계약적 요소의 비중을 어떻게 평가하는가에 달려 있다고 하겠습니다.

라. 민법 제689조 제1항의 적용 대상에 관한 한국법의 태도

(1) 위임계약의 해지에 관한 민법의 규정

33. "위임계약은 각 당사자가 언제든지 해지할 수 있다"라고 규정하는 민법 제689조 제1항은 당사자들 사이의 인적 신뢰관계를 기초로 하는 위임의 속성을 반영한 조항입니다. 즉 위임은 위임인이 수임인에게 일정한 사무의 처리를 위탁하는 것을 내용으로 하는 계약인데, 이러한 사무처리는 어디까지나 위임인과 수임인 사이의 신뢰관계가 존재한다는 점을 전제합니다. 상대방에게 자신의 사무를 위탁한다는 것은 상대방을 믿는다는 것, 즉 신뢰 없이는 불가능하기 때문입니다. 그러므로 자기가 신뢰할 수 없게 된 수임인에게 사무 처리를 계속 위탁하도록 법적으로 위임인을 강제하거나, 자기를 신뢰하지 아니하거나 자기가 스스로 신뢰할 수 없는 위임인을 위하여 사무를 계속 처리하도록 법적으로 수임인을 강제하는 것은 위임의 본질에 맞지 아니합니다. 이러한 위임계약의 특성을

감안하면 신뢰관계가 깨진 경우 등에 대비하여 위임인이나 수임인 누구라도 위임계약을 자유롭게 해지할 수 있도록 할 필요성이 있는데, 이러한 취지에 따라 위임계약 해지의 자유를 규정하는 조항이 바로 민법 제689조 제1항입니다.

34. 역사적으로 위임은 무상으로 행하여짐을 원칙으로 하였던 태도도 민법 제689조 제1항의 취지와 일정한 관련성을 가집니다. 주지하는 대로 위임의 무상성은 로마법상 고급 노무의 호의성을 강조한 mandatum의 전통으로 거슬러 올라갑니다. 프랑스민법(제1986조), 독일민법(제662조)은 물론이고, 일본민법(제648조), 우리 민법(제686조) 등 여러 국가의 민법에 이러한 전통이 남아 있습니다. 이러한 무상위임은 당사자들 사이의 돈독한 신뢰관계를 전제합니다. 위임은 본래 돈이 아니라 신뢰로 맺어지는 관계라는 것입니다. 수임인의 재량성, 수임인의 선관주의의무나 충실의무 등의 법리도 연혁적으로 보면 위임의 무상성에서 요구되는 돈독한 신뢰관계와 관련이 있습니다. 따라서 어느 한쪽이라도 다른 한쪽에게 일을 맡기거나(위임인의 경우), 다른 한쪽을 위하여 일할 생각(수임인의 경우)이 사라지면 위와 같은 강한 인적 신뢰관계가 유지되기 어렵기 때문에 위임인과 수임인 누구라도 언제라도 계약을 해지할 수 있도록 허용한 것입니다.

35. 물론 이러한 민법 제689조 제1항이 제한 없이 적용되어서는 안 된다는 비판적·제한적 입장도 한국의 학설에서는 일부 존재합니다.[7)] 인적 신뢰관계를 기초로 하는 계약은 위임에 국한되지 아

7) 예를 들면, 박인환, "위임인에 의한 임의해지의 제한 — 민법 제689조 제1항의 축소해석", 민사법학 제43-1호(2008.12), 203면 이하 참조.

니함에도 유독 위임의 경우에만 존속기간 중에 아무런 사유 없이 계약을 해지할 수 있도록 허용하는 것은 계약관계의 안정성을 심각하게 저해한다는 이유에서입니다.

36. 그러나 민법은 제689조 제1항에서 인적 신뢰관계의 변화 가능성, 파탄가능성을 염두에 두고 위임계약관계의 존속에 대한 구속을 인정하지 아니하는 대신, 제2항에서 부득이한 사유 없이 상대방에게 불리한 시기에 위임계약을 해지한 경우에는 상대방에게 그 손해를 배상하도록 규정함으로써 그 한도 내에서 상대방의 정당한 기대나 이익이 보호되도록 규율하고 있습니다. 이러한 민법의 위임계약에 대한 규율태도에 대하여 앞의 제35항에서 본 바와 같이 계약관계의 안정성을 심각하게 저해한다는 비판이 혹시 입법론으로서는 가능할지도 모르겠으나, 민법의 규율태도가 위와 같다는 것은 조문의 문언 또는 내용상 분명합니다.

(2) 민법 제689조 제1항의 적용 범위 기타 그 해석에 관한 판례의 태도

(가) 위임계약

(a) 대법원 2000년 4월 25일 판결 98다47108 사건

37. 위임계약에서 민법 제689조 제1항의 적용과 관련하여 주의할 필요가 있는 재판례로서는 대법원 2000년 4월 25일 판결 98다47108사건(판례공보 2000년, 1254면)을 들 수 있을 것입니다. 이 판결은 다음과 같이 판시하고 있습니다(밑줄에 의한 강조는 인용자가 가한 것입니다. 이하 인용문에서 모두 같습니다).

"수임인이 재임 중에 기본급·주택수당 및 자녀 학비 등을 지급받고 퇴임 시에는 퇴직금까지 지급받기로 하는 유상위임인데다가, 수임인의 지위를 보장하기 위하여 계약기간 중 처음 2년간은 위임인이 해지권을 행사하지 않기로 하는 특약까지 되어 있어 위임인의 이익과 함께 수임인의 이익도 목적으로 하고 있는 위임의 경우에는 위임인의 해지 자유가 제한되어, 위임인으로서는 해지 자체는 정당한 이유 유무에 관계없이 할 수 있다 하더라도 정당한 이유 없이 해지한 경우에는 상대방인 수임인에게 그로 인한 손해를 배상할 책임이 있다."

38. 위의 대법원 2000년 4월 25일 판결은, 위임계약이 **수임인의 이익도 목적으로 하는 경우라고 하더라도** 해지 자체가 제한되지는 아니하며, 단지 그 경우에 위임인이 손해배상책임을 지지 아니하려면 그 해지에 '정당한 이유'가 있어야 한다고 판시한다는 점에서 흥미를 끕니다. 위 판결은 해지는 자유롭게 할 수 있으나 손해배상책임과 같은 법적 책임이 수반된다는 의미에서 "해지 사유가 제한된다"고 설시하고 있습니다. 이는, 앞의 제36항에서 논의한 대로, 위임인의 자유로운 해지를 보장하면서도, 그 경우 수임인의 이익에 대한 배려를 위하여 '부득이한 경우'가 아니라면 수임인에게 불리한 시기에 해지를 한 위임인에게 손해배상책임을 부과하는 것을 통하여 쌍방 당사자의 이익에 균형적으로 배려한다는 민법의 설계를 충실하게 반영하는 것입니다.

(b) 대법원 1991년 4월 9일 판결 90다18968사건

39. 나아가 대법원 1991년 4월 9일 판결 90다18968사건(대법원 판례집[8] 제39권 제2집, 민사편 19면; 법원공보 1991년, 1353면)도 이 사

건에서 논의되는 바와 관련하여 참고할 만합니다. 이 판결은 다음과 같이 판시하고 있습니다.

> “민법상의 위임계약은 그것이 유상계약이든 무상계약이든 당사자 쌍방의 특별한 대인적 신뢰관계를 기초로 하는 위임계약의 본질상 각 **당사자는 언제든지 이를 해지할 수 있고 그로 말미암아 상대방이 손해를 입는 일이 있어도 그것을 배상할 의무를 부담하지 않는 것이 원칙**이며, 다만 상대방이 불리한 시기에 해지한 때에는 그 해지가 부득이 한 사유에 의한 것이 아닌 한 그로 인한 손해를 배상하여야 한다. 그러나 그 배상의 범위는 위임이 해지되었다는 사실로부터 생기는 손해가

---

8) 여기서 한국에서 대법원의 재판례를 공적으로, 즉 대법원 자체의 수집·평가를 통하여 공적인 기관에서 출간하는 편제에 대하여 설명하여 둘 필요가 있을 것입니다. 우선 가장 의미 있다고 대법원 자신이 판단하는 재판례는 『대법원판례집』에 수록되는 것입니다. 이를 위하여 대법원에 대법원장이 위원장이고 대법관 전원이 위원에 포함되는 ‘판례심사위원회’를 두고 있습니다(그 근거법령으로 대법원규칙인 「판례심사위원회 규칙」이 있습니다). 그러므로 여기서 수록된 재판례는 적어도 대법관들 자신의 의식에서는 다른 재판례들보다 더욱 중요한 것이라고 일단 말할 수 있습니다. 이러한 『대법원판례집』에 이어서 무게가 있는 공간물로는 『판례공보』가 있습니다. 여기에는 대법원에 부치된 기관인 법원행정처 소속의 판사들이 그때그때 특히 하급심판사들이 주의하여야 할 만한 의미가 있다고 생각되는 대법원의 재판례를 제공하여 비교적 신속하게 발간되는 것입니다(현재는 월 2회 발간됩니다). 그 외에 대법원의 재판례를 보다 광범위하게 수집하여 역시 대법원에 부치된 기관인 법원도서관에 의하여 공간되는 전산자료로 「법고을」이 있습니다. 일반적으로 여기에 수록된 재판례는 앞의 두 자료에 수록된 것보다는 그 ‘판례’로서의 가치가 보다 평범한 것으로 이해되고 있습니다. 뒤의 제41항에서 보는 바와 같이 해시를 부성하는 대법원 2006년 2월 10일 판결 2003다15518사건은 「법고을」에만 수록되어 있고, 이를 긍정하는 방향인 대법원 2016년 3월 10일 판결 2013다90754사건(뒤의 제43항 이하) 및 대법원 2019년 9월 10일 판결 2017다258237사건(뒤의 제45항 이하)은 각기 『판례공보』에 수록되어 있다는 사실도 의미가 없지 않다고 할 수 있겠습니다.

아니라 적당한 시기에 해지되었더라면 입지 아니하였을 손해에 한한다고 볼 것이다.”

40. 위의 대법원 1991년 4월 9일 판결은 대법원이 민법 제689조 제1항에 기한 위임계약의 임의해지에 대하여 일반적으로 어떠한 태도를 취하는가를 명확하게 알게 합니다. 위에서 인용한 판시 부분은 그 후에도 반복하여 대법원판결에 나타나고 있어서 예를 들면 아래의 제41항에서 보는 대법원 2015년 12월 23일 판결 2012다71411사건에서도 그대로 나타나는 것입니다. 나아가 위의 판시 중 뒤의 부분(“그러나 그 배상의 범위는 …” 이하의 부분)에서, 위임인의 해지가 수임인에게 불리한 시기에 부득이한 사유 없이 행하여진 경우에 인정되는 민법 제689조 제2항의 손해배상책임에 관하여서도 그 배상의 범위를 민법 제393조에서 정하는 바의 일반 채무불이행으로 인한 손해배상책임에서와는 다르게 이를 제한적으로 이해하고 있는 점도 주목됩니다. 그러나 이 점에 대하여는 논의를 생략하고자 합니다.

(c) 대법원 2015년 12월 23일 판결 2012다71411사건

41. 또한 대법원 2015년 12월 23일 판결 2012다71411사건(판례공보 2016년 상권, 167면)도 주목할 만합니다. 위 판결은 다음과 같이 판시합니다.

“위임계약의 각 당사자는 민법 제689조 제1항에 따라 특별한 이유 없이도 언제든지 위임계약을 해지할 수 있다. 따라서 위임계약의 일방 당사자가 타방 당사자의 채무불이행을 이유로 위임계약을 해지한다는 의사표시를 하였으나 실제로는 채무불이행을 이유로 한

계약 해지의 요건을 갖추지 못한 경우라도, 특별한 사정이 없는 한 의사표시에는 민법 제689조 제1항에 따른 임의해지로서의 효력이 인정된다. …

수임인이 위임받은 사무를 처리하던 중 사무처리를 완료하지 못한 상태에서 위임계약을 해지함으로써 위임인이 사무처리의 완료에 따른 성과를 이전받거나 이익을 얻지 못하게 되더라도, 별도로 특약을 하는 등 특별한 사정이 없는 한 위임계약에서는 시기를 불문하고 사무처리 완료 전에 계약이 해지되면 당연히 위임인이 사무처리의 완료에 따른 성과를 이전받거나 이익을 얻지 못하는 것으로 계약 당시에 예정되어 있으므로, 수임인이 사무처리를 완료하기 전에 위임계약을 해지한 것만으로 위임인에게 불리한 시기에 해지한 것이라고 볼 수는 없다."

42. 우선 위의 대법원 2015년 12월 23일 판결은, 위임인이 수임인의 채무불이행을 주장하여 그를 이유로 해지의 의사표시를 한 경우에 그 채무불이행이 인정되지 아니한다고 하더라도 채무불이행을 이유로 한 계약 해지는 효력이 없지만, 그래도 역시 민법 제689조 제1항에 기한 계약 해지로서의 효력이 인정되어서 계약은 이제 효력을 상실한다고[9] 판시합니다. 그런데 채무불이행을 이유로 계약을 해지할 수 있는 권리와 민법 제689조 제1항에 기한 해지의 권리는 그 발생원인을 명백히 달리하는 것이고, 따라서 이들 권리는 소송상 각각 별개로 행사되어야 하고, 그 어느 하나의 행사를

9) 민법 제550조는 계약 해지의 효과에 관하여 일반적으로 "… 계약은 장래에 대하여 그 효력을 잃는다"고 규정합니다. 이는 계약의 해제가 소급효를 가지는 것과 달리 그 해지는 그것이 유효하게 행하여지면 계약의 효과를 장래에 대하여 상실하게 하는 이른바 장래효(ex-tunc Wirkung)만을 인정하는 것입니다.

다른 하나의 행사로 평가될 수는 없다고 하겠습니다. 그리하여 전자의 권리를 행사하기만 하면 그것이 이유가 없는 경우에라도 후자의 권리를 행사한 것으로서 계약은 효력을 상실하게 된다는 위 판결의 판단에는 적어도 그 법리의 점에서는 쉽사리 동의할 수 없습니다. 그러나 위 판결의 태도는 한국의 재판실무가 위임계약에서 민법 제689조 제1항에 기한 해지에 대하여 어느 만큼 '너그러운가', 그 해지를 얼마나 쉽게 인정하는가를 엿볼 수 있게 한다는 점에는 주의하여도 좋을 것입니다.

43. 나아가 위 판결은, 부득이한 사유 없이 수임인에게 불리한 시기에 계약을 해지함으로 인한 위임인의 손해배상책임에 대하여 정하는 민법 제689조 제2항에서 그 '부득이한 사유'를 매우 엄격하게 해석함으로써 위임인의 위 책임을 제한적으로만 인정한다는 것을 보여줍니다.

(나) 위임계약에 유사한 무명계약을 당사자가 임의로 해지할 수 있는지에 관한 재판례 — 민법 제689조 제1항의 유추적용 문제

44. 이 문제와 관련한 재판례들을 종합적으로 관찰하면, 한국 판례의 태도는 그 임의해지의 허용 여부는 개별 사건의 제반 사정에 좇아 다양하게 판단될 수 있다는 것에 귀착될 수 있습니다.

(a) 대법원 2006년 2월 10일 판결 2003다15518사건

45. 관련 재판례로서는 우선 대법원 2006년 2월 10일 판결 2003다15518사건(법고을[10])을 들어야 할 것입니다. 이 판결은, 한국

10) 대법원 재판례의 수록처로서의 「법고을」에 대하여는 앞의 주 8 참조.

대전시에 있는 「엑스포과학공원」[11]의 자산을 소유·관리하는 재단과 그 재단으로부터 위탁받아 위 공원을 운영하는 업체 사이에 체결된 위탁계약을 위 재단 측이 해지하는 의사표시를 한 사실관계에 대한 것입니다. 위 사건의 원심법원은, "이 사건에서 문제된 위탁계약은 공익사업상의 필요에 의한 해지의 경우를 제외하고는 계약 해지로 인한 위탁운영업체의 손해를 배상하지 아니하기로 한 점 등 그 계약의 내용을 종합해 볼 때, 위 업체가 계약 해지로 인한 불이익을 당하여도 형평의 원칙에 반하지 아니한다고 인정될 정도로 그 계약상의 중대한 의무를 현저히 불이행한 경우에만 재단이 해지할 수 있다고 해석하는 것이 당사자의 의사 및 공평의 원칙에 비추어 타당하다"고 판시한 다음, 기록에 나타난 제반 사정에 비추어 보면 그러한 현저한 계약상 의무의 현저한 불이행은 인정되지 아니하므로, 위 재단 측이 주장하는 위 사건 계약의 해지는 유효하지 아니하다고 판단하였습니다. 대법원은 이 사건 기록에 나타난 제반 사정에 비추어보면 원심의 위와 같은 판단은 정당하다고 결론지었습니다.

(b) 대법원 2016년 3월 10일 판결 2013다90754사건

46. 한편 '위임 유사의 법률관계'라고 하면서도, 당사자의 자유로운 해지를 인정하는 재판례도 있습니다. 대법원 2016년 3월 10일 판결 2013다90754사건(판례공보 2016년 상권, 562면)이 그것입니다.

---

11) 이러한 '과학공원'은 일반인, 특히 청소년·학생들에게 자연과학에 대한 지식을 보급하고 과학의 실제적 성과를 직접 체험하게 하기 위하여 영상관, 전기에너지관, 원자력관 등 다양한 시설을 둔 교육적 목적시설이다. 이러한 시설의 공적 성격이 대법원의 판단에 영향을 주었을 것으로 추측된다.

이 사건에서는 한국의 농업협동조합법에 따라 설립된 지역농업협동조합에서 감사의 지위에 있는 사람을 어떠한 경우에 해임할 수 있는가가 문제되었습니다. 위 판결은 이에 대하여 다음과 같이 판단하였습니다.

> "농업협동조합법 제45조 제1항, 제55조, 상법 제382조 제2항의 규정 내용과 농업협동조합법에 따라 설립된 지역농업협동조합(이하 '지역농협'이라고 한다)에서 감사의 지위와 역할 등을 고려하면, **지역농협과 감사의 법률관계는 신뢰를 기초로 한 위임 유사의 관계**로 보아야 한다. 한편 위임계약은 각 당사자가 언제든지 해지할 수 있고, 다만 당사자 일방이 부득이한 사유 없이 상대방의 불리한 시기에 계약을 해지한 때에는 손해를 배상할 책임을 부담할 뿐이다(민법 제689조). 따라서 정관 등에서 감사의 해임사유를 정하고 있는 등 특별한 사정이 없는 한, 지역농협은 특별한 사유가 없더라도 언제든지 농업협동조합법 등에서 정한 절차에 따라 감사를 해임할 수 있고, 다만 부득이한 사유 없이 감사에게 불리한 시기에 해임한 때에는 그로 인한 손해를 배상할 책임을 부담할 뿐이다."

47. 여기서는 당사자 사이의 법률관계를 '위임 유사의 관계'라고 하면서도, 전적으로 위임에서의 임의해지에 관한 민법 제689조에 따라 그 법률관계를 해지할 수 있다고 판단하고 있는 것입니다.

(c) 대법원 2019년 9월 10일 판결 2017다258237사건

48. 한편 최근에 나온 대법원 2019년 9월 10일 판결 2017다258237사건(판례공보 2019권 하권, 1958면)은 연예인의 이른바 '전속계약'에 있어서의 해지사유에 대하여 판단하고 있습니다. 조금 길

더라도 관련 판시 부분을 아래에서 인용하여 보겠습니다.

> "'전속매니지먼트계약'이란 소속사나 매니저가 연예인의 연예업무 처리에 관한 서비스를 제공하고, 연예인은 소속사나 매니저를 통해서만 연예활동을 하고 직접 또는 제3자를 통해서는 연예활동을 하지 않을 의무를 부담하는 것을 주요 내용으로 하는 계약이다. 그 법적 성질은 해당 계약의 목적, 당사자들이 부담하는 의무의 내용과 성격, 당사자들의 지위, 인지도, 교섭력의 차이, 보수의 지급이나 수익의 분배 방식 등 여러 사정을 구체적으로 검토하여 결정하여야 한다. …
>
> "연예인인 갑이 을과 갑의 연예활동과 관련한 매니지먼트 업무를 을에게 위임하는 내용의 전속계약을 체결하였는데, 그 후 갑이 신뢰관계 훼손 등을 이유로 전속계약을 해지한 사안에서, 위 전속계약은 을이 갑으로부터 연예활동과 관련한 매니지먼트 업무를 위임받아 성실하게 수행하는 것을 주된 내용으로 하고 있으므로 기본적으로 당사자 일방이 상대방에 대하여 사무의 처리를 위탁하고 상대방이 이에 대하여 승낙함으로써 성립하는 위임계약의 성질을 가지나, 매니지먼트 업무를 맡은 을이 사무처리에 대한 대가로 연예활동과 관련하여 발생한 모든 수입을 자신이 수령한 다음 비용을 공제한 나머지 금액 중 50%를 매달 일정한 날에 갑에게 지급하기로 하였고, 갑에게 전속료를 지급하는 등 민법에서 정한 전형적인 위임계약과 다른 특수성을 띠고 있으므로, 위 **전속계약의 법적 성질은 민법상 전형적인 위임계약으로 볼 수 없고 위임과 비슷한 무명계약에 해당**하는데, 위 전속계약은 민법상 위임계약과는 달리 그 존속과 관련하여 당사자들의 이해관계가 강하게 결부되어 있으므로 연예인인 갑이 언제든지 계약을 해지할 수는 없다고 하더라도, 위 전속계약이 기본적으로 위임계약의 속성을 지니고 있음에 비추어 볼 때 계약의

존속을 기대할 수 없는 중대한 사유가 있는 경우에만 계약을 해지할 수 있다고 볼 것은 아닌바, 위 전속계약의 성질상 계약 목적의 달성을 위하여 계약당사자 사이에 고도의 신뢰관계를 유지하는 것이 필수적이고, 전속계약에 따라 연예인인 갑이 부담하는 전속활동 의무는 다른 사람이 대신할 수 없으며, 당사자 사이의 신뢰관계가 깨어졌는데도 계약의 존속을 기대할 수 없는 중대한 사유가 있는 경우가 아니라는 이유로 연예인에게 자유의사에 반하는 전속활동의무를 강제하는 것은 연예인의 인격권을 지나치게 침해하는 결과가 되므로, 계약당사자 상호 간의 신뢰관계가 깨어지면 연예인인 갑은 전속계약을 해지할 수 있다."

49. 이 판결은 우선 앞의 제45항에서 본 대법원 2006년 2월 10일 판결과 같이 "계약상의 **중대한 의무**를 **현저히** 불이행한 경우에만" 해지할 수 있다는 태도도, 앞의 제46항에서 본 대법원 2016년 3월 10일 판결과 같이 민법 제689조가 정하는 바에 그대로 따른다는 태도도 모두 취하지 아니함을 명확하게 밝힌다는 점에서 흥미롭습니다. 그리고 단지 "계약당사자 사이의 신뢰관계가 깨진 경우"라면 계약을 해지할 수 있다고, 말하자면 중도적인 태도를 취하고 있는 것입니다.

(다) 한국 판례 입장의 정리

50. 이상에서 살펴보았듯이, 한국의 대법원은 문제되는 계약의 법적 성질이 전형계약으로서의 위임계약에 해당하는 경우에는 위임계약의 임의해지에 관한 민법 제689조 제1항이 당연히 적용된다는 입장을 취하고 있습니다. 이 경우 위 조항의 적용과 관련하여 해당 계약이 유상인지, 무상인지를 전혀 묻지 아니합니다. 이러한

판례의 입장은 민법 제689조 제1항으로부터 당연히 도출되는 해석론에 기초한 것으로서 그 타당성에 관하여는 이견의 여지가 없습니다.

51. 한편 한국의 판례는 문제되는 계약의 법적 성질이 순수한 위임계약이 아니라 위임과 유사한 무명계약 또는 위임의 성질도 아울러 가지는 무명계약에 해당하는 경우에는 위임계약의 임의해지에 관한 민법 제689조 제1항이 무조건 적용되는 것은 아니고 사안별로 달리 판단되어야 한다는 입장을 취하고 있습니다. 즉 이 사건에서 신청인이 주장하는 것처럼 위임계약이 아닌 위임과 유사한 무명계약이라고 하여 민법 제689조 제1항의 적용이 당연히 배제되는 것은 아닙니다. 예컨대 앞의 제46항에서 살펴본 대법원 2016년 3월 10일 판결에서는 지역농협과 감사 사이의 관계를 위임과 유사한 계약관계로 파악하면서도, 특별한 사정이 없는 한 민법 제689조 제1항이 그 계약관계에 적용된다고 판시하였습니다. 반면에 앞의 제45항에서 살펴본 바 있는 대법원 2006년 2월 10일 판결이 수긍한 원심판결의 일부 설시만 보면 마치 위임 유사의 무명계약에는 언제나 민법 제689조 제1항이 적용되지 아니하는 듯이 읽히기도 하지만, 위 판결의 전후 맥락을 살펴보면 해당 사안에서 민법 제689조 제1항이 적용되지 아니하는 이유는 문제되는 계약이 단순히 위임 유사의 무명계약이기 때문이 아니라, 그 계약이 수임인의 공원 운영 및 투자에 따른 수익성 확보도 중요한 목적으로 하고 있는 내용의 계약이기 때문이었습니다.

52. 최근에 선고된 앞의 제48항에서 살펴본 대법원 2019년 9월 10일 판결은 연예인 전속계약에 대하여 위임계약 자체는 아니

고 위임과 유사한 무명계약에 해당한다고 인정하면서도 연예인의 임의해지를 허용하였다는 점에서 주목할 만합니다. 물론 위 판결에서 "위 전속계약은 민법상 위임계약과는 달리 그 존속과 관련하여 당사자들의 이해관계가 강하게 결부되어 있으므로 연예인인 갑이 언제든지 계약을 해지할 수는 없다고 하더라도…"라고 판시하고는 있으나, 전속계약의 특성상 신뢰관계가 파탄된 이상 상대방이 그 신뢰관계의 파탄에 중대한 책임이 있지 아니하다고 하더라도 임의해지가 가능하다고 보았습니다.

마. 이 사건 운영계약에 대한 적용 여부

53. 앞의 제23항 이하에서 논의하였듯이 이 사건 운영계약은 위임계약에 해당한다고 할 것입니다. 설사 이 사건 운영계약을 위임계약이 아닌 위임에 유사한 무명계약으로 보더라도 이 사건 운영계약에 위임계약의 해지에 관한 민법 제689조의 적용이 당연히 배제되는 것은 아니고, 이 사건 운영계약에서 위임계약적 요소가 차지하는 비중과 의미, 민법 제689조의 취지 및 이 사건 운영계약에 적용하였을 경우의 타당성 등을 종합적으로 검토하여 판단하여야 합니다.

54. 그런데 이른바 혼합계약에 대하여 적용되어야 할 법규정에 대하여 한국의 대법원은 흥미로운 태도를 취하고 있습니다.

55. 예를 들면, 매매와 도급이라는 전형계약적 요소를 모두 가지고 있는 혼합계약의 일종인 제작물공급계약에 관하여 "계약에 의하여 제작 공급하여야 할 물건이 대체물인 경우에는 매매에 관한

규정이 적용되지만, 물건이 특정의 주문자의 수요를 만족시키기 위한 부대체물인 경우에는 당해 물건의 공급과 함께 그 제작이 계약의 주목적이 되어 도급의 성질을 띠게 된다"라고 판시한 바 있습니다.[12)]

56. 또한 한국 대법원은 부산광역시 도시개발공사(피고)가 "파산자 주식회사 동남은행 등 5개 금융기관으로 구성된 금융단의 자금을 이용하여 육군 제2정비창 부지를 낙찰받아, 각종 행정절차를 거친 후 위 부지를 금융단지로 조성하여 그 소유권 및 점유권을 금융단에게 이전 및 인도하고, 이에 대하여 금융단은 피고에게 부지대금, 단위토지대금 및 단위토지대금에 대한 수수료를 부담"하기로 한 협약을 "일종의 위임계약 또는 도급계약의 성질을 공유한 혼합계약"이라고 한 원심의 판단을 그대로 수긍한 바 있습니다.[13)] 여기서 흥미로운 것은, 이 사건의 원심판결은 "이 사건 협약에서 도급계약의 성격이 있는 부분에 관하여는 파산법 제50조 제1항보다 민법 제674조를, 위임계약의 성격이 있는 부분에 관하여는 파산법 제50조 제1항보다 파산법 제56조와 민법 제690조를 우선하여 유추적용하여야 한다"라고 판시하였다는 것입니다.[14)] 이는 혼합계약을 구

---

12) 대법원 2010년 11월 25일 판결 2010다56685사건(판례공보 2011년 상권, 23면). 동일한 취지는 이미 대법원 1996년 6월 28일 판결 94다42976사건(판례공보 1996년 하권, 2317면) 및 대법원 2006년 10월 13일 판결 2004다21862사건(판례공보 2006년 하권, 1900면) 등에서도 판시된 바 있습니다.

13) 대법원 2002년 8월 27일 판결 2001다13624사건(판례공보 2002년, 2283면).

14) 그 원심판결의 이유는, 이동원, "도급인이나 위임의 당사자 일방이 파산한 경우 파산법 제50조 제1항의 적용 여부", 대법원판례해설 제42호(2003), 193면 이하에 나와 있습니다. 이 글이 실린 『대법원판례해설』은

성하는 전형계약 부분에 관하여는 그 전형계약에 관한 민법 규정이 적용 또는 유추적용되어야 한다는 태도를 분명히 밝힌 것인데, 이러한 태도를 위의 대법원판결은 그대로 수긍한 것입니다.

57. 이상에서 살펴본 바와 같은 혼합계약 또는 무명계약에 관한 한국 법원의 태도를 고려한다면, 이 사건 운영계약이 설사 순수한 위임계약이 아니라 위임적 요소를 포함하는 무명계약이라고 하더라도, 위임계약의 성격이 있는 부분에 관하여는 위임계약의 임의해지에 관한 민법 제689조가 적용되어야 함을 알 수 있습니다. 따라서 순수한 위임계약이 아니라는 이유만으로 당연히 민법 제689조의 적용이 배제되어야 한다는 신청인의 주장은 위와 같은 판례의 태도에 반하는 잘못된 주장입니다. 결국 위임계약에 관한 민법 제689조 제1항이 위임과 유사한 이 사건 운영계약에 적용되는지 여부는 민법 제689조 제1항이 자유로운 계약해지를 인정하는 취지, 이 사건 운영계약에서 위임적 요소가 차지하는 비중과 의미, 이 사건 운영계약에 민법 제689조 제1항의 취지가 관철되어야 할 필요성 등을 종합적으로 검토하여 판단되어야 합니다. 또한 민법 제689조 제1항이 이 사건 운영계약에 직접 적용되지 아니하더라도, 얼마든지 '유추적용'될 수는 있습니다.

58. 그리고 앞에서 살펴본 바와 같이 이 사건 운영계약에서 위임계약에 해당하는 부분이 민법 제689조 제1항에 기하여 당사자가

대법원의 부속기관인 법원도서관에서 발행된 책자로서, 대법원의 재판에 직접 관여한 재판연구관들이 대법원에서 나온 재판례를 공식적으로 '해설'하는 글을 수록합니다. 따라서 대법원에서 나온 판결의 구속력의 범위 기타 그 선행성 등에 대하여 제1차적인 의미가 있는 자료입니다.

이를 자유롭게 해지할 수 있다고 한다면, 이제 그 부분은 이제 장래를 향하여 그 효력을 상실하게 됩니다(앞의 주 9에서 본 민법 제550조 참조). 그리고 이와 같이 계약의 일부가 효력이 없게 되는 경우에 그것이 계약의 나머지 부분에 미치는 효과에 관하여는 민법 제137조가 규정합니다. 즉 그 본문은 "법률행위의 일부분이 무효인 때에는 그 전부를 무효로 한다"고 정하여, 이른바 전부무효의 원칙을 채택하고 있습니다. 그 예외로서 계약이 그 나머지 부분만으로 유효하게 존속하는 것은, 동조 단서에서 정하는 대로 "그러나 그 무효부분이 없더라도 법률행위를 하였을 것이라고 인정될 때"에 한정됩니다. 물론 이 단서의 요건은 나머지 부분만의 유효한 존속을 주장하는 측에서 주장·입증하여야 함은 물론입니다. 그러나 이 사건 운영계약에 있어서 이 사건 호텔의 운영 또는 관리에 관한 위임계약적 부분이 효력을 상실하였음에도 나머지 부분만으로 그 계약이 존속하는 것을 당사자들이 의욕하였을 것으로는 전혀 상정될 수 없음은 다툼의 여지가 없다고 할 것입니다.

59. 이 사건 운영계약은 설사 순수한 위임계약이 아니라고 하더라도 적어도 위임에 가까운 계약임은 분명합니다. 이 사건 운영계약 또는 이 사건 역외서비스계약에 존재하는 비위임계약적 요소들(예컨대 브랜드에 관한 라이선스, 브랜드 표준을 지키기 위한 유무형의 서비스 제공)도 결국은 호텔 운영위탁이라는 위임계약의 목적을 달성하기 위한 부수적 요소들에 불과합니다. 이처럼 이 사건 운영계약의 전체 모습에서 볼 때 호텔 운영위탁이라는 위임적 요소가 주된 비중을 차지하고 있는 이상, 설령 이 사건 운영계약에 부수적으로 위임외적 요소가 포함되어 있다고 하더라도, 이 사건 운영계약에 위임계약에 관한 민법 제689조 제1항이 적용되거나 유추적용되

는 데 지장이 없습니다.

60. 앞의 제33항 이하에서 살펴본 대로, 민법 제689조 제1항은 위임계약에서 그 계약관계가 어떻게 진전되었는지 그 양상의 여하, 나아가 그 관계가 파탄에 이른 경우에라도 그 경위나 책임의 귀속 여하 등을 묻지 아니하고, 당사자가 위임계약의 구속으로부터 해방될 수 있게 하려는 취지의 조항입니다. 이 사건 운영계약은 피신청인이 스스로의 모든 노력과 비용으로 취득한 이 사건 호텔을 신청인으로 하여금 운영 및 관리하게 한 것으로서 피신청인의 신청인에 대한 전적인 신뢰를 유일한 토대로 하여 체결되었다고 볼 수 있습니다. 이러한 고도의 신뢰관계는 이 사건 운영계약을 체결하게 된 배경이나 경위에 해당할 뿐만 아니라 이 사건 운영계약이 정상적으로 유지되고 실행되기 위한 토대이기도 합니다. 라이선스나 서비스 제공과 관련된 계약적 요소는 순수한 위임적 요소와 다소 구별되어야 할 수는 있으나, 이러한 라이선스나 서비스 제공의 법률관계는 어디까지나 위와 같이 고도의 신뢰관계를 전제로 하는 위임적 요소의 토대 위에서 부수적으로 기능할 뿐입니다. 따라서 이 사건 운영계약의 토대가 된 고도의 신뢰관계가 어떠한 경위로든 파탄에 이르렀다면 그 계약관계의 존속을 강제하는 것은 현실적으로나 규범적으로나 전혀 타당하지 아니합니다. 이러한 맥락에서 민법 제689조 제1항은 이 사건 운영계약에 직접 적용되거나 적어도 유추적용되어야 한다고 말할 수 있습니다.

61. 이 사건 운영계약의 임의해지를 제한해야 한다는 입장은 신청인의 귀책사유 없이 그의 계약상 이익이 침해되는 것이 부당하다는 고려에 기초한 것으로 이해됩니다. 그러나 본인에게 제공된

자료에 의하면, 신청인은 이 사건 호텔의 운영과 관련하여 투자를 한 사실이 없고, 이 사건 운영계약에 따른 호텔 운영에 관하여 필요한 비용은 전적으로 피신청인에 의하여 충당되어 왔습니다. 이 사건 계약이 임의해지되더라도 신청인이 투자금을 회수하지 못하는 등의 문제는 발생하지 아니합니다. 신청인이 이 사건 운영계약의 해지로 인하여 입게 되는 계약상 불이익은 피신청인 소유의 이 사건 호텔을 계속 운영하면서 받기로 한 각종 수수료를 받지 못하게 되는 불이익으로서 장래의 기대이익의 상실에 지나지 아니합니다. 만일 이러한 신청인의 장래 기대이익이 보호가치가 있는 정당한 이익으로 인정받을 수 있다면, 이는 민법 제689조 제2항에 따라 해당 손해를 배상받음으로써 충분히 전보됩니다.

62. 여기서 하나 덧붙이고자 합니다. 「효율적 계약 파기」의 이론[15]은 이처럼 계약은 파기하되 그로 인한 불이익은 배상해 주는 결론을 뒷받침할 수 있는 이론입니다. 이는 계약을 파기하고 손해배상을 하는 것이 사회의 효용을 더 증진시킨다면 이를 장려하여야 한다는 이론입니다.[16] 이 이론의 전제는 "계약파기를 당한 당사자에게 손해배상을 통하여 본래 계약이 의도하였던 바와 같은 가치를 부여하였다면 그 당사자에게는 아무런 손해도 없지 아니한가?"라는 사고방식입니다. 이는 주로 미국에서 계약의 '파기'(한국법에서는 민법 제543조 내지 553조 등에서 규정되어 있는 계약의 '해제' 또는

15) 무엇보다도 권영준, "계약관계에 있어서 신뢰 보호", 서울대학교 법학 제52권 제4호(2011. 12), 215면 이하 참조.

16) 박영수, "법경제학의 발전 및 응용", 산업경제연구, 제22권 제1호(2019. 2), 259면 이하; 홍진영, "법경제학의 시각에서 바라본 부동산 이중매매의 형사처벌", 법경제학연구, 제16권 제3호(2019. 12), 365면 이하 등 참조.

'해지'가 이에 해당합니다)와 관련하여 논의되어 왔으나, 계약관계를 종료시키되 손해를 배상하여 준다는 취지의 민법 제689조와 같은 맥락이라고 볼 수 있습니다. 이미 신뢰관계가 파탄되어 위임계약이 본래 예정한 목적을 달성할 수 없게 된 상태에서 당사자 일방이 벗어나고자 하는 위임계약관계의 존속을 강제하기보다 위임계약관계의 구속은 해소하되 금전배상을 통하여 이해관계를 형평성 있게 조정하는 것이 사회경제적으로 오히려 효율적이라는 위 이론의 주장은 이 사건 운영계약의 해지와 관련하여서도 충분히 타당성을 갖습니다.

Ⅲ. 이 사건 운영계약이 민법 제689조 제1항의 적용을 배제하는 합의를 포함한다고 해석될 수 있는지 여부

가. 이 사건 운영계약의 관련 내용

63. 이 사건 운영계약에 민법 제689조 제1항이 적용 또는 유추적용될 수 있더라도 계약당사자가 위 조항의 적용을 배제하기로 합의하였다면 위 조항은 적용될 수 없습니다. 따라서 이 사건 운영계약상 계약당사자가 위 조항의 적용을 배제하기로 한 명시적·묵시적 합의가 존재하는지를 살펴보기로 합니다. 이 사건 운영계약 중 이와 관련된 내용은 다음과 같습니다.

12.2 해지권

12.2.1 다음과 같은 사유가 발생하는 경우:

12.2.1.1 제12.1.1조 내지 제 12.1.7 조에 따른 계약위반사유 또는

12.2.1.2 제12.1.8 조에 따른 중대한 계약 위반.

계약위반 당사자의 상대방은 계약위반 당사자에게 제19조에 따라 통지가 송달된 날부터 30일 후에 효력을 갖는 서면 해지 통지를 할 수 있고, 그 기간이 만료되면 본 계약은 자동적으로 해지된다.

12.2.4 본 계약상 부여되는 권리는 계약위반에 대하여 법에서 부여하는 다른 어떠한 권리 및 구제수단을 대체하는 것이 아니라, 그것에 부가되는 것이다.

12.3 분쟁해결 계속 중 해지 불가

제12.1.4조 또는 제12.1.5조의 계약위반사유를 제외하고(이 경우에는 제12.3조의 규정내용이 적용되지 아니한다), 당사자들 사이에 앞서 규정된 계약위반사유 중 하나에 관한 진정한 분쟁이 발생하고, 그 분쟁이 제18.1조의 규정에 따라 선정 및 선임된 전문가 또는 제18.2조에 따른 중재에 회부되었을 경우, 각 당사자는 본 계약상 계약 위반 상태에 있지 아니한 것으로 간주되며 따라서 본 계약은 해지될 수 없다.

12.4 역외서비스계약

12.4.1 본 계약상 다른 어떠한 규정을 불문하고, 역외서비스계약이 그 조건에 따라 해지될 경우 본 계약은 자동적으로 해지된다.

12.4.2 위 규정을 불문하고, 당사자들은 본 계약이 해지될 경우 역외서비스계약도 자동적으로 해지된다는 점에 합의한다.

20.5.6 권리 및 구제수단 누적적 허용

본 계약에서 명시적으로 달리 정하지 않은 이상, 본 계약에서 정한 권리, 권한, 특권 및 구제수단은 누적적인 것이며 법에서 정하는 다른 어떠한 권리, 권한, 특권 및 구제수단을 배제하는 것이 아니다.

64. 요약하면, 이 사건 운영계약은, ① 계약 위반과 관련된 사

유를 명문으로 규정하고 있고, ② 일정한 계약 위반의 사유에 관한 분쟁이 있을 경우에는 전문가 또는 중재판정부에 의하여 그 분쟁이 해결될 때까지는 계약이 해지되지 아니한 것으로 본다는 특칙을 두고 있으며, ③ 해지의 효력에 관하여 이 사건 운영계약과 이 사건 역외서비스계약의 법적 운명을 연계하여 놓았다는 특징을 가지고 있고, ④ 본 계약에서 명시적으로 달리 정하지 아니한 이상, 법에서 정하는 다른 어떠한 권리·권한·특권 및 구제수단을 배제하지 아니한다고 명시해 두고 있습니다.

나. 한국의 관련 재판례

65. 이하에서는 위의 법문제와 관련된 한국 대법원의 재판례를 살펴보기로 합니다.

(1) 대법원 2005년 11월 24일 판결 2005다39136사건

66. 대법원 2005년 11월 24일 판결 2005다39136사건(판례공보 2006년, 2면)은 다음과 같이 판시하고 있습니다.

> "민법 제689조 제1항은 위임계약은 각 당사자가 언제든지 해지할 수 있다고 하면서 제2항에는 당사자 일방이 부득이한 사유 없이 상대방의 불리한 시기에 계약을 해지한 때에는 그 손해를 배상하여야 한다고 규정하고 있는데, 민법상의 위임계약은 그것이 유상계약이든 무상계약이든 당사자 쌍방의 특별한 대인적 신뢰관계를 기초로 하는 위임계약의 본질상 각 당사자는 언제든지 이를 해지할 수 있고 그로 말미암아 상대방이 손해를 입는 일이 있어도 그것을 배상할 의무를 부담하지 않는 것이 원칙이다.
>
> 원심이 이 사건 위탁계약은 민법상 위임계약이어서 **당사자 쌍방은**

> **계약기간 만료 전이라도 언제든지 위임계약을 해지할 수 있다**고 판단한 것은 위와 같은 법리에 따른 것으로 옳고, **이 사건 위탁계약에 해지사유가 정하여져 있다는 사정만으로 피고 회사가 해지권을 포기하기로 약정하였다거나 이 사건 해지가 해지권의 남용에 해당한다고 보기는 어려우**므로, 이 점에 관한 상고이유의 주장도 받아들일 수 없다."

67. 이 판결은 우선 위임계약에 있어서는 민법 제689조 제1항에 기한 임의해지가 가능하다는 법원칙을 강조합니다. 나아가 그 계약에 해지사유가 정하여져 있다는 것만으로 당사자가 원래 가지는 해지의 권리를 포기하였다고 할 수는 없다는 것, 다시 말하면 그러한 법원칙을 배제하는 특약은 쉽사리 인정될 수 없음을 밝히고 있습니다.

(2) 대법원 2019년 5월 30일 판결 2017다53265사건

68. 한편 대법원 2019년 5월 30일 판결 2017다53265사건(판례공보 2019년 하권, 1300면)은 결론적으로 당사자의 특약으로 민법 제689조의 적용이 배제되었다고 인정하였습니다. 그러나 그렇게 인정되는 데 필요한 엄격한 요구사항을 엿볼 수 있게 합니다.

> "민법 제689조 제1항, 제2항은 임의규정에 불과하므로 당사자의 약정에 의하여 위 규정의 적용을 배제하거나 내용을 달리 정할 수 있다. 그리고 당사자가 위임계약의 해지사유 및 절차, 손해배상책임 등에 관하여 민법 제689조 제1항, 제2항과 다른 내용으로 약정을 체결한 경우, 이러한 약정은 당사자에게 효력을 미치면서 당사자 간의 법률관계를 명확히 함과 동시에 거래의 안전과 이에 대한 각자의 신뢰를 보호하기 위한 취지라고 볼 수 있으므로, 이를 단순히 주

의적인 성격의 것이라고 쉽게 단정해서는 아니 된다. 따라서 당사자가 위임계약을 체결하면서 **민법 제689조 제1항, 제2항에 규정된 바와 다른 내용으로 해지사유 및 절차, 손해배상책임 등을 정하였다면,** 민법 제689조 제1항, 제2항이 이러한 약정과는 별개 독립적으로 적용된다고 볼 만한 특별한 사정이 없는 한, 약정에서 정한 해지사유 및 절차에 의하지 않고는 계약을 해지할 수 없고, 손해배상책임에 관한 당사자 간 법률관계도 약정이 정한 바에 의하여 규율된다고 봄이 타당하다."

다. 이 사건 운영계약의 경우

69. 이 사건 계약당사자들이 민법 제689조 제1항의 적용을 배제하기로 명시적으로 합의한 바는 없는 것으로 보입니다. 다만 이러한 합의는 묵시적 방법으로도 가능하고, 위와 같은 판례의 동향에 따르면 계약 자체에서 해지사유를 열거하고 있는 경우에는 다른 사정들과 합하여 민법 제689조 제1항에 따른 임의해지를 배제하는 묵시적 합의를 포함하고 있다고 해석될 가능성이 전혀 없다고 할 수 없음은 이를 부인할 수 없습니다.

70. 그러나 이 사건 운영계약의 제20.5.6조는 "본 계약에서 명시적으로 달리 정하지 아니한 이상, **본 계약에서 정한 권리, 권한, 특권 및 구제수단은 누적적인 것**이며 **법에서 정하는 다른 어떠한 권리·권한·특권 및 구제수단을 배제하는 것이 아니**"라고 명시되어 있습니다. 이 조항은, 이 계약에서 명시적으로 다른 권리를 인정하지 아니하기로 하는 합의(즉 명시적 배제의 합의)가 규정되어 있는 경우를 제외하고는 나머지 권리구제 수단이 모두 누적적으로 허용된다는 의미로 해석되지 아니할 수 없습니다. 또한 이 사건 운영계약의 제

12.2.4조에서는 본 계약에서 각 당사자에게 부여되는 권리가 '부가적인 것'임을 분명히 하고 있기도 합니다.

71. 한편 이 사건 운영계약 제12.2조는 계약 위반을 이유로 하는 해지권만을 규정하고 있습니다. 여기서 이러한 계약 조항이 이와 전혀 근거를 달리하는 민법 제689조 제1항의 임의해지권에 영향을 미친다고 볼 수 있을지 살펴보기로 합니다. 그런데 이 사건 운영계약 제12.2조에 따른 해지권 행사의 경우, 계약 위반 당사자의 상대방만이 계약을 해지할 수 있고, 계약 위반 당사자의 상대방은 계약 위반 당사자에게 해지와 동시에 손해배상을 주장할 수 있습니다. 반면 민법 제689조 제1항에 따른 임의해지는 신뢰관계가 깨진 경우 쌍방 누구라도 계약을 해지할 수 있고, 다만 계약을 해지한 사람이 불리한 시기의 해지로 인해 상대방이 입은 손해를 배상하도록 규정되어 있습니다. 이처럼 두 권리는 권리의 귀속주체, 나아가 그 행사의 주체, 손해배상의 요건 등이 엄연히 달라서 이들 중 어느 한 권리가 다른 권리를 배제한다고 볼 경우 계약당사자의 권리보호에 공백이 생길 수밖에 없습니다. 이 사건 운영계약 제20.5.6조가 법에서 정하여진 다른 권리(즉 이 사건에서는 민법 제689조 제1항 소정의 임의해지권)를 명시적으로 배제하지 아니하는 한 모든 권리구제 수단이 누적적으로 허용된다고 규정한 것도 이러한 고려에서 비롯된 것으로 이해됩니다.

72. 이러한 이 사건 운영계약 제20.5.6조에 비추어 만일 신청인이 이 사건 운영계약에 민법 제689조 제1항의 적용을 배제하는 내용의 합의가 존재한다고 주장하고자 한다면 이 점에 대한 증명책임은 그 배제 합의의 존재를 주장하는 신청인에게 있음은 너무

나 당연합니다.

73. 나아가 가사 이 사건 운영계약과 관련하여 당사자들 사이에 민법 제689조 제1항의 적용을 배제하는 합의가 존재한다고 보더라도 그 합의의 위반 효과가 무엇인지도 문제됩니다. 민법 제689조 제1항의 적용을 배제하는 합의는 해지권 포기의 특약과 해지권 불행사 특약이라는 두 가지 경우로 나누어 볼 수 있습니다. 전자는 해지권 자체를 소멸시키는 특약입니다. 만약 이러한 특약이 있는데도 그 특약에 반하여 계약을 해지하였다면 그 해지는 법적으로 효력을 가질 수 없습니다. 왜냐하면 해지권 포기 특약에 기하여 계약당사자는 이미 해지권 자체를 소멸시켰고, 존재하지 아니하는 해지권의 행사는 법적 효력을 가질 수 없기 때문입니다. 후자는 해지권 자체는 존속시키되 그 권리를 행사하지 아니하기로 하는 특약입니다. 만약 이러한 불행사의 특약이 있는데도 그 특약에 위반하여 해지권을 행사하였다면 이는 불행사 특약의 위반에 해당합니다. 그러한 경우에도 해지권을 행사하는 것은 해지권 불행사 특약의 채무불이행에 해당합니다.[17][18] 그런데 이러한 채무불이행으로 인한 손

17) 지원림, "최신 판례 분석: 위임의 임의해지와 손해배상 — 대법원 2015. 12. 23. 선고 2012다71411 판결", 법조 제718호(2016. 7), 507면 참조

18) 해지권 포기의 특약을 일반적으로 해지권 불행사의 약정으로 해석하여, 당사자 일방이 그 특약을 위반하여 계약을 해지하면 위임관계는 소멸되고, 특약 위반으로 인한 손해배상책임만이 발생할 뿐이라는 견해로는 정진명, "계약당사자의 신뢰와 해지의 자유 — 위임계약의 해지를 중심으로", 민사법학 제76호(2016. 9), 203면 참조. 한편 조성민, "판례연구: 위임계약의 해지와 손해배상의 범위 — 대법원 2000. 4. 25. 선고, 98다47108 판결", 판례월보 제360호(2000. 9), 9면 이하는 유상의 위임계약에 관한 해지포기특약은 유효하다고 하면서도, 그 특약에 반하여 계약을 해지하면 계약 위반으로 인한 손해배상위임을 진다고 합니다. 이는 결국 특약 위반의 계약 해지도 유효인 것을 전제로 하는 것이라고 이해됩니다.

해를 배상하여야 하는가 하는 문제와 해지권 행사의 법적 효력이 부정되는가 하는 문제는 별도로 살펴보아야 합니다.[19)]

74. 이러한 관점에서 대법원 2000년 4월 25일 판결 98다47108 사건(판례공보 2000년, 1254면)은 주목할 만합니다. 이 판결의 사실관계에서, 원고와 피고는 위임계약을 체결하면서 처음 2년 간 피고가 해지권을 행사하지 아니하기로 하는 특약을 포함시켰습니다. 즉 해지권 불행사의 약정을 맺은 것입니다. 그런데 대법원은 "수임인의 지위를 보장하기 위하여 계약기간 중 처음 2년간은 위임인이 해지권을 행사하지 않기로 하는 특약까지 되어 있어 위임인의 이익과 함께 수임인의 이익도 목적으로 하고 있는 위임의 경우에는 위임인의 해지 자유가 제한되어 위임인으로서는 해지 자체는 정당한 이유 유무에 관계없이 할 수 있다 하더라도 정당한 이유 없이 해지한 경우에는 상대방인 수임인에게 그로 인한 손해를 배상할 책임이 있다"라고 판시하였습니다. 즉 대법원은, (i) 이와 같은 해지권 불행사의 특약에도 불구하고 피고는 계약을 유효하게 해지할 수 있다, (ii) 그러나 정당한 이유가 없는 해지의 경우에는 상대방인 수임인(원고)에게 손해를 배상하여야 한다고 보았습니다.

75. 이 사건에서도 가사 신청인과 피신청인이 민법 제689조 제1항의 적용을 배제하기로 하는 합의를 하였다고 하더라도, 그 합의가 해지권을 아예 포기하는 약정이 아니라 해지권 불행사의 특

---

19) 이는 마치 전매금지의 특약에 위반한 전매행위가 채무불이행으로 인한 손해배상의 대상이 될 수는 있으나, 전매행위 자체는 그것이 공서양속에 반한다는(민법 제103조) 등의 특별한 사정이 없는 한 유효한 것과도 비견됩니다.

약에 해당할 수 있고, 이는 앞의 제37항 이하에서 본 대법원 2000년 4월 25일 판결이 설시하는 법리에 따라 "정당한 이유 없는 해지"에 해당한다면 상대방인 수임인에게 손해를 배상하여 주는 것은 별론으로 하고, 위임인으로서의 해지 자체는 허용된다고 할 것입니다.

(2020년 4월 작성)

12. 외국 법인과의 토지개발사업 합작계약에서 행하여진 유질계약의 내용과 그에 좇은 질물 처분의 효력

본인은 영국법인인 신청인 ○○회사(이하 “신청인 1 회사”라고 합니다) 및 신청인 ○○회사(이하 “신청인 2 회사”라고 합니다)(이하 위의 두 회사를 합하여서는 “신청인들”이라고 합니다)와 한국법인인 피신청인 ○○건설회사(이하 “피신청인” 또는 “C 건설”이라고 합니다) 사이의 국제상업회의소 국제중재법원 중재사건(사건번호 : ICC Case No. ○○)(이하 “이 사건” 또는 “이 사건 중재”라고 합니다)과 관련하여 다음과 같이 전문가 의견을 제출합니다.

Ⅰ. 서론 및 의견을 요청받은 사항

1. 본인은 피신청인의 대리인들로부터 다음과 같은 쟁점들에 대하여 독립적인 전문가 의견서를 제공하여 줄 것을 요청받았습니다.

A. C 건설의 이 사건 지분 매각이 한국법상 적법한 질권 실행인지.

B. C 건설의 이 사건 지분 매각이 민법상 신의성실의무, 특히 보호의무 위반에 해당하는지.

C. C 건설이 신청인들 회사의 영향력 있는 주주인 개인 ○○(이하 "M"이라고 합니다)의 팬텀 소득세(Phantom Income Tax) 문제 해결을 위하여 (i) ○○국제도시개발유한책임회사가 이익을 발생시키지 아니하도록 만들거나 (ii) 자금을 대여하여 줄 의무가 있었는지.

2. 본인은 전문가 의견서를 제공함에 있어서, 신청인의 법률 전문가 A 교수와 B 교수가 작성한 의견서 중 위 쟁점을 다루고 있는 부분에 대하여서도 의견을 제시하여 줄 것을 요청받았습니다.

3. 본인은 전문가 의견서 작성을 위하여 피신청인의 대리인들로부터 다음과 같은 자료를 제공받아 검토하였습니다.

- ○○국제도시개발유한책임회사(이하 "이 사건 개발회사"라고 합니다)의 설립에 관한 2011년 ○월 ○일자 최종 계약(이하 "이 사건 개발회사 설립계약"이라고 합니다)
- ○○인터내셔널코리아 유한책임회사의 설립에 관한 2011년 ○월 ○일자 최종 계약(이하 "이 사건 유한책임회사 설립계약"이라고 합니다)
- 신청인 1 회사, C 건설 및 대주단 사이에 체결된 2013년 ○월 ○일자 '대출 및 담보 계약(Unit Pledge Agreement)'(이하 "UPA"라고 합니다)

4. 본인은 아래의 의견 제시에 있어서 전제되는 사실관계는 다음과 같습니다.

[2001년부터 2009년까지]

(1) 신청인 1 회사와 C 건설은 2002년 ○○경제자유구역 ○○국제업무지구 개발사업(이하 "○○개발사업"이라고 합니다)을 수행하기 위해 이 사건 개발회사의 지분권자들 사이의 권리의무 관계를 규율하는 이 사건 개발회사 설립계약을 체결함. 이후 이 사건 개발회사는 행정당국으로부터 ○○개발사업의 사업시행자로 지정됨.

(2) 신청인 2 회사와 C 건설은 이 사건 개발회사로부터 ○○개발사업의 실질적인 업무를 위탁받아서 시행을 대행하는 신청인 2 회사의 지분권자들 사이의 권리의무 관계를 규율하는 이 사건 유한책임회사 설립계약을 체결함.

(3) 이 사건 개발회사는 ○○개발사업의 자금 조달을 위하여 각종 금융기관과 2003년 최초로 대규모 대출약정을 체결하였고, 이에 대하여 2005년, 2007년 및 2013년에 각 refinancing이 이루어졌음.

[2010년부터 2016년까지]

(4) 2010년에 이르러 M과 그 비즈니스 파트너인 개인 N 사이의 분쟁, 금융위기로 인한 부동산시장의 침체, ○○개발사업의 부진 등 ○○개발사업의 여러 문제를 해결하기 위하여 M과 C 건설은 2010년 ○월 ○일 Basic Agreement를 체결함.

(5) 이후 이 사건 개발회사는 2013년 ○월 이르러 기존의 대출약정을 6개의 Package로 나누어서, 각 Package 별로 구성된 대주단과 6개의 개별 대출 및 담보 계약, 즉 UPA를 체결함.

(6) C 건설은 위와 같은 6개의 Package 대출약정 하에서 책임

준공의무, 책임매각의무, 조건부채무인수의무 등을 부담하였음.

(7) 신청인 1 회사 및 C 건설은 위와 같은 리파이낸싱에 수반된 담보약정 중 하나로 2013년 ○월 ○일 각 Package 대출약정의 대주들과 UPA를 체결함. 동 계약에 의하여, 6개의 Package 대출원리금 상환 의무의 공동담보로서 신청인 1 회사 및 C 건설이 각각 보유하고 있는 이 사건 개발회사 지분에 각 Package 대출 대주들을 위한 질권이 설정되었음.

(8) 이후 ○○개발사업이 진행되던 중, 신청인들은 2015년 ○월경부터 사업계획 승인을 거부하고, 2015년 ○월 ○일 이 사건 개발회사의 법인인감을 교체하여 ○○개발사업을 중단시킴.

(9) 신청인들과 M은 2015년 ○월경부터 2016년 ○월경까지 팬텀 소득세(phantom income tax) 문제를 해결하기 위해 C 건설에 여러 가지 요구를 하였음. 그 요구 중에는 (i) 소득세금 이연(tax deferral)을 위하여 이 사건 개발회사가 이익을 발생시키지 못하도록 C 건설이 협력할 것, (ii) 적절한 담보의 제공 없이 C 건설이 대규모 재정지원(대출)을 해줄 것이 포함되어 있었음.

(10) C 건설, 신청인 1 회사, 신청인 2 회사, 이 사건 개발회사 등은 ○○개발사업 재개를 위해 2016년 ○월 ○일 및 동월 ○일 Realignment Agreement 및 Addendum to Realignment Agreement(이하 "Addendum"이라고 합니다)를 각 체결함. 그러나 M은 2016년 12월 ○일에 위의 Realignment Agreement 및 Addendum이 무효라고 선언함.

[C 건설의 2017년 ○월 Package 4 대출 대위변제]

(11) Package 4 대출의 대주단은 2017년 ○월 ○일에 Package 4 대출에 대한 기한이익 상실을 통보함.

(12) Package 4 대출에 대한 기한이익 상실의 시점에 이 사건 개발회사에게는 Package 4 대출을 변제할 자력이 없었음.

(13) 대주단이 기한이익 상실을 통보한 같은 날 C 건설은 날 이 사건 개발회사의 대주단에 대한 Package 4 대출금을 대위변제함. 당시 C 건설이 대위변제한 금액은 3천5백여 억 원임.

(14) C 건설은 위 대위변제 후 그러한 사실을 이 사건 개발회사에 바로 통지하고 대위변제한 금액에 대한 상환을 청구함.

[C 건설의 2017년 12월 Package 1 대출 대위변제]

(15) 2017년 12월 ○일 Package 1 대출의 만기가 도래함. Package 1 대주단은 기한이익 상실을 통보함.

(16) Package 1 대출에 대한 기한이익 상실의 시점에 이 사건 개발회사에게는 Package 1 대출을 변제할 자력이 없었음.

(17) 대주단이 기한이익상실을 통보한 같은 날 C 건설은 같은 날 이 사건 개발회사의 대주단에 대한 Package 1 대출금을 대위변제함. 당시 C 건설이 대위변제한 금액은 1천3백여억 원임.

(18) C 건설은 Package 1 대출원리금을 대위변제한 후 곧바로 이러한 사실을 이 사건 개발회사에 통지하고 대위변제금에 대한 상환을 청구함.

[2018년 ○월 지분 매각]

(19) 사업 중단 상태가 장기간 지속되었지만 신청인들 및 M과

의 사업재개협상이 무위로 돌아가고 대위변제금 및 공사대금의 회수가 지지부진함에 따라, C 건설은 UPA에 근거하여 신청인 1 회사의 이 사건 개발회사 지분 70.1%에 대한 질권을 실행하기로 함.

(20) C 건설은 (i) 지분 매각의 상대방을 정하기 위하여 외부회계법인을 선임하여 제한된 경쟁입찰을 진행하였으나 그 우선협상대상자와의 협상이 결렬되고, (ii) 그 후 수의계약에 의한 매각을 추진하여, 희망 매수인 2개 팀으로부터 각각 제안서를 받은 후 회계법인의 평가를 거쳐 최종 매수인을 선정하였으며, (iii) 매각 가격을 정하기 위하여 2개 회계법인으로부터 지분 가치 감정 평가를 받았는데 그 평가액이 0보다 낮았음.

(21) C 건설은 2018년 ○월 홍콩에 설립된 회사인 P 회사 및 Q 회사에 각각 신청인 1 회사의 이 사건 개발회사 지분 45.6%와 24.5%를 매각함(이하 "이 사건 지분 매각"이라고 합니다). 당시 매매대금은 지분 당 금 5천 원으로 계산하여 각각 100여억 원과 50여억 원이었음.

5. 본인은 요청받은 쟁점에 대한 보다 상세한 견해를 아래 IV.부터 VI.에서 피력하였고, 본인의 의견에 대한 요약은 아래 III.에 있습니다.

6. 본인은 이 사건 중재의 당사자(당사자의 계열사 포함), 법률대리인, 중재판정부와 아무런 관련이 없습니다.

Ⅱ. 학력 및 경력

[생략]

Ⅲ. 요약

14. 본인은 다음과 같이 본인의 의견을 요약합니다.

A. C 건설의 질권 실행

15. 한국법상 상거래의 당사자들은 자유롭게 담보계약을 체결할 수 있습니다. 따라서 담보계약의 당사자들은 담보권의 실행 방법에 대하여도 담보권자에게 광범위한 재량권을 부여하기로 할 수 있습니다. 유질약정 역시 그 계약이 상인들 사이에서 상거래로서 체결된 경우에는 한국법상 적법하고 유효합니다.

16. 신청인 1 회사, C 건설, 그리고 대주단은 UPA에서 다음과 같이 합의하였습니다.

① 질권자는 이 사건 질권의 목적물을 질권자가 합리적이라고 생각하는 바의 조건에 좇아 질물을 취득하거나 또는 제3자에게 처분할 수 있다(제6.1조 (c)항).

② 질권자에 의한 질물의 사적 매각에 있어서, 그 매도된 가격이 달리 매각될 수 있었다면 매도되었을 가격보다 낮다는 사실을 이유로 이의를 제기할 수 없다(제6.3조).

17. UPA의 문언 또는 다른 관련 법령 아래서, 질권자가 “질물

을 객관적으로 적정한/정당한 가격으로 처분할 의무”는 인정되지 아니합니다. 오히려 UPA는 질권자에게 UPA에 근거한 질권을 행사할 때 매각 가격을 정함에 있어 광범위한 재량과 판단 여지를 부여하고 있습니다.

18. UPA의 해석, 유질약정에 적용되는 관련 법리, 그리고 본건 전제사실에 비추어 보면, C 건설은 UPA, 특히 그 제6.1조 (c)항에 따라 “**질권자가** 합리적으로 판단하는 내용으로” 질권의 대상인 이 사건 개발회사의 지분을 처분한 것으로 보입니다.

19. 따라서 C 건설의 이 사건 개발회사 지분 매각은 —대주단을 대위하여 취득한— 질권을 적법하게 실행한 것이라고 판단됩니다.

B. 신의성실의무와 보호의무

20. 한국 법원은 합의된 계약이 존재하는 경우에는 신의성실의 원칙을 최후의 수단으로 엄격하고 제한적으로만 적용합니다.

21. 신의성실의 원칙을 포함하여, 한국법상 계약 상대방의 이익을 우선시하기 위하여 자신의 이익을 고려하지 아니하거나 희생하여야 한다는 의무를 발생하도록 하는 법리는 인정되지 아니합니다.

22. 한국법상 계약 상대방의 신체나 소유물 등을 침해하지 아니하도록 주의할 보호의무는 계약상 급부의 실현을 위하여 당사자

일방이 상대방의 관리·지배영역에 편입되어 자신의 신체 또는 재산 등을 상대방에게 맡기게 되는 경우를 주요한 사안으로 하여 논의되고 있습니다(예를 들어, 숙박 계약).

23. 온전한 협상을 통하여 합작투자계약을 체결한 상거래의 전문적인 당사자들 사이에서는 보호의무가 인정되기 어렵습니다.

C. C 건설의 M 세금 문제 해결을 위한 의무 유무

24. 한국법의 관점에서 이 사건 개발회사 계약 제5.5.11조는 C 건설에게 (i) 이 사건 개발회사가 이익을 발생시키지 못하도록 하거나 (ii) 신청인 1 회사나 M에게 직접적인 재정 지원을 제공할 의무를 부과하지 아니합니다.

25. 이 사건 개발회사 계약 제5.5.11조의 해석과 사실관계에 대한 판단은 궁극적으로는 중재판정부에서 결정할 쟁점입니다. 그러나 C 건설 및/또는 C 건설의 임직원은 법적으로 (i) 이 사건 개발회사 수익의 창출을 막거나 (ii) 신청인 1 회사나 M에게 직접적 재정 지원을 제공할 수 없었다는 점은 고려되어야 할 것입니다. 그 이유는 다음과 같습니다.

(1) 만약 C 건설이 그가 선임한 이 사건 개발회사 이사들로 하여금 이 사건 개발회사가 이익을 발생시키지 못하도록 한다면, 그러한 이사들의 행위는 한국 상법상 충실의무 위반과 형법상 업무상 배임죄에 해당할 가능성이 큽니다.

(2) 만약 C 건설의 임/직원이 적절한 담보를 제공받는 등 합리적인 채권회수조치를 취하지 아니한 채 신청인 1 회사나 M에게 재정적 지원을 제공하였다면, 그러한 행위 역시 한국 상법상 충실의무에 위반과 형법상 업무상 배임죄에 해당할 가능성이 큽니다.

Ⅳ. C 건설의 이 사건 지분 매각이 한국법상 적법한 질권 실행인지

Ⅳ. 1. 계약 자유의 원칙과 유담보약정

26. 한국법상 인정되는 사적 자치와 계약 자유의 원칙에 따라 모든 계약 당사자는 계약 체결의 여부, 계약의 상대방 및 계약의 방식은 물론이고 그 내용을 그 의사에 좇아 자유롭게 결정할 수 있습니다.

27. 이러한 계약 자유의 원칙은 담보계약에도 동일하게 적용됩니다. 즉, 담보권자가 어떠한 방법 또는 절차에 좇아 채권의 만족을 얻을 것인지는 당사자가 담보계약에서 합의한 바에 따라 정하여지는 것입니다. 따라서 C 건설의 이 사건 지분 매각이 한국법상 적법한 질권의 실행인지 여부에 대한 판단은 UPA에서 당사자가 질권의 실행에 관하여 합의한 내용이 무엇인지에 달려 있습니다.

28. 아래에서 살펴보는 바와 같이 이 사건에서 문제되고 있는 담보계약인 UPA는 한국법상 유담보약정의 일종인 유질약정을 포함하고 있습니다. UPA의 관련 조항을 구체적으로 논하기에 앞서, 질권과 유질약정의 개념과 유효성에 관하여 우선 설명을 하겠습니

다.

29. 질권은 채권자가 채무자 또는 제3자[1]가 제공한 물건 또는 재산권을 채무의 변제가 있을 때까지 '점유'함으로써[2] 채무의 변제를 간접적으로 강제하는 동시에, 변제기한까지 채무의 변제가 없는 경우에는 그 목적물의 가치로부터 다른 채권자에 우선하여 변제를 받는 권리를 말합니다(민법 제329조, 제345조).

30. 유질약정은 질권과 관련하여 유담보약정이 행하여진 것을 가리키는 것입니다. 유담보약정이라 함은 담보의 목적물(물건뿐만 아니라 재산권을 포함합니다)로써 피담보채권의 만족을 도모하는 방법에 관하여 그 거래의 당사자들이 담보권자(즉 피담보채권의 채권자)로 하여금 변제에 갈음하여 담보물 자체를 취득하게 하거나 법률에 정한 방법에 의하지 아니하고 담보물을 평가·처분하여 채권

1) 이와 같이 채무자가 아닌 사람도 자신의 소유물 또는 재산권에 질권을 설정할 수 있습니다. 이 경우의 질권설정자를 한국법에서는 '물상보증인'이라고 합니다.

2) 한국법에서는 '점유'는 엄밀한 의미에서는 물건에 대하여만 인정되는 것입니다(점유에 관하여 민법 제192조 제1항은 "물건을 사실상 지배하는 자는 점유권이 있다"고 하여 그 대상을 '물건'에 한정하고 있습니다). 이 사건에서 문제되고 있는 바와 같이 회사의 지분에 대한 질권은 물건에 대한 질권이 아닌 이른바 권리질권에 해당합니다. 그러므로 이 사건 질권에 있어서는 질권자가 목적물을 점유한다기보다는, 채권증서 있는 채권질권에서와 같이, 질권을 설정함에 있어서 질권설정자가 자신의 채권을 행사하는 데 실제로 큰 도움을 주는 채권증서를 질권자에게 교부하여 이를 더 이상 소지하지 못하도록 요구함(민법 제347조: "채권을 질권의 목적으로 하는 경우에 채권증서가 있는 때에는 질권의 설정은 그 증서를 질권자에게 교부함으로써 그 효력이 생긴다")으로써 채무자에 대한 권리 행사에 있어서 사실상의 장애를 받게 하는 등의 방법으로 채무의 변제가 간접적으로 강제된다고 할 수 있겠습니다.

의 만족에 충당하기로 하는 약정을 말합니다. 다시 말하면 당사자들이 법이 정하는 바와 다른 방법으로 담보물로써 채권의 만족을 얻는 것을 약정하는 것입니다. 이러한 유담보약정은 질권·저당권 등과 같은 제한물권형의 담보에 있어서는 물론이고, 양도담보나 가등기담보 등과 같은 이른바 권리이전형 담보에 있어서도 행하여질 수 있습니다. 이처럼 유담보약정은 넓은 의미의 담보거래에서 행하여질 수 있고, 또한 실제로 행하여지고 있습니다.

31. 이러한 유담보약정은 계약자유의 원칙상 일반적으로 허용되는 것으로 이해됩니다. 즉 담보계약의 당사자들은 담보의 목적물로부터 피담보채권의 만족을 얻는 방법에 관하여 자유롭게 합의할 수 있는 것이고, 반드시 법이 정하는 방법에 따라야 하는 것은 아닙니다. 이를 '유담보약정 자유의 원칙'이라고 부를 수도 있을 것입니다. 예를 들면 부동산을 목적으로 하는 제한물권형 담보인 저당권에서는 물론이고, 특히 양도담보권 또는 가등기담보권 등과 같은 권리이전형 담보에서 이러한 유담보약정은 다른 특별한 사정이 없는 한 허용되는 것으로서, 원칙적으로 유효합니다. 그와 같이 유질약정을 포함하는 담보계약에 있어서 담보 목적물이 피담보채권의 만족에 돌려지는 방법은 당사자들이 그에 관하여 합의한바, 즉 그 유질약정이 정하는 바에 달려 있습니다.

32. 다만 한국법에서는 예외적으로 위와 같은 유담보약정을 금지하는 법규정을 둔 경우가 없지 않습니다. 그 대표적인 예가 질권에 관한 유담보약정, 즉 유질약정에 관한 민법 제339조입니다. 동조는 '유질약정의 금지'라는 표제 아래 "질권설정자는 채무변제기 전의 계약으로 질권자에게 변제에 갈음하여 질물의 소유권을

취득하게 하거나 법률에 정한 방법에 의하지 아니하고 질물을 처분할 것을 약정하지 못한다"라고 정하고 있습니다.

33. 민법 제339조의 입법 이유에 대하여는, 궁박한 상태에 있는 채무자 측이 소액의 채무를 위하여 고가의 질물에 대한 소유권을 상실하게 되고 질권자가 부당한 이익을 취하게 될 우려가 있으므로 이를 막기 위한 것이라고 대체로 설명되고 있습니다.[3] 그러나 이러한 입장에 대하여는 애초부터 비판의 목소리가 컸고,[4] 현재에도 이는 변함없이 이어지고 있습니다.[5] 그 비판의 주요한 내용은, "질권설정자가 경제적 약자"라는 위 민법 규정의 전제적 사실은 객관적으로 시인되지 아니한다는 것, 그와 같이 유질약정을 일률적으로, 또한 사전적事前的으로 금지하기보다는 개별적으로 그 약정의 구체적인 내용이나 그러한 약정에 이르게 된 객관적인 사정 등에 비추어 민법 제103조 · 제104조(이는 계약 일반에 대하여 적용되는 일반 규정입니다)에서 정하는 바의 '공서양속에 반하는 것'이 아닌지를 개별적으로 판단함으로써 채무자 측의 보호에 족하다는 것 등을 들고 있습니다.

3) 곽윤직 · 김재형, 물권법, 제8판(2015), 426면 참조.

4) 이광신, "유질계약의 금지", 고시계 제232호(1976.6), 81면은 민법 제정 당시에 이미 유질계약을 금지하는 위 법조항은 "국민을 소아시小兒視한 것"이라는 통렬한 비판이 있었다고 합니다. 한편 민법 제339조는 한국의 민법 제정과정에 중대한 영향을 미친 일본민법 제349조를 그대로 이어받은 것입니다. 위 일본민법 규정에 대하여 그 시행 직후부터 현금에까지 이어지고 있는 줄기찬 비판에 관하여는 우선 林良平 편집, 注釋民法(8): 물권(3)(1965), 281면 이하(林良平 집필부분) 참조.

5) 최근의 문헌으로 우선 김성탁, "유질계약을 허용하는 상법 제59조의 해석방법론 — 대법원 2017. 7. 18. 선고 2017다207499 판결 평석 및 관련 쟁점사항", 선진상사법률연구(법무부 법무실 상사법무과) 제83호(2018. 7), 1면 이하, 특히 4면 이하 참조.

34. 그러나 상거래의 경우에 있어서는 다시 앞의 제30항 내지 제31항에서 본 바 있는 유담보약정 자유의 원칙으로 돌아갑니다. 즉, 상법 제59조는 "민법 제339조의 규정은 상행위로 인하여 생긴 채권을 담보하기 위하여 설정한 질권에는 적용되지 아니한다"고 규정하고 있는 것입니다.

35. 민사질권과 달리 위와 같은 상사질권의 경우에 유질약정이 허용되는 이유는, (i) 상거래에 있어서 그 당사자는 서로 평등한 경제적 지위에 자유로이 자기의 이해를 타산할 수 있으므로 법이 특별히 채무자를 보호하기 위한 후견적인 역할을 할 필요가 없고, (ii) 채권자의 질권 실행을 간편하게 함으로써 신속한 금융의 편의를 도모하기 위함이라고 설명되고 있습니다.[6)]

36. 이 경우에 유질약정은 상거래에 있어서 상인들은 영리 행위를 하는 주체로서 각자의 계산과 이익을 추구하는 전문가이기 때문에 그들의 의사를 존중하여 당사자의 자치를 인정하는 제도라고 할 것입니다.[7)]

Ⅳ. 2. UPA의 해석

37. UPA는 신청인 1 회사, C 건설, 그리고 대주단 사이에 체결

---

6) 정동윤 편집대표, 주석 상법: 총칙 · 상행위(I), 제4판(2013.9), 414면 이하 참조(김연미 집필부분).

7) 김성탁(주 5), 4면 이하. 또한 『UNCITRAL 담보거래 입법지침』에서도 계약자유의 원칙에 따라 당사자들이 자신들의 필요에 맞게 담보설정계약을 맺을 수 있도록 하였습니다. 법무부, UNCITRAL 담보권 입법지침 연구(2010), 121면 참조.

된 계약으로서, 신청인 1 회사와 C 건설이 각기 보유한 이 사건 개발회사(한국 상법상의 유한회사입니다)의 지분(신청인 1 회사 70.1%, C 건설 29.9%)에 대하여 Package 대출약정 대주단의 대여금 채권을 담보하기 위하여 질권을 설정하는 내용의 계약입니다.

38. 먼저, UPA의 피담보 채권인 Package 대출약정 대주단이 이 사건 개발회사에 대하여 가지는 대여금채권이 상법 제59조에서 정하는 '상행위로 인하여 생긴 채권'에 해당함에는 의문의 여지가 없습니다. 또한 UPA의 구체적인 약정 내용을 살펴보면, 앞의 제30항 이하에서 설명한 유질약정의 개념에 해당하는 조항, 즉 그 제6.1조 (c)항 및 제6.3조가 포함되어 있습니다. 따라서 UPA는 상법 제59조가 허용하는 유효한 유질약정에 해당합니다. 신청인들 측 전문가도 이 점에 대하여 반대하지 아니하는 것으로 이해됩니다.[8)]

39. UPA가 유효한 이상, UPA에 근거한 권리 행사가 적법한지를 판단하기 위하여는 당사자들이 UPA에서 합의한 내용이 무엇인지를 살펴볼 필요가 있습니다. UPA에서 질권의 실행방법을 정하고 있는 제6.1조 (c)항 및 제6.3조는 다음과 같습니다(인용문 또는 인용구절에 있어서 밑줄 또는/및 굵은 활자에 의한 강조는 모두 본인이 추가한 것입니다. 이하 같습니다).

> SECTION 6. ENFORCEMENT BY PLEDGEES
>
> 6.1. If the Acceleration under a Facility Agreement has occurred, the Pledgees shall become forthwith entitled, as and when it

8) B 교수의 전문가 의견서, 제40항: "이 사건에서 POSCO가 질권을 행사한 것도 상법 59조에 기한 것입니다."

> sees fit upon mutual agreement of the Lenders, to put into force and to exercise all or any of the rights and power possessed by the Pledgees as pledgees of the Units, including without limitation, the power to:
> (c) assign, sell or otherwise dispose of the Units to such person, at a public or a private sale, and upon such terms as the Pledgees may reasonably determine and any Pledgee or anyone else may be the purchaser, Pledgee or recipient of any or all of the Units and thereafter hold the same absolutely, free from any claims or rights whatsoever, including any rights of redemption, of each Pledgor.
> 6.3 […] Each Pledgor hereby waives any claims against any Pledgee arising by reason of the fact that the price at which the Units have been sold at such private sale may be less than the price at which it could have been sold otherwise.

40. 먼저 UPA 제6.1조 (c)항에서 당사자가 합의한 내용을 살펴봅니다.

(1) 질권자는 이 사건 질권의 목적물을 "**질권자가** 합리적으로 정하는 바의 조건에 좇아(upon such terms as the **Pledgees** may reasonably determine) 질물을 양도, 매도 또는 기타의 방법으로 처분할 수 있"습니다. 즉, 질물의 처분 방법 및 그 처분의 조건을 결정할 권한을 전적으로 질권자에게 부여하고 있습니다. 그리하여 처분의 방법과 조건을 정함에 있어서 질권자로 하여금 채무자의 동의를 받을 것 또는 그와 협의를 거칠 것 등을 요구하고 있지 아니합니다. 그리하여 질권자가 질권의 목적물을 처분하는 당시에 존재하는 여러 가지 사정을 고려하여 나름대로의 판단을 거쳐 처분의 방법

또는 조건 등을 결정하였다면, 그것은 “합리적으로 정하는 바”에 따랐다고 하여야 할 것입니다.

(2) 처분의 상대방에 “any Pledgee”가 포함되어 있습니다. 따라서, 질권자 스스로가 질물을 취득하는 것도 가능합니다.

(3) 매각의 유형에 “public sale”(공개적 매각)과 “private sale”(사적 매각)을 모두 포함하고 있습니다. 따라서 일반의 제3자가 참여할 수 있는 공개적인 경매절차뿐만 아니라, 질권자가 선택하는 당사자와의 사적인 매매도 가능하다는 점을 명백히 하고 있습니다.

(4) UPA 제6.1조 (c)항은 그 이행이 어느 정도 담보된 계약조항이라고 볼 수 있습니다. 질물을 가능한 높은 금액으로 매각하는 것은 질권자의 이익에도 부합하므로 질권자가 적용하는 매각 금액은 합리적일 것이라는 점을 추단할 수 있기 때문입니다.

41. 당사자들이 이 사건 개발회사와 같은 회사의 지분이나 주식을 대상으로 하는 질권계약을 체결하는 이유의 중요한 하나는 다음과 같이 이해될 수 있습니다. 특정 사업(이 사건에서는 대규모 부동산개발사업)을 실시하기 위하여 SPC가 설립되어 그 SPC가 사업주체로서 대주단으로부터 막대한 액수의 자금을 대출받아 사업자금을 조달하는 이른바 프로젝트 파이낸스 사업에 있어서, 그 대출금의 원만한 회수는 대체로 당해 사업의 성공 여부에 달려 있게 됩니다. 그러므로 대주단으로서는 예를 들어 차주인 SPC 측에서 대출금의 반환을 지체하여 기한이익이 상실되는 사태가 발생하는 경우 등에 대비하여 SPC에 대한 통제를 확실하게 확보함으로써, 그 사업

이 중단되는 것을 방지하고 나아가 목적 사업이 완료되도록 할 필요가 있습니다. 그리하여 SPC 운영에 문제가 생기더라도 대주단이 신속하게 개입하여 SPC의 경영진을 교체함으로써 목적 사업이 재정적인 문제 없이 추진될 수 있도록 하는 장치로서 SPC의 지분이나 주식을 대상으로 하는 질권계약을 체결하는 것입니다.

42. 또한 이 사건 당사자들이 질물의 처분에 대하여 질권자에게 폭넓은 재량을 주는 것이 당사자들에게 합리적인 것으로 인정되고, 그와 같이 합의될 수 있었던 이유는 이 사건 질권의 목적물인 이 사건 개발회사 지분의 거래상의 특성을 생각하면 더욱 쉽게 이해할 수 있습니다. 질권의 목적물이 비공개 회사의 주식이나 지분이며, 또한 질권이 설정된 주식이나 지분의 비율이 과반수를 넘어 회사의 지배력을 부여하는 경우에는 질권을 실행하여 처분하려고 하여도 지분의 매수자를 구하기가 일반적으로 쉽지 아니합니다. 나아가 공개의 시장에서 거래되고 있는 경우와는 달리, 이 사건 지분의 경우에는 그 지분의 그 객관적인 가치를 정확하게 평가하기도 쉽지 아니하므로, 그 지분의 매매대금에 대한 합의가 이루어지기가 더 어렵게 됩니다. 즉, 비공개 회사의 지배력 있는 주식이나 지분은 그 처분과 가격 결정이 서로를 제약하는 관계에 있습니다. 따라서 질권자에게 처분의 방법이나 조건을 정할 수 있는 폭넓은 결정권을 가지도록 하여야 질물의 처분을 그나마 용이하게 할 수 있게 됩니다.

43. 다음으로 UPA 제6.3조를 살펴봅니다.

(1) UPA 제6.3조는 “각 질권설정자는 질물이 그 사적 매각에

있어서 그 매도된 가격이 달리 매각될 수 있었다면 매도되었을 가격보다 적다는 사실을 이유로 하는 어떠한 주장사유도 이를 포기한다(Each Pledger hereby waives any claims against any Pledgee arising by reason of the fact that the price at which the Units have been sold at such private sale may be less than the price at which it could have been sold otherwise)"고 정하고 있습니다.

(2) UPA 제6.3조의 객관적 의미는 명확하다고 생각합니다. 즉, 질권자가 질권 실행의 일환으로 매각한 금액에 대하여 더 높은 금액으로 팔 수도 있었다는 이유로 하여서 어떠한 이의제기도 하지 아니하겠다는 것입니다. "which it could have been sold <u>at public sale</u>"이라고 하지 아니하고, "which it could have been sold <u>otherwise</u>"라고 한 것은, 담보권자의 사적인 매각에 의한 가격이 (i) 제3자에 의한 매각, (ii) 경매 등 공적인 매각, 나아가 (iii) 그 밖에 질권자에 의한 매각을 포함한 질물의 사적 매매 모든 경우에 있어서 그 가격이 낮다는 이유로 이의 제기하는 것을 허용하지 아니하겠다는 뜻으로 자연스럽게 해석됩니다.

(3) UPA 제6.3조는 유질약정의 본질을 확인하는 동시에, 향후 발생할 수 있는 분쟁의 소지를 예방하기 위하여 삽입되는 전형적인 문구에 해당합니다. 즉, 이 조항은 유질약정의 본질에 충실하게 나중에 질권설정자가 질권자가 행한 처분의 가격에 대하여 어떠한 이유로도 문제제기를 할 수 없다는 점을 확인하는 취지의 조항이기 때문입니다.

44. 그런데 이와 달리 B 교수는 "UPA 제6.3조는 담보제공자

(질권설정자)는 담보권자(질권자)에 대하여, 담보권자의 매각 방법이 사적인 매매인 경우에 그 가격이 다른 방법에 의한 매각보다 낮다는 이유를 이의를 하는 것을 허용하지 않는 것이지, 사적인 매매에 의한 경우라면 아무런 제약 없이 임의의 가격으로 매각할 수 있다는 의미라고 할 수 없다"는 의견을 피력하였습니다.[9)]

45. B 교수의 위와 같은 UPA 제6.3조에 대한 해석은 해당 조항의 문언의 객관적인 의미에서 벗어난 해석이라고 생각됩니다. 계약 당사자 사이에 어떠한 계약내용을 처분문서인 서면으로 작성한 경우에 문언의 객관적인 의미가 명확하다면, 그 기재 내용을 부인할 만한 분명하고도 수긍할 수 있는 반증이 없는 한, 문언대로의 의사표시의 존재와 내용을 인정하여야 한다는 것이 계약 해석에 관하여 한국 대법원이 확고되게, 그리고 일관되게 취하고 있는 원칙입니다.[10)]

46. 위와 같이 UPA 제6.1조 (c)항 및 제6.3조의 문언상으로 그러한 의무가 전혀 나타나 있지 아니함에도 불구하고, B 교수와 A 교수는 여러 가지 이유를 들어 UPA상으로도 질권자에게 "질물을 적정한/정당한 가격으로 처분할 의무"가 있었고 C 건설이 이를 위

9) B 교수의 전문가 의견서, 제37항.

10) 이는 일찍부터 한국의 최고법원인 대법원이 취해온 태도입니다. 여기서는 이러한 태도를 명백히 밝힌 비교적 근자의 재판례만을 들어두기로 합니다. 대법원 2002. 6. 28. 판결 2002다23482사건(판례공보 2002년, 1816면); 대법원 2010. 11. 11. 판결 2010다26769사건(판례공보 2010년 하권, 2241면); 대법원 2011. 5. 13. 판결 2010다58728사건(판례공보 2011년 상권, 1156면); 대법원 2015. 10. 15. 판결 2012다64253사건(판례공보 2015년 하권, 1641면) 등.

반하였다는 취지로 주장합니다.

47. A 교수와 B 교수가 자신들의 의견을 뒷받침하기 위한 근거로 들고 있는 대법원 1981. 12. 22. 판결 81다462사건(법원공보 1982년, 218면),[11] 대법원 1973. 6. 5. 판결 73다38사건(대법원판례집 제21권 2집, 민사편 51면),[12] 대법원 1981. 5. 26. 판결 80다2688사건(법원공보 1981년, 13978면),[13] 그리고 대법원 1983. 2. 8. 판결 81다547사건(법원공보 1983년, 492면)[14]과 같은 재판례는 이 사건과는 사안을 달리하여 적용될 수 없는 것입니다. 위 재판례들은 모두 개인 간에 양도담보 계약이 체결된 사안에 대한 것으로서 이 사건에서와 같은 전문 상인 간의 질권계약, 즉, 상사질권에 관한 것이 아닙니다. 그리고 무엇보다도 중요한 것은 위 재판례들의 사실관계에서는 담보물로부터 피담보채권의 만족을 얻는 구체적인 방법에 관하여 앞의 제40항 내지 제43항에서 살펴본 바와 같은 당사자들 사이의 개별적인 합의가 전혀 없었습니다. 그러한 개별적인 합의가 행하여진 경우에는 뒤의 제51항에서도 살펴보는 대법원 2008. 3. 14. 판결 2007다11996사건(법고을)[15]에서 분명한 대로 담보물로부터의 피담보채권의 만족은 그 합의에서 구체적으로 정하는 바에 좇아 행하여져야 하는 것입니다.

11) A 교수의 전문가 의견서, 제71항, 73항; 대법원 1981. 12. 22. 판결 81다462사건(법원공보 1982년, 218면).

12) A 교수의 전문가 의견서, 제72항; 대법원 1973. 6. 5. 판결 73다38사건(대법원판례집 제21권 2집, 민사편 51면).

13) B 교수의 전문가 의견서, 제33항, 제44항; 대법원 1981. 5. 26. 판결 80다2688사건(법원공보 1981년, 13978면).

14) B 교수의 전문가 의견서, 제33항, 제44항; 대법원 1983. 2. 8. 판결 81다547사건(법원공보 1983년, 492면).

15) 한편 여기서의 「법고을」에 대하여는 뒤의 주 31 참조.

48. 양도담보는 채권담보의 목적을 위하여 질권에서와 같이 제한물권이 설정된 것이 아니라 담보물의 소유권을 미리 채권자에게 이전하는 형식을 취하는 것으로서, 채무자가 그 목적물을 아예 상실하게 되거나 채무변제에 있어서 가혹한 조건을 강요당할 위험성이 존재합니다. 따라서 앞의 제32항 내지 제33항에서 살펴본 민법 제339조와 마찬가지로 계약 자유의 원칙에 대한 예외로서 상인이 아닌 채무자를 보호하기 위한 방향으로 대법원 판례가 발전하여 왔습니다. 그러던 중 일정한 범위의 양도담보제도를 입법의 장으로 끌어올려 규율하기 위하여 1983년 12월 20일에 「가등기담보 등에 관한 법률」이 제정되어 지금까지 시행되어 오고 있습니다. B 교수와 A 교수가 인용한 양도담보에 관한 대법원의 재판례는 모두 위 법률이 시행되기 이전에 형성된 것들이고 현재 부동산의 양도담보는 위 법률에 의하여 규율됩니다.

49. 그러나 상거래에 있어서 유질약정은 앞서 살펴본 바와 같이 계약자유의 원칙을 바탕으로 법률에 정한 방법 이외의 방법을 약정함으로써 그 방법에 의한 질권의 실행이 가능함을 특징으로 하는 계약입니다. 따라서 계약 당사자의 합의 내용에 포함되지 아니한 의무는 애초에 인정되지 아니하는 것입니다.

50. 일반적으로 담보계약에서 담보권자는 채권의 원활한 회수가 되지 못하는 경우에 대비하여 채무자의 소유물 또는 권리에 담보를 질권 · 저당권과 같은 제한물권의 설정, 또는 양도담보에서와 같이 권리 자체의 이전의 방식으로 담보를 잡는 것이고, 그리하여 자신의 채권을 보다 만족스럽게 회수하기 위하여 담보물을 매각하려는 것입니다. 따라서 당연히 담보권자로서는 스스로에게 이익이

되는 방향으로 매도 기타 처분하는 것이지, 채무자의 이익을 위해서 처분할 의무는 없다고 할 것입니다.

51. 우리 대법원도 이러한 입장을 확인해주고 있습니다. 즉, B 교수도 인용하고 있는 대법원 2008. 3. 14. 판결 2007다11996사건(법고을)[16]에서 대법원은 당사자 사이에 특별한 약정(예를 들어, 유질약정)이 있다면 담보물을 정당한 가격으로 처분할 의무가 없다는 점을 확인하고 있습니다. 특히 위 사건의 사실관계를 살펴보면, 질권자(채권자)가 담보목적물을 피담보채권 금액보다 높은 가격으로 처분하고도, 실 처분 가격이 아닌, 담보물의 시장 가격의 2분의1에 해당하는 금액으로 평가하여 정산하는 것이 허용되는지 여부가 문제된 사안으로, 질권자(채권자)가 너무 낮은 가격으로 질물을 처분하였는지 여부는 쟁점이 아니었습니다. 오히려 이에 대하여 법원은 방론으로서 "담보물 처분은 질권자의 재량에 의하여 할 수 있음"을 인정하였습니다. 이 재판례는 B 교수나 A 교수의 의견을 뒷받침하여 주는 것이 아니라 오히려 그 입장과 상반된 내용이라고 할 것입니다.

52. 한편 B 교수는 담보권자의 정산의무가 인정된다면 적정가격에 처분할 의무도 당연히 함께 인정된다는 식의 논리도 전개하고 있습니다. 하지만 본인은 이 역시 다음과 같은 이유에서 이에 동의할 수 없습니다.

---

16) B 교수의 전문가 의견서, 제34항, 제38항; 대법원 2008. 3. 14. 판결 2007다11996사건(법고을). 한편 여기서의 「법고을」에 대하여는 뒤의 주 31 참조.

(1) 정산의무와 적정 가격으로 처분할 의무는 별개 쟁점입니다. 정산의무에서의 '정산'은 담보 목적물의 처분 가액이 피담보채권의 금액에 미치지 못하면 채무자는 여전히 잔존 부분에 대하여 종전과 같이 변제의 책임을 지는 것이고, 반대로 그 처분 가액으로 피담보채권 금액(그리고 담보 실행의 비용)을 충당하고도 남는 것이 있으면 그 초과액을 질권설정자에게 반환하여 주는 것을 가리킵니다. 이러한 정산의 의무는 담보 설정의 당사자 사이의 계약 해석에서 도출되는 법원칙일 뿐이고, 그로부터 담보의 목적물을 적정한 가격으로 처분하여야 할 의무가 도출되는 것은 아닙니다.

(2) B 교수가 원용하고 있는 민법 제607조는 기본적으로 이 사건에서 문제되고 있는 바와 같은 유질약정에는 적용되지 아니하는 법조항입니다. 위 법규정은, 그 문언에서 명확한 바와 같이("차용물의 반환에 관하여 차주가 차용물에 갈음하여 다른 재산권을 이전하기로 예약한 경우에는 …"), 금전소비대차의 관계에서 차주가 그 채무의 변제에 갈음하여 다른 목적물을 제공하기로 미리 약정하는 이른바 '대물변제의 예약'에 적용되는 것입니다. 그러므로 채무의 변제에 갈음하여 이 사건 이 사건 개발회사의 지분을 채권자에게 이전하기로 하는 것이 아니라, 이 사건 개발회사 지분을 채권의 만족에 돌리기 위하여 채권자가 법정의 절차에 의하지 아니하고 이를 처분할 수 있다고 하는 내용의 UPA에서 보는 바와 같은 유질약정에는 그 적용이 없습니다. 따라서 민법 제607조와 관련한 B 교수의 주장은 이 사건과는 관계가 없는 것이고, 민법 제607조가 위와 같은 내용의 상사 유질약정에도 적용된다고 하는 주장에는 동의할 수 없습니다.

53. UPA에서 채권에의 충당을 위한 담보물의 처분에 관한 약정의 본질적인 내용은, 앞의 제40항에서 살펴본 대로 이 사건 질권의 목적물을 질권자의 판단에 좇아 처분한다는 양 당사자 간의 합의에 있는 것입니다.

Ⅳ. 3. 결국 C 건설의 지분 매각은 한국법상 적법한 질권 실행에 해당합니다.

54. 앞서 본 Ⅳ. 1.항에서 설명한 계약 자유의 원칙, 한국법상 유질약정의 유효성, 그리고 UPA에 반영된 당사자의 합의내용에 비추어 볼 때 C 건설의 지분매각은 한국법상 적법한 질권 실행에 해당한다고 판단됩니다.

55. UPA 문언 또는 다른 관련 법령 아래서, 질권자가 "지분(질물)을 적정한/정당한 가격으로 처분할 의무"는 인정되지 아니합니다. 오히려 UPA는 질권자에게 UPA에 근거한 질권을 행사할 때 매각 가격을 정함에 있어 광범위한 재량과 판단 여지를 부여하고 있습니다.

56. 이와 관련하여 A 교수가 말하는 "적정한/정당한" 가격을 확정하는 것은 실제적으로 어렵다는 점 역시 염두에 두어야 합니다. 앞의 제42항에서 살펴본 대로, 이 사건과 같이 질권의 목적물이 비공개 회사의 지분이고, 그 비율이 과반수를 넘어 회사의 지배력과 관련된 경우에는 질권을 실행하여 처분하려고 하여도 매수자를 구하기가 쉽지 아니하고, 나아가 그 가치를 객관적으로 평가하는 것은 매우 어려운 일입니다. 따라서 채권자 또는 질권자로 하여금

질물을 처분하기 위한 특정 가격을 정하라고 요구하는 것은 지나친 부담이 됩니다. 이러한 요건을 관철하려고 하면 채권자의 채권 만족은 쉽사리 달성될 수 없습니다. 이는 채권자로 하여금 간편하게 질권을 실행할 수 있도록 하고자 하는 UPA 및 기타 유사한 조항을 둔 유질약정의 명확한 취지에 반하는 것입니다.

57. 위에서 설명한 기준과 다음과 같은 이 사건 전제사실을 고려하면, C 건설은 UPA, 특히 제6.1조 (c)항에 따라 "질권자가 합리적으로 판단하는 내용으로" 이 사건 개발회사 지분을 처분한 것이라고 할 것입니다.

(1) C 건설은 애초 이 사건 지분에 관하여 매각의 상대방 및 가격을 정하기 위하여 외부 회계법인을 선임하여 제한된 경쟁입찰을 진행하였다.

(2) 그 과정에서 우선협상대상자와의 협상이 결렬되자 수의계약에 의한 매각을 추진하여, 희망 매수인 2개 팀으로부터 각각 제안서를 받은 후 외부 회계법인의 평가를 거쳐 최종 매수인을 선정하였다.

(3) 2개 회계법인으로부터 각각 지분 가치 감정 평가를 받았는데 그 평가액이 0원 이하였다.

(4) C 건설은 지분 당 금 5,000원(매각 총액 각 100여억 원 및 54여억 원)에 지분을 매각하였다.

58. 이와 같은 본인의 의견은 유사한 사건에서 대법원이 한 판단과도 일치합니다. 아래와 같이 UPA와 거의 동일한, 아래의 상자 안에서 보는 바와 같은 계약 조항이 문제되었던 사건에서, 서울고등법원 2016. 12. 23. 판결 2016나2003162사건(미간행. 판결서 인터넷 열람 사이트에서 열람 및 출력)은, 그 약정이 "피담보채무의 변제기 전에 법률에 정한 방법에 따르지 아니하고 질권의 목적인 이 사건 주식을 처분할 수 있도록 한 것으로 유질약정에 해당한다"고 판시하였고,[17] 대법원 2017. 7. 18. 판결 2017다207499사건(판례공보 2017년 하권, 1725면)은 이러한 고등법원의 판단이 정당함을 확인하여 준 바 있습니다.[18] 특히 주목할 점은, 그 사건의 사실관계에서 질권설정자인 원고는 적정한 주식 가치가 —원고의 주장에 의하면— 1,388억 원임에도 질권자인 피고가 이를 단지 1억원으로 처분한 것은 위법하고 무효하다고 주장하였습니다. 그러나 대법원은 당사자가 자유롭게 정한 계약 내용에 따라 해당 주식 매각이 질권자가 일반적으로 적당하다고 인정되는 방법·시기·가격 등에 의하여 이루어진 유효하고 적법한 질권 실행에 해당한다고 판단하였던 것입니다. 대법원은 그 판단을 하면서 주식 매매 대금이 주식의 실질적인 가치에 현저히 미달한다고 볼 수 없다고 판시하였습니다.

> **제8조 (근질권의 실행)**
>
> (2) 본건 근질권을 실행할 수 있는 경우에 [질권자는] 일반적으로 적당하다고 인정되는 방법, 시기, 가격 등에 의하여 담보

17) 서울고등법원 2016. 12. 23. 판결 2016나2003162사건(미간행, 판결서 인터넷 열람 사이트에서 열람 및 출력), 10면.

18) 대법원 2017. 7. 18. 판결 2017다207499사건(판례공보 2017년 하권, 1725면).

주식을 임의 처분하고 그 취득금을 충당하거나, 일반적으로 적당하다고 인정되는 방법, 시기, 가격 등에 의하여 피담보채무의 전부 또는 일부의 변제에 갈음하여 담보주식을 취득할 수 있다. 후자의 경우 [질권자는] 담보주식의 취득 사실을 그 취득 후 즉시 [질권설정자]와 [채무자]에게 통지하기로 한다. [질권설정자]와 [채무자]는 [질권자]가 담보주식에 대한 근질권을 실행하기 위하여 본항에서 정한 방법 중 선택한 방법에 이의를 제기하지 아니하기로 한다.

V. C 건설의 이 사건 지분 매각이 민법상 신의성실의무, 특히 보호의무 위반에 해당하는지

V.1. 민법 제2조의 신의칙 및 권리남용의 요건과 효과, 보호의무

59. 이 사건에서 신청인들은 C 건설의 여러 행위가 '신의칙에 좇을 의무(statutory duty of good faith)'를 위반한 것이라는 주장을 하고 있다고 이해됩니다. 이와 관련하여 본인은 민법 제2조에서 정하는 신의칙의 성격과 내용, 적용 요건과 효과에 대하여 아래와 같이 의견을 개진합니다.

60. 민법 제2조는 "신의성실"이라는 표제 아래 그 제1항에서 "권리의 행사와 의무의 이행은 신의에 좇아 성실히 하여야 한다"라고 규정함으로써 신의성실의 원칙을 선언하고 있습니다.

V. 2. 추상규범·일반조항으로서의 신의칙

61. 민법 제2조는 일반조항의 성격을 가집니다. 어떤 법률관계를 규율하는 개별 법률이나 계약 조항이 있다면, 민법 제2조와 같은 일반조항은 한 걸음 뒤로 물러나고 개별 법률이나 계약 조항이 우선적으로 적용되어야 함은 물론입니다. 대법원도 이러한 기본원칙에 입각하여 신의칙의 적용은 예외일 수밖에 없으며, 신의칙은 "당사자로 하여금 어떠한 법규칙에서 법률요건 등으로 수용되지 아니한 사정을 법관 등 법적용자에게 제시하면서 그러한 사정 아래서 법규칙을 그대로 적용하게 되면 도저히 받아들일 수 없는 가혹한 결과가 됨을 법적용자의 법감정 내지 윤리감각에 호소하여 법규칙을 원래의 모습대로 적용하는 것을 제한 또는 배제하게 하는 하나의 법적 장치"라는 점을 확인하여 주고 있습니다.[19)]

62. 또한 신의칙은 극도로 '추상적 규범'[20)]이기 때문에 법관이 이를 개별 사안에 적용하는 과정에서 비로소 그 내용이 구체화 될 수밖에 없습니다.[21)] 그런데 신의성실의 원칙을 적용하는 과정에서는 '정의'의 이름 아래 법관의 '자의'가 개입될 위험이 있기 때문에 손쉽게 추상적 규범에 기대어 결론을 정당화하여 버리는 일반조항

---

19) 대법원 2010. 5. 27. 판결 2009다44327사건(판례공보 2010년 하권, 1233면).

20) 대법원 2002. 3. 15 판결 2001다67126사건(판례공보 2002년 상권, 886면).

21) 김용덕 편집대표, 주석 민법: 민법총칙(1), 제5판(2019.5), 105면 이하 참조(권영준 집필부분). 김재완, "현대 계약법상 신의칙의 법규범성과 그 적용의 확장에 관한 고찰", 외법논집 제35권 2호(2011.5), 145면이 말하는 바와 같이, 이는 "신의칙의 실천적 규범으로서의 구체화"라고도 표현할 수 있습니다.

의 남용 또는 일반조항으로의 도피[22]는 극력 경계하여야 합니다.

63. 신의칙의 적용을 함부로 하면 내용이 극히 막연한 형평의 원리에 기하여 법창조를 인정하는 결과에 이르게 되어, 법적인 안정성과 확실성을 저해하고, 나아가 당사자들 사이의 계약이나 법률에 의하여서만 법의 정립을 인정한다는 국법질서의 기본에 위반하게 되기 때문입니다.[23] "실정의 법제도는 오랜 세월의 정련된 사고와 구체적인 적용 및 이에 대한 반성을 거쳐 신중하게 마련된 것으로서, 실제로는 내용이 막연한 신의칙 등보다 더욱 현명하고 공평"하다[24]는 점이나, "일단 유효하게 성립한 계약상의 책임을 공평의 이념 및 신의칙과 같은 일반원칙에 의하여 제한하는 것은 자칫하면 사적 자치의 원칙이나 법적 안정성에 대한 중대한 위협이 될 수 있"다는 점[25] 역시 신의칙 적용을 예외적으로만 하여야 하는 이유라고 할 것입니다.

V. 3. 신의칙의 적용 요건

64. 민법 제2조는 그 문언상 법률요건도, 법률효과도 정하고 있지 아니합니다. 이들은 대부분 법원의 재판례에 의하여 그 구체

22) 대법원 2018. 5. 17. 판결 2016다35833사건(판례공보 2018년 하권, 1139면).

23) 곽윤직 편집대표, 민법주해, 제1권: 총칙(1)(1992), 94면(양창수 집필부분).

24) 대법원 2014. 3. 13. 판결 2013다34143사건(판례공보 2014년 상권, 842면).

25) 대법원 2015. 10. 15. 판결 2012다64253사건(판례공보 2015년 하권 1641면); 대법원 2004. 1. 27. 판결 2003다45410사건(판례공보 2004년 상권, 386면).

적인 내용이 정하여집니다.

65. 대법원은 이러한 신의성실 원칙을 "법률관계의 당사자는 상대방의 이익을 배려하여 형평에 어긋나거나 신뢰를 저버리는 내용 또는 방법으로 권리를 행사하거나 의무를 이행하여서는 안 된다는 원칙"이라고 설명하기도 합니다.[26)]

66. 특히 대법원은 어떠한 권리 행사가 신의칙에 위배되었는지를 판단하기 위하여는 "상대방에게 신의를 공여하였다거나, 객관적으로 보아 상대방이 신의를 가짐이 정당한 상태에 이르러야 하고 이와 같은 상대방의 신의에 반하여 권리를 행사하는 것이 정의관념에 비추어 용인될 수 없는 정도의 상태에 이르"렀는지 여부를 판단하여야 한다고 봅니다.[27)]

67. 여기에서 "상대방의 이익을 배려"한다는 것은 자신의 이익을 포기하거나 희생하면서까지 배려를 하라는 뜻이 아닙니다. 대법원은 은행의 변제충당 및 보증채무 이행청구 행위가 신의칙에 위배되는 것인지 여부가 문제 된 사안에서, "원고가 소외 채무자가 제공한 담보물의 가치를 과다하게 평가한 다음 대출과 지급보증을 계속함으로써 채권회수가 곤란한 상태에 이르게 하고 담보물을 분하여 얻은 대금을 불량채권부터 변제충당한 다음 피고들에게 보증채무의 이행을 구하는 것은 신의칙에 반하고 권리남용에 해당한다"고 판단한 원심이 잘못되었다고 지적하면서, "자금을 대출하고 이자수입을 얻는 것은 은행 본래의 영업이고 담보가 보장되는 이상

26) 대법원 1991. 12. 10 판결 91다3802사건(법원공보 1992년, 467면).
27) 대법원 1991. 12. 10 판결 91다3802사건(법원공보 1992년, 467면).

대출규모를 확장하여 수익을 도모하는 것은 영리기업인 은행으로서 당연한 일이며 인적 담보란 채권의 회수불능에 대비하는 은행 자신의 보호책인데 보증인의 이익을 고려하여 대출을 삼가함으로써 채권회수불능상태에 빠지지 않도록 조치하여야 한다는 신의칙상의 의무가 은행에게 있다고 할 수 없다"고 판시한 바 있습니다.[28] 또한, 같은 사건에서 대법원은 원고와 피고 사이에 유효하게 체결한 약정(이 사건에서는 일반약관의 한 조항으로 정하여졌습니다)에 따라 "원고에게 유리한 순서와 방법으로 변제충당을 하고 남은 채무에 관하여 보증인에게 보증채무의 이행을 구하는 것을 신의칙에 반한다거나 권리남용이라 할 수 없다"고도 판시하였습니다.[29]

68. 한편 민법 제2조에서 그 제2항은 권리남용의 금지도 정하고 있습니다. "권리자가 권리를 행사하려고 하면 법은 이에 협력하여야 마땅하며 자기의 권리를 행사하는 자는 어느 누구도 해하는 것이 아님"[30]이 원칙이기 때문에 권리남용에 해당한다는 결론은 다음과 같은 요건 하에 예외적으로만 내릴 수 있습니다. 우선 권리행사가 객관적으로 허용되는 한계를 벗어나야 합니다. 나아가 "주관적으로 그 권리행사의 목적이 오직 상대방에게 고통을 주고 손해를 입히려는 데 있을 뿐 행사하는 사람에게 아무런 이익이 없는 경우이어야 하고, 객관적으로는 그 권리행사가 사회질서에 위반된다고 볼 수 있어야" 한다는 것이 대법원이 흔히 민법 제2조 제2항을 적용하여 어떠한 권리의 행사를 예외적으로 허용하지 아니할

28) 대법원 1987. 1. 20. 판결 86다카1262사건(법원공보 1987년, 305면).
29) 대법원 1987. 1. 20. 판결 86다카1262사건(법원공보 1987년, 305면).
30) 김용덕 편집대표, 주석 민법: 민법총칙(1), 제5판(2019.5), 192면(권영준 집필부분).

것인지를 판단하는 경우에 빈번하게 제시하는 그 기준입니다.[31)]

V. 4. 보호의무

69. 보호의무는 채권관계의 실현과정에서 당사자가 생명·신체·재산 기타 기존의 법익을 상대방으로부터 침해받지 아니하고 종전 상태로 유지하려는 이익(통상 '완전성이익'이라는 이름으로 불리기도 합니다)의 달성을 목적으로 합니다. 예를 들어, 채무자가 제공한 급부 목적물의 하자 또는 급부 목적물을 운송·배달하는 과정에서 부주의로 채권자의 신체나 다른 소유물 등을 침해하지 아니하도록 주의할 의무를 뜻합니다.

70. 한국법에서 보호의무가 쟁점이 되는 경우는 급부의 실현

31) 대법원 1986. 7. 22. 판결 85다카2307사건(법원공보 1986년, 1099면); 대법원 2015. 3. 20. 판결 2012다17479사건(법고을). 여기서 한국에서 대법원의 재판례를 공적으로, 즉 대법원 자체의 수집·평가를 통하여 공적인 기관에서 출간하는 편제에 대하여 설명하여 둘 필요가 있을 것입니다. 우선 가장 의미 있다고 대법원 자신이 판단하는 재판례는 『대법원판례집』에 수록됩니다. 이를 위하여 대법원에 대법원장이 위원장이고 대법관 전원이 위원에 포함되는 '판례심사위원회'를 두고 있습니다(그 근거 법령으로 대법원규칙인 「판례심사위원회 규칙」이 있습니다). 그러므로 여기서 수록된 재판례는 적어도 대법관들 자신의 의식에서는 다른 재판례들보다 더욱 중요한 것이라고 일단 말할 수 있습니다. 이러한 『대법원판례집』에 이어서 무게가 있는 공간물로는 『판례공보』가 있습니다. 여기에는 대법원에 부치된 기관인 법원도서관 소속의 판사들이 그때그때 특히 하급심판사들이 주의하여야 할 만한 의미가 있다고 생각되는 대법원의 재판례를 제공하여 비교적 신속하게 발간되는 것입니다(현재는 월 2회 발간됩니다). 그 외에 대법원의 재판례를 보다 광범위하게 수집하여 위의 법원도서관에 의하여 공간되는 전산자료로 「법고을」이 있습니다.

을 위하여 당사자 일방이 상대방의 관리·지배영역에 편입되어 자신의 신체 또는 재산 등을 상대방에게 맡기게 되고 이로써 법익 침해가 비로소 가능하게 되거나 그 가능성이 증대된 경우 또는 계약당사자 일방이 그 계약 체결의 과정이나 계약상 급부의 실행 단계에서 상대방이 제공하는 정보에 일방적으로 의존하여 그 일방이 그러한 정보상의 불균형관계로 말미암아 불이익를 입은 경우입니다.[32] 예를 들어, 대법원은 입원계약,[33] 숙박업자,[34] 고용계약,[35] 여행계약,[36] 증권거래계약[37] 등의 유형의 계약에서만 '보호의무"를 인정하였습니다.

71. 이와 관련하여 B 교수는 "피신청인의 행동은 신청인들 사이에 체결한 Joint Venture계약상의 의무 위반일 뿐만 아니라, 한국 민법 2조가 규정하는 신의성실의 원칙에 어긋나는 것"[38]이고, "조합계약은 공동사업을 경영할 것을 목적으로 하므로(민법 703조 1항), 조합계약의 당사자는 공동사업을 경영하기 위하여 서로 협력할 의무가 있"고 "이러한 당사자는 조합의 업무수행과정에서 상대방이

32) 김용담 편집대표, 주석 민법: 채권총칙(1), 제4판(2014.1), 734면(김상중 집필부분).

33) B 교수의 전문가 의견서, 제26항; 대법원 2003. 4. 11. 판결 2002다63275 사건(판례공보 2003년, 1163면).

34) 대법원 2000. 11. 24. 판결 2000다38718, 38725사건(판례공보 2001년 상권, 137면).

35) 대법원 2006. 9. 28. 판결 2004다44506사건(법고을).

36) 대법원 2011. 5. 26. 판결 2011다1330사건(판례공보 2011년 하권, 1293면).

37) 대법원 2015. 5. 14. 판결 2013다3811사건(법고을); B 교수의 전문가 의견서, 제26항; 대법원 2015. 5. 14. 판결 2013다2757사건(판례공보 2015년 상권, 785면).

38) B 교수의 전문가 의견서, 제25항.

재산상 손해를 입지 않도록 할 보호의무를 부담한다"[39]고 주장합니다. A 교수 역시 "If ○○[C 건설]'s decision to prevent the Joint Venture from refinancing or from making timely payment of interests (thus causing the Joint Venture to default on the Loans) was motivated by ○○[C 건설]'s calculated attempt to secure an advantage in its dispute with the Joint Venture, that would be a ground to presume that ○○[C 건설]'s conduct was commercially unreasonable (for the purpose of [이 사건 개발회사 설립계약]) and against good faith because those considerations are irrelevant to [이 사건 개발회사 설립계약] and, therefore, should not have affected ○○[C 건설]'s performance of its contractual obligations under Section 3.8 of [이 사건 개발회사 설립계약]."고 주장합니다.[40] 그러나 아래와 같은 이유에서 이러한 견해에는 동의할 수 없습니다.

72. 신의성실의 원칙에 대하여는 앞의 제59항 이하에서 이미 살펴본 바 있습니다마는, 거기서 말한 대로, C 건설의 이 사건 지분 매각은 유효하게 성립한 UPA에 터 잡아 이루어진 한국법상 적법한 질권 실행 행위에 해당하는 것으로서 신의성실의 원칙과는 무관합니다.

73. 또한 C 건설과 신청인 1 회사 사이에 체결한 이 사건 개발회사 계약은 유한회사를 설립하여 주주가 되는 합작투자계약으로서, 주주와 독립한 실체로서 법인격(legal entity)을 가지는 회사를 설립한다는 점에서 조합(민법 제703조 제1항) 또는 조합 형태의 기업과

39) B 교수의 전문가 의견서, 제25항.

40) A 교수의 전문가 의견서, 제21항.

는 근본적으로 다릅니다. 설령 이 사건 개발회사 계약이 한국 민법상 조합계약과 유사하다고 하더라도, B 교수가 도출하려는 결론, 즉 이 사건 개발회사 계약의 당사자는 상대방에 대한 보호의무를 부담한다는 결론에 이르기는 어렵습니다. 법으로 강제되거나 이 사건 개발회사 계약에 의하여 합의된 보호의무는 그 어디에서도 찾을 수 없습니다. 결국 이 사건 회사의 운영은, 계약에서 당사자가 명시적으로 정한 내용이 적용될 뿐이고, 임의규정인 민법상 조합에 관한 법리나 법규정이 적용되는 것이 결코 아닙니다.[41]

74. 또한 합작투자계약에 해당하는 이 사건 이 사건 개발회사 계약의 당사자에게 그 계약에서 명시된 의무를 제외하고 협력의무 또는 보호의무가 인정된다고 하려면 그야말로 특수한 사정이 전제되어야 할 것입니다. 당사자 쌍방의 이해관계가 예리하게 대립하는 관계에서 계약을 체결한 경우에는 어느 일방이 상대방에 관해 부담하는 보호의무라는 것은 기본적으로 성립하지 아니하기 때문입니다. 특히 이 사건에서와 같이 계약체결에 대한 경험과 지식을 갖춘 성숙한 상인 간의 거래에서 각 당사자는 각자의 이익에 최대한 부합하는 방향으로 의사결정을 하고 필요하다면 각자의 이해利害에 관계 있는 사항을 교섭에 올려서 그 결과 합의한 바의 내용대로 계약을 체결하는 것입니다. 그러한 계약관계에서 어느 일방이 다른 일방의 이익을 '보호하여 줄' 의무 따위를 계약에서 정하여진 내용 밖에서 상정하기는 어렵다고 하지 않을 수 없습니다. 대법원도 "일

41) 대법원 2007. 9. 6. 판결 2005다38263사건(판례공보 2007년, 1530면). 나아가 아래의 하급심 재판례도 이를 확인하여 줍니다. 즉 서울고등법원 2018. 4. 18. 판결 2016나2007003사건(https://casenote.kr/%EC%84%9C%EC%9A% B8%EA%B3%A0%EB%93%B1%EB%B2%95%EC%9B%90/2016%EB%82%982007003) (2020. 7. 24. 최종 방문).

반적인 계약에서 일방 당사자가 상대방 당사자의 이익을 보호하거나 배려하여야 할 의무를 부담한다고 볼 수는 없음이 원칙"이라고 판시하였습니다.[42)]

75. 무엇보다도 설사 C 건설의 신청인들에 대한 신의칙상 보호의무가 고려될 여지가 있다고 하더라도 C 건설 자신의 이익을 희생하면서까지 계약 상대방의 이익을 추구하여야 할 의무가 인정된다고는 결코 말할 수 없습니다. 당사자 자치에 의한 계약은 서로의 이익을 도모하는 수단이므로 합리적 채무자라면 타인의 이익을 추구하기 위하여 계약을 체결하지는 아니할 것이고, 더욱이나 전문적인 상거래에 있어서는 그러합니다.

76. 대법원 2013. 6. 27. 판결 2012다79347사건(판례공보 2013년 하권, 1301면)은 위와 같은 점을 한 번 더 확인하였습니다. 담보신탁계약에서 수탁자가 제2순위 우선수익자의 채무가 완제될 수 있도록 그에게 최대한 협조하겠다는 특약사항을 포함시킨 경우에 수탁자가 어떤 법적 의무를 부담하는지가 쟁점이 된 사안에서, 원심법원은 이러한 특약사항의 취지에 따라 수탁자는 제2순위 우선수익자의 채무가 완제될 수 있는 방향으로 최대한 노력을 기울일 신의칙상 보호의무를 부담한다고 판단하였습니다. 그러나 대법원은 "채무자 소유의 수개의 부동산에 관하여 채권자들을 선순위 또는 후순위 우선수익자로 한 담보신탁계약이 체결되어 있는 경우, 당사자 사이의 약정 등 특별한 사정이 없는 한, 선순위 우선수익자가 어느 부동산의 처분대금에서 자신의 채권을 회수함에 있어서 각 부동산

42) 대법원, 2015. 7. 23. 판결 2012다15336사건(판례공보 2015년 하권, 1193면).

에 존재하는 후순위 우선수익자들 사이의 형평까지 고려하여야 할 제약을 받는다고 볼 근거는 없다"고 판시하면서, 수탁자에게는 그러한 법적 의무가 발생하지 아니하는 것이므로 신의칙상 보호의무 위반을 인정할 수도 없다고 판단하고, 원심판결을 파기하였습니다.

77. 요컨대 앞의 제61항 내지 제63항에서 살펴본 대로 신의성실의 원칙 등 내용이 극히 막연한 일반적 법원칙을 직접 적용하여 실정법의 운용을 사실상 수정하는 것은 개별적인 사안의 특수성 때문에 법률을 그대로 적용하면 도저히 참을 수 없는 부당한 결과가 야기되는 경우에 최후 수단으로서 고려되어야 할 것입니다. 한국에서는 "[신의칙의] 구체적인 내용은 확정되어 있지 않다. 그 때문에 자칫 법률의 해석에 의하여 달성하기 어려운 문제가 생기면 곧바로 신의칙으로 달려갈 위험이 도사리고 있다. 학자들이 신의칙의 남용을 우려하는 이유가 여기에 있다. … 신의칙은 현재의 법으로서는 도저히 용인할 수 없는 경우에, 그것도 그럴 만한 정당한 이유가 있는 때에 한하여 고려하여야 한다"(…은 인용자가 생략한 부분을 가리킵니다)는 주장[43]이 흔히 행하여집니다. 그에 비추어 보면, 이 사건 대출약정서에 따른 C 건설의 질권 취득, 그리고 질권 실행 등 C 건설이 그 경영상 판단에 의하여 한 각 행위가 그 자체로 합

43) 송덕수, 민법총칙, 제4판(2018), 81면. 다른 재판례도 적지 아니하나, 여기서 하나의 쉬운 예를 들면 대법원 2010. 5. 27. 판결 2009다44327사건(판례공보 2010년 하권, 1233면)도 같은 취지에서 "일반적으로 '포섭'이라는 논리적 사고형식으로 적용가능한 구체적 법률요건 및 법률효과로써 구성되는 법규칙 … 을 개별 사안에 적용하는 국면에서 신의칙을 통하여 '당사자 사이의 제반 사정을 종합적으로' 고려할 것을 주장하는 것은 위와 같은 법규칙의 체계를 기본적인 구성원리로 하는 우리 법에서는 예외로서의 지위를 차지할 수밖에 없다"라고 판시하고 있습니다.

리적이고 적법한 행위라고 판단되는 이상, 여기에 민법상 신의성실의 원칙과 보호의무 등의 잣대를 적용하는 것은 이 원칙을 규정한 법의 정신이나 입법자의 결단과 모순된다고 할 것입니다.

V. 5. 민법 제150조 제2항을 원용하는 주장에 관하여

78. B 교수는, 한국 민법 제150조 제2항은 "조건의 성취로 인하여 이익을 받을 당사자가 신의성실에 반하여 조건을 성취시킨 때에는 상대방은 그 조건이 성취하지 아니한 것으로 주장할 수 있다"[44]고 규정하고 있고, "Joint Venture가 채무를 스스로 변제할 수 있었음에도 불구하고 C 건설이 Joint Venture의 채무를 대신 변제하여 대출자가 가지는 질권을 C 건설이 취득한 것은 명백히 신의성실의 원칙에 어긋나는 행동",[45] 즉 신의칙에 반한 조건의 성취라는 의견을 피력하였습니다. 그러나 본인은 다음과 같은 이유에서 이에 동의할 수 없습니다.

79. 첫째, C 건설이 Joint Venture의 채무를 대신 변제한 것이 신의성실에 반한다고 볼 수 없습니다. 우선 이 사건 개발회사가 스스로 변제할 능력이 있었다는 점은 사실이 아니라고 알고 있습니다.[46] 그렇다고 하면 위와 같은 신의칙 위반의 전제가 되는 사실,

44) 민법 제150조는 '조건성취, 불성취에 대한 반신의행위'라는 표제 아래 다음과 같이 정합니다. "① 조건의 성취로 인하여 불이익을 받을 당사자가 신의성실에 반하여 조건의 성취를 방해한 때에는 상대방은 그 조건이 성취한 것으로 주장할 수 있다. ② 조건의 성취로 인하여 이익을 받을 당사자가 신의성실에 반하여 조건을 성취시킨 때에는 상대방은 그 조건이 성취하지 아니한 것으로 주장할 수 있다."

45) B 교수의 전문가 의견서, 제30항.

즉 이 사건 개발회사가 스스로 자기 채무의 변제를 '준비'하고 있다는 사실은 있을 수 없으므로, 그러한 사실을 C 건설이 나서서 이를 고의적으로 막고 방해하였다는 사실 역시 그 자체로 성립할 수가 없는 것입니다. 나아가 이 사건 개발회사가 스스로 변제할 능력이 있었는지 여부와는 상관없이, 대주단이 대출계약에서 정한 요건을 근거로 Package 4 대출에 대한 기한이익 상실을 통보하고 그에 따라 물상보증인인 C 건설은 만일 위 채무를 변제하기 아니하면 대주단의 질권 행사에 의하여 자신의 이 사건 개발회사에 대한 지분을 상실할 처지에 놓이게 된 것입니다. 한국 민법은 그러한 처지에 놓인 자에게는 '변제할 이익'(민법 제469조 제2항)[47] 또는 '변제할 정당한 이익'(민법 제481조)[48]이 있는 것이 되어서 다른 사람이 부담하는 채무를 —심지어 채무자 본인의 의사에 반하는 때라도— 당연히 유효하게 변제할 수 있고, 그러한 자가 실제로 변제한 경우에는 "당연히 채권자를 대위"하여 원래의 채권자가 가지는 채권 그리고 담보권을 취득하는 것(민법 제481조, 제482조 제1항)[49]으로 정하고 있

---

46) 본 의견서의 Ⅲ. 제공받은 전제사실.

47) 민법 제469조는 '제3자의 변제'라는 표제를 달고 있는데 그 제2항은 "이해관계 없는 제3자는 채무자의 의사에 반하여 변제하지 못한다"라고 정합니다. 그 해석으로 '변제할 이익'이 있는 자는 비록 채무자의 의사에 반하더라도 그 채무를 유효하게 변제할 수 있음에는 의문이 없습니다.

48) '변제자의 법정대위'라는 표제를 달고 있는 민법 제481조는 "변제할 정당한 이익이 있는 자는 당연히 채권자를 대위한다"라고 정합니다.

49) 앞서 본 민법 제481조에 이어지는 제482조는 '변제자대위의 효과'라는 표제를 달고 있는데 그 제1항은 "전 2조의 규정[즉 제480조 및 제481조]에 의하여 채권자를 대위한 자는 자기의 권리에 의하여 구상할 수 있는 범위에서 채권 및 그 담보에 관한 권리를 행사할 수 있다"라고 정합니다. 여기서 '자기의 권리에 의하여 구상할 수 있는 범위에서'라고 함은 이 사건에서와 같이 제3자가 유효하게 변제한 경우에 그 변제액을 가리킴은 물론입니다. 그리고 그와 같이 변제한 자는 원래의 채권 자체뿐만

습니다. 그러므로 위와 같이 '변제할 정당한 이익'이 있는 C 건설은 원래의 채무자를 대위하여 변제를 할 권리를 적법하게 행사한 것이지 신의성실의 원칙에 반하는 행위가 아님은 물론입니다. 또한 C 건설의 대위변제가 적법한 이상, 대위변제로 인한 법적 효과로 대주단이 가지고 있던 질권을 법에 의하여 당연히 이전받은 것이 신의성실의 원칙에 반하게 될 여지는 없습니다.

80. 둘째, C 건설은 기한이익 상실 또는 대위변제로 인하여 '이익을 받는 당사자'가 아닙니다. 민법 제150조 제2항은 조건 성취로 인하여 '이익을 받을 당사자'가 신의성실에 반하여 조건을 성취시킨 경우를 그 요건으로 정하고 있습니다. 그런데 이 사건에서 C 건설은 Package 4 대출 채무와 관련하여 기한이익이 상실되면 원래의 채무자인 이 사건 개발회사를 대신하여 대출원리금 상당액을 변제할 책임을 지는 당사자이므로 기한이익 상실로 인하여 이익을 받는다고 볼 수 없고 오히려 위와 같은 법적 불이익을 받는 지위에 있는 것입니다. 또한 대위변제자가 변제를 한 후에 변제자대위를 통하여 대주단이 가지고 있던 '신청인 1 회사에 대한 질권'을 그대로 이전받은 것은 법의 힘으로 당연히 일어나는 일이며, 어떠한 조건의 성취로 인하여 민법 제150조 제2항에서 말하는 '이익을 받는 것'이라고 볼 수도 없습니다.

아니라, '그 담보에 관한 권리'로서 이 사건 질권의 목적물이 되는 이 사건 개발회사의 지분을 별도의 양도행위가 없어도 법의 힘으로 당연히 취득하게 되는 것입니다.

Ⅵ. C 건설이 M의 팬텀 소득세(Phantom Income Tax) 문제 해결을 위하여 (i) 이 사건 개발회사가 이익을 발생시키지 아니하도록 하거나 (ii) 자금을 대여하여 줄 의무가 있었는지

Ⅵ. 1. 위와 같은 의무의 존재 여부

81. B 교수는 의견서 제42항 내지 제43항에서 "[이 사건 건설회사 계약의 제5.5.11조는] 미국의 조세 당국이, 신청인 1 회사가 Joint Venture로부터 이익 분배를 받지 아니하였음에도 불구하고 그 이익에 대한 조세를 부과하는 것("Phantom Income Tax")에 대응하기 위하여, C 건설이 이 문제를 고려하고 Joint Venture에 불리한 영향을 미치지 아니하는 한 이를 제거하기 위한 조치를 취할 의무를 부과"한 것이고, C 건설이 "이 문제를 해결하기 위한 M의 여러 가지 제안에 대하여, 이를 받아들이는 것은 업무상 배임죄(Occupational Breach of Trust, 한국 형법 제356조)에 해당한다는 이유로 거부"하는 것은 "계약 위반"이라는 의견을 제시하였습니다. 본인은 아래와 같은 이유에서 이에 동의할 수 없습니다.

82. 먼저, C 건설이 앞서 본 Phantom Income Tax 문제를 고려하고 "Joint Venture에 불리한 영향을 미치지 않는 한 이를 제거하기 위한 조치를 취할 의무가 있다"는 부분은 이 사건 개발회사 계약 제5.5.11조를 어떻게 해석할 것인지의 문제라고 하겠습니다. 이 사건 개발회사 계약 제5.5.11조의 올바른 해석은 궁극적으로는 중

재판정부에서 결정할 쟁점입니다. 그러나 아래 상자에서 그대로 인용하는 위 계약 조항의 문언(밑줄에 의한 강조는 본인이 가하였습니다)을 한국법의 관점에서 해석하여 보면, C 건설에게 위와 같은 의무가 있다고 해석되지 아니합니다. 위 제5.5.11항의 문언상 C 건설에게 부과된 의무의 내용은 "이 사건 개발회사로 하여금 Phantom Tax 이슈를 염두에 두고 의사결정을 하도록 보장(ensure)하는 것"과 "이 사건 개발회사로 하여금 phantom tax 관련 impact를 없애는 조치를 취하도록 만드는(cause) 것"이지, C 건설이 직접 위 문제를 해결하는 것은 아니기 때문입니다.

> "Notwithstanding any provision to the contrary herein, the Members shall ensure any and all business and strategy decisions of the Company by the Representative Director or the Board of Directors take into account "phantom income" tax impacts on the NSC Member, any of its Related Parties or any equity holder of its Related Parties in the United States, and shall cause the Company to undertake measures to eliminate such impacts; provided that such measures may not adversely affect, as determined jointly by the NSC Member and the POSCO E&C Member, the Company's performance of its obligations under the Facility Agreement."

Ⅵ. 2. 충실의무 위반과 배임 등의 가능성

83. 다음으로, 제공받은 전제 사실에 비추어 보면, 당시 M 및 신청인 1 회사가 C 건설에게 요구했던 조치를 취할 경우 C 건설

또는 C 건설의 임직원은 형사상 업무상 배임죄 기타 민·상법상 책임을 질 소지가 있었습니다.

84. M과 신청인들은 '팬텀 소득세(Phantom Income Tax)' 문제 해결을 위하여 C 건설에 여러 가지 요구를 하였다고 본인은 알고 있습니다. 그중에서 본인은 (i) 소득세금 이연(tax deferral)[50]을 위하여 이 사건 개발회사가 이익을 발생시키지 못하도록 C 건설이 협력할 것을 요구한 것,[51] 그리고 (ii) 담보의 제공 없이 C 건설에게 대규모 재정 지원(대출)을 요구한 것과 관련하여 다음과 같이 의견을 개진합니다.

85. 먼저 이 사건 개발회사가 이익을 발생시키지 못하도록 C 건설이 협력하여 달라는 요구에 대하여 살펴보겠습니다.

86. 회사의 의사결정 및 활동은 대표이사 등 업무를 집행하는 자(이하 "이사"라고 합니다)의 행위에 의하여 이루어집니다. 그리하여 이 사건 개발회사의 의사결정 및 활동은 이 사건 개발회사의 이사들에 의하여 이루어집니다. 따라서 M 및 신청인 1 회사의 요구대로 '이 사건 개발회사가 이익을 발생시키지 못하게' 하려면 C 건설은 이 사건 개발회사 이사들로 하여금 그런 내용의 의사결정을 하도록 만들어야 합니다. 그런데 이 사건 개발회사의 이사들이 '이 사

---

50) 투자가가 누적된 수입을 점유할 때까지 투자에 대하여 일정 기간 세금이 이연되는 것, 즉 이자·배당·자본평가이익 등의 여러 수입에 대한 세금의 부과를 일정한 기간까지 연기하여 주는 것을 말합니다. 세금이연은 법적 측면으로 말하면 세금 부담을 소멸시키는 것이 아니고 연기하는 것을 의미합니다.

51) Key Documents 62, 주주간 협의 내용 정리, 2016년 4월 8일자, 3면.

건 개발회사가 이익을 발생시키지 못하는' 방향으로 의사결정을 하는 것은 이 사건 개발회사에 대한 이사로서의 충실의무에 위반할 뿐 아니라 업무상 배임죄에 해당할 수도 있습니다. 이는 C 건설이 선임한 이사와 신청인 1 회사가 선임한 이사 모두에게 동일하게 적용됩니다. 따라서 이처럼 위법한 내용의 의사결정을 하게 만드는 것은 C 건설 입장에서는 결코 수용할 수 있거나 수용할 만한 제안이 아니었다고 생각합니다. 이하 제87항 내지 제90항에서 이와 같은 결론을 뒷받침하는 한국법에 관하여 설명하여 보도록 하겠습니다.

87. 이사는 회사에 대한 선량한 관리자의 주의로써 업무를 처리하여야 합니다(상법 제567조, 제382조 제2항, 민법 제681조 및 제61조).[52] 그러므로 충분히 취득될 것으로 예상되는 이 사건 개발회사의 이익을 얻지 못하게 하는 방향으로 의사결정을 할 경우에는 이 사건 개발회사의 이사직을 맡고 있는 C 건설 및 신청인 1 회사 소속 임직원들이 위와 같이 민법 및 상법에 기하여 부담하는 fiduciary duty를 위반하는 것이 됩니다.

88. 배임죄란 "타인의 사무를 처리하는 자가 그 임무에 위배하

52) 상법 제382조는 '이사의 선임, 회사와의 관계 및 사외이사'라는 표제 아래 다음과 같이 정합니다. "① 이사는 주주총회에서 선임한다. ② 회사와 이사의 관계는 민법의 위임에 관한 규정을 준용한다." 그런데 위 제2항에서 준용되는 '민법의 위임에 관한 규정' 중 가장 중요한 것인 민법 제681조는 '수임인의 선관의무'라는 표제로 다음과 같이 규정합니다. "수임인은 위임의 본지에 따라 선량한 관리자의 주의로써 위임사무를 처리하여야 한다." 나아가 회사를 포함하여 법인의 이사에 관하여 민법 제61조는 "이사는 선량한 관리자의 주의로 그 직무를 행하여야 한다"라고 정하고 있습니다.

는 행위로써 재산상의 이익을 취득하거나 제3자로 하여금 이를 취득하게 하여 본인에게 손해를 가한 때" 성립하는 죄입니다(형법 제355조). 또한 업무상 배임죄는 행위자가 처리하는 그 '타인의 사무'가 업무상 임무와 연결되어 있는 경우에는 이를 가중하여 처벌하도록 정하여진 범죄입니다(형법 제356조).

89. 배임죄에 있어서 재산상의 손해는 총체적으로 보아 본인의 재산 상태에 손해를 가하는 경우, 즉 본인의 전체적 재산가치의 감소를 가져오는 것을 말하고, 현실적인 손해를 가한 경우뿐만 아니라 재산상 실해 발생의 위험을 초래한 경우도 포함합니다.[53] 나아가 '재산가치의 감소'는 (재산의 처분 등) 직접적인 재산의 감소, 보증이나 담보제공 등 채무 부담으로 인한 재산의 감소와 같은 적극적 손해를 야기한 경우는 물론이고, 객관적으로 보아 취득할 것이 충분히 기대되는데도 임무위배행위로 말미암아 이익을 얻지 못한 경우, 즉 소극적 손해를 야기한 경우도 포함합니다.[54]

90. 이 사건에서 (i) 이 사건 개발회사의 사무를 처리하는 이 사건 개발회사 이사들이 (ii) 그 업무상의 임무에 위배하여 (iii) 신청인 1 회사 또는 M로 하여금 이익을 취득하게 하기 위하여 (iv) 객관적으로 충분히 취득될 것으로 예상되는 이 사건 개발회사의 이익을 얻지 못하게 할 경우라면, 이러한 이 사건 개발회사 이사들의 행위는 이 사건 개발회사에게 재산상 손해를 가하는 것, 즉 '소극적 손해를 야기'하는 것으로서 한국법상 업무상 배임죄(형법 제

53) 대법원 2008. 5. 15. 판결 2005도7911사건(판례공보 2018년 상권, 870면).
54) 대법원 전원합의체 2009. 5. 29. 판결 2007도4949사건(대법원판례집 제57권 1집, 형사편 466면; 판례공보 2009년 하권, 1079면) 등.

356조)에 해당한다고 할 것입니다.[55] 만약 C 건설이 이 사건 개발회사 이사들로 하여금 위와 같은 행위를 하도록 만든다면, C 건설에게도 업무상 배임죄가 성립할 것입니다.

91. 다음으로, 담보의 제공 없이 C 건설에게 대규모 재정 지원(대출)을 해달라는 요구에 대해 살펴보겠습니다. 앞서 제82항에서 설명하였듯이 이 사건 개발회사 계약 제5.5.11조는 C 건설에게 직접적으로 재정적 지원을 할 의무를 부여하고 있지 않으므로 이와 같은 요구는 이 사건 개발회사 계약 제5.5.11조에서 정한 C 건설의 의무 범위를 벗어나는 것입니다. 나아가 C 건설이 재정 지원을 제공할 경우에 C 건설의 임직원은 C 건설에 대한 충실의무 위반이 될 소지가 있음은 물론이고, C 건설에 대한 형사상 업무상 배임죄가 성립할 소지마저 있습니다. 따라서 이 역시 C 건설 입장에서 결코 수용할 만한 또는 수용할 수 있는 요구가 아니었다고 판단됩니다.

92. 이와 관련하여 대법원은, 기아자동차(모회사)의 이사인 피고인이 기아자동차의 대표이사 등에게 지시하여 변제능력을 상실한 그 계열회사(자회사)에 자금을 대여하거나 그 채무를 보증하면서

---

55) 여기서 '소극적 손해'란 재산증가를 객관적·개연적으로 기대할 수 있음에도 임무 위배의 행위로 이러한 재산 증가가 이루어지지 아니한 경우를 의미합니다. 따라서 임무 위배의 행위가 없었다면 실현되었을 재산상태와 그 행위로 말미암아 현실적으로 실현된 재산상태를 비교하여 그 유무 및 범위를 산정하여야 하고, 업무상 배임죄 이득액이 5억 원 이상인 경우, 「특정경제범죄 가중처벌 등에 관한 법률」의 적용을 받아 가중처벌됩니다. 대법원 2013. 4. 26. 판결 2011도6798사건(판례공보 2013년 상권, 993면)도 참조.

별다른 채권 보전의 조치를 취하지 아니한 사안에서, "회사의 이사가 타인에게 회사 자금을 대여하거나 타인의 채무를 회사 이름으로 지급보증함에 있어서, 그 타인이 이미 채무변제능력을 상실하여 그를 위하여 자금을 대여하거나 지급보증을 할 경우 회사에 손해가 발생하리라는 점을 충분히 알면서 이에 나아갔거나, 충분한 담보를 제공받는 등 상당하고도 합리적인 채권 회수를 위한 조치를 취하지 아니한 채 만연히 대여해 주었다면, 그와 같은 자금 대여나 지급보증은 타인에게 이익을 얻게 하고 회사에 손해를 가하는 행위로서 회사에 대하여 배임행위가 되고, 회사의 이사는 단순히 그것이 경영상의 판단이라는 이유만으로 배임죄의 죄책을 면할 수는 없다"고 판시하여 배임죄의 성립을 긍정하였고,[56] 그리고 "이러한 이치는 그 타인이 자금지원 회사의 계열회사라고 하여 달라지지 아니한다"[57]고 명확하게 판시한 바 있습니다.

93. 이 사건에서, (i) C 건설의 사무를 처리하는 C 건설의 이사가 (ii) 그 업무상의 임무에 위배하여, (iii) 신청인 1 회사 또는 M으로 하여금 이익을 취득하게 하기 위하여, (iv) 신청인 1 회사에게 충분한 담보를 제공받는 등 상당하고도 합리적인 채권회수조치를 취하지 아니한 채 만연히 대출하여 준다면, 현실적인 재산상 손해액이 확정될 필요 없이 재산상 권리의 실행을 불가능하게 할 염려 있는 상태 또는 손해 발생의 위험이 발생하므로, 이러한 C 건설 이

---

56) 대법원 1999. 6. 25. 판결 99도1141사건(판례공보 1999년, 1556면).

57) 대법원 1999. 6. 25. 판결 99도1141사건(판례공보 1999년, 1556면). 그 외에도 관련되는 재판례로 대법원 2007. 9. 7 판결 2007도3373사건(미공간. https://www.scourt.go.kr/supreme/news/NewsViewAction2.work?seqnum=1111&gubun=4&searchOption=&searchWord)(2020. 6. 30. 최종 방문)을 들 수 있습니다.

사의 행위는 C 건설에 대하여 한국법상 업무상 배임죄(형법 제356조)에 해당한다고 할 것입니다.

94. 한편 B 교수는 업무상 배임죄의 성립을 부정하는 근거로 경영판단의 원칙을 들고 있습니다.[58] 그러나 경영판단의 원칙은 "이사가 미래의 수익을 예상하여 회사 이익을 위하여 최선으로 생각한 경영판단을 하였는데 사후에 그로 인하여 회사에 손해가 발생한 경우에 업무상 배임죄가 성립하는지"의 관점에서 비로소 문제되는 법리입니다. 따라서 이 사건의 전제사실에서와 같이 행위자가 행위 당시부터 이미 그 행위가 "회사에 손해가 발생할 것"이라는 점을 인지하고 회사의 이익에 최선이 되는 방향으로 행위하지 않았다면 경영판단을 통한 업무상 배임죄 불성립을 주장하는 것은 가능하지 아니합니다.

95. 나아가 이사는 회사에 대하여 "선량한 관리자의 주의의무를 지므로, 그 의무를 충실히 한 때에야 임원으로서의 임무를 다한 것"이고, "대출과 관련된 경영판단을 함에 있어서는 통상의 합리적인 임원으로서 합당한 정보를 가지고 적합한 절차에 따라 회사의 최대 이익을 위하여 신의성실에 따라 대출심사"(밑줄에 의한 강조는 본인이 추가하였습니다)를 하여야 합니다.[59]

96. 종합적으로 판단하여 볼 때, C 건설의 이사가 합리적인 채권회수조치를 취하지 아니한 채 만연히 내리는 대출결정은 이사

58) B 교수의 전문가 의견서, 제43항.

59) 대법원 2002. 6. 14. 판결 2001다52407사건(판례공보 2002년 하권, 1650면); 대법원 2007. 9. 21 판결 2005다34797사건(법고을).

재량의 범위를 넘어선 경영판단으로서, 이사가 C 건설에 대하여 선량한 관리자의 주의의무를 위반한 것이 될 것입니다(상법 제382조 제2항, 민법 제681조 및 민법 제61조). 그뿐만 아니라 위와 같은 행위는 법령과 정관의 규정에 따라 회사를 위하여 그 직무를 충실하게 수행하여야 하는 '이사의 충실의무' 위반에도 해당하는 것이 될 것입니다(상법 제382조의3).[60]

(2020년 7월 작성)

60) 상법 제382조의3은 '이사의 충실의무'라는 표제 아래 "이사는 법령과 정관의 규정에 따라 회사를 위하여 그 직무를 충실하게 수행하여야 한다"라고 규정하고 있습니다.

13. 부품의 하자로 인한 제조물책임 등과 제조물공급자의 구상청구 등

본인은 ○○ 주식회사(이하 "신청인" 또는 "A 회사"라고 합니다)와 ○○ GmbH(이하 "피신청인" 또는 "B 회사"라고 합니다) 사이의 국제상업회의소 국제중재법원 중재사건(사건번호 : ICC Case No. ○○)(이하 "이 사건" 또는 "이 사건 중재"라고 합니다)과 관련하여 다음과 같이 전문가 의견을 제출합니다.

I. 본인의 학력 및 경력

[생략]

II. 전제 사실 및 이 사건에서 신청인의 청구 요지

8. 이 의견서를 작성함에 있어서 전제가 되는 사실 및 신청인이 이 사건 중재에서의 청구 요지는 다음과 같습니다.

(1) 피신청인은 독일의 주식회사로서 신청인과 사이에 체결한 이 사건 공급계약(Supply Contract)(그 준거법은 한국법이다)에 따라, 피신청인의 하청업체인 역시 독일의 주식회사 ○○ 회사(이하 "C 회

사"라고 합니다)가 제조한 추진전동기를 신청인에게 공급하였는데, 2011년 4월 ○일 추진전동기에 이상소음이 발견되었다.

신청인과의 사이에 잠수함의 건조·납품을 내용으로 하는 계약(이하 "이 사건 건조계약"이라고 합니다)을 체결하여 그 일을 맡겼던 대한민국은 2014년 5월 ○일 신청인이 추진전동기에 결함이 있는 잠수함을 건조하여 납품함으로써 이 사건 건조계약상 채무의 내용에 좇은 이행을 하지 아니하였음을 이유로 신청인을 상대로 추진전동기의 이상 소음의 원인을 조사하는 과정에서 지출한 조사 비용 및 하자수리비용을 손해배상금으로 청구하는 내용의 소송을 제기하였다. 서울중앙지방법원은 2018년 ○월 ○일 그 청구를 일부 인용하여 신청인이 대한민국에서 58억여 원 및 그에 대한 지연이자를 지급할 것을 명하는 판결을 내렸다. A 회사는 동 판결에 대한 항소를 제기하고, 또한 2018년 ○월 위의 판결원금과 지연이자의 합계액인 75억여 원을 대한민국에 지급하였다. 후에 위의 판결은 제2심을 거쳐 결국 대법원의 판결로 확정되었다.

(2) 신청인은 이 사건 중재에서 우선 주위적으로, 피신청인이 결함이 있는 추진전동기를 납품함으로써 이 사건 공급계약상 채무의 내용에 좇은 이행을 하지 않았음을 이유로 민법 제390조와 제391조에 기하여 피신청인을 상대로 위 75억여 원(A 회사가 대한민국이 제기한 국내소송에서 패소함에 따라 대한민국에게 지급한 판결금액)과 3억여 원(대한민국과 신청인 간의 위 국내소송에서 신청인이 전보 받지 못한 소송비용) 및 그에 대한 상법 및 소송촉진특례법상의 지연이자를 손해배상금으로서 청구하였다.

나아가 예비적으로, 신청인과 피신청인은 대한민국에 대해서 부진정연대채무관계에 있다고 볼 수 있는데, 신청인이 대한민국에게 위의 조사 및 수리의 비용을 지급함으로써 채무를 소멸시켰으므로, 신청인은 피신청인에 대하여 동 금액을 상환청구하였다.

Ⅲ. 의견을 요청받은 사항

9. 본인은 신청인의 대리인들로부터 다음과 같은 쟁점들에 대하여 독립적인 전문가 의견서(이하 "전문가 의견서"라고 합니다)를 제공하여 줄 것을 요청받았습니다.

A. 신청인에 대하여 내려진 서울중앙지방법원 2018년 ○월 ○일 판결 2014가합○사건, 서울고등법원 2019년 ○월 ○일 판결 2019나○사건 및 대법원 2020년 ○월 ○일 판결 2000다○사건(이하 이들을 합하여 "국내 소송 판결"이라고 하고, 이들 소송사건을 합하여 "국내 소송"이라고 합니다)에 대하여 한국 법원이라면 신청인과 피신청인 사이의 후속 분쟁에서 어떠한 증명력을 인정할 것인가? 다시 말하면, 동일하거나 공통된 사실관계를 기초로 한 여러 개의 분쟁에서 한국 법원은 특별한 사정이 없는 한 위와 같은 선행 판결들에서 인정된 사실과 다른 사실을 인정하여서는 안 되는가?

B. 이 사건 공급계약에서 하자담보책임에 관한 특약이 민법 제390조에 따른 채무불이행(불완전이행)으로 인한 손해배상책임을 배제하는 합의에 해당한다고 판단하기 위한 기준은 무엇인가? 또한 하자담보책임을 제한하거나 배제하는 계약 조항이 위의 채무불이행으로 인한 손해배상청구도 배제하는가?

C. 한국 법원이라면 이 사건 공급계약 제9.1.7조가 채무불이행

을 이유로 하는 손해배상청구를 배제하는 것으로 해석할 것인가?

D. 신청인이 이 사건 중재에서 주장하는 손해배상청구에는 어떠한 내용의 소멸시효제도가 적용되는가, 또 그 기간점은 언제인가?

E. 국내 소송 판결 중 대법원 2020년 ○월 ○일 판결에서 행하여진 소멸시효에 관한 판단이 대법원 전원합의체 1984년 12월 26일 판결 84누572사건에 배치되는가. 또는 위의 2020년 판결 내용을 이해함에 있어서 후자의 1984년 전원합의체 판결을 어떻게 고려하여야 하는가?

F. 신청인이 민법 제390조에 따라 채무불이행으로 인한 손해배상청구를 하면서 손해의 증명은 그가 피신청인의 채무불이행을 이유로 국내 소송 판결에서 지급이 명하여진 금액을 그 소송상의 원고(대한민국)에게 지급하였음을 입증함으로써 충분한가?

G. 신청인이 위와 같이 채무불이행으로 인한 손해배상청구를 함에 있어서 자신이 손해의 발생 또는 확대를 막기 위한 조치를 적절하게 취하였다는 것을 입증하여야 할 책임이 있는가?

H. 피신청인의 채무불이행과 신청인이 국내 소송에서 지출한 변호사비용을 포함한 법률비용 사이에 상당인과관계가 존재하는가? 다시 말하면, 피신청인은 위 법률비용에 대해서도 그의 채무불이행으로 인한 손해배상책임을 지는가?

I. 이 사건 공급계약의 이행에 있어서 독일의 C 회사를 피신청인의 이행보조자(민법 제391조)로 볼 수 있는가?

10. 본인은 전문가 의견서 작성을 위하여 신청인의 대리인들로부터 다음과 같은 자료를 제공받아 검토하였습니다.

– ○○ 변호사의 법률 전문가 의견서(2021년 ○월 ○일자)

– ○○ 변호사의 법률 전문가 의견서(2022년 ○월 ○일자)

11. 본인은 이 사건 중재의 당사자들(당사자들의 계열사 포함), 법률 대리인, 중재판정부와 아무런 관련이 없습니다.

Ⅳ. 국내 소송 판결에서 인정된 사실관계의 증명력

12. 한국의 법원은 일관하여 선행하는 판결에서 인정된 사실관계에 매우 높은 증명력을 인정하며, 이는 오늘날에 이르러서도 전혀 변함이 없습니다. 예를 들면 대법원 1995년 6월 29일 판결 94다47292사건(법원공보 1995년, 2527면)은 다음과 같이 판시하고 있는 것입니다.

> 민사재판에 있어서는 다른 민사사건 등의 판결에서 인정된 사실에 구속받는 것이 아니라 할지라도 이미 확정된 관련 민사사건에서 인정된 사실은 특별한 사정이 없는 한 유력한 증거가 되므로 합리적인 이유 설시 없이 이를 배척할 수 없고, 특히 전후 두 개의 민사소송이 당사자가 같고 분쟁의 기초가 된 사실도 같으나 다만 소송물이 달라 기판력에 저촉되지 아니한 결과 새로운 청구를 할 수 있는 경우에 있어서는 더욱 그러하다.

13. 이러한 취지는 일찍이 대법원 1962년 8월 30일 판결 62다207사건(대법원판례집 제10권 3집, 218면)에서 선언된 바 있고, 최근에 공간된 것으로는 대법원 2000년 9월 8일 판결 99다58471사건(판례공보 2000년, 2081면)이 있습니다. 그러나 그 후에도 대법원 2007년 11월 30일 판결 2007다30393사건(법고을); 대법원 2010년 5월 13일 판결 2009다38612사건(법고을) 등이 변함없이 같은 취지를 밝히고 있는 것입니다.

14. 이 사건에 대한 국내 소송 판결에서 대한민국의 피신청인에 대한 청구는 중재합의 항변으로 배척되었을 뿐입니다. 그 사건의 내용을 보면, 당사자가 같으며 분쟁의 기초가 된 사실관계도 동일합니다. 그러므로 이 사건 중재에서 국내 소송 판결은 특히 유력한 증거가 된다고 할 것이고, 여기서 제출된 다른 증거들에 비추어 국내 소송 판결의 사실 인정을 받아들일 수 없다고 합리적으로 인정할 만한 특별한 사정이 없는 한 그와 다른 사실을 인정할 수는 없습니다.

15. 물론 선행하는 재판에서 인정된 사실관계와 다른 사실이 후행의 재판에서 인정된 경우가 아주 없는 것은 아닙니다. 그러나 이는 그야말로 예외적인 사태로서, 앞서 말씀드린 '특별한 사정'이 후행의 소송에서 새로 제출된 증거 등에 의하여 인정된 경우에 한정되는 것입니다.

V. 채무불이행책임을 배제 또는 제한하는 합의에 대하여

16. 한국 민법은 사법私法의 기본법으로서, 계약이나 불법행위 등에 관하여 원칙적인 규정들은 거기에 자리잡고 있습니다. 그리고 한국의 민법을 포괄적으로 규율하는 법전으로서의 한국 민법전은 독일민법의 체계에 좇아서 총칙 · 물권 · 채권 · 친족 · 상속의 5개 편을 두고 있으며, 이들 각 편은 다시 그 각 제1장에 '총칙'을 두고 있습니다. 이 사건에서는 물론 계약관계가 문제되고 있습니다. 그런데 계약 위반 일반에 대한 규율은 제3편 채권의 제1장 '총칙'에서 채무불이행에 관하여 규정을 둠으로써 행하고 있습니다. 즉 제3편 제1장에 속하는 제390조가 "채무자가 채무의 내용에 좇은 이행을 하지 아니한 때에는 채권자는 손해배상을 청구할 수 있다. 그러나 채무자의 고의 또는 과실 없이 이행할 수 없게 된 때에는 그러하지 아니하다"고 정하는 것입니다. 여기서의 '채무'는 물론 계약에 기하여 발생하는 채무를 '전부를 말하여 주는 부분(pars pro toto)'으로 포함합니다.

17. 나아가 이 사건에서 신청인이 주장하고 있는 대로 피신청인이 신청인에게 결함 있는 추진전동기를 인도하였다고 한다면, 이는 앞의 제16항에서 본 민법 제390조에서 정하는 '채무의 내용에 좇은 이행을 하지 아니한 경우'에 전형적으로 해당하는 것입니다. 즉 채무불이행의 전형적인 유형의 하나인 '불완전급부'에 해당합니다.[1]

---

1) 곽윤직 편집대표, 민법주해 [IX], 1995, 295면 이하(양창수 집필부분). 본인은 한국의 대표적인 민법 문헌인 위의 『민법주해』에서 제390조를 포

18. 한편 매매나 도급 등의 계약에 대하여는 민법 제3편의 제2장('계약'이라는 제목을 달고 있습니다)에서 보다 구체적으로 규정하고 있습니다. 그리고 매도인의 하자담보책임은 위 제2장의 제3절('매매'라는 제목을 달고 있습니다)에서, 수급인의 하자담보책임은 위 제2장의 제9절('도급'이라는 제목을 달고 있습니다)에서 각기 규율되고 있습니다. 즉 제580조 이하와 제667조 이하의 각 몇 개 조가 그것입니다.

19. 이상과 같은 민법전에서의 규정 위치 및 내용 등과도 상응하여, 한국 민법에서는 채무불이행책임과 매도인·수급인의 하자담보책임은 그 발생요건과 효과를 달리하는 별개의 책임으로 이해되고 있습니다. 예를 들면 후자에서는 전자와는 달리[2] 매도인 또는 수급인에게 귀책사유가 요구되지 않습니다. 또한 전자의 채무불이행책임에 대하여는 일반적인 소멸시효가 적용됨(그리하여 그 소멸시효기간은 "권리를 행사할 수 있는 때"로부터 10년입니다. 민법 제162조 제1항, 제166조 참조)에 반하여, 후자에서는 그 책임이 존속하는 기간이 따로 정하여져 있어서 매도인의 하자담보책임은 "매수인이 그 사실[즉 하자]을 안 날로부터 6월"(민법 제582조), 도급인의 하자담보책임은 "[도급인이] 목적물을 인도받은 날로부터 1년"(민법 제670조)이라는 —소멸시효기간에 비하여 훨씬 짧은— 존속기간의 제한이 있습니다.[3] 그리하여 한국의 재판례, 예를 들면 근자의 대법원

함하여 채무불이행 부분을 담당하여 집필·출간하였습니다.

2) 물론 채무불이행책임의 요건으로서의 귀책사유는 채권자가 적극적으로 주장·입증하여야 하는 것은 아니고, 채무자가 이를 주장·입증하여 책임을 면할 수 있을 뿐이기는 합니다.

3) 그 외에 한국법상의 통설은 하자담보책임의 내용으로서의 손해배상은 이른바 신뢰이익, 즉 매수인이 하자가 없었다고 믿었음으로 인하여 받은 손해(일반적으로는 하자 있는 목적물의 가격을 하자 없는 것으로 과다

2016년 5월 24일 판결 2015다215717사건(미공간. CaseNote 검색)[4]은 그에 앞선 대법원 2004. 7. 22. 판결 2002다51586 판결(판례공보 2004년 하권, 1431면)을 인용하면서 "물품공급계약에서 매도인이 당초 약정한 채무의 내용에 따른 물품을 공급하지 아니함으로써 매수자로 하여금 어떠한 손해를 입게 하였다면, 매도인은 민법 제390조에 따라 채무불이행으로 인한 손해배상책임을 부담하고, 이는 하자 있는 물건의 매매로 인한 민법 제580조의 하자담보책임과 경합적으로 인정된다"고 판시하고 있는 것입니다.

20. 물론 한국에서는 민법의 기본원칙의 하나인 계약 자유의 원칙에 좇아 채무불이행책임이나 매도인 또는 수급인의 하자담보책임을 배제하거나 제한하는 합의를 할 수 있는 것이 원칙이기는 합니다.[5] 그러나 앞의 제18항에서 본 바와 같은 일반적 채무불이행책임과 하자담보책임에 대한 이해를 배경으로 하여, 한국 법원은

지급함으로 인한 손해, 즉 감액청구권이 하자담보책임의 내용으로 인정되었다면 감액되었을 금액. 한국민법은 하자담보책임의 내용으로 감액청구권을 인정하지 않습니다. 민법 제580조 제1항, 제575조 제1항 참조)에 한정되고, 이른바 이행이익의 배상은 허용되지 아니한다고 해석하고 있습니다.

4) 이 대법원판결은 한국 법원의 공적인 재판례 편찬자료인 『대법원판례집』이나 『판례공보』(1996년까지는 『법원공보』라고 불렸습니다), 대법원 산하의 공적 기관인 법원도서관이 수집·정리한 재판례 종합자료인 「법고을」 등에 수록되지 아니하였습니다. 그러나 사적私的으로 판결 기타 재판례들을 광범위하게 수집·편찬하여 공개함으로써 일반인이 접근할 수 있게 한 인터넷사이트 CaseNote에서 "casenote.kr/대법원/2015다275717"로 검색할 수 있습니다(2022년 10월 30일 최종 검색).

5) 그러나 예를 들면 채무자의 고의로 인한 채무불이행책임을 배제 또는 제한하는 합의는 허용되지 않는 것으로서 무효라고 일반적으로 해석되고 있습니다. 나아가 중대한 과실로 인한 채무불이행책임에 대하여도 그 면책 합의를 유효하게 할 수 있는지에 대하여는 논의가 있습니다.

후자를 제한 또는 배제하는 내용의 합의를 나아가 전자를 제한 또는 배제하는 것으로 해석하는 데에는 명백히 소극적입니다. 이것은 앞의 제18항에서도 인용한 대법원 2016년 5월 24일 판결의 다음과 같은 판시에 비추어서도 명백합니다.

> 당사자 사이의 계약에서 하자담보책임에 관한 특칙을 정한 경우에 그 문언의 내용이나 약정의 동기, 경위 및 이로부터 추론되는 당사자의 진정한 의사 등을 종합적으로 고려하여 그 특칙이 일반적인 채무불이행책임의 적용까지 배제하는 취지로 볼 수 있는 특별한 사정이 존재하지 아니하는 이상, 민법 제390조에 따른 채무불이행책임은 계약의 특칙에 의한 하자담보책임과 경합적으로 인정된다고 보아야 하며, 채무불이행책임에 의하여 구하는 급부가 계약상 하자담보책임으로 구할 수 있는 급부와 동일한 급부라고 하여 달리 볼 것은 아니다.

Ⅵ. 이 사건 국외계약 제9.1.7조의 해석과 채무불이행책임

21. 한국법에서 계약 기타 법률행위의 해석은 당사자의 표시행위인 명백한 문언에서 출발합니다. 계약은 두 당사자의 의사표시가 일치함으로써 성립합니다. 그런데 그와 같은 의사표시가 외부로 현출되는 때 그 의미하는 바, 즉 계약의 내용이 무엇인지가 반드시 일의적으로 명확한 것은 아니고, 그에 관하여 당사자 사이에 다툼이 있을 수 있습니다. 이러한 경우에는 계약의 해석을 통하여 그 계약의 내용을 확정할 필요가 제기됩니다.

22. 한국법상 계약 해석의 방법은 통상 크게 자연적 해석, 규범적 해석, 보충적 해석으로 구분하여 설명됩니다. 각 해석의 방법은 다음과 같은 의미를 가집니다.

(1) 자연적 해석이란 표현의 문자적 의미에 구속되지 아니하고 표의자들의 실제 의사, 즉 내심적 효과의사에 따라 계약을 해석하는 것을 말합니다.

(2) 규범적 해석은 합리적인 상대방의 관점에서 의사표시의 객관적 의미에 따라 계약을 해석하는 방법입니다. 대부분의 계약 해석 분쟁은 일방당사자가 어떤 실제적인 의사를 가지고 의사표시를 하였는데, 상대방이 그 의사표시를 다른 의미로 이해하고 받아들인 경우 발생합니다. 이렇게 내심적 효과의사와 표시행위가 일치하지 아니하는 경우, 제3자의 시각에서 표시행위의 객관적 의미에 따라 계약을 해석하는 것이 규범적 해석입니다. 이러한 '객관적 의미'의 탐색은 표시된 문언 등 표현수단으로부터 출발하여야 합니다. 표시된 문언만으로 의미가 명확하지 아니한 경우에는 당사자들의 직업이나 언어관행, 계약 체결에 이르기까지의 경위 등 모든 사정을 종합적으로 고려하여야 합니다.[6)]

(3) 보충적 해석은 위 두 가지 해석 방법을 거쳤음에도 계약에 흠결이나 공백이 있는 경우 이른바 가정적인 당사자 의사에 입각하여 계약을 해석하는 방법입니다. 가정적인 당사자 의사란 당사자들이 만일 계약에 흠결이 있는 사항을 알았더라면 규정하였을 것으로 추정되는 내용을 의미합니다.

6) 양창수/김재형, 계약법: 민법 I , 제2판, 2015, 112면.

23. 요컨대 한국법상 계약의 해석은 자연적 해석에서 출발하여, 이를 통하여서 계약 해석이 불가능한 경우에는 규범적 해석을, 규범적 해석으로도 계약 해석에 공백 내지 흠결이 있으면 보충적 해석을 동원하는 순서로 접근하여야 합니다.

24. 계약의 규범적 해석과 관련하여 한국 대법원에는 많은 재판례가 집적되어 있습니다. 이때 대법원은 일관되게 내심적 의사보다는 표시행위에 의하여 추단된 의사를 강조합니다. 특히 대법원은 "처분문서는 그 성립의 진정함이 인정되는 이상 법원은 그 기재 내용을 부인할 만한 분명하고도 수긍할 수 있는 반증이 없는 한 그 처분문서에 기재되어 있는 문언대로의 의사표시의 존재 및 내용을 인정하여야 한다"라고 판시하였습니다.[7] 또한 대법원은 "계약당사자 사이에 어떠한 계약내용을 처분문서인 서면으로 작성한 경우에 문언의 객관적인 의미가 명확하다면 특별한 사정이 없는 한 문언대로의 의사표시의 존재와 내용을 인정하여야 하며, 문언의 객관적 의미와 달리 해석함으로써 당사자 사이의 법률관계에 중대한 영향을 초래하게 되는 경우에는 그 문언의 내용을 더욱 엄격하게 해석하여야 한다"고 판시하였습니다.[8] 계약서는 한국 대법원이 언급한 처분문서의 대표적인 예이므로 계약을 해석함에 있어서 계약서에 기재된 문언의 객관적인 의미가 명확하다면 그 문언에 따라 계약을 해석하여야 합니다.

---

7) 대법원 2010년 11월 11일 판결 2010다56616사건(판례공보 2010년, 2264면).

8) 대법원 2010년 11월 11일 판결 2010다26769사건(판례공보 2010년, 2241면).

25. 그 외에 규범적 해석에 관한 다른 재판례들도 (i) 계약의 해석은 당사자가 그 표시행위에 부여한 객관적인 의미를 확정하는 것,[9] (ii) 계약의 해석은 당사자가 그 표시행위에 부여한 객관적인 의미를 확정하는 것,[10] (iii) 당사자의 내심의 의사보다는 외부로 표시된 행위에 의하여 추단된 의사를 가지고 의사표시를 해석하여야 한다는 것[11]이라고 판시하였습니다.

26. 앞의 제21항 이하에서 설명한 일반적 기준에 따라 대법원은 다음과 같은 계약의 해석 경향을 보이고 있다고 할 수 있습니다.

(1) 무엇보다도 **권리의 제한 및 포기 등 이례적 결과를 회피하도록** 해석하는 경향이 있습니다. 즉 당사자 일방이 계약 체결시에 통상 예상하지 못하는 이례적이거나 기이한 결과가 발생하도록 계약을 해석하는 것은 피하여야 하는 것입니다.

(가) 예를 들면 대법원 1996. 11. 26. 판결 96다21027사건(판례공보 1997년, 45면)은, 동업계약에서 그 조항의 하나로 동업관계를 해소하는 경우에는 그 당사자 중 일방이 동업관계의 존속 중에 취득한 의장권을 포기하기로 하였는지가 문제된 사안에서, “통상 아무런 반대급부 없이 권리를 포기하겠다는 약정은 매우 이례적인 것이어서 그와 같이 약정하게 된 특별한 사정이나 또는 권리를 포기할만한 합리적인 이유가 없는 한 … 그와 같이 해석하여서는 아니

9) 대법원 1999년 11월 26일 판결 99다43486사건(판례공보 2000년, 47면).
10) 대법원 2000년 11월 10일 판결 98다31493사건(판례공보 2001년, 1면).
11) 대법원 2002년 6월 28일 판결 2002다23482사건(판례공보 2002년, 1816면).

된다"(점선은 인용자가 생략한 부분을 가리킵니다. 이하 같습니다)라고 판시하면서, 그러므로 그 포기조항은 동업관계가 의장권자의 잘못으로 해소되는 경우에 한하여 이를 포기한다는 의미라고 해석하였습니다.

(나) 또한 예를 들면, 대법원 2014. 6. 26. 판결 2014다14115사건(판례공보 2014년, 1463면)은 "특히 당사자 일방이 주장하는 계약의 내용이 상대방에게 중대한 책임을 부과하게 되는 경우에는 그 문언의 내용을 더욱 엄격하게 해석하여야 한다. … 민법 제211조는 '소유자는 법률의 범위 내에서 그 소유물을 사용, 수익, 처분할 권리가 있다.'라고 규정하고 있다. 소유자의 위와 같은 소유권 행사에는 다양한 공법상 또는 사법상 제한이 따를 수 있고, 소유자 스스로의 의사에 기한 임차권 등 용익권의 설정에 의하여 소유권 행사가 제한될 수도 있다. 그러나 임대차기간 등 용익권 설정계약의 기간이 경과한 후에는 소유자가 용익권 설정으로 인한 제한으로부터 벗어나 자유롭게 소유권을 행사할 수 있는 권리가 보장되어야 하므로, 임대차기간 중의 해제·해지 의사표시에 어떠한 절차가 요구되거나 제한이 따른다고 하여 임대차기간 만료에 의한 임대차계약의 종료 시에도 당연히 그와 같은 제한이 적용된다고 확대해석하여서는 안 되고, 기간만료로 인한 임대차계약의 종료에 어떠한 제한이 따른다고 하기 위하여는 그러한 내용의 법률 규정이나 당사자 사이의 별도의 명시적 또는 묵시적 약정이 있어야 한다"라고 판시하였습니다.

(다) 또한 대법원 1993. 10. 26. 판결 93다3103사건(법원공보 1993년, 3167면)은 연대보증인이 주채무자의 채권자에 대한 **모든 채**

무에 대하여 연대이행할 책임을 진다고 계약서에 기재되어 있던 사안에서 “연대보증인이 보증하는 채무의 범위에 관하여 ‘본 약정에 의한 을[=주채무자]이 갑[=채권자]에 대하여 부담하는 채무액’이라고만 하지 아니하고 그 뒤에 ‘한도로 하는 금액’이라는 문구를 덧붙이고 있는 점, 위 계약서 제8조는 부동문자로 갑이 을에게 공급할 수 있는 출판물의 가액의 한도액(이 한도액 내에서 출판물이 공급된다면 을은 갑에 대하여 이 한도액 범위 내에서 채무를 부담하게 될 것이다)을 정할 수 있게 기재되어 있는 점에 비추어 보면, 위 계약서 제8조의 한도액란이 공란으로 그대로 남아 있지만 위 문언의 의미는 갑이 을에 대하여 위 계약서 제8조에서 정할 수 있는 출판물공급한도액을 초과하여 출판물을 공급함으로써 을이 갑에 대하여 그 한도액을 초과하여 채무를 부담하더라도 연대보증인은 을이 갑과의 이 사건 계약에 의하여 장래 출판물공급거래로 인하여 갑에 대하여 부담하게 되는 모든 채무금액을 연대이행할 책임을 진다는 취지라고 해석될 여지도 충분히 있다는 등 여러 가지 사정에 비추어 연대보증인은 주채무자가 부담하고 있는 기존의 채무는 제외하고 장래 부담하게 되는 모든 채무금액만을 연대이행할 책임을 진다는 취지라고 해석될 여지도 있다”라고 판시하고 있습니다.

27. 이 사건 국외계약 제9.1.7조(이하 “이 사건 조항”이라고 합니다)로 돌아와서 살펴보면, (i) 우선 이 사건 조항에는 민법 제390조에서 정하는 일반적 채무불이행 또는 불완전급부를 이유로 하는 피신청인의 책임을 제한 또는 배제한다는 명시적인 문구가 없습니다. (ii) 나아가 이 사건 조항에는 under the present waranty라는 문구가 사용되고 있습니다. 따라서 이 사건 조항에서의 책임 제한은 그 계약 제9조에서 정하는 contractual waranty, 즉 계약상의 하자담

보책임에 한정하여 적용되는 것이어서, 이 사건 조항은 위 계약 제9조 소정의 contractual waranty를 추급하는 경우에 하자 있는 물건을 하자 없는 것으로 교체하는 것으로 하거나 아니면 금전배상을 구한다면 그 액이 수리비를 넘을 수 없다는 의미라고 이해됩니다. (iii) 마지막으로 이 사건 조항상의 in connection with any such defect remedies faithfully and successfully라는 문구를 고려하면, 이 사건 조항에서의 책임 제한은 피신청인 측이 자신의 비용으로 하자 있는 물건을 수리 또는 교체하였을 때 또는 수리비 또는 교체비를 신청인 측에 지급하였을 때에만 문제되는 것으로 해석되어야 할 것입니다.

28. 결론적으로 앞의 제16항 이하에서 본 한국법에서의 일반적 채무불이행책임과 하자담보책임과의 관계 그리고 앞의 제21항에서 본 한국법에서의 계약 해석의 원칙에 비추어 보면, 이 사건 조항상의 책임 제한은 하자담보책임에 관한 것으로서 한국법상의 일반적 채무불이행책임에는 미치지 않는다고 보아야 할 것입니다.

Ⅶ. 신청인의 청구에 적용되는 소멸시효 및 그 기산점

29. 신청인이 이 사건에서 주장하는 권리가 상인에 해당하는 신청인과 피신청인 사이에 체결된 이 사건 국외계약에 기하여 발생한 것임은 분명하다고 생각됩니다. 그렇다면 그 계약상 권리는 상행위에 기한 채권으로서 5년의 소멸시효에 걸립니다(상법 제64조).

30. 한국법에서 소멸시효는 "권리를 행사할 수 있는 때"로부터 기산됩니다(민법 제166조 제1항). 그런데 한국의 판례는 계약 위반,

즉 채무불이행으로 인한 손해배상청구권에 있어서는 현실적으로 손해가 발생한 때로부터 그 '권리를 행사할 수 있다'고 하여 그때부터 소멸시효가 기산된다는 태도를 취합니다. 근자의 재판례로서는 대법원 2018년 11월 9일 판결 2018다240462사건(법고을)을 들 수 있습니다. 위 대법원판결은 그에 앞선 대법원 2017년 6월 19일 판결 2017다215070사건을 인용하면서, "채무불이행으로 인한 손해배상청구권은 현실적으로 손해가 발생한 때에 성립하는 것이므로 손해가 현실적으로 발생하였다고 볼 수 있어야 그때부터 소멸시효가 진행한다. 이때 현실적으로 손해가 발생하였는지 여부는 사회통념에 비추어 객관적이고 합리적으로 판단하여야 한다"고 판시하고 있습니다.

31. 이 사건에서 신청인이 주장하는 손해배상청구권의 소멸시효 기산점과 관련하여 주목되는 것은 대법원 2001년 7월 13일 판결 2001다22833사건(판례공보 2001년, 1860면)입니다. 이 대법원판결은 채무불이행으로 인한 손해배상청구권에 있어서 그 발생요건인 '손해의 발생'에 대하여 판단하는 것이기는 합니다. 그러나 이 사건에서와 같이 신청인이 피신청인의 채무불이행으로 인하여 제3자에 대하여 손해배상책임을 부담하게 된 사안에 있어서 앞의 제30항에서 본 소멸시효의 기산점으로서의 '손해의 현실적 발생'을 판단하는 데 강력한 시사를 줍니다. 즉, 위의 대법원 2001년 7월 13일 판결도 앞의 제30항에서 본 대법원 2018년 11월 9일 판결에서와 같이 "채무불이행으로 인하여 배상하여야 할 손해는 현실로 입은 확실한 손해에 한하므로, 채무불이행으로 인하여 채권자가 제3자에 대하여 채무를 부담하게 된 경우 채권자가 채무자에게 제3자에 대한 채무액과 동일한 금액을 손해배상금으로 청구하기 위하여는 채무의 부

담이 현실적·확정적이어서 실제로 변제하여야 할 성질의 것이어야 하나, 그와 같은 채무의 부담이 현실적, 확정적이어서 손해가 현실적으로 발생하였다고 볼 것인지의 여부는 사회통념에 비추어 객관적이고 합리적으로 판단해야 한다"는 판시를 앞세우고 있습니다. 나아가 구체적으로 들어가 "부동산교환계약의 일방 당사자가 상대방의 대출금채무 및 임차보증금반환채무를 인수하여 이행하기로 약정하고서도 이를 위반함에 따라 그 상대방이 은행과 임차인으로부터 대출금 및 임차보증금반환청구소송을 제기당하여 패소판결을 선고받고 나아가 그들로부터 다른 부동산을 가압류당하기까지 하였다면, 그 상대방의 은행 및 임차인에 대한채무의 부담은 현실적·확정적이어서 실제로 변제하여야 할 성질의 것이 되므로 그 채무액 상당의 손해를 현실적으로 입게 되었다고 보아야 한다"고 판단하고 있습니다. 그런데 원심판결은 그러한 사정만으로는 원고에게 현실적으로 손해가 발생하였다고 할 수 없다고 보아 원고의 청구를 받아들이지 아니하였으므로, 대법원은 그 원심판결이 "채무불이행에 있어서의 손해의 확정에 관한 법리를 오해하였다"고 판단하고 이를 파기하였던 것입니다.

32. 이러한 여러 재판례에 비추어 보면, 이 사건에서 신청인이 주장하는 피신청인의 채무불이행으로 인한 손해배상청구권은 그 소멸시효가 신청인이 대한민국에게 국내 소송 판결의 원금 및 지연이자(합계 75억여 원)을 대한민국에게 지급한 2018년 ○월 ○일 또는 국내 소송 판결 중 대법원판결에 의하여 신청인이 대한민국에 대하여 손해배상책임을 부담하는 것이 공적으로 확정된 2020년 ○월 ○일부터 기산된다고 보아야 할 것입니다.

VIII. 대법원 2020년 6월 11일 판결에서의 소멸시효에 관한 판단과 대법원 전원합의체 1984년 12월 26일 판결 84누572 판결

33. 대법원 전원합의체 1984년 12월 26일 판결 84누572사건(대법원판결집 제32권 4집, 462면; 법원공보 1985년, 272면)은, 우선 조세부과권도 소멸시효의 대상이 된다고 전제하는 태도를 취하면서, 그 전에 이와는 다른 태도를 취하였던 2개의 대법원판결, 즉 대법원 1973년 10월 23일 판결 72누207사건 및 대법원 1980년 9월 30일 판결 80누323사건의 태도를 폐기하였습니다. 이와 같이 종전 대법원 판결의 태도를 변경할 필요가 있기에 대법원 전원합의체에서 판결하였던 것이고,[12] 그것은 소멸시효의 기산과 관련한 그 판결의 판시와는 무관합니다. 그 부분의 판시는 다음과 같습니다.

> 소멸시효는 객관적으로 권리가 발생하고 그 권리를 행사할 수 있는 때부터 진행한다고 할 것이며, 따라서 권리를 행사할 수 없는 동안은 소멸시효는 진행할 수 없다고 할 것이다. 한편 "권리를 행사할 수 없는 때"라 함은 그 권리 행사에 법률상의 장애사유, 예를 들면 기간의 미도래나 조건 불성취 등이 있는 경우를 말하는 것이므로, 사실상 그 권리의 존재나 권리 행사 가능성을 알지 못하였거나 알지 못함에 있어서의 과실 유무 등은 시효 진행에 영향을 미치지 아

12) 당시의 법원조직법(1981년 1월 29일부터 시행된 법률 제3362호로 개정된 법원조직법) 제7조 제1항 제3호는 현행의 법원조직법 제7조 제1항 제3호와 같이 "종전에 대법원에서 판시한 헌법·법률·명령 또는 규칙의 해석적용에 관한 의견을 변경할 필요가 있음을 인정하는 때"에는 4인의 대법관으로 구성되는 대법원의 부部에서 재판할 수 없고 대법관 전원으로 구성되는 대법원 전원합의체로 재판할 것을 요구하였던 것입니다.

니한다.

그런데 이와 같이 소멸시효의 기산이 권리자가 권리의 존재나 행사 가능성을 알지 못하였거나 또는 그 알지 못한 데 대하여 과실이 없다는 것에 의하여 장애를 받지 아니한다는 태도, 즉 권리 행사에 대한 이른바 주관적 장애사유는 소멸시효의 진행을 막지 못한다는 태도는 일찍부터 대법원판례가 취하는 바이었고, 이는 근자의 대법원 2009년 5월 14일 판결 2009두3880사건(판례공보 2009년 상권, 885면) 등에서 보는 대로 변함이 없습니다.

34. 한편 이 사건에 관한 국내 소송 판결 중 대법원 2020년 6월 11일 판결은, 채무불이행으로 인한 손해배상청구권에 한정하여 그 권리는 현실적으로 손해가 발생한 때에 성립하는데, 그러한 손해가 그 사건의 원고(대한민국)에게 발생한 것은 "이 사건 추진전동기에서 이상 소음이 처음 발생한 2011년 ○월 ○일 또는 사단법인 한국선급과 국방기술품질원이 이 사건 추진전동기의 고장 원인에 대한 보고서를 작성하여 제출한 2013년 ○월 ○일이고, 그때부터 소멸시효가 진행한다고 볼 수 있다"라고 판단하였습니다. 이는 권리자가 손해배상청구권의 발생 사실을 알지 못하였는지 또는 그 알지 못한 데 대하여 과실이 없었는지에 따라 소멸시효의 진행 개시 여부가 정하여진다고 할 것인지에 대하여 판단한 것이 아니고, 단지 채무불이행으로 인한 손해배상청구권의 성립요건인 '손해의 발생', 다시 말하면 다름아니라 '현실적 손해'가 언제 발생하였는지를 판단하고 있는 것뿐입니다.

35. 그리고 이와 같이 채무불이행(또는 불법행위)으로 인한 손

해배상청구권의 소멸시효가 현실적으로 손해가 발생한 때로부터 진행된다고 하는 대법원판례의 태도는 앞의 제30항에서 본 대로 이미 대법원 2017년 6월 19일 판결 2017다215070사건(법고을)이나 대법원 2018년 11월 9일 판결 2018다240462사건(법고을)에서도 취하고 있는 바인 것으로서, 더 거슬러 올라가자면 대법원 1998년 4월 24일 판결 97다28568사건(판례공보 1998년, 1443면)이나 대법원 1998년 8월 25일 판결 97다4760사건(판례공보 1998년, 2308면) 등도 마찬가지입니다.

36. 따라서 위의 대법원 2020년 6월 11일 판결이 판시하는 바는 대법원 전원합의체 1984년 12월 26일 판결에 배치된다고는 말할 수 없습니다.

Ⅸ. 민법 제390조에 기한 손해배상청구에서 손해의 증명

37. 한국법상 민사소송에서 사실의 증명은 조그만 의혹도 용납하지 않는 수학적 또는 과학적 증명이 아니라, 경험칙에 비추어 그 사실이 있었다는 점을 시인할 수 있는 '고도의 개연성'을 말하는 것으로 이해되고 있습니다. 이와 같은 취지로 대법원 2010년 10월 28일 판결선고 2008다6755사건(판례공보 2010년, 2141면)도 "소송에서 사실의 증명은 추호의 의혹도 있어서는 아니 되는 자연과학적 증명이 아니며, 특별한 사정이 없는 한 경험칙에 비추어 모든 증거를 종합 검토하여 어떠한 사실이 있었다는 점을 시인할 수 있는 고도의 개연성을 증명하는 것이고, 그 판정은 통상인이라면 의심을 품지 않을 정도일 것을 필요로 한다"고 판시하고 있습니다. 또한 일반적으로 이와 같이 민사소송에서의 증명 기준인 '고도의 개연성'

은 형사소송에서 유죄의 증명 기준인 '합리적 의심이 없는 정도'[13] 보다는 조금 낮은 기준이라고 여겨지고 있습니다.[14]

38. 이 사건에서 그 증명이 문제되고 있는 '손해'는 채무불이행으로 인한 손해배상청구권의 발생요건으로서의 그것에 관한 것입니다. 만일 피신청인 → 신청인 → 대한민국이라는 계약의 연쇄에서 피신청인으로부터 인도받은 목적물에 존재하는 결함, 즉 피신청인의 불완전급부(이에 대하여는 앞의 제17항 참조)로 말미암아 대한민국으로부터 손해배상을 소송상으로 청구당하여 결국 대한민국에 대하여 일정한 금액의 손해배상을 명받고 또 그 금액을 지급하였다면, 이로써 신청인은 피신청인의 채무불이행으로 인하여 그 액만큼의 손해를 입었음이 증명되었다고 할 것입니다. 앞의 제31항에서 본 대법원 2001년 7월 13일 판결에서도 바로 그와 같이 판단되고 있는 것입니다. 그 판시를 여기에 다시 옮기자면, "부동산교환계약의 일방 당사자가 상대방의 대출금채무 및 임차보증금반환채무를 인수하여 이행하기로 약정하고서도 이를 위반함에 따라 **그 상대방이 은행과 임차인으로부터 대출금 및 임차보증금반환청구소송을 제기당하여 패소판결을 선고받고 나아가 그들로부터 다른 부동산을 가압류당하기까지 하였다면, 그 상대방의 은행 및 임차인에 대한채무의 부담은 현실적·확정적이어서 실제로 변제하여야 할 성질의 것이 되므로 그 채무액 상당의 손해를 현실적으로 입게 되었다**고 보아야 한다"(고딕체에 의한 강조는 인용자가 가한 것입니다. 이하 인용문에서 모두 같습니다)고 판단하고 있습니다. 그런데 그 사건에서는 난시 원고가 패소판결을 받았을 뿐

13) 형사소송법 제307조 제2항 : "범죄사실의 인정은 합리적인 의심이 없는 정도의 증명에 이르러야 한다."

14) 이에 관하여는 우선 전원열, 민사소송법 강의, 제3판, 2022, 358면 참조.

이지만, 이 사건에서 신청인은 패소판결을 받았을 뿐만 아니라 나아가 실제로 손해배상금(및 그 지연손해금)을 지급하고 있는 것입니다.

X. 신청인이 손해경감조치에 관한 입증책임을 지는가?

39. 한국법상 채무불이행을 이유로 손해배상을 구하는 채권자가 손해경감조치를 게을리한 경우는 과실상계에 관한 민법 제396조에 의하여 처리됩니다. 동조는 '과실상계'라는 표제 아래 "채무불이행에 관하여 채권자에게 과실이 있는 때에는 법원은 손해배상의 책임[의 유무] 및 그 금액을 정함에 이를 참작하여야 한다"고 규정합니다.[15] 나아가 대법원 2002년 2월 5일 판결 99다53674사건(판례공보 2002년, 627면)은, 토지의 임차인(원고)이 임대인(피고)의 채무불이행, 즉 임대인이 임대차목적물을 제3자에게 양도함으로써 임차인에게 목적물을 사용수익하게 할 의무가 이행불능에 빠지게 되었다는 이유로 자신이 목적물에 공사를 하는 데 든 비용 등의 배상을 구하는 사건에서 "원고가 이행불능이 될 가능성이 높다는 사실을 예견하고서도 **대비책을 마련하지 아니한 상태에서** 공사비용을 지출"한 '과실'을 참작하여 그 손해배상액이 감경되어야 한다고 판시하고 있습니다.

40. 그런데 과실상계에 관한 앞서 본 민법 제396조와 관련하여서 그 규정에서 정하는 '채권자의 과실'에 대하여는 채무자가 주장 및 입증의 책임을 부담한다고 이해되고 있습니다.[16] 그렇다면

15) 민법 제396조는 민법 제763조에 의하여 불법행위로 인한 손해배상에 준용됩니다.

16) 우선 김용덕 편집대표, 주석 민법 : 채권총칙 1, 제5판, 2020, 963면(문주

이 사건에서 신청인이 피신청인의 채무불이행을 들어 손해배상을 구하고 있으므로, 신청인이 손해경감의무를 소홀히 하였다는 점에 대하여는 그 채무자, 즉 피신청인이 입증책임을 진다고 하겠습니다.

XI. 국내 소송에서 신청인이 지출한 변호사 비용은 피신청인의 채무불이행과 상당인과관계가 있는가?

41. 채무불이행 또는 불법행위로 인한 손해배상청구소송에서 원고가 지출한 변호사 비용이 그 채무불이행 또는 불법행위와 상당인과관계 있는 손해로서 피고가 이를 배상하여야 하는가 하는 법문제에 대하여 판례의 입장을 정확하게 파악하기가 어려운 것이 실정입니다.

42. 한편으로 이미 대법원 1960년 6월 23일 판결 4292민상690 사건(대법원판례집 제8권, 85면)은 "부당한 가처분에 대한 취소를 신청하기 위하여 변호사에게 위탁한 자는 변호사에게 지급된 보수를 손해로서 배상청구할 수 있다"고 판시하여, 이를 긍정하고 있습니다.[17] 이러한 긍정적 입장은 대법원 1978년 12월 13일 판결 78다1542사건(대법원판례집 제26권 3집, 290면; 법원공보 1979년, 11616면)에서도 "부당하게 제소를 당하여 부득이 변호사에게 위임하여 응소한 자는 그 소제기가 목적 기타에 있어서 공서양속에 반하는 등 그 자

형 집필부분) 참소.

17) 다만 그 배상받을 수 있는 금액은 "실지로 지급된 총금액을 표준으로 할 것이 아니라 그에 대한 상당 정도의 금액을 표준으로 하여 이를 결정할 것"이라고 판시합니다. 이 점은 바로 뒤에 보는 대법원 1978년 12월 13일 판결 및 뒤의 제43항에서 보는 대법원 2012년 1월 27일 판결에서도 마찬가지입니다.

체로서 불법행위를 구성하는 경우에는 응소를 위하여 위임한 변호사에게 지불한 상당 범위의 보수금에 관하여 부당제소자에 대하여 민법의 불법행위의 규정에 따라 손해배상을 청구할 수 있다"고 판시하여 이어지고 있습니다.

43. 그리고 근자의 대법원 2012년 1월 27일 판결 2010다81315 사건(판례공보 2012년, 322면)도 "채무자의 고의 또는 과실에 의하여 자신의 권리를 침해받은 채권자가 자신의 권리 보호를 위하여 부득이하게 외국에서 소송을 제기하고 그와 관련하여 변호사 비용을 지출할 수밖에 없었다고 하"면 그 변호사 비용을 배상하여야 한다고 판시하였습니다. 다만 여기서도 그 금액에 대하여는 "채권자가 지출한 변호사 보수 전액이 곧바로 상당인과관계가 있는 손해에 해당한다고 볼 수는 없고 상당한 범위 내에서의 변호사 보수액만을 상당인과관계가 있는 손해로 보아야 할 것"이라는 태도를 밝히고 있습니다.

44. 그런데 다른 한편으로 대법원 1978년 8월 22일 판결 78다672사건(대법원판례집 제26권 2집, 314면)은 자동차사고로 부상을 입은 피해자가 치료비 등의 배상을 청구하면서 변호사 비용의 배상도 아울러 청구한 것을 "변호사강제주의를 택하지 않고 있는 우리나라 법제 하에서는 예컨대 민사소송비용법에서 변호사비용을 소송비용에서 제외하는 등 불법행위 자체와 변호사비용 사이에 상당인과관계 있음을 간접적으로 부정하고 있다"는 이유를 들어 배척하고 있습니다. 그리고 대법원 1996년 11월 8일 판결 96다27889사건(법원공보 1996년, 3546면)은 위의 대법원 1978년 8월 22일 판결 중 앞에서 인용한 이유를 그대로 옮기면서 "국가가 위법·부당한 과세

처분에 대하여 **단순히 그 취소를 거부하고 있음에 그친 경우**에는 피처분자들이 그 취소, 시정을 구하는 심판청구 및 취소소송을 제기하면서 변호사 비용을 지출하였다고 하여도 그 변호사 비용은 원칙적으로 선행하는 불법행위인 위법·부당한 과세처분 자체와는 상당인과관계가 없다"고 판단하였습니다.

45. 앞 제44항의 대법원 1978년 8월 22일 판결에서 인용하는 「민사소송비용법」을 보면, 민사소송을 진행하면서 당사자가 지출하는 인지액(한국법상 「민사소송 등 인지법」이 이를 규율합니다), "소장 기타 소송에 필요한 서류의 서기료 및 도면의 작성료", "당사자, 증인, 감정인, 통역인과 번역인의 일당", "법관과 법원서기의 증거 조사에 요하는 일당·여비와 숙박료", "감정, 통역, 번역과 측량에 관한 특별요금" 등에 대하여는 동법 제2조 내지 제8조에서 개별적으로 규정하고 있으나, 변호사 비용에 대하여는 그러한 개별적 규정이 없습니다. 그러나 동법 제9조는 "본법에 규정하지 아니한 비용은 그 실비액에 의한다"고 정하고 있으므로, 과연 변호사 비용에 위의 제9조에서 말하는 '본법에 규정하지 아니한 비용'에 해당하지 않는가는 따져볼 필요가 있을 것입니다.

46. 한편 앞 제44항의 대법원 1996년 11월 8일 판결은 그 판결문에서 명확한 대로 과세 당국이 이미 행한 과세처분의 취소를 단순히 거부하는 사안에 대한 것으로서, 그 판시 및 결론을 어떠한 사실관계에서 인정하여야 할는지 의문이 아닐 수 없습니다.

47. 변호사 비용이 손해배상의 범위에 포함되는가의 문제에 대하여는 최근에 나온 대법원 2014년 12월 24일 판결 2012다9621

사건(CaseNote 검색)이 적지 않은 의미를 가진다고 여겨집니다. 위 판결은 다음과 같이 판시하는데, 앞의 제44항 및 제43항에서 인용한 대법원 1978년 8월 22일 판결 및 대법원 2012년 1월 27일 판결을 모두 인용하고 있는 점이 주목을 끕니다.

> 변호사강제주의를 택하지 않고 있는 우리나라에서는 원칙적으로 불법행위나 채무불이행 자체와 변호사 비용 사이에 상당인과관계가 있음을 인정할 수 없지만(대법원 1978. 8. 22. 선고 78다672 판결 등 참조), 변호사 비용의 지출 경위와 내역, 소송물의 가액, 위임 업무의 성격과 난이도 등에 비추어보아 변호사 없이는 소송 수행이 불가능하다고 보이는 등의 특별한 사정이 있는 경우에는 피해자나 채권자가 지출한 변호사 보수는 상당인과관계가 있는 손해로 볼 수 있다(대법원 2012. 1. 27. 선고 2010다81315 판결 등 참조).

그러한 전제 위에서 위 판결은 결론적으로 변호사 비용을 피고의 불법행위로 인한 손해배상의 범위에 포함시킨 원심판결의 태도가 정당하다고 판단하고, 이 부분 상고를 기각하고 있습니다.

48. 이상과 같은 한국 대법원의 태도를 종합하여 보면, 우선 눈에 띄는 것은 당해 사건에서의 결론으로서는 변호사 비용을 손해배상의 범위에 포함시키는 것이 주류를 이루고 있으며, 이를 부인한 것은 앞의 제44항에서 본 대법원 1996년 11월 8일 판결 및 제45항에서 본 대법원 1996년 11월 8일 판결의 둘뿐입니다.

49. 나아가 이 문제를 판단한 하급심 판결로서 서울고등법원 2017년 6월 23일 판결 2017나2012385사건(CaseNote 검색)도 주목할

만합니다. 즉 그 제1심 판결인 서울중앙지방법원 2017년 1월 25일 판결 2016가합5328054사건(미공간)은, 원고가 선행소송에서 그가 분양받은 아파트의 부실 시공을 주장하면서 변호사를 선임하여 그 분양자의 채무불이행책임을 묻는 소송을 제기하여 승소판결을 받았고, 이어서 위 분양자(판결에서는 "사업주체"라고 표현되어 있습니다)가 그 시공사를 상대로 손해배상을 청구하는 이 사건에서 위 선행소송에서 지출한 변호사 보수, 인지대 및 송달료 등의 배상을 구한 사건에 대한 것입니다. 위 제1심 판결은 "신축한 아파트에 하자가 있을 경우 사업주체를 상대로 입주자대표회의 또는 구분소유자가 하자담보책임을 추급하는 소송이 제기되면 사업주체가 이를 다투기 위하여 변호사를 선임하고 소송비용 등이 발생하리라는 것은 통상 예상할 수 있는 것이므로 그 금액이 합리적인 범위를 넘어 부당하게 지출된 비용이라고 볼 만한 정도에 이르지 않는 이상 통상의 손해에 해당한다"고 판시하고 그 변호사 비용의 배상을 명하였습니다. 그리고 앞의 서울고등법원 2017년 6월 23일 판결은 "아파트 하자로 인한 손해배상소송과 관련하여 지출한 변호사 보수를 이 사건 아파트의 부실 시공과 상당인과관계가 있는 손해라고 할 수 없다는 취지의 피고 A의 주장은 받아들이지 아니한다"고 판시하여 제1심 판결의 위와 같은 판단을 그대로 수긍하였던 것입니다. 이들 판결의 사실관계 및 그 선행소송과의 관계가 이 사건의 사실관계와 많은 유사성이 가지고 있음은 굳이 지적할 필요도 없을 것입니다.

50. 이 사건에서도 국내 소송 판결이 행하여진 소송의 경우 사실관계의 복잡성, 소송물의 가액, 쟁점의 난이도, 당사자들의 지위 등 여러 사정을 고려하였을 때, 한국 법원이라면 위 소송에서 신청

인은 그 피고로서 변호사 없이는 수행이 불가능하다고 보아 그 실제로 지출된 변호사 비용 중 상당하다고 인정되는 금액을 피신청인의 채무불이행과 상당인과관계 있다고 판단하여 그 배상을 명하였을 것으로 여겨집니다.

XII. 이 사건 국외계약의 이행과 관련하여 C 회사를 피신청인의 이행보조자(민법 제391조)로 볼 수 있는가?

51. 한국의 민법 제391조는 앞의 제16항에서 본 제390조에 바로 이어서 "채무자의 법정대리인이 채무자를 위하여 이행하거나 채무자가 타인을 사용하여 이행하는 경우에는 법정대리인 또는 피용자의 고의나 과실은 채무자의 고의나 과실로 본다"고 규정하고 있습니다. 여기서 '채무자가 타인을 사용하여 이행하는 경우'의 그 '타인'을 위 제391조의 표제를 본받아 통상 '이행보조자'라고 불립니다.

52. 이행보조자란 "채무자의 의사 관여 아래서 채무자가 하여야 할 이행행위에 속하는 활동을 하는 사람"이라고 이해되고 있습니다.[18] 대법원 2002년 7월 12일 판결 2001다44338사건(판례공보 2002년, 1940면); 대법원 2013년 8월 23일 판결 2011다2142사건(판례공보 2013년 하권, 1723면); 대법원 2019년 2월 14일 판결 2016다245418사건(판례공보 2019년, 34면) 등도 바로 그와 같이 해석하고 있습니다. 그리하여 이들 판결은 "민법 제391조에서 정하는 이행보조자로서의 '피용자'라 함은 일반적으로 채무자의 의사관여 아래 그

18) 이는 본인이 곽윤직 편집대표/양창수 집필(주 1)에서 처음으로 제안한 것입니다.

채무의 이행행위에 속하는 활동을 하는 사람이면 족하고, **반드시 채무자의 지시 또는 감독을 받는 관계에 있어야 하는 것은 아니므로 채무자에 대하여 종속적인가 독립적인 지위에 있는가는 문제되지 아니한다**"고 일관되게 판시하고 있습니다. 그리하여 한국에서는 이른바 이행대행자, 즉 독립적 지위에서 채무의 전부 또는 일부를 '채무자에 갈음하여' 이행하는 자도 민법 제391조의 이행보조자에 해당함에 의견이 일치합니다. 그러므로 매매목적물을 우편이나 철도 등을 이용하여 운송하는 경우에 우편국이나 철도 당국 등도 이행보조자에 해당하는 것입니다.

53. 한편 한국에서는 특히 독일 학설의 영향을 받아 그의 행위에 간섭할 수 있는 가능성이 채무자에게 있어야만 그를 이행보조자라고 할 것인가의 문제가 한때 논의되기는 하였었습니다.[19] 그러나 이는 더 이상 다루어지지 아니하며, 앞의 제52항에서 본 판례의 입장에 좇아 그와 같은 간섭가능성은 요구되지 아니한다는 것에 의견이 거의 일치되고 있습니다.[20]

54. 그러한 통설 및 판례의 입장에서 보면, 이 사건에서 지멘스는 피신청인이 이 사건 국외계약에 기하여 신청인에 대하여 부담하는 채무의 이행, 즉 잠수함의 건조에 있어서 민법 제391조에서 정하는 이행보조자에 해당한다고 별다른 의문 없이 말할 수 있습니다. C회사가 제공하는 추진전동기는 피신청인 자신의 의사에 기

19) 이에 대하여는 우선 곽윤직 편집대표(주 1), 407면 이하(양창수 집필부분) 참조.

20) 독일에서도 간섭가능성(Einwirkungsmöglichkeit)를 요구하지 않는 학설이 다수인 것으로 압니다. 독일의 학설 등에 대하여는 곽윤직 편집대표(주 1), 409면 및 같은 곳 주 66(양창수 집필부분) 참조.

하여 잠수함의 건조에 사용될 목적으로 C회사에 요청되었고, 피신청인은 C회사로부터 이를 제공받아 잠수함의 건조에 사용되었습니다. 그러므로 C회사는 피신청인의 의사 관여 아래 이 사건 국외계약의 이행행위에 속하는 활동을 하였던 것입니다. 그리고 국내 소송 판결들도 바로 그와 같은 입장에서 C회사를 피신청인의 이행보조자라고 하는 태도를 취하고 있는 것입니다.

(2022년 10월 작성)

14. 투자계약의 해석, 그리고 신의성실의 원칙 및 민법 제150조에 기한 풋옵션 권리의 유효한 행사 간주

본인은 4개의 신청인들 회사(이하 "신청인들" 또는 "투자자들"이라고 부릅니다)와 개인 A(이하 "피신청인", "최대주주" 또는 "A"라고 부릅니다) 사이의 국제상업회의소 국제중재법원 중재사건(사건번호: ICC Case No. ○○)(이하 "이 사건" 또는 "이 사건 중재"라고 부릅니다)과 관련하여 다음과 같이 전문가 의견을 제출합니다.

I. 서 론

1. 본인은 신청인의 대리인들로부터 별첨의 전제사실 아래서 다음과 같은 문제에 대하여 독립적인 전문가 의견서를 제공하여 줄 것을 요청받았습니다.

(1) 한국법상 신의성실의 원칙(이하 "신의칙")의 역할과 적용

(2) 한국법상 계약 해석의 원칙 및 이 사건 주주간 계약 제7조의 해석

(3) 한국법상 제150조의 역할과 본 사건에의 유추적용

2. 본인은 본 전문가 의견서 작성을 위하여 신청인들의 대리인들로부터 다음과 같은 자료를 제공받아 검토하였습니다. [이하 생략]

3. 본인은 영어로 어느 정도 의사소통이 가능하지만, 한국어가 모국어이므로 본 의견서를 한국어로 작성하고자 하며, 향후 심리기일에서 본인의 진술이 요구되는 경우에는 통역사의 보조를 받겠습니다.

Ⅱ. 학력 및 경력

[생략]

Ⅲ. 신의칙에 관한 민법 제2조의 역할과 적용

A. 한국법상 신의칙은 기본적으로 부당한 결과를 막고 구체적 타당성을 실현하기 위하여 존재합니다

11. 한국의 민법 제2조는 "권리의 행사와 의무의 이행은 신의에 좇아 성실히 하여야" 하며(제1항), "권리는 남용하지 못한다"(제2항)고 정하고 있습니다.[1] 대법원은 신의칙을 "법률관계의 당사자는 상대방의 이익을 배려하여 형평에 어긋나거나 신뢰를 저버리는 내용 또는 방법으로 권리를 행사하거나 의무를 이행하여서는 아니

1) 이는 민법의 맨 앞에 '通則'의 제목 아래 자리잡고 있습니다.

된다는 추상적 규범"이라고 합니다.[2)]

12. 신의칙은 실정법이나 계약 등을 엄격하고 지나치게 형식적으로 적용함으로써 야기될 수 있는 부당한 결과를 막고 구체적 타당성을 실현하여야 할 필요가 있는 경우에 법질서 전체에 적용될 수 있는 일반 원칙으로 작용합니다.[3)] 그리하여 신의칙은 (i) 실정법의 규정 취지, 법률행위를 한 당사자의 의도 등을 그 의미에 적합하게 구체화하고, (ii) 실정법 또는 법률행위의 내용을 보정補正하며, (iii) 불성실하거나 부당한 권리행사를 제한하는 기능 등을 수행합니다.[4)]

13. 다만 민법 제2조는 권리의 행사 및 의무의 이행은 신의에 좇아 성실히 하여야 한다는 매우 추상적인 일반원칙을 선언할 뿐이므로, 신의칙이 적용되는 요건과 방식은 개별 사건에서 신의칙이 수행하는 기능에 따라 구체화됩니다.

14. 앞의 제12항에서 언급한 신의칙의 기능 중 세 번째 기능(권리제한 기능)과 관련하여 대법원은 사적 자치의 원칙과 계약의 자유, 법적 안정성을 위하여 비교적 엄격한 기준을 요구합니다. 즉 대법원은 "신의칙에 위배된다는 이유로 그 권리행사를 부정하기 위하여서는 상대방에게 신의를 공여하였거나 객관적으로 보아 상대

2) 대법원 전원합의체 2013. 12. 18. 판결 2012다89399사건(판례공보 2014년 상권, 236면)의 다수의견.

3) 대법원 전원합의체 2013. 12. 18. 판결 2012다89399사건(판례공보 2014년 상권, 236면)의 보충의견.

4) 대법원 전원합의체 2013. 12. 18. 판결 2012다89399사건(판례공보 2014년 상권, 236면)의 보충의견.

방이 신의를 가지는 것이 정당한 상태에 이르러야 하고 이와 같은 상대방의 신의에 반하여 권리를 행사하는 것이 정의관념에 비추어 용인될 수 없는 정도에 이르러야 한다"고 판시하였습니다.[5)]

15. 반면 신의칙의 첫 번째(구체화 기능) 및 두 번째 기능(보정 기능)과 관련하여서는 신의칙이 보다 일반적으로 적용됩니다. 예컨대 법원은 계약 해석에 신의칙을 적용함으로써 당사자들의 이해관계를 적절히 조율하고 정의와 형평에 맞는 결론을 도출합니다(아래 제IV장 계약 해석의 원칙 참고).

B. 전제사실에 기술된 피신청인의 행위가 한국법상 신의칙을 위반한 것인지에 대한 의견

16. 본 사건에서 신청인들이 주주간 계약에 따라 풋 옵션을 행사하였을 때 A가 주주간 계약 제7.3조에 따라 풋 옵션 행사의 전제가 되는 주식 가격의 평가기관을 선임하지 아니한 것은 고의적인 채무불이행이며 신청인들의 적법한 풋 옵션 행사에 대한 적극적인 방해행위인 것으로서 신의칙을 위반한 것입니다. 전제사실에 따르면 선행하는 Breach Arbitration의 중재판정부 역시 A가 주주간 계약 제7.3조에 따른 의무를 위반하였다는 점을 확인하였습니다.[6)]

17. 2015년 9월 말까지 M 회사가 상장되지 아니하였으므로 투자자들은 주주간 계약 제7조에 따라 A에게 주식매수를 청구할 권

---

5) 대법원 전원합의체 2013. 12. 18. 판결 2021다89399사건(판례공보 2014년 상권, 236면) 등 다수의 판결.

6) 별첨 전제사실, 제12항.

리가 있었습니다. 그리고 만약 A가 주주간 계약에 따른 풋 옵션 실행 절차를 준수하였다면 구체적인 가격결정 절차를 규정한 계약 조항에 따라 풋 통지일로부터 늦어도 120일 이후에는 매매를 종결할 수 있었습니다.[7)]

18. 신청인들의 대리인이 제공한 전제사실에 따르면, 애초부터 투자자들은 일정한 기간이 경과한 후에는 투자금을 전면적으로 회수할 가능성을 보유하려고 하였고, 그러한 투자 회수를 위한 방법으로 양 당사자들은 무엇보다도 풋 옵션에 합의하였습니다.[8)] 말하자면 이 사건 투자 거래에서 풋 옵션은 투자금을 회수한다는 투자자 측의 핵심적 경제적 목적을 달성하기 위하여 결정적인 의미가 있는 수단입니다. 이러한 투자 목적 및 풋 옵션의 경제적 의미는 피신청인으로서도 처음부터 충분히 이해하고 동의한 바입니다. 다시 말하면 피신청인은 예정된 기한 내에 IPO가 완결되지 아니할 경우 이 사건 풋 옵션의 원만한 확실한 행사 및 신속한 실현이 신청인에게 가지는 핵심적인 경제적 의미를 처음부터 잘 알고 있었던 것입니다.

19. 그러나 피신청인은 주주간 계약 제7.3조에 따른 평가기관 선정의무를 의도적으로 회피함으로써 풋 가격 결정 절차를 적극적으로 방해하였습니다.

20. 예를 들어, A는 이 사건 주주간 계약 당시에는 풋 옵션의 적법성에 대하여 아무런 우려를 표한 적이 없다가 2018년에 투자

7) 별첨 전제사실, 제4항.
8) 별첨 전제사실, 제1항.

자들이 풋 옵션을 행사하자 갑자기 처음으로 풋 옵션이 한국법상 적법·유효한지가 불분명하다고 주장하였습니다.[9] 그런데 A는 풋 옵션의 적법성이 의문스럽다는 변호사 기타 전문가 의견과 같은 그 주장의 근거를 제시하는 것도 거부하였고 그저 풋 옵션의 실행을 저지하겠다는 의사를 밝혔습니다.[10]

21. 이러한 피신청인의 방해행위로 말미암아 결국 당초 투자자들이 M 회사에 투자할 때부터 중요시한 주주간 계약의 경제적 목적, 즉, 투자자들의 판단에 따라 신속히 투자금을 회수하는 것이 좌절되었습니다.

22. 나아가 A는 투자자들에게 보낸 2018년 11월 12일자 이메일에서 향후 풋 옵션 행사가 한국법상 유효하다는 점이 확인되면 평가기관을 선임하겠다고 밝힌 바 있습니다. 이는 신청인들에게 신의를 공여한 선행행위에 해당합니다.[11] 그러나 제1차 중재에서 주주간 계약상 풋 옵션이 한국법상 적법·유효하다는 판정을 받았음에도 불구하고 여전히 평가기관 선임을 거부함으로써 자신이 과거에 스스로 한 약속마저 어기고 있습니다. 이는 앞서의 선행행위를 신의에 반하여 배신하는 후행행위라고 하지 않을 수 없습니다.[12] 이는 자신의 선행행위를 신뢰한 투자자들에게 해를 끼치는 것으로 신의칙 위반의 대표적인 예에 해당할 것입니다. 특히 아래 제V장에서 살펴보는 바와 같이, 한국에서도 “nemo potest venire contra

9) 별첨 전제사실, 제8항.
10) 별첨 전제사실, 제8항.
11) 별첨 전제사실, 제13항.
12) 상동.

factum proprium(아무도 자신의 선행행위와 모순되는 행동을 하여서는 아니 된다).” 및 “nemo auditur turpitudinem suam allegans(아무도 자신의 악의적 행태를 자신의 이익으로 원용할 수 없다).”라는 법격언이 신의칙에 기초하여 적용되는 것입니다.

23. 요컨대 A가 주주간 계약을 위반하여 주주간 계약에서 보장하는 풋 가격 결정절차를 적극적으로 방해함으로써 신의칙을 위반하였다고 하여야 합니다. A의 이러한 행위는 뒤에서 말하는 바와 같이 계약 해석 및 민법 제150조를 적용함에 있어 고려되어야 하며 중재판정부는 A가 그 자신의 악의적인 방해행위에 바탕하여 이익을 얻는 것을 허용하여서는 안 될 것입니다.

Ⅳ. 한국법상 계약 해석의 원칙

A. 한국법상 계약 해석에 대한 일반론

24. 민법은 계약 해석의 방법에 대한 별도의 규정을 두고 있지 아니합니다. 그러므로 아래에서는 대법원의 재판례를 중심으로 한국법상 계약 해석의 방법에 대하여 소개하고자 합니다. 학설은 대법원의 재판례를 설명하면서 대체로 자연적 해석과 규범적 해석, 보충적 해석이라는 세 가지 방법으로 이를 정리합니다.

25. 자연적 해석은 당사자들의 일치하는 내심의 의사가 확인되는 경우에는 표현의 문언에 구애됨이 없이 위와 같은 내심의 의사대로 계약을 해석하는 것입니다. 이는 통상 ‘오표시 무해의 원칙’으로 불리기도 하며, “falsa demonstratio non nocet.”라는 법격언과

함께 언급됩니다.[13)] 그러나 당사자들의 일치하는 내심의 의사를 증명하는 것이 쉽지 않은 경우가 적지 않고 나아가 법관 기타 외부의 제3자가 이를 파악하기 어려울 수 있습니다. 특히 어느 일방 당사자가 자신은 상대방의 내심적 효과의사와 달리 계약에 관한 서면 등에서 표시된 객관적 의미를 의도하였다고 주장하는 경우에는, 그의 진정한 의사를 증명하여 자연적 해석이 채택되는 일은 쉽사리 있기 어려울 것입니다.

26. 따라서 실제로 계약 해석에서 가장 빈번하게 문제되는 것은 계약 문언의 '객관적' 의미를 파악하여 이에 좇아 계약의 의미를 확정하는 규범적 해석입니다. 이와 관련하여 대법원은 일찍부터 많은 재판례를 통하여 "처분문서는 그 성립의 진정함이 인정되는 이상 법원은 그 기재 내용을 부인할 만한 분명하고도 수긍할 수 있는 반증이 없는 한 그 처분문서에 기재되어 있는 문언대로의 의사표시의 존재 및 내용을 인정하여야" 한다고 일관되게 판시하여 왔습니다.[14)] 즉 계약의 '객관적' 의미가 당사자가 계약서 등 계약에 관한 서면('처분문서')에서 채용되고 있는 문언에 의하여 파악될 수 있는 경우에는 그 객관적 의미에 따라 계약을 해석하여야 하는 것입니다. 즉 진의의 내심적 효과의사와 표시행위의 객관적 의미가 일치하지 아니하면 상대방의 시각에서 이해되는 바의 계약 문언의 객관적 의미를 우선하여야 합니다. 그러나 그 '객관적' 의미란 계약에 표시된 문언의 일반적 의미, 당사자들이 모두 속하는 직업이나 지역 등의 언어 관행이 기준이 되는 것입니다.[15)]

13) 대법원 1993. 10. 26. 판결 93다2629, 2636 사건(법원공보 1993년, 316면).
14) 대법원 1995. 2. 10. 판결 94다16601사건(법원공보 1995년, 1290면).
15) 양창수 · 김재형 공저, 민법 I: 계약법, 제3판(2020), 82면 내지 83면.

27. 그런데 문언만이 유일하고 절대적인 기준이 되는 것은 아니며, 필요한 경우 계약에 이르기까지의 제반 사정도 고려하여야 합니다. 대법원은 '규범적 해석'과 관련하여 많은 재판례에서 다음과 같이 문언 이외의 사정을 고려하여야 한다는 태도를 취하고 있습니다.[16](고딕체 및 밑줄에 의한 강조는 인용자가 가한 것입니다. 이하 다른 언급이 없는 한 인용문에서 모두 같습니다)

> 법률행위의 해석은 당사자가 그 표시행위에 부여한 객관적인 의미를 명백하게 확정하는 것으로서, 사용된 문언에만 구애받는 것은 아니지만, 어디까지나 당사자의 내심의 의사가 어떤지에 관계없이 그 문언의 내용에 의하여 당사자가 그 표시행위에 부여한 객관적 의미를 합리적으로 해석하여야 하는 것이고, **당사자가 표시한 문언에 의하여 그 객관적인 의미가 명확하게 드러나지 않는 경우에는 그 문언의 형식과 내용, 그 법률행위가 이루어진 동기 및 경위, 당사자가 그 법률행위에 의하여 달성하려는 목적과 진정한 의사, 거래의 관행 등을 종합적으로 고려하여 사회정의와 형평의 이념에 맞도록 논리와 경험의 법칙, 그리고 사회일반의 상식과 거래의 통념에 따라 합리적으로 해석**하여야 한다.

28. 한편 계약에 문제되는 사항에 관한 규율의 흠결이나 공백이 있는 경우에는 당사자들이 만일 계약에 어떠한 사항에 대하여

16) 대법원 1994. 3. 25. 판결 93다32668사건(법원공보 1994년, 1320면); 대법원 1996. 7. 30. 판결 95다29130사건(판례공보 1996년, 2639면); 대법원 1997. 12. 12. 판결 97다5060사건(판례공보 1998년, 256면); 대법원 2001. 3. 2. 판결 2000다40858사건(판례공보 2001년, 957면); 대법원 2002. 5. 24. 판결 2000다72572사건(판례공보 2002년, 1479면); 대법원 2002. 6. 28. 판결 2002다23482사건(판례공보 2002년, 1816면); 대법원 2009. 5. 14. 판결2008다90095사건(판례공보 2009년 상권, 837면); 대법원 2017. 2. 15. 판결 2014다19776사건(판례공보 2017년 상권, 527면).

흠결이 있음을 알았더라면 합의하였을 것이라고 객관적으로 예상할 수 있는 의사, 즉 이른바 '가정적 의사'에 의하여 계약을 보충할 수도 있습니다. 이러한 계약 해석의 방법을 '보충적 해석'이라고 합니다. 이에 관하여 대법원의 재판례는 다음과 같이 판시합니다.[17)]

> 계약당사자 쌍방이 계약의 전제나 기초가 되는 사항에 관하여 같은 내용으로 착오가 있고 이로 인하여 그에 관한 구체적 약정을 하지 아니하였다면, 당사자가 그러한 착오가 없을 때에 약정하였을 것으로 보이는 내용으로 당사자의 의사를 보충하여 계약을 해석할 수 있다. 여기서 보충되는 당사자의 의사는 당사자의 실제 의사 또는 주관적 의사가 아니라 계약의 목적, 거래관행, 적용법규, 신의칙 등에 비추어 객관적으로 추인되는 정당한 이익조정 의사를 말한다.

29. 이상에서 살펴보았듯이 규범적 해석과 보충적 해석에 있어서는 다양한 여러 사정이 고려되는데, 특히 당사자의 의도와 계약의 목적, 거래의 관행, 민법 제2조에 따른 신의칙(또는 사회정의와 형평의 이념)을 고려한다는 점에서 공통점을 가집니다.[18)] 이는 "계약은 신의성실이 거래의 관행을 고려하여 요구하는 대로 해석하여야 한다"고 규정한 독일 민법 제157조와 "계약의 해석은 표의자의 숨겨진 내적인 의사가 기준이 되는 것이 아니라 그 의사표시의 수령자가 모든 주변사정을 고려할 때 신의성실에 좇아 그 표시를 이해하여야 하는 바가 기준이 된다"고 반복적으로 설시한 독일 판례

---

17) 대법원 2006. 11. 23. 판결 2005다13288사건(판례공보 2007년, 24면); 대법원 2014. 11. 13. 판결 2009다91811사건(판례공보 2014년 하권, 2305면).

18) 양창수 편집대표, 민법주해[I]: 총칙(1), 제2판(2022), 275면 내지 277면(민법 제2조에 대한 양창수[본인] 집필부분).

의 태도와 별로 다를 바가 없습니다.[19]

30. 신의칙은 계약을 규범적으로 해석함에 있어서 다음과 같은 것을 요구합니다.[20]

(1) 계약 내용은 양 당사자가 인식하고 있는 계약 목적의 달성에 봉사하도록 해석되어야 합니다. 계약서의 각 조항을 서로 모순되게 해석하거나 그러한 계약조항을 마련한 당사자들의 의도를 해치는 것은 신의칙상 허용되어서는 아니됩니다.

(2) 신의칙은 어느 한편의 이익만을 관철되도록 계약을 해석하는 것을 허용하지 아니하며, 상대방의 이익도 적절하게 고려하도록 요구합니다. 이를 위하여는 가령 그 일방이 제3자와의 사이에 체결한 계약이나 또는 당사자들 사이에 체결된 다른 계약도 아울러 고려할 필요가 있는 경우도 있을 것입니다.

(3) 나아가 신의칙은 계약의 해석이 '지배적인 경제질서 및 사회질서에 내재하는 법윤리'에 상응하여 이루어질 것을 요구합니다. 이는 일반적으로 강행법규에 반하는 결과를 회피하여야 한다는 뜻에서 '준법적 해석'이라고도 합니다.

31. 보충적 해석에서는 우선 당사자들이 그 계약에서 실제로 한 합의로써 추구한 경제적 · 사회적 목적을 탐색하여, 이를 실현하는 데에 조력하는 방향으로 가정적 의사를 발견하여야 합니다.[21]

---

19) 상동.

20) 상동.

계약에 흠결이 있는 경우는 계약을 해석하는 법원이 보다 직접적으로 계약 내용 확정에 관여하여 그 계약에 관한 제반 사정에 대하여 평가하여야 합니다. 법원은 계약에 전형적인 사실적 요소(계약유형에서의 통상적 내용이나 거래관행)뿐만 아니라, 신의칙과 같은 가치판단의 요소를 고려되어 가정적 의사를 탐구합니다.

32. 또한 앞의 제28항에서 본 대로 대법원의 재판례는 특히 계약의 보충적 해석의 경우와 관련하여 '적용법규'도 그 고려사항의 하나로 들고 있습니다. 거기에는 이는 아래 제V장에서 살펴보는 바와 같은 민법 제150조도 포함됨은 물론입니다. 그러나 민법 제150조는 신의칙과 관련된 핵심적인 법사상("권리의 행사와 의무의 이행은 신의에 좇아 성실히 하여야 한다는 법질서의 기본원리가 발현된 것으로서, 누구도 신의성실에 반하는 행태를 통하여 이익을 얻어서는 안된다는 사상")에 바탕을 두고 있으므로 이는 주주간 계약의 보충적 해석은 물론이고, 규범적 해석에서도 고려되어야 할 것으로 생각됩니다.

B. 주주간 계약 제7.3조의 해석

33. 주주간 계약 제7조는, 투자자들이 풋 옵션을 행사하는 경우에 양 당사자가 어떠한 풋 가격 결정 절차상의 의무를 부담하며 그 절차에 좇아서 최종 풋 가격이 어떻게 정하여지는지에 관하여는 명확히 규정하고 있으며, 나아가 늦어도 120일 이내에는 풋 옵션 행사에 따른 주식매매가 완결되도록 예정하고 있습니다.[22] 하지만 일방 당사자가 그 절차를 전혀 이행하지 아니할 경우 어떻게 풋

21) 같은 책, 274면, 277면 내지 278면.
22) 별첨 전제사실, 제4항.

가격을 결정할 수 있는지는 명확하게 규정하지 아니합니다.

34. 주주간 계약 제7.3조의 적절한 해석을 논함에 있어, 먼저 전체 계약의 취지와 목적에 따라 주주간 계약 제7조이 의도하는 바의 경제적 목적, 그리고 그 문언을 살펴봅니다.

(1) 계약 당사자들은 2015년 9월 30일까지 M 회사가 상장되지 아니할 경우에는 신속한 절차에 따라서 투자자들이 투자를 회수할 수 있도록 약정하였다는 것이 명확합니다.

(2) 나아가 당사자들이 계약 당시에 신청인이 풋 옵션을 행사하는 경우 신속하게 풋 옵션 거래를 종결하겠다는 의사가 있었다는 점은 피신청인이 신청인들에게 풋 옵션을 철회불가능하게, 즉 '확정적으로(irrevocably)' 부여하였다는 점(제7.1조)과[23] 풋 가격 결정 절차의 각 단계에 상당히 짧은 기한을 정한 점(제7.3조)에서도 확인할 수 있습니다.[24]

35. 그런데 지금까지도 A가 주주간 계약에 따른 주식 가치를 평가할 기관을 선임하지 아니한 상황을 고려한다면 피신청인이 그 평가기관을 통하여 공정시장가격을 제시하는 과정을 생략하거나 피신청인의 요청에 따라 기존에 마련된 평가보고서로써 이를 갈음한 채 풋 가격 결정을 위한 그 다음의 단계로 속행하는 것이 가장 적절하고 유효한 해결책이라고 할 것입니다. 결국 당사자들이 신속한 투자회수 절차에 동의하였고 그러한 해석이 신의칙에도 부합하

23) 별첨 전제사실, 제1항.
24) 별첨 전제사실, 제4항.

기 때문입니다.

36. 이는 규범적' 해석 또는 '보충적' 해석 중 어느 것을 적용하여도 위와 동일한 결론에 도달합니다.

37. 주주간 계약이 일방 당사자가 평가기관을 선정하지 아니할 경우 풋 가격이 어떻게 결정되는지에 대하여 규정하지 아니하지만, 중재판정부는 규범적 해석을 통하여 계약 당사자들이 주주간 계약에 의하여 달성하고자 하는 목적 및 신의칙, 사회 정의와 형평의 이념 등을 고려하여 투자자들에게 신속한 투자금 회수를 허용할 수 있습니다. 따라서 만약 지금이라도 A가 주주간 계약 제7.3조에 따라 평가기관이 산정한 FMV를 제시한다거나 여하한 이유로 이미 평가기관을 통하여 산정한 FMV가 존재한다면, 중재판정부는 규범적 해석에 의하여 A가 선임한 평가기관의 FMV 감정가를 곧 주주간 계약에 따른 A 측 평가기관의 보고서로 보아 이를 투자자측 평가기관이 제시한 다른 FMV 감정가와 비교하고 주주간 계약이 정한 가격 결정 절차에 따라 최종 풋 가격을 결정할 수 있습니다.

38. 만일 중재판정부가 주주간 계약 제7조의 문언에 '공백'이 존재한다고 본다면, 이는 '보충적 해석'의 문제가 됩니다. 계약에 흠결이 있는 경우 중재판정부는 'A의 실제 의사 내지 주관적 의사'가 아니라 계약의 목적, 거래 관행, 적용법규, 신의칙 등에 비추어 '객관적으로 추인되는 정당한 이익조정 의사'를 탐구하여야 합니다. 다시 말하면, 피신청인이 자신의 이익을 위하여 고의적으로 주주간 계약을 위반하리라는 점을 알았더라면 이를 어떻게 처리할 것인지에 대하여 피신청인이 실제로 계약 체결 당시에 동의하였을 내용

을 찾는 것이 아니라, 이 사건 계약의 목적과 신의칙 등에 비추어 어떠한 계약 해석이 가장 합리적이고 신의칙에 부합하는지 당사자들의 이익을 조정하는 것입니다.

39. 규범적 해석 또는 보충적 해석에 따라 중재판정부가 주주간 계약 제7조를 해석할 때 계약을 성실히 이행하고자 한 자의 이익을 보호하고, 계약 이행을 고의적으로 방해한 자에게 부당한 이익이 귀속되지 아니하도록 판단하는 것이 신의칙에 부합합니다. 예를 들어 중재판정부는 계약 해석을 통하여 A의 평가기관 선정 절차 이후의 가격 결정 단계로 곧바로 속행함으로써 이 사건 당사자들 사이의 분쟁을 해결할 수 있습니다. 만약 중재판정부가 피신청인의 방해행위의 결과로 피신청인이 신청인들의 주식을 매수할 계약상 의무를 회피하는 것을 용인한다면 이는 신의성실의 원칙에 반하는 행위를 한 자가 자신의 위법행위로 인한 이득을 얻도록 허용하는 것이므로 부적절합니다.

40. 특히 앞의 제28항에서 본 대로 대법원이 계약 해석에 있어서 고려하는 사정들인, 당사자의 의도와 주주간 계약의 목적, 거래의 관행, 신의칙에 따르면, A의 방해에도 불구하고 보충적 해석에 따라 제3의 평가기관 선정 단계를 속히 진행하여 최종 풋 가격을 결정할 수 있도록 주주간 계약을 해석하여야 합니다. 또한 지금이라도 A가 평가기관으로부터 사정받은 공정시장가격을 보충할 수 있다면 그에 따라 지금부터 신속히 다음 단계를 속행하는 것이 신의칙에 부합합니다.

41. 나아가 거래의 관행을 살피건대, 이 사건 주주간 계약과

비슷하게 풋 옵션을 규정하는 모범계약서의 예에 따르면 어느 일방이 매매가격을 제시하지 아니하더라도 이를 이유로 계약에 따른 매매 절차를 중단하지 아니하고 신속하게 최종 풋 가격을 결정하는 것이 일반적입니다. 미국변호사협회에서 발간된 Model Joint Venture Agreement와 다국적 법률정보 서비스 제공업체인 톰슨 로이터스에서 발간된 Joint Venture Agreement의 예가 그러한 거래의 관행을 보여줍니다.[25)]

C. 주주간 계약 제7.1조의 해석

42. A가 계약에 따른 평가기관 선정을 거부함으로써 풋 가격 결정을 장기간에 걸쳐 악의적으로 방해하였음으로 인하여 주주간 계약 제7.3조에 따른 풋 가격결정 절차가 지금까지 중단되었습니다. 만약 이 사건 중재판정부가 현 상태에서 여하한 이유로 주주간 계약 제7.3조에 따른 공정시장가격 결정이 더 이상 불가능하다고 판단한다면, 신청인들은 —예비적으로— 최초 주식매매가격에 따른 주식 매매를 청구합니다.

43. 주주간 계약 제7.1조의 문언은 다음과 같습니다.

> 7.1 풋 옵션(Put Option). 본 제7조의 조건을 전제로, 최대주주는 이로써 각 투자자가 최대주주로 하여금 풋매수일(이하 정의됨)에

25) American Bar Association, *Model Joint Venture Agreement with Commentary*, 2007, p. 144; Lowell & Martin, *US International Transfer Pricing*, 2018, Thomson Reuters Tax and Accounting, APPENDIX A.11 Joint Venture Agreement, Form 11.01 Joint Venture Agreement, pp. 13, 24.

(a) 제7.3조에 따라 평가기관들이 결정한 가격("공정시장가격(FMV)") 과 (b) 본건 주식매매계약에 따라 투자자들이 지급한 가격 중 **더 높은 금액**을 매수가격("풋 가격")으로 하여 투자자 자신이 보유한 본건 주식의 전부 또는 일부("풋 주식")를 매수하도록(또는 그 지정인으로 하여금 매수하도록) 요구할 수 있는 권리 및 옵션(의무는 아님)을 가질 수 있게 하는 풋옵션("풋 옵션")을 각 투자자에 확정적으로 부여하고, 각 투자자는 이를 최대주주로부터 수락한다. 다만, 이러한 풋옵션은 기업공개(IPO)가 2015년 9월 30일까지 완료되지 아니하는 경우에만 행사할 수 있다.

44. 위 제7.1조의 객관적 의미는 당사자들이 표시한 문언에서도 명확하게 드러납니다. 요컨대 제7.1조의 문언상 풋 가격이란 (a) 주주간 계약 제7.3조에 따른 FMV와 (b) 투자자들이 2012년 M 회사 주식을 구매할 때 지급한 최초매매가격 중 "더 높은 금액"입니다. 제7.1조의 문언을 합리적으로 해석한다면 풋 가격은 최소한 최초매매가격 이상일 수밖에 없습니다. 즉, 최초매매가격이란 투자자들이 투자를 회수할 때 보장되는 하한(Floor Price)입니다. 따라서 여하한 이유로 중재판정부가 주주간 계약 제7.3조에 따라 풋 가격을 결정하지 아니한다면 투자자들은 자신들의 요청에 따라 풋 가격의 하한(Floor Price)을 받을 수 있습니다. 이처럼 최소한 Floor Price의 지급을 보장하는 해석은 당사자의 의도와 계약의 목적 및 신의칙에 부합합니다.

V. 민법 제150조의 의미와 기능, 그리고 그 적용

45. 중재판정부가 —계약 해석에 대한 본인의 견해와 달리—

주주간 계약 제7.3조에 따라 여전히 A 본인이 평가기관을 선정하여야 한다고 해석하더라도, 이는 반드시 A가 실제로 앞으로 평가기관을 선정하여야만 주주간 계약 제7.3조가 실행 가능하다는 의미는 아닙니다. 민법 제150조는 "조건 성취에 대한 고의적 방해행위에 대한 제재로서 조건 성취를 의제"하기 때문입니다.

46. 따라서 후술하는 바과 같이 중재판정부는 민법 제150조를 적용하여 A가 주주간 계약 7.3조에 따라 평가기관을 선임한 것으로 간주할 수 있으며, 결국 제3의 평가기관 선정단계가 속행되어야 합니다. 즉, 민법 제150조는 중재판정부가 계약 해석에 관한 본인의 견해를 받아들이지 아니하더라도 동일한 결론에 도달할 수 있는 독자적인 법률상 근거인 것입니다.

A. 민법 제150조

47. 민법 제150조 제1항은 다음과 같이 규정합니다.[26)]

> 조건의 성취로 인하여 불이익을 받을 당사자가 신의성실에 반하여 조건의 성취를 방해한 때에는 상대방은 그 조건이 성취한 것으로 주장할 수 있다.

48. 민법 제150조는 연혁적으로 로마법으로 거슬러 올라갑니다. 그리고 위 민법 조항은 독일 민법 제162조와 이를 계수한 일본

26) 민법 제150조는 앞의 주 1에서 설명한 대로 민법의 '통칙'으로 정하여진 신의성실의 요청이 보다 구체적인 법제도, 즉 법률행위의 조건과 관련하여 —그 법률효과를 수반하면서— 다시 등장한다는 점에서도 흥미롭습니다.

민법 제130조으로부터 직접적인 영향을 받았습니다.[27)]

49. 이들 법조항은 당사자들의 합의에도 불구하고 신의칙에 반하여 조건의 성취를 방해한 당사자를 '제재'하고 불이익을 받은 상대방을 보호하고자 합니다.[28)] 신의칙에 반하여 조건의 성취를 방해한 자가 성취하고자 하였던 법률효과를 부정함으로써 그러한 제재와 보호의 목적을 달성합니다.[29)] 대법원은 2021년 1월 14년 판결 2018다223054 사건(이하 "DICC 판결" 또는 "DICC 사건"이라고 부릅니다)에서 민법 제150조의 목적을 다음과 같이 설명하였습니다.

> 민법 제150조는 권리의 행사와 의무의 이행은 신의에 좇아 성실히 하여야 한다는 법질서의 기본원리가 발현된 것으로서, **누구도 신의성실에 반하는 행태를 통하여 이익을 얻어서는 안 된다는 사상**을 포함하고 있다.[30)]

50. 위 설시 중 "누구도 신의성실에 반하는 행태를 통하여 이익을 얻어서는 안 된다"는 부분은 이 사건 해결에 특히 중요한 의미를 가집니다. 풋 옵션이 행사되면 정하여지는 매매가격을 지급하

---

27) 양창수, "민법 제150조의 입법 목적과 유추적용 — 우리 민법의 숨은 조항", 사법 제51호(2020), 278면 내지 291면.

28) 상동.

29) 대법원 1990. 11. 13. 판결 88다카29290 사건(법원공보 1991년, 59면); 대법원 1998. 12. 22. 판결 98다42356 사건(판례공보 1999년, 198면); 대법원 2015. 5. 14. 판결 2013다2757 사건(판례공보 2015년 상권, 785면).

30) 대법원 2021. 1. 14. 판결 2018다223054사건(판례공보 2021년 상권, 343면). 이러한 판시는 그 직후에 나온 대법원 2021. 3. 11. 판결 2020다253430사건(판례공보 2021년 상권, 756면)에서도 그대로 반복되고 있습니다.

여야 하는 불이익을 받을 A는 자신의 이익을 도모하기 위하여 계약에 따른 풋 옵션 행사를 적극적으로 방해하였습니다. 따라서 A는 신의성실에 반하는 자신의 행태를 통하여 이익을 얻어서는 아니됩니다. A가 이처럼 이익을 얻지 아니하도록 보장하는 적절한 방법은 그러한 방해행위가 없었을 경우라면 결정되었을 풋 가격을 지급할 의무를 지게 하는 것입니다. 그러므로 민법 제150조에 나타난 신의칙의 사상은 앞의 제33항 이하에서 설명한 바와 같이 신의칙을 고려한 계약의 규범적 해석 또는 보충적 해석에 의하여 주주간 계약에 따른 풋 가격 결정을 위하여 필요한 구체적인 다음 단계로 이행하여야 한다는 본인의 의견을 뒷받침한다고 생각됩니다.

B. 민법 제150조에서의 '조건' 및 본건 중재에 대한 적용

51. 민법 제150조는 일방 당사자가 "조건의 성취로 인하여 불이익을 받을" 경우에 적용됩니다. A는 풋 옵션이 이행되면 매매가격을 지급하여야 하는 불이익을 받을 경우임이 명백합니다. 또한 아래에서 살펴보는 바와 같이 주주간 계약 제7.3조를 위반하여 A가 평가기관의 선임을 거부한 것이 민법 제150조를 적용할 경우에 해당함도 분명합니다.

52. 민법 제150조는 통상적 의미의 조건, 즉, 계약과 같은 법률행위에 있어서 그 효력의 발생을 장래의 불확실한 사실의 성취 여부에 의존하게 하는 법률행위의 부관(민법 제147조[31] 참조)에만 적용되는 것이 아닙니다. DICC 판결에서 대법원은 일방 당사자가 신의성실의 원칙에 반하여 상대방과의 협력을 거부함으로써 상대

31) 민법 제147조 참고.

방의 계약상 권리 행사를 방해한 경우에도 민법 150조를 유추적용할 수 있다고 보아 다음과 같이 판시하였습니다. (괄호를 사용한 번호 붙이기는 인용자가 추가한 것입니다)

> (i-1) 당사자들이 조건을 약정할 당시에 미처 예견하지 못하였던 우발적인 상황에서 상대방의 이익에 대하여 적절히 배려하지 아니하거나 (i-2) 상대방이 합리적으로 신뢰한 선행 행위와 모순된 태도를 취함으로써 (ii) 형평에 어긋나거나 정의관념에 비추어 용인될 수 없는 결과를 초래하는 경우 신의성실에 반한다고 볼 수 있다. 민법 제150조 제1항은 (iii) 계약 당사자 사이에서 정당하게 기대되는 협력을 신의성실에 반하여 거부함으로써 계약에서 정한 사항을 이행할 수 없게 된 경우에 유추적용될 수 있다.[32)]

53. 위의 (iii)과 관련하여, 대법원은 이와 같은 민법 제150조의 유추적용은 "단순히 협력 거부만으로는 부족하고 [동조]에서 정한 방해행위에 준할 정도로 신의성실에 반하여 협력을 거부함으로써 계약에서 정한 사항을 이행할 수 없는 상태가 되어야 한다"고 판시하였습니다.[33)]

54. 위와 같은 DICC 판결의 판시를 본 중재 사건의 사실관계에 그대로 적용할 수 있습니다.

55. (i-1) "당사자들이 조건을 약정할 당시에 미처 예견하지 못했던 우발적인 상황에서 상대방의 이익에 대하여 적절히 배려하

32) 대법원 2021. 3. 11. 판결 2020다253430사건(판례공보 2021년 상권, 756면).

33) 상동.

지 않거나" : 주주간 계약은 일방 당사자가 이유 없이 평가기관 선임을 거부하는 경우에 대하여서는 적어도 명시적으로는 이를 규정하지 아니합니다. 이는 양 당사자가 주주간 계약 제7.3조에 따른 매매가격 결정절차에 합의할 당시에 A처럼 일방이 그 절차를 적극적으로 방해하는 상황에 대하여 미리 예견하지 못하였기 때문입니다.[34)]

56. (i-2) "상대방이 합리적으로 신뢰한 선행 행위와 모순된 태도를 취함으로써" : 투자자들은 A의 두 가지 선행행위를 신뢰하였습니다.

(1) 첫째, 재무적 투자자들은 A가 주주간 계약 제7.3조에서 명백하게 합의한 바 있는 해당 조항상의 의무를 이행할 것에 합리적으로 신뢰하였습니다.

(2) 둘째, 투자자들은 2018년 당시 A가 감정인 선임을 거부하면서 풋 옵션이 한국법상 적법하다는 점이 확인되면 평가기관을 선임하겠다고 설명한 선행행위를 신뢰하였습니다.[35)] 투자자들은 A가 풋옵션의 적법성에 대하여 잘못 이해하고 있지만 어쨌든 그러한 염려를 하는 것 자체는 사실이라고 신뢰하였기에, Breach Arbitration을 제기하여 막대한 비용과 시간을 들여 풋 옵션 조항이 한국법상 유효하다는 점을 주장하였고, 결국 풋 옵션이 적법하고 유효하다는 판정을 받았습니다.[36)] 이후 투자자들은 이제 A가 기존의

---

34) 별첨 전제사실, 제4항.
35) 별첨 전제사실, 제13항.
36) 별첨 전제사실, 제12항.

약속을 지켜 평가기관을 선임하라고 요구하였습니다.[37]

(3) 그러나 A는 풋 옵션의 적법성이 확인되면 주주간 계약 제7.3조를 준수하여 평가기관을 선임하겠다던 자신의 약속을 어겼습니다.[38]

57. (ii) "형평에 어긋나거나 정의관념에 비추어 용인될 수 없는 결과를 초래하는 경우" : A의 적극적인 방해행위로 인하여 투자자들은 주주간 계약의 핵심을 이루는 중요한 목적, 즉 2015년 9월 30일까지 IPO가 완료되지 아니하는 경우에는 신속하게 투자금을 회수한다는 목적을 이루지 못하였습니다. 이는 형평에 어긋날 뿐 아니라 정의 관념에 비추어 용인될 수 없는 결과입니다.

58. (iii) "계약 당사자 사이에서 정당하게 기대되는 협력을 신의성실에 반하여 거부함으로써" : A가 투자자들이 정당하게 기대한 바와 같이 평가기관을 선임하고 풋 가격 결정절차에 협력하였다면 본건 분쟁은 애초에 발생하지 아니하였을 것입니다.

C. 민법 제150조와 관련하여 DICC 사건과 이 사건과의 비교

59. 앞의 제V장 B.에서 살펴본 바와 같이, 이 사건은 DICC 판결에서 설시된 법리에 따라 민법 제150조를 유추적용하기에 적절한 사건입니다.

37) 별첨 전제사실, 제13항.

38) 별첨 전제사실, 제13항 및 제15항.

60. DICC 판결의 경우 대법원은 결과적으로 민법 제150조를 적용하지 아니하였습니다. 하지만 대법원의 그 판단 근거를 살펴보면 오히려 민법 제150조가 이 사건에서 적용되어야 한다는 본인의 결론은 더욱 설득력을 얻게 됩니다.

61. DICC 사건에서 대법원은 피고가 신의칙상 협조의무를 위반하였다고 판단하였으면서도 "민법 제150조는 **사실관계의 진행이 달라졌더라면 발생하리라고 희망하였던 결과를 의제하는 것은 아니므로**, 이 조항을 유추적용할 때에도 조건 성취 의제와 직접적인 관련이 없는 사실관계를 의제하거나 계약에서 정하지 아니한 법률효과를 인정하여서는 안 된다"는 이유로 민법 제150조를 적용할 수 없다고 판시하였습니다.[39)]

62. 이러한 판단은 해당 사건에서 쟁점이 되었던 DICC 판결의 주주간 계약(이하 "DICC 주주간 계약"이라고 부릅니다)과 관련이 있습니다. DICC 주주간 계약은 쟁점이 되었던 동반매도청구권과 관련하여 다음을 명시하였습니다.

(i) 낙찰자가 매수인이 되는 경우 낙찰가격이 매매가격이 되고 원고와 피고의 주식을 모두 매매합니다.

(ii) 피고가 매수인이 되는 경우 DICC 주주간 계약에 따라 매매가격이 결정되고 원고의 주식만을 매매합니다.

(iii) 피고가 지정하는 제3자가 매수인이 되는 경우 그 제3자가 낙찰가보다 높게 제시한 가격이 매매가격이 되고 원고와 피고의

39) 대법원 2021. 3. 11. 판결 2020다253430사건(판례공보 2021년 상권, 756면).

주식을 모두 매매합니다.

63. 그리하여 DICC 판결에서 대법원은 민법 제150조를 적용하더라도 위와 같은 다양한 경우 중에서 어떠한 것을 선택하여 그 구체적인 매매목적물, 매매가격 및 매수인을 결정할 수 없다는 이유로 민법 제150조를 적용하지 아니한 것입니다.

64. 그러나 이 중재사건은 DICC 사건과 달리 민법 제150조가 적용되어야 합니다. 피신청인이 신의칙에 반하는 적극적인 방해행위를 하였다는 점은 이미 앞서 살펴본 바와 같습니다. 더군다나 DICC 주주간 계약과는 달리, 이 사건 주주간 계약에 따르면 풋 옵션이 행사될 경우 매도인(신청인들)과 매수인(A)이 모두 분명하고,[40)] 매매목적물은 신청인들이 보유한 M 회사 주식으로서 역시 명백하며, 가격도 역시 그 결정 방식이 주주간 계약 제7조에 이미 명확하게 규정되어 있습니다. 즉 매매목적물과 매매가격 결정방식, 매수인이 모두 명확한 것입니다.

65. 본인은 이 중재사건이 DICC 사건보다는 최근 민법 제150조를 유추적용하여 판단한 바 있는 서울고등법원 2022년 5월 26일 판결 2021나2021744사건(이하 "서울고등법원 판결" 또는 "서울고등법원 사건"이라고만 부릅니다)과 더 유사하다고 할 것입니다.[41)]

---

40) 주주간 계약 제7.1조와 제7.4조에 따르면 매매대금을 지급하는 자가 A 또는 A가 지명하는 자(designee)라고 규정되어 있습니다. 이처럼 A가 지명하는 제3자가 매매대금을 지급할 수 있도록 한 것은 단지 A가 매매대금 지급의 편의를 위하여 선택할 수 있는 지급방식일 뿐이고, A가 주주간 계약에 따라 주식을 매수할 의무를 부담한다는 점은 달라지지 아니합니다.

66. 서울고등법원 사건은 다음과 같은 사실관계를 다루었습니다.[42)]

(1) 원고는 피고에게 미화 2,000만 달러를 정상이자율을 Libor 금리에 연 2.2%를 가산한 비율로, 연체이자율을 위의 정상이자율에 연 2%를 가산한 비율로 하고 이를 매월 복리로 산정하는 것으로 하여 대출해 주면서, 미국 뉴저지주에 소재한 피고 소유의 부동산 X를 담보로 제공받았습니다.

(2) 이후 피고가 파산하자, 원고는 피고와 협상하여 부동산 X를 처분하여 위 대출금을 우선변제받을 구체적인 방법을 도모하기에 이르렀습니다. 결국 당사자들은 부동산 X의 매각대금 중에서 매각 관련 세금 및 비용을 제외한 금전으로 위 대출채무의 원금(미화 2,000만 달러)과 정상이자를 상환하고 연체이자를 전액 면제하기로 합의하였습니다. 다만 매각대금에 대하여 미국법에 따라 미국 국세청에 원천징수가 행하여질 경우에 관하여, 피고는 먼저 매수인으로부터 지급받는 대금으로 원고에게 원금을 상환하고 원고는 부동산 X에 대한 담보를 해지하되, 이후 피고가 미국 국세청으로부터의 원천징수분에 대한 세금 환급금을 수령하면 즉시 원고에게 정상이자

---

41) 이 판결에 대해서는 그 피고가 대법원에 상고를 하지 아니하여 그대로 확정되었습니다. 이 서울고등법원 판결은 법원 자신에 의한 공간 등 대외적인 공개는 이루어지지 아니하였으나, 사적으로 재판자료를 수집하여 편찬 · 공개하는 민간의 업체인 「케이스노트」 사이트(https://casenote.kr)에서 검색할 수 있습니다.

42) 서울고등법원 2022. 5. 26. 판결 2021나2021744 사건(미공간) 및 그 원심인 서울중앙지방법원 2021. 5. 27. 판결 2020가합541675 사건(미공간) 참조.

를 변제하기로 합의하였습니다.[43)]

(3) 피고는 파산법원의 허가를 받아 2018년 9월 제3자에게 부동산 X를 미화 2,550만 달러에 매각하였는데, 그 매각대금 중 미화 약 440만 달러가 미국 국세청에 원천징수되었습니다. 피고는 매각 관련 비용을 지출하고 남은 대금 중 미화 2,000만 달러로 원고에게 위 대출금의 원금을 변제하였습니다.

(4) 피고가 부동산 X의 매매 전후에 파산법원에 보고한 바에 따르면, 대출금 원금 상환일 무렵 피고가 원고에게 미지급한 정상이자는 미화 약 168만 달러였습니다. 한편 피고는 미국 국세청으로부터 2019년 5월에 —원천징수된 약 440만 달러 중에서— 미화 약 240만 달러 정도를 환급받으리라고 예상하였습니다. 따라서 피고가 2018년 부동산 X를 매각한 이후 예정대로 미국 국세청에 환급 신청을 하여 원천징수된 대금 일부인 미화 240만 달러 상당을 환급받았다면 그 환급액으로 원고에게 정상이자를 지급하기에 충분하였습니다.

(5) 그러나 피고는 부동산 X의 매각에 대하여 원천징수된 세금의 일부를 미국 국세청으로부터 환급받기 위하여 필요한 통상적인 신청 절차를 적절히 이행하지 아니하였습니다. 또한 피고는 원고에게 정상이자를 지급하기 위한 조건, 즉 미국 국세청으로부터 원천징수세 일부를 환급받는다는 조건이 성취되지 아니하였다는 이유로 원고에게 아무런 이자도 지급하지 아니하였습니다.

43) 상동.

(6) 이에 원고는 2020년 5월 피고를 상대로 정상이자(소제기 당시까지 산정된 약 169만 달러의 정상이자) 및 그에 대한 지연손해금을 구하는 소송을 제기하였습니다. 또한 원고는 서울고등법원에 이 사건 소송이 계속 중이던 2022년 2월 미국 국세청으로부터 원천징수세를 환급받기 위하여 필요한 정보 및 서류, 신청절차를 대행할 수 있는 회계법인까지 피고에게 알려주었지만 피고는 세금 환급을 위한 아무런 조치도 취하지 아니하였습니다.

67. 이러한 사실관계 아래서 서울고등법원은 원고의 청구를 인용하면서 다음과 같이 판시하였습니다.

(1) 피고가 미국 국세청에 매각 관련 원천징수세에 대한 환급을 신청하는 것이 불가능한 정도의 중대한 법률상·사실상 장애사유가 없었고, 당사자들 사이의 합의 당시에는 조속히, 적법하게 환급을 신청할 것과 같은 태도를 취하였으며, 2019년 이내에는 환급절차가 마무리될 것으로 예상되었습니다.

(2) 원고는 피고의 그와 같은 언동을 합리적으로 신뢰하여 앞의 제66항에서 본 바와 같이 합의하였던 것입니다.

(3) 그러나 피고는 2018년 환급신청에 착수한 후 임의로 이를 중단하였고 이후 위 서울고등법원 사건의 변론종결일(2022년 4월)까지도 환급을 위하여 실효성 있는 조치를 취하지 아니하였습니다. 결국 원고는 정상이자를 전혀 지급받지 못하였습니다.[44)]

---

44) 상동.

68. 이에 서울고등법원은 피고가 원고가 합리적으로 신뢰한 피고의 선행행위와 모순된 태도를 취함으로써 형평에 어긋나거나 정의관념에 비추어 용인될 수 없는 결과를 초래한 경우에 해당한다고 보았습니다. 따라서 서울고등법원은 민법 제150조를 유추적용하여 당사자들의 계약의 목적에 따라 환급금 수령을 의제하였고, 피고가 원고에게 —환급금 수령을 전제로 한— 정상이자를 지급하라고 판결하였습니다.[45)]

69. 이와 같이 위 서울고등법원 판결과 유사하게 A의 평가기관 선임 거부는 주주간 계약상 의무 위반일 뿐만 아니라 동시에 신의성실에 반하여 의도적으로 협력을 거부하고 신청인에게 신속한 투자 회수의 기회를 부여하고자 하는 주주간 계약의 목적을 방해하는 행위라고 평가되어야 함이 명백합니다.

(1) A가 평가기관을 선임하는 데에는 별다른 법률상 또는 사실상 장애사유가 없었습니다. 평가기관 선임이 어렵거나 불가능하지 아니하였다는 점은 A가 실제로 주주간 계약 제7.3조의 절차와는 별개로 개인적으로 「안세회계법인」을 선임하여 주주간 계약 제7.3조에 따른 공정시장가격을 산정였다는 점에서 더욱 확실히 드러납니다.[46)] 만일 A가 진정으로 한국법상 풋 옵션의 적법성이 염려되었다면 그러한 사유에 대하여 추후 이의를 제기할 권리를 유보할 수도 있었을 것입니다.

(2) 그러나 A는 평가기관 선임을 거부하였고 풋 가격 결정 절

45) 상동.
46) 별첨 전제사실, 제11항.

차를 적극적으로 방해하였습니다. 나아가, Breach Arbitration의 중재판정부가 풋 옵션이 유효하다고 확인하였음에도, 풋 옵션의 유효성 문제가 해결되면 평가기관을 선임하겠다는 본인의 선행행위에 모순되는 태도를 취하고 있습니다.[47)]

(3) A는 풋 옵션 행사 및 거래 종결이 이루어지지 아니할 경우 투자자들이 입을 피해에 대하여 잘 알면서도 매매가격 지급 의무를 회피하기 위하여 적극적으로 주식매매가격, 즉 풋 옵션 가격의 결정을 방해하였습니다.[48)] 신청인들이 풋 옵션 행사 후 4년이 넘게 지난 오늘날까지 M 회사 주식을 매도하지 못하고 있습니다. 결과적으로, 투자자들은 당초 투자를 위하여 자금을 조달할 당시 예측할 수 없었던 과도한 이자를 부담하고 있습니다. 이러한 결과는 형평에 어긋날 뿐 아니라 정의관념에 비추어 용인될 수 없는 결과입니다.

70. 따라서 신의칙에 비추어 민법 제150조를 유추적용하여 A가 평가기관을 선임하였다고 간주되어야 합니다. 따라서 제3의 평가기관이 감정한 FMV에 따라 풋 가격을 결정함으로써 투자자들이 뒤늦게나마 계약에서 보장된 바에 따라 투자금을 회수할 수 있도록 허용하여야 합니다. 이와 같은 150조 적용이 주주간 계약의 목적을 성취하고 A의 신의성실에 반한 행위를 제재하는 타당한 구제책입니다.

---

47) 별첨 전제사실, 제12항 및 13항.

48) 별첨 전제사실, 제7항.

D. 민법 제150조의 해석·적용에 참고할 만한 외국의 재판례

71. 앞의 제48항에서 살펴본 바와 같이 민법 제150조는 그 입법 과정에서 독일 민법 제162조 제1항와 일본 민법 제130조와 같이 유사한 외국의 법규정에 큰 영향을 받았습니다.[49] 후술할 바와 같이 독일 및 일본 법원은 민법 제150조와 같이 위와 같은 규정을 엄밀한 의미에서 조건이 아닌 경우에까지 유추작용합니다.

72. 대법관으로 재직한 본인의 경험과 40년 이상의 법률 연구 및 실무에 비추어 본다면, 한국의 대법원이 본 중재사건과 유사한 사건을 심리한다면 민법 제150조과 유사한 자신들의 규정에 대한 다음과 같은 외국 법원의 재판례를 충분히 참고할 것입니다. 독일 민법 제162조 및 일본 민법 제130조는 각기 다음과 같이 규정합니다.

(1) 외국 민법전의 관련 규정

독일 민법 제162조(조건성취의 방해 또는 야기)[50]

(1) 조건의 성취로 인하여 불이익을 입는 당사자가 조건의 성취를 신의성실에 반하여 방해한 경우에는 조건은 성취된 것으로 본다.

(2) 조건의 성취로 인하여 이익을 받는 당사자가 조건의 성취를 신의성실에 반하여 일으킨 경우에는 조건은 성취되지 아니한 것으

49) 양창수(주 27), 278면 내지 291면. 이는 특히 민법의 제정과정에서 민법안에 대한 국회의 심의과정을 담은 『민법안심의록』(1957), 96면의 기재를 통하여 분명하게 알 수 있습니다.

50) 그 번역문은 양창수, 2021년판 독일민법전—총칙 · 채권 · 물권(2021)에 의하였습니다. 이하 같습니다.

로 본다.

일본 민법 제130조(조건 성취의 방해)

(1) 조건의 성취로 인하여 불이익을 받을 당사자가 고의적으로 조건의 성취를 방해한 때에는 상대방은 그 조건이 성취한 것으로 간주할 수 있다.

(2) 조건의 성취로 인하여 이익을 받을 당사자가 부당하게 그 조건을 성취한 때에는 상대방은 그 조건이 성취되지 아니한 것으로 간주할 수 있다.

73. 이와 관련하여서는 독일에서는 민법전에서 신의칙에 관하여 한국 민법 제2조와 같은 일반조항을 두고 있지 아니하나, 동 민법 제157조(계약의 해석)[51]과 특히 제242조(신의칙에 따른 채무 이행)[52]를 바탕으로 하여 의무의 이행과 계약의 해석에서 신의칙의 의무를 그야말로 일반적인 법원칙으로 강조하고 있음을 지적하여 두고자 합니다. 이는 민법 맨 앞의 '통칙'으로서 그 제1조 제2항 및 제3항[53]에서 한국 민법 제2조 제1항 및 제2항과 전적으로 동일하게 신의성실의 원칙("권리의 행사와 의무의 이행은 신의에 좇아 성실하게 행하여야 한다")과 권리남용 금지의 원칙("권리의 남용은 허용되지 아니 한다")을 정하고 있는 일본의 경우에도 물론 전혀 다를 바 없습니다.

---

51) 독일 민법 제157조: "계약은 신의성실이 거래관행을 고려하여 요구하는 대로 해석되어야 한다."

52) 독일 민법 제242조: "채무자는 신의성실이 거래관행을 고려하여 요구하는 대로 급부를 실행할 의무를 부담한다."

53) 일본 민법 제1조 제2항 및 제3항.

(2) 독일 함 고등법원의 판결

74. 함 고등법원(Oberlandesgericht Hamm)의 1999년 판결[54]은 독일 민법 제162조가 유추적용하는 방식을 보여주는 전형적인 예입니다.

75. 이 사건에서 피고 회사는 당사자들 사이의 파트너십이 해제되면 원고에게 지분의 객관적이고 실질적인 시장가치(Verkehrs-wert)를 지급할 계약상 의무가 있었습니다. 그런데 원고의 피고 회사 파트너십이 피고 회사의 지분소각결의에 의하여 해제됨으로써 원고 지분의 시장가치를 지급하여야 할 의무가 피고 회사에 발생하였음에도 불구하고 원고는 그 시장가치의 적정한 조사를 거부하여 이를 좌절하게 하였습니다. 즉, 자신에게 지급되어야 하는 금액을 확정하기 위한 선결절차인 가치평가를 하기 위하여 요구되는 —원래는 피고 회사의 파트너이었던— 원고가 종전부터 소지하는 회사 관련 자료의 제출을 거부하는 등으로 원고 자신이 방해하였던 것입니다. 이에 피고는 원고에게 원고 지분의 명목가치(Nominalwert)만을 지급하였습니다.

76. 함 고등법원은 민법 제162조에 따라 원고에게 명목가치에 따른 지분 가치만을 지급하여도 충분하다고 판결하면서 그 이유를 다음과 같이 설명하였습니다.

> 민법 제162조를 유추하여 원고에 대하여는 소각된 회사 지분의 진정한 거래가치에 상응하는 [파트너십 지분에 대한] 소각상환금

---

54) *NZG* [= Neue Zeitschrift für Gesellschaftrecht], 1999, S. 597 ff.

(Einsiehungs-entgelt)이 이미 지급된 것으로 취급되어야 한다. 즉 그 지분의 시장가치를 적정히 조사하는 것을 강력히 거부하여 좌절시킨 것이 바로 원고 자신이고, 이로 말미암아 피고는 제대로 행하여진 지분소각결의의 유효성을 그에 알맞은 금전의 지급으로 관철할 수 없게 되었다. 원고만이 피고 회사의 기업재산에 관하여 필요한 정보를 가지고 있었다. 그가 회계장부를 소지하고 있었으며, 연말 결산보고서들, 특히 피고 회사가 지분을 가지고 있는 기업들의 연말 결산 보고서들도 그가 가지고 있었다. 그리고 이 사건 보조참가인과 소송대리인이 거듭하여 피고 회사, 그리고 그 외에 그가 참여한 4개 기업의 실제 연말 결산보고서를 제공할 것을 거듭하여 요청하였음에도 원고가 이에 응하지 아니하였다는 피고의 주장을 원고는 부인하지 아니하였던 것이다.

77. 위 판결은 엄격한 조건을 다루는 것이 아닙니다. 또한 계약 위반이 있었던 사안도 아닙니다. 하지만 다만 급부의 내용을 확정하기 위하여 지분의 객관적인 시장가치를 결정하여야 하는 선결절차가 필요한 경우였습니다. 그럼에도 함 고등법원은 원고의 방해해위를 이유로 독일 민법 제162조를 유추적용하였습니다.

(3) 독일 연방대법원의 판결

78. 독일 연방대법원(Bundesgerichtshof)의 1983년 판결[55]은 영업용 건물 건축 관련 사건입니다. 피고는 원고에게 10만 마르크에 해당하는 부분공사를 맡겼습니다. 원고는 피고를 상내로 미지급 공사잔대금 4,300마르크의 지급을 청구하였습니다.

---

55) *BGHZ* [= Entscheidungen des Bundesgerichtshofes in Zivilsachen], Bd. 88, S. 240 ff.

79. 소 제기 전에 피고가 위 공사의 하자를 주장한 바 있습니다. 원고와 피고는 교섭 끝에 "우선 피고 주장의 하자에 대하여 감정을 받고, 거기서 확인된 하자를 원고가 보수한 후 피고가 나머지 공사대금을 지급한다"는 취지로 합의하였었습니다.

80. 원고는 피고에게 문제가 된 하자를 당사자들이 합의한 바에 따라 보수할 준비가 되었다고 여러 차례 밝혔습니다. 그러나 피고는 원고가 이미 장기간 하자보수에 진지한 노력을 하지 아니하였고, 원고가 법적으로 그러한 하자보수작업을 수행할 자격이 없다는 것, 즉 원고는 상공업자조합에 속하였을 뿐이고 수공업자조합에 소속되지 아니하였음을 주장하면서 원고의 하자보수를 거부하고 제3자가 하자를 보수하여야 한다고 고집하였습니다.

81. 독일 연방대법원은 우선 하자보수 이후에 공사잔대금을 지급하기로 한 당사자 사이의 합의가 최종적이고 유효하다고 확인하였습니다. 그리고 위 합의에서 정한 하자의 보수를 원고가 이행하지 아니하더라도 다음과 같은 이유로 공사잔대금을 청구할 수 있다고 판시하였습니다.

> a) 원고가 수 차례에 걸쳐서 하자를 보수하겠다고 제의한 것을 피고가 거부한 것으로 인하여 공사잔대금 청구권은 이제 이행기에 도달하기에 이르렀다. [중략]
>
> b) 독일 민법 제162조에 나타난 바와 같이, 누구도 자신이 신의에 반하여 초래한 상태로부터 이익을 얻어서는 아니된다는 일반적 법사고를 준용하는 경우에도 동일한 결과에 도달한다(H. P. Westermann, Münch Komm/BGB, § 162 Rdn. 18 f). 피고가 완강하게 하자

보수작업이 실행되지 못하도록 막았으므로 그의 공사대금지급 의무의 범위를 판단할 때는 원고가 선이행하여야 할 (하자보수)의무를 이미 이행한 것으로 취급하여야 한다(또한 독일 연방대법원 판결 NJW 1964, 36, 37도 참조).

(4) 독일 브란덴부르크 고등법원의 판결

82. 독일 브란덴부르크 고등법원의 2015년 4월 10일 판결[56]은 주식매매계약의 맥락에서 독일 민법 제162조를 적용하였습니다. 이 사건의 피고들은 2006년 11월 8일 원고 회사에게 A 회사 및 B 회사의 일정 수 주식을 500만 유로에 매도하였습니다. 또한 A 회사 및 B 회사가 2 영업연도 내에 특정 영업목표를 달성할 경우, 매수인(원고 회사)은 매도인들(피고)에게 250만 유로를 추가로 지급하고 또한 매도인들은 주식매매대금의 25%를 사용하여 매수인의 주주로부터 매수인 회사의 주식을 상장가격에 매수하기로 약정하였습니다(이른바 '조건부 재투자 약정').

83. 매수인 주식의 상장가격을 특정하여 명시하여 밝힌 것은 매매계약 당시 매수인 회사가 프랑크푸르트 증권거래소에 상장(IPO)을 준비하고 있었고 계약 체결 무렵인 2006년의 4분기 혹은 2007년 초에 매수인이 상장되리라고 예상되었기 때문입니다. 매수인 회사의 주주들 대부분은 상장 이후 곧 상장가격에 주식을 매각하여 투자를 회수하기를 희망하였습니다. 앞서 본 원고 회사와 피

---

56) OLG Brandenburg Urt. v. 21.4.2015 - 6 U 189/12, BeckRS 2015, 8568. 여기서 BeckRS는 독일의 유수한 법 관계 출판사인 「베크 출판사(C. H. Beck Verlag)」의 법자료 탐색용 인터넷 사이트(https://beck-online.beck.de/Search/ResetSearch)를 가리킵니다. 즉 위 사이트에 2015년도 8568번으로 인용되어 있는 자료입니다.

고들 사이의 주식매매계약은 매도인의 앞서 본 재투자 의무가 IPO 매각제한 기간 내에 유효하다고 명시하였습니다.

84. 매수인 회사는 2006년 11월 30일 매각제한기간을 12개월로 하여 상장에 성공하였습니다. 또한 2007년 11월에 이르러 A 회사와 B회사의 영업실적이 위 계약에서 정하여진 특정 목표를 달성하였습니다. 따라서 매수인 회사는 2007년 11월에 매도인들을 상대로 주식매매계약상 매매대금이 250만 유로만큼 인상된다고 통지하였습니다. 이와 동시에 매수인 회사는 매도인에게 앞서 본 '조건부 재투자 약정'에 따라 ―총 매매대금인 750만 유로의 25%인― 약 187만 유로에 해당하는 매수인 주식을 상장가격인 주당 19유로에 매입하라고 청약하였습니다. 2007년 11월 28일 매수인 회사는 앞서 본 매매대금 인상분인 250만 유로가 매도인들에게 지급하면서, 같은 달 말까지 독일법상 주식 거래에 필요한 증권거래은행 및 계좌 정보를 제공하여 달라고 요청하였습니다.

85. 그러나 매도인들은 매수인이 주식거래에 필요한 위임장을 제공하지 아니하였으므로 매수인 회사의 주식을 매수하라는 청약을 거절하겠다고 밝혔습니다. 매수인은 관할 법원에 주식을 공탁하였으나, 이후 매도인은 새로운 사유들, 예를 들어, 매수인의 주식을 매입하기로 한 이른바 '조건부 재투자 약정'이 독일법상 무효라고 할 것이라는 점 등을 들어 계속하여 재투자 약정 이행을 거절하였습니다. 그리하여 결국 2007년 11월 30일로 매각제한기간이 도과하자 매도인들은 자신들에게 가사 계약상 재투자 의무가 있다 하더라도 이미 조건부 재투자 약정에 따른 권리행사기간이 도과하였으므로 더 이상 매수인 주식을 매수할 의무가 없다고 주장하였습니

다.

86. 독일 브란덴부르크 항소법원은 재투자 약정에 위임장이 필요하지 아니하므로 앞서 본 매수인의 2007년 11월 청약이 유효하다고 보았습니다. 또한 매도인들이 조건부 재투자 약정에 따라 매수인의 주식을 매수하기 위하여 독일법상 필요한 증권거래계좌 관련 정보를 제공할 신의칙상 의무가 있었음에도 재투자 약정 이행에 협조하지 아니한 것은 신의칙에 반하여 상대방의 권리행사를 방해한 것이라고 판시하였습니다. 이러한 이유로 위 항소법원은, 독일 민법 제162조를 적용하여, 매도인들이 약정한 재투자를 할 의무가 있으며, 스스로 협력의무를 위반하여 약정된 기한 내에 재투자가 이루어지지 못하게 하였으므로 이러한 의무를 매각제한기간, 즉 약정한 재투자 기간을 도과하였음 이유로 회피할 수 없다고 판시하였습니다.

87. 이상에서 본 바와 같이 독일의 여러 법원은 독일 민법 제162조를 적용함에 있어서 엄밀한 의미의 조건이 있는 법률행위에 대하여서뿐만이 아니라 계약의 어느 일방이 계약의 내용에 따른 이행을 신의칙에 반하여 방해한 경우에도 폭넓게 유추적용합니다.

(5) 일본 오사카 고등법원 판결

88. 일본의 오사카고등법원의 1980년 4월 30일 판결의 당사자들은 토지 차임의 증액 문제에 대해 다음과 같이 약정한 바 있습니다. 즉 "임대인과 임차인이 각각 부동산감정사에게 의뢰하여 본건 토지 차임을 감정하게 하고, 그 감정차임이 동일하면[57] 이를 적정

차임으로 한다"는 것입니다.[58]

89. 그러나 그 후에 위 당사자 중 일방이 약정상 요구된 감정 의뢰 자체를 거절하였습니다.

90. 오사카 고등법원은 약정의 목적에 따라 타방이 의뢰한 감정 결과가 곧 적정 차임이라고 판단하였습니다. 법원은 그 이유를 다음과 같이 판시하였습니다(꺾음괄호 안은 인용자가 부가한 것입니다).

> 조건 성취에 의하여 불이익을 입는 당사자가 고의로 그 조건 성취를 방해한 경우에 준하여, [일본] 민법 제130조를 유추하여 그 조건을 성취한 것으로 간주하고, 상대방 당사자의 의뢰에 의한 감정액을 적정차임으로 한다.

91. 오사카 고등법원은 일방 당사자의 계약상 합의된 감정 절차에 참여·협력하는 것을 신의칙에 반하여 거부하는 것이 가격 결정을 방해하여서는 아니된다고 판단하였습니다. 따라서 법원은 계약을 신의에 맞게 이행하려고 노력한 다른 당사자의 이익을 존중하여 당사들이 다음 단계로 진행하고 감정가를 지급하라고 명령하였습니다.

---

57) 하민집(下民集)(하급재판소민사재판례집), 제31권 제1호~제4호(합집), 62면 이하.

58) 이 사건에서 각 부동산감정사에게서 받은 부동산 임대차의 차임이 '일치'하지 아니하는 경우에 대하여는 별도로 약정의 기재가 없었습니다.

E. 결론

92. 중재판정부는 신의칙에 비추어 민법 제150조를 유추적용하여 A가 평가기관을 선임하였다고 간주하고 제3의 평가기관이 주주간 계약에 따라 제시한 FMV를 풋 가격으로 결정함으로써 투자자들이 계약에서 보장된 바에 따라 투자금을 회수할 수 있도록 허용할 수 있습니다. 그리고 이것이 주주간 계약의 목적을 성취하고 A의 신의성실에 반한 행위를 제재하는 타당한 구제책입니다.

93. 다시 말해서, 만약 지금이라도 A가 주주간 계약 제7.3조에 따라 평가기관이 산정한 FMV를 제시한다거나 여하한 이유로 이미 평가기관을 통하여 산정한 FMV가 존재한다면 중재판정부는 이를 딜로이트의 FMV 감정가와 비교하여 최종 풋 가격을 결정할 수 있습니다.

94. 그동안 A가 투자자들이 제시한 매매가격이 지나치게 과다하다고 주장하면서 Breach Arbitration 중에 안세회계법인에게 의뢰하여 제공받은 FMV 평가보고서와 중재판정부에 제출한 전문가 보고서의 내용에 비추어본다면, 중재판정부는 양측이 선정한 평가기관이 산정한 FMV 감정가 사이의 차이가 10% 이상 차이가 난다고 넉넉히 간주할 수 있습니다.[59)]

95. 따라서 본인은 이미 A가 평가기관으로부터 받은 FMV를 고려하여 주주간 계약에 따라 양측이 각자 선정한 평기기관이 제출한 FMV 사이에 10% 이상의 차이가 있다고 간주하고 이후 제3의

59) 별첨 전제사실, 제11항 참조.

평기기관에 따른 최종 FMV 선정단계로 속행할 수 있다고 봅니다. A가 가능한 한 유리하도록 낮은 FMV를 제시하였을 것이라고 가정한다면, A가 투자자들의 FMV보다 10% 또는 그 이하 낮은 FMV를 제시하였을 것이라는 추정은 매수인 입장에서 A의 이익을 부당하게 제한하는 것이 아니며 오히려 최대한 보장하는 것입니다.

96. 이미 존재하는 계약은 되도록 유효하게 또한 그 이행이 이루어질 수 있도록 해석되어야 하며, 계약을 성실히 이행하고자 하는 자에게 불리한 결과가 초래되어서는 아니된다는 것이 40여년간 민법을 연구하고 법관으로 재직하였던 본인이 이해하고 있는 민법의 정신입니다. 특히 민법 제150조는 계약에서 요구되는 협력을 고의적으로 거부하여 계약의 실현을 방해한 피신청인의 반신의 행위에 대한 제재로서 그 행위에 합당한 결과를 귀속시키는 법적 근거가 될 수 있습니다.

97. 본인이 대법관으로서 재직한 경험에 비추어 볼 때, 이 사건을 한국 대법원에서 심리하고 판단한다면 민법 제150조를 적용하였으리라고 생각합니다.

98. 따라서 중재판정부는 신의칙의 이념을 계약 해석에서 적절히 감안한 결과로 계약의 규범적 해석 또는 보충적 해석에 의하여, 또는 그것이 아니라도 민법 제150조를 적용함으로써, 피신청인이 지급하여야 하는 풋 가격을 충분히 산정할 수 있습니다. 신의칙은 자신의 이익을 위하여 악의적으로 계약을 위반한 자가 그 위반의 결과에 의존하여 자신의 이익을 취하는 것을 허용하지 아니합니다. 다시 말하면, 피신청인이 의도적으로 SHA상 풋 가격 결정 절

차에 참여할 자신의 의무를 위반한 결과 자신이 신청인들에게 풋 가격을 지급할 의무를 회피하게 되는 부당한 결과는 한국법상 용인되지 아니합니다. 결국 주주간 계약 제7.3조에 따라 추가적인 평가기관을 선임하여 풋 가격을 결정하고 피신청인의 그 풋 가격을 신청인들에게 지급하도록 명령하는 것이 가장 타당한 구제방법이라고 생각합니다.

(2022년 11월 작성)

[별첨] 전제사실

1. 신청인들은 2012년 ○월 ○일 갑으로부터 ○○ 주식회사(이하 "M 회사" 또는 단지 "회사"라고 합니다)의 주식을 매수한 뒤 같은 달 ○일 A와 주주간 계약을 체결하였습니다. 신청인들은 주식매수 이전인 2010년부터 위 주식의 매수를 고려하면서 피신청인 측과 주주간 계약의 개별 조항에 관하여 협의하였습니다. 특히 M 회사의 소수지분 매수 이후 중요한 투자회수방안(exit mechanism)으로서 증권거래소 상장(이하 "IPO"라고 부릅니다)을 위한 조항 및 수년 내 IPO가 되지 아니한 경우 피신청인에게 주식을 매도할 권리(이하 "풋 옵션"이라고 부릅니다)를 주주간 계약에 포함할 것을 요청한 바 있습니다. 이러한 신청인들의 요청에 따라 결국 A는 주주간 계약 제7.1조에서 신청인들에게 풋 옵션을 확정적으로(irrevocably) 부여하였습니다. 한편 피신청인 A는 2007년부터 10년의 기간 동안 이 사건 신청인들 이외의 다른 재무적 투자자들과도 유사한 풋 옵션 약정이 포함된 주주간 계약서를 다수 체결한 바 있으므로 2018년 투자자들이 풋 옵션을 행사할 무렵은 물론 애초에 2012년에 이 사건 주주간 계약상 풋 옵션에 합의할 당시에도 이미 풋 옵션 약정 경험이 상당한 상태였습니다.

2. 주주간 계약에 따르면, 회사가 2015년 9월 말까지 IPO를 완료하지 못할 경우, 신청인들은 피신청인에 대하여 신청인들 소유의 회사 주식을 매수하라고 요구할 수 있는 풋 옵션을 가지고, 투자자들이 풋 옵션을 행사하는 경우 그 매수가격(이하 "풋 가격"이라고 합

니다)은 (i) 주주간 계약 제7.3조의 절차에 따라 정해진 공정시장가격(Fair Market Value. 이하 "FMV"이라고 합니다) 또는 (ii) 투자자들이 당초 주식을 매수하였던 가격(주당 49,000원. 이하 "최초 매수가격" 또는 "floor price"이라고 합니다) 중 더 높은 금액으로 결정됩니다(주주간 계약 제7.1조).

3. 신청인들이 풋 옵션을 행사할 의사를 피신청인에게 통지한 뒤 주주간 계약 제7.3조에 명확히 정해진 절차에 따라 신속하게 FMV가 결정되어야 합니다. 즉, 신청인들과 피신청인이 각자 M 회사 주식의 FMV를 평가할 "독립적이고 명망 있는 평가기관(independent and reputable Appraiser)"을 선임하여 풋 옵션 통지일로부터 30일 내에 각 평가기관이 FMV을 산정한 결과를 담은 서면 보고서를 제출하여야 합니다. 이때 최종 FMV는 (i) 각 평가기관이 제출한 FMV 사이의 차액이 높은 FMV의 10% 미만인 경우 그 산술평균값, (ii) FMV 사이의 차액이 높은 FMV의 10% 이상인 경우 신청인 측 평가기관이 제출한 3군데의 추가적인 평가기관 후보 중 A가 선택한[60] 제3의 평가기관이 30일 이내에 제출한 FMV로 결정됩니다(주주간 계약 제7.3조).

4. 이렇게 FMV가 결정되면 주주간 계약 제7.1조에 따라 FMV와 투자자들의 최초 매수가격 중 더 높은 가격이 최종 풋 가격으로 결정됩니다. 피신청인은 FMV가 결정된 후 5영업일 이내에 신청인들이 풋 옵션 통지를 철회하지 아니하면, FMV가 결정된 날로부터 20 영업일 후(이하 "풋 매수일"이라고 합니다)에 신청인들에게 풋 가

60) 만약 피신청인이 10일 이내에 제3의 최종 평가기관을 선택하지 아니하면 신청인 측 평가기관이 최종 평가기관을 선정합니다.

격을 지급하기로 약정하였습니다(주주간 계약 제7.3조 및 제7.4조). 이처럼 주주간 계약 제7조에 명확하게 규정된 풋 가격 결정절차가 순조롭게 준수된다면 신청인들은 풋 행사의 의사를 4피신청인에게 통지한 날로부터 늦어도 120일 이내에는 풋 주식에 대한 매매를 종결할 수 있습니다.[61] 다만 당사자들은 어느 일방이 풋 가격 결정절차를 적극적으로 방해하는 상황에 대하여 미리 예견하지 못하였고 그러한 상황에 대처한 규정을 주주간 계약에 명시하지 아니하였습니다.

5. M 회사는 IPO 기한인 2015년 9월 말까지 IPO를 이행하지 아니하였습니다. 이에 신청인들은 2018년 10월 ○일과 같은 달 ○일 피신청인에게 풋 옵션을 행사한다는 통지를 보내면서 주주간 계약 제7.3조에 따라 30일 이내에 각자가 선임한 평가기관이 풋 옵션 대상 주식의 FMV를 산정한 서면 보고서를 제출하여야 한다는 점을 명시하였습니다.

61) 위 120일은 다음의 기간을 합산한 것입니다. 각 당사자가 지명한 평가기관의 FMV 보고서 제출(30일) + 양측 감정기관의 보고서들의 FMV 차이가 10% 이상일 경우 신청인들 측 평가기관이 제3의 평가기관을 물색하여 곧("promptly") 평가기관 후보 리스트를 작성하기 위하여 필요한 시간(넉넉히 20일) + 피신청인이 그 리스트에서 제3의 평가기관을 선택하기 위하여 필요한 시간(10일) + 제3의 평가기관의 최종 FMV 보고서 제출(30일) + 최종 FMV 보고서를 받은 날로부터 풋 매수일까지의 기간(20 영업일) + 위 기한의 말일이 공휴일 또는 주말인 경우 그 말일이 익일로 연기되거나 '영업일' 계산에서 배제되는 공휴일 또는 주말을 고려하기 위하여 추가된 여유기간(10일). 물론 양측 감정기관의 보고서들의 FMV 차이가 10% 미만이라면 각 당사자가 지명한 평가기관의 제출(30일) 이후 20 영업일 뒤에 바로 풋 매수일이 도래하므로 신청인들의 풋 통지일로부터 대략 60일 내에 풋 가격 결정 절차와 매수 종결일까지 완료됩니다.

6. 신청인들은 위 기한 내인 2018년 11월 ○일 신청인 측 평가기관인 ○○ 회계법인이 작성한 FMV 보고서를 피신청인에게 전달하였습니다. 그러나 피신청인은 현재까지도 주주간 계약에 따른 FMV 보고서를 제출하지 아니하였고, 그 결과 주주간 계약 제7.3조에 따른 FMV 산정 절차가 더 이상 진행되지 못한 상태입니다.

7. 신청인들은 위와 같은 풋 옵션 행사에도 불구하고 자신들이 보유한 M 회사 주식을 지금까지 피신청인에게 매도하지 못하였습니다. 이에 신청인들은 풋 옵션 행사로부터 4년이 넘게 경과한 지금까지도 M 회사에 대한 투자를 회수하지 못하였고, M 회사의 주식을 매수하기 위하여 대주단으로부터 대여받은 금전을 상환하지 못한 채 매달 막대한 이자를 대주단에게 지급하고 있습니다. 피신청인은 본건과 관련있는 국제중재 관련 절차, 형사 절차, 가처분 절차 진행 중 신청인들이 직면한 이러한 재정적 어려움을 잘 인지하게 되었습니다.

8. 한편 피신청인은 이 사건 주주간 계약 당시에는 풋 옵션의 적법성에 대하여 아무런 우려를 표한 적이 없다가 투자자들이 2018년 말에 풋옵션을 행사하자 갑자기 처음으로 풋 옵션이 한국법상 적법, 유효한지 여부가 불분명하다는 변호사들의 조언을 받았으므로 풋 옵션 행사에 협조할 수 없다는 이유로 평가기관 선임을 거절하였습니다. 그러나 피신청인은 자신이 풋 옵션의 적법성을 염려하는 이유가 변호사로부터 관련된 조언을 받았기 때문이라고 신청인들에게 설명하면서도 구체적으로 어떠한 법률 의견을 받았는지에 대하여는 함구하였습니다.

9. 또한 추후에 피신청인이 대한민국 검찰에 스스로 출석하여 진술하고 사실에 부합하다고 서명날인한 검찰 진술조서에 의하면, 피신청인이 2018년 ○월에 신청인들의 풋옵션 행사에도 불구하고 평가기관을 선임하지 아니한 진정한 이유는 다음과 같습니다.[62]

> 어피니티의 풋옵션 행사 이후, 저는 이에 대응하기 위해 법률대리인을 선임하기 위해 율촌과 광장 등의 변호사와 사전 면담을 실시해본 결과, 그들은 본건 주주간 계약서 상 풋옵션 계약이 저에게 매우 불리하다고 조언을 주었고, [중략] [담당 변호사는] 저에게 "본건 풋옵션 계약에 따라 평가기관을 선임하여 독립된 평가금액을 제시하는 순간 어피니티 측에 말려들게 되는 것이다. 일단 본건 풋옵션 계약의 불공정성을 문제삼아 소송으로 가는 것이 좋을 것 같다"고 제안하여, 제가 별도의 평가기관을 선임하지는 않고 소송을 대비하게 된 것입니다.

10. 신청인들은 2019년 3월 ○일 피신청인을 상대로 이 사건 주주간 계약과 풋 옵션 행사와 관련된 선행 ICC 국제중재사건(ICC 사건번호 ○○)(이하 "Breach Arbitration"이라고 부릅니다)을 제기하여 그 판정이 있었습니다.

11. 피신청인이 Breach Arbitration 도중 ○○회계법인 및 기타 평가전문가에게 주주간 계약 제7.3조에 따른 FMV 산정을 의뢰하여 제출받은 보고서들에 의거하여 주장한 FMV 감정가는 신청인들이 ○○ 회계법인에서 보고받아 피신청인에게 제출하였던 FMV 감정가와 10% 이상 차이가 났습니다.

---

62) A의 2020년 ○월 ○일자 검찰 진술조서, 14면.

12. Breach Arbitration의 중재판정부는 (1) 주주간 계약 제7조가 정한 풋 옵션 약정이 한국법상 적법하고 유효하다는 점, (2) 신청인들의 2018. 10. 풋 옵션 행사가 주주간 계약 제7.2조에 따라 유효하다는 점, (3) A 회장이 주주간 계약 제7.3조에 따른 의무를 명백하게 위반하였다는 점 등을 확인하였고, (4) 모든 중재비용 및 신청인들의 법률 비용의 50%를 패소 당사자(losing party)인 피신청인이 부담하라고 명령하였습니다.

13. 피신청인은 신청인들에게 보낸 2018년 11월 ○일자 이메일에서 향후 풋 옵션 행사가 한국법상 유효하고 적법하다는 점이 확인되면 주주간 계약에 따라 평가기관을 선임하겠다고 밝힌 바 있습니다.[63] 이에 신청인들은 위 Breach Arbitration 판정에서 주주간 계약상 풋 옵션이 한국법상 적법, 유효하다는 판정을 받은 뒤 피신청인에게 주주간 계약에 따른 평가기관 선임 의무를 이행하라고 요구하였으나 피신청인을 지금까지 평가기관을 선임하지 아니하였습니다.[64]

14. 또한 신청인들은 위 Breach Arbitration의 명령에 따라 피신청인에게 당해 중재에서 지출한 비용을 지급해달라고 요청하였으나 피신청인은 현재까지 신청인들의 중재비용을 전혀 보상해주지 아니하였습니다.

63) A가 투자자들에게 보낸 2018. 11. 12 이메일; A가 투자자들에게 보낸 2018. 11. 23.자 이메일; A가 투자자들에게 보낸 2018. 12. 20.자 이메일도 참고.

64) 투자자들이 A에게 보낸 2021. 9. 7.자 서신; 투자자들이 A에게 보낸 2021. 9. 14.자 서신; 투자자들이 A에게 보낸 2021. 9. 17.자 및 2021. 9. 29.자 서신; 투자자들이 A에게 보낸 2021. 12. 29.자 서신.

15. 나아가 피신청인은 이미 Breach Arbitration에서 관련된 분쟁이 최종적으로 종결되었으므로 더 이상 주주간 계약을 이행할 의무가 없다거나, 신청인들이 선임한 평가기관이 산정한 FMV가 지나치게 과다하다는 등의 이유로 풋 옵션에 따른 의무 계약 이행을 거부하고 있습니다.

16. 신청인들은 피신청인을 상대로 한 이 사건 중재에서, 다음의 사항을 구하고 있습니다.

(1) 피신청인이 주주간 계약에 따른 풋 가격 결정절차(FMV 평가기관 선임 및 평가보고서 제출)를 이행하라는 명령 및 위 명령으로부터 30일 이내에 피신청인이 평가기관을 선임하지 아니할 경우 하루 200만 달러 이상의 이행강제금을 지급하라는 명령(이하 "평가기관을 선임하라는 이행청구").

(2) 피신청인이 위 절차를 이행하지 아니하는 경우 이미 존재하는 평가보고서의 평가결과 또는 0원을 피신청인 선임 평가기관의 FMV라고 간주하고 신청인들이 풋 가격 결정을 위한 다음 단계(제3의 평가기관 선임)로 나아갈 수 있다는 확인(이하 "제3의 평가기관을 선임할 수 있다는 확인청구").

(3) 피신청인이 신청인들에게 위 (1)항 또는 (2)항에 따라 결정되는 풋 가격을 지급하라는 명령(이하 "풋 가격을 지급하라는 청구"). 위 제(1)항에 따라 풋 가격을 결정한 경우 "피신청인 선임 평가기관이 산정한 FMV에 따라 결정된 풋 가격을 지급하라는 청구"이며, 위 제(2)항에 따라 풋 가격을 결정한 경우 "피신청인이 선임한 평

가기관의 FMV 보고서가 존재한다고 간주한 뒤 제3의 평가기관이 산정한 FMV에 따라 결정된 풋 가격을 지급하라는 청구."

(4) 중재판정부가 여하한 이유로 주주간 계약 제7.3조에 따른 방법으로 풋 가격이 결정될 수 없다고 판단하는 경우 예비적으로, 신청인들이 주주간 계약 제7.1조에 따라 최초매수가격에 M 회사 주식을 피신청인에게 매도할 수 있다는 확인 및 피신청인은 신청인들에게 최초매수가격을 지급하라는 명령(이하 "최초 매수 가격과 동일한 풋 가격을 지급하라는 예비적 청구").

(5) 피신청인이 신청인들에게 채무불이행 또는 불법행위를 원인으로 하는 손해배상액과 이자를 지급하라는 명령("손해배상청구").

17. 주주간 계약 제12.2조의 분쟁해결조항에 따라 이 사건 중재의 중재지는 대한민국 서울이고, 절차의 준거법은 한국법이며, 분쟁해결의 실체적 준거법도 한국법입니다.

재판례 색인

[대 법 원]

사항 색인

** 여러 페이지에 이어지는 경우에는 처음 나오는 페이지만을 적어 두었다.

저자약력

서울대학교 법과대학 졸업
법학박사(서울대학교)
서울대학교 법과대학 교수
대법관
한양대학교 법학전문대학원 교수
현재 서울대학교 명예교수

주요저술

(저) 民法研究 제 1 권, 제 2 권(1991), 제 3 권(1995), 제 4 권(1997),
제 5 권(1999), 제 6 권(2001), 제 7 권(2003), 제 8 권(2005),
제 9 권(2007), 제10권(2019)
민법 Ⅰ: 계약법, 제 4 판(2024)(공저)
민법 Ⅱ: 권리의 변동과 구제, 제 5 판(2023)(공저)
민법 Ⅲ: 권리의 보전과 담보, 제 5 판(2023)(공저)
민법입문(1991, 제 9 판 2023)
민법주해 제 1 권(1992, 제 2 판 2022), 제 4 권, 제 5 권(각 1992),
제 9 권(1995), 제16권(1997), 제17권, 제19권(각 2005)(분담 집필)
註釋 債權各則(Ⅲ)(1986)(분담 집필)
民法散考(1998)
민법산책(2006)
노모스의 뜨락(2019)
민법전 제정자료 집성 : 총칙 · 물권 · 채권(2023)

(역) 라렌츠, 정당한 법의 원리(1986, 신장판 2022)
츠바이게르트/쾨츠, 比較私法制度論(1991)
로슨, 大陸法入門(1994)(공역)
독일민법전 — 총칙 · 채권 · 물권(1999, 2024년판 2024)
포르탈리스, 民法典序論(2003)
독일민법학논문선(2005)(편역)
존 로버트슨, 계몽 — 빛의 사상 입문(2023)

민사의견서집 제 2 권

초판발행 2025년 3월 20일

지은이 양창수
펴낸이 안종만 · 안상준

편 집 김선민
기획/마케팅 조성호
표지디자인 권아린
제 작 고철민 · 김원표

펴낸곳 (주) 박영사
서울특별시 금천구 가산디지털2로 53, 210호(가산동, 한라시그마밸리)
등록 1959. 3. 11. 제300-1959-1호(倫)
전 화 02)733-6771
f a x 02)736-4818
e-mail pys@pybook.co.kr
homepage www.pybook.co.kr
ISBN 979-11-303-4780-6 93360

정 가 45,000원